U1071379

权威·前沿·原创

皮书系列为

“十二五”“十三五”国家重点图书出版规划项目

遵义蓝皮书

BLUE BOOK OF ZUNYI

遵义发展报告（2016）

ANNUAL REPORT ON DEVELOPMENT OF ZUNYI (2016)

主　编／曾　征　张朗艺　龚永育

社会科学文献出版社
SOCIAL SCIENCES ACADEMIC PRESS (CHINA)

图书在版编目（CIP）数据

遵义发展报告. 2016 / 曾征，张朗艺，龚永育主编. --北京：社会科学文献出版社，2017. 1
（遵义蓝皮书）
ISBN 978 -7 -5201 -0010 -6

Ⅰ. ①遵… Ⅱ. ①曾… ②张… ③龚… Ⅲ. ①区域经济发展 - 研究报告 - 遵义 - 2016 ②社会发展 - 研究报告 - 遵义 - 2016 Ⅳ. ①F127. 733

中国版本图书馆 CIP 数据核字（2016）第 292965 号

遵义蓝皮书
遵义发展报告（2016）

主　　编 / 曾　征　张朗艺　龚永育

出 版 人 / 谢寿光
项目统筹 / 丁　凡
责任编辑 / 丁　凡

出　　版 / 社会科学文献出版社 · 皮书出版分社（010）59367127
地址：北京市北三环中路甲 29 号院华龙大厦　邮编：100029
网址：www. ssap. com. cn
发　　行 / 市场营销中心（010）59367081　59367018
印　　装 / 三河市尚艺印装有限公司

规　　格 / 开　本：787mm × 1092mm　1/16
印　张：21. 75　字　数：288 千字
版　　次 / 2017 年 1 月第 1 版　2017 年 1 月第 1 次印刷
书　　号 / ISBN 978 -7 -5201 -0010 -6
定　　价 / 79. 00 元

皮书序列号 / B -2014 -402

主要编撰者简介

曾　征　1969年出生，重庆市人，管理学硕士，副教授。现任中共遵义市委宣传部部务会成员、遵义市委讲师团团长、遵义市社科院院长，贵州省宣传文化系统“四个一批”人才，市管专家，遵义市政协第四届委员、常委。近年来主持完成“基于可持续发展的旅游扶贫开发研究——以贵州旅游扶贫开发为例”“民族地区旅游商品市场开发研究——以贵州旅游商品开发为例”“文明城市创建经验及长效机制研究”“全媒体背景下西部地市级媒体发展研究”等省市课题9项，参与编写《贵州经济社会发展六十年研究》《贵州实施工业强省战略研究》《遵义发展报告》（2014年、2015年）等多部著作，发表论文、调研报告近20篇。

张朗艺　1962年3月生，贵州绥阳人。贵州省委党校经济管理专业毕业。现任中共遵义市委副秘书长、市委政策研究室主任，中共遵义市第四届委员会委员。

龚永育　1966年4月生，贵州绥阳人，大学学历，法学学士。现任遵义市人民政府研究室主任。遵义市政协第四届委员、常委。曾主编了《科学发展之路——遵义》《遵义市统筹城乡综合配套改革试验实践与探索（2008~2012）》《谋事之道成事之基——遵义市重点课题调研文集（2012）》《率先小康在行动——遵义市全面小康创建资料汇编（一）》和《遵义小康创建工作手册》《遵义市全面小康创建统计监测分析报告汇编（2013）》等著作，并先后在省市报纸杂志上发表文章数十篇。

摘　要

本书是遵义市社会科学院联合遵义市委政研室、遵义市政府经研室推出的第三本遵义蓝皮书，由总报告、经济发展篇、旅游文化篇、“三农”篇和专题篇5个部分组成，共20个研究报告。

总报告基于2015年经济和社会发展的现状分析指出，2015年我国经济下行压力仍然较大，遵义市白酒、卷烟、原材料等支柱产业市场仍然疲软，主体投资意愿下降，消费市场预期不稳。针对这些问题，遵义市切实抓好改革开放关键一招、突出投资拉动、着力保障和改善民生，取得了经济运行平稳、产业持续向好、投资规模扩大、发展活力增强、民生不断改善的良好成绩。但遵义市经济总量小、人均水平低、产业结构单一等阶段特征没有根本改变。总报告提出了遵义在经济社会发展中亟须解决的问题，并提出了解决问题的政策建议。

经济发展篇由4篇报告组成，内容包括遵义市“十三五”期间经济增长速度研究、财源建设研究、发展环境与形势研究和铁路建设发展研究。这些报告系统地分析了遵义市“十三五”期间各行业的现实情况，科学分析了遵义市“十三五”期间面临的问题及提出相关的对策建议。

旅游文化篇由5个报告组成，内容包括2016年遵义市旅游业发展研究报告、海龙屯世界文化遗产保护与利用问题研究、海龙屯景区游客满意度调查研究、基于因子分析法的遵义红色旅游竞争力问题研究、关于遵义枫香乡村旅游发展的调研报告。

“三农”篇共分4个报告。内容主要涉及遵义市“四在农家·美丽乡村”创建工作研究报告，城乡居民、农民工就业有关情况抽样调查报告，扶贫攻坚情况调研报告和农村敬老院发展现状与社会化改革路径研究等事关社会主义新农村建设的热点、难点问题，这些问题的研究丰富了遵义市反贫困理论以及社会保障体系研究，有利于整合资源形成扶贫合力，有利于遵义市实现2020年全面建成小康社会这一重大目标。

专题篇共分6个报告。内容包括遵义市“六大开放平台”调研报告、推进洛安江流域生态文明建设的思考、桐梓打造“融入重庆示范县”战略研究、遵义市小微文化企业发展调研报告、遵义市红花岗区小微企业发展情况调查和遵义市产业园区发展调研报告。

Abstract

This book is the third blue book published by the joint work of Zunyi Academy of Social Sciences, Policy Research Office of Zunyi and Government Economic Research Office of Zunyi. The whole book consists of five parts: General Report, Economic Development, Tourism Culture, "Agriculture, Rural areas and Farmers" Chapter and Thematic Chapter, and in a total amount of 20 research reports.

General Report based on the analysis of the status quo of economic and social development in 2015, the downward pressure of China's economy is still large in 2015. The pillar industries such as liquor, cigarettes and raw materials in Zunyi City are still weak and the main investment will decline and the consumption market will be unstable. In response to these problems, Zunyi City, a key grasp of reform and opening up a move to highlight the investment-led efforts to protect and improve people's livelihood, and achieved good results in these area such as stable economic operation, industry continued to improve investment, expand the vitality of the people's livelihood.

Economic Development consists of four reports, including the "13th Five-Year Plan" period of Zunyi economic growth rate, financial resources construction research, development environment and situation research, railway construction development research. These reports systematically analyzed the realities of Zunyi City during the "13th Five-Year Plan" period, scientifically analyzed the problems in Zunyi City during the "13th Five-Year Plan" period and put forward relevant countermeasures and suggestions.

Tourism culture consists of five reports, including the study of tourism development in Zunyi City, Hailongtun world cultural heritage protection and utilization of the study, Hailongtun scenic tourist satisfaction survey, based on factor analysis of Zunyi red tourism competitiveness Investigation Report, Zunyi Fengxiang rural tourism development research report.

"Agriculture, Rural areas and Farmers" Chapter. The main contents of this paper are as follows: The first part is about the construction of "Rich in the countryside, learning in the countryside, happy in the countryside, beautiful in the countryside", the Survey report on the employment of urban and rural residents and migrant workers, the research report on poverty alleviation and the development of rural nursing home and the socialization reform. The research on these problems enriches the anti-poverty theory and social security system research of Zunyi City, which is conducive to the integration of resources to form the poverty alleviation force, and is conducive to realizing the important goal of building a well-off society in 2020.

Thematic Chapter were divided into six reports. Including Zunyi city "six open platform" research report, Zunyi city to promote the construction of ecological civilization of the Luo river basin, and Tongzi to build Zunyi "into Chongqing" demonstration county strategic research, Zunyi city on small and micro enterprise development and cultural research report, investigation on the development of small and micro enterprises in Honghuagang District of Zunyi City and the Zunyi City industrial park development research report.

目　录

Ⅰ　总报告

Ⅱ　经济发展篇

Ⅲ 旅游文化篇

Ⅳ “三农”篇

Ⅴ 专题篇

皮书数据库阅读**使用指南**

CONTENTS

I General Report

II Economic Development Reports

Ⅲ Tourism Culture Reports

Ⅳ "Agriculture, Rural Areas and Farmers" Chapter

V Special Reports

总报告

General Report

B.1 2015年遵义市经济社会形势及2016年展望

遵义市发展和改革委员会

摘 要: 2015年,在经济发展新常态大背景下,全国经济下行压力依然较大,遵义市正处于"十二五"收官和为"十三五"开局打基础做铺垫的关键期。在遵义市委、市政府的坚强领导下,全市上下同频共振,攻坚克难,主动作为,努力克服白酒、卷烟、原材料等支柱产业市场疲软、市场消费预期不稳、主体投资意愿下降、企业利税状况不容乐观等困难和问题,取得了经济运行平稳、产业持续向好、投资规模扩大、发展活力增强、民生不断改善的良好成绩。但遵义市经济总量小、人均水平低,产业结构单一,欠发达、欠开发、欠开放的阶段性特征没有根本改变，贫穷落后是主要矛盾、加快发展是根本任务的基本市情没有变，对这些问题，我们需要在以后的工作中，采取切实措施认真加以解决。预测2016年全市将完成地区生产总值2500亿元，一般公共预算收入195.4亿元。

关键词： 遵义 经济社会发展 主要目标

一 2015年遵义市经济社会形势分析

2015年，在市委、市政府的正确领导下，遵义全市上下深入贯彻落实习近平总书记系列重要讲话精神，特别是在6月份习近平总书记在贵州视察时的重要指示精神，认真落实国家和省稳增长、促改革、调结构、惠民生系列政策措施，以“守底线、走新路、奔小康”为总要求，坚持主基调主战略，坚守发展和生态两条底线，主动适应引领经济发展新常态，抢抓发展新机遇，凝心聚力，砥砺奋进，负重拼搏，全市经济运行平稳，产业持续向好，投资规模扩大，发展活力增强，民生不断改善，完成了年度目标任务，在贵州省增比进位中位居前列，在西部非省会城市中排位继续进位，在攻坚克难中取得了来之不易的成绩。

（一）积极应对新常态，综合实力跃上新台阶

据统计，遵义市全年完成地区生产总值2168.34亿元，为计划的99.5%，增长13.2%，分别高于全国、全省6.3个和2.5个百分点；其中第一产业增长6.8%、达到349.27亿元，第二产业增长13.7%、达到970.75亿元，第三产业增长14.1%、达到848.32亿元。三次产

业结构为16.1∶44.8∶39.1，全面建设小康社会实现程度达86.5%，提高3.5个百分点。

完成50万元以上固定资产投资2563.32亿元，增长24.9%，为计划的102.5%；2000万元以上规模工业增加值929.69亿元，增长12.1%，为计划的100%；财政总收入432.24亿元，增长4.7%，为计划的95%；一般公共预算收入177.61亿元，增长11.3%，为计划的98.4%；社会消费品零售总额640亿元，增长12.2%，为计划的105.3%；招商引资到位资金1960亿元，增长24%，为计划的100.5%。截至2015年末，金融机构存款余额3306.6亿元，增长28.8%，为计划的107.3%；各项贷款余额1925.48亿元，增长26%，为计划的103.3%。

城镇居民人均可支配收入24997元，增长10%，为计划的98.2%；农村居民人均可支配收入9249元，增长10.6%，为计划的97%；人口自然增长率5.07‰，新增城镇就业12.39万人，为计划的103.3%，转移农业劳动力12.6万人，为计划的126%；单位GDP能耗、安全生产事故起数和死亡人数均控制在省下达目标范围内。

（二）加快转变发展方式，转型升级迈出新步伐

着力调结构、推转型、促升级，推动新型工业化、新型城镇化、农业现代化、旅游产业化四个轮子一起转。

工业经济平稳增长。坚持信息化、服务化、绿色化，大力实施“互联网+”行动计划，大力培育发展战略性新兴产业，着力改造提升传统产业；着力打造茶酒“姊妹篇”为代表的酒、茶、烟、药、特色食品“五张名片”和健康水品牌，以天豪生物制药、百花医药、廖元和堂为代表的大健康生物医药产业发展欣欣向荣，以以晴光电集团、巴斯巴新能源汽车、黔北呼叫中心等为代表的新兴产业加快发展，产业结构调整步伐不断加快；清洁能源建设强力推进，在建风能

发电装机 40.8 万千瓦，遵义县山盆镇仙人山风电场、桐梓县白马山风电场首台机组实现并网发电；以晴集团二期工程、习水二郎电厂一期建成投产，遵义卷烟厂易地技改等重点项目加快推进，完成工业固定资产投资 1000 亿元，建成标准厂房 215 万平方米，新入库规模工业企业 170 家，新入园项目 437 个、投产 225 个；预计信息产业产值达 600 亿元、特色轻工业产值达 970 亿元、能源及材料产业产值达 700 亿元，工业经济继续领跑全省。

城镇建设加速推进。深入实施“十大工程”“四化工程”及“3 个 100”工程，创建卫生城市成果进一步巩固，中小学、医疗机构布局更趋合理，中心城区交通微循环路网改造深入实施，城区持续提质增效，市民生活更加便捷；新蒲新区城乡建设突飞猛进，功能配套加快完善，新区架构初具雏形；围绕 21 个省级城市综合体和 54 个市级以上示范小城镇建设，着力打造城市建设新引擎和城乡统筹融合点，茅台、土城等一批特色、经典、精致小城镇加快建设；新能源示范城市创建扎实推进；出台《市人民政府关于促进遵义市房地产市场平稳健康发展的意见》，成功举办遵义市第十一届房地产交易展示会，完成城乡建设和房地产开发投资 1200 亿元。城镇化率 45%，超过“十二五”规划目标 3 个百分点；“智慧城市”“公交都市”建设深入实施。

农村经济持续向好。大力实施“1234”战略，现代山地特色高效农业加快发展；地质灾害有效防治，耕地保护得到加强。全年粮食产量达到 293 万吨、增长 0.5%，肉类总产量达到 63 万吨、增长 8.62%，禽蛋产量达到 6.5 万吨、增长 8.3%，水产品产量达到 8.2 万吨，畜牧渔业总产值实现 157.6 亿元、增长 15%。收购烤烟 155 万担，每担均价 1287 元；茶园总面积达到 194.78 万亩，其中投产茶园 120.15 万亩，茶叶总产量 9.04 万吨，产值 71.66 亿元，综合产值 130 亿元。全年实现蔬菜种植面积 265 万亩、辣椒 200 万亩、水果 60

万亩、高粱102.5万亩。规模以上农产品加工业（不含烟酒）总产值达到285亿元，增长17.3%；市级以上龙头企业达502家，农民专业合作社达3310个。完成营造林75万亩，实施退耕还林27.7万亩，治理石漠化面积195.83平方公里；现代农业园区加快发展，45个省级园区实现总产值168.5亿元，实现销售收入140.1亿元，遵义县花茂村、桐梓县杉坪村等90个休闲观光农业示范点加快发展。

现代服务业迅猛发展。深入实施“服务业提升三年行动计划”，大力发展生产性服务业和生活性服务业；推动红色旅游、生态旅游融合发展；电商、服务外包和呼叫中心、文化创意等新兴业态方兴未艾；金融、旅游、交通运输等重点行业和产业快速发展，全市共新增限额以上商业入库企业167家；预计电子商务交易额达到75亿元；遵义机场航线达到17条、国内通航城市24个、港澳地区通航城市1个。全年航班起降突破8000架次，旅客吞吐量突破83万人次。全年接待游客6200万人次，实现旅游总收入547亿元，分别增长20%以上。全市外贸进出口总额完成14.85亿美元，增长222.7%。海龙屯土司遗址成功列入世界历史文化遗产，实现贵州世界历史文化遗产“零”的突破，成为“双遗产”城市。

（三）强力推进项目建设，投资拉动开创新局面

采取集中开工、现场观摩、定期督查和重点督查等多种方式加快项目建设，务正高速公路、道瓮高速公路、江瓮高速公路遵义境内段建成通车，高速公路及一级公路通车里程突破1000公里，国省干线规划调增至5720公里左右，县县通高速公路目标成功实现；渝黔铁路快速推进，川黔铁路遵义城区段线路外迁工程全线开工建设；大力实施水利建设“三大会战”和“三年行动计划”，凤冈河头、道真大沙河、正安八岔林、遵义县绿竹坝水库实现下闸蓄水，农村安全饮水、中小河流治理、城市供排水等民生水利保障工程加快建设；683

个重大工程项目完成投资1365亿元，“十大工程”建设项目完成投资446.6亿元，四个批次集中开工项目1223个、完成投资598亿元，“5个100”工程完成投资1270亿元；从行业完成情况来看，工业投资1000亿元，城建投资1400亿元，公路水运投资253亿元，铁路投资45亿元，机场投资10亿元，农村基础设施投资90亿元，水利投资63亿元，社会事业投资180亿元，有效拉动了遵义经济增长。同时，争取项目建设资金取得积极进展，共争取中央预算内项目投资资金34.7亿元，是“十二五”时期以来争取到位资金最多的一年；争取四个批次中央专项建设基金48.88亿元，农发行授信遵义市“六项行动”基础设施项目建设资金60亿元，贵州银行遵义分行授信遵义国际商贸城60亿元；成功发行遵义道桥公司企业债9亿元、汇川区经济技术开发公司城投债6亿元，市国投公司通过银行间债券市场成功发行定向私募债30亿元。

（四）优化产业空间布局，四大区域取得新发展

为实施差异化发展，推动产业转型升级，遵义市制定实施了《遵义市（四大）区域生产力布局规划纲要（2014—2020年）》，整合资源打造四大产业带（中部沿遵崇、贵遵高速公路南北向产业带，东部沿杭瑞高速公路东西向产业带，西部沿遵义至赤水高速公路西北向产业带，北部沿务正道高速公路东北向产业带）、五个千亿级产业（白酒产业、电子信息产业、能源原材料产业、现代服务业、文化旅游业），一批白酒、电子信息、大健康医药、新能源产业等项目开工建设或建成投产。产业的加快发展增强了四大区域发展的协调性、互补性，区域特色工作推进良好。中部区域实现地区生产总值1101.82亿元、同比增长14.6%，完成标准化厂房118万平方米，计划建设18所学校，其中有6所完工、9所主体建筑在施工，完成排污沟改造56992米、改造路灯1344盏，新（改）建一类公共厕所56座，已完

工41座，城市保障性安居工程、工业园区污水垃圾处理项目建设加快推进。西部区域实现地区生产总值717.78亿元、同比增长13.4%，完成标准厂房31万平方米，启动酒庄建设21个，开工建设乡镇污水处理项目27个，赤水河流域高速公路沿线绿化、休闲度假项目、赤水河谷旅游公路建设等加快推进。东部区域实现地区生产总值201.7亿元、同比增长15.4%，完成标准化厂房38.34万平方米，启动34个生态休闲茶庄建设，18家企业获省级龙头企业称号，建设鲜活农产品基地78个，湿地公园建设和国、省道提升改造加快推进。北部区域实现地区生产总值170.97亿元、同比增长15.3%，完成标准厂房64万平方米，6所贫困地区薄弱学校建设，开工建设国、省道84.78公里，通村油路和减贫脱贫等加快建设。

（五）着力抓改革促开放，后发赶超增添新动力

坚持向改革要活力、以改革增动力，行政管理体制等十大改革深入推进。行政审批制度改革、工商登记制度改革取得新突破，市级非行政许可审批事项全部取消，“三证合一、一照一码”登记制度全面实施；筹建PPP项目130个，完成6家国有企业改革，成功颁发全省第一本不动产产权证书；湄潭县农村改革实验区成功敲响全国农村集体经营性建设用地入市的“第一槌”；司法体制改革成效明显，顺利将全市117个法庭撤并为59个法庭。围绕增活力、添动力扎实抓好重大平台建设，遵义国家经济技术开发区和遵义综合保税区上升为省“1+7”国家级开放创新平台；遵义保税区相关建设、申报工作有序进行，贵州元泰光电有限公司入驻投产；遵义机场开通临时航空口岸。通过深化重点领域改革，加快重大平台建设，资金“洼地效应”明显。全市招商引资到位资金1950亿元，增长23.4%，新引进500强企业和行业龙头企业20家以上，其中有惠普公司、甲骨文等世界500强企业2家。

（六）扎实推进精准脱贫，民生保障实现新突破

推动实施“33668”扶贫攻坚行动计划，深入开展遍访贫困村贫困户活动，积极推进精准扶贫，道真县和全市26个贫困乡镇“减贫摘帽”，完成贫困村出列226个，减少农村贫困人口21.56万，贫困发生率下降至7%以下，为坚决打赢这场输不起的脱贫攻坚战奠定了坚实基础。全市农村低保增幅30.56%，城市低保增幅16.94%，社会救助保障40万人次以上，全市162万户农村居民住房开展政策性农房灾害保险；坚持教育优先发展，积极推进基本普及十五年教育，“9+3”教育计划全面完成，中心城区18所中小学建设扎实推进、已完工6所，全面完成民生实事120个“全面改薄”和150个学前教育项目，遵义四中、遵义县一中成功升格为省级一类示范性高中（贵州省5所）；遵义大学城加快建设步伐，遵义干部学院和4所高校近7万名师生入驻遵义大学城；遵义大学筹建工作扎实推进，中职教育加快发展，“百校大战”稳步实施。学前三年毛入园率85.6%，九年义务教育巩固率95%，高中阶段毛入学率86.2%，中职毕业生就业率95%。加快发展医疗卫生事业，群众健康状况不断改善，公立医院改革有序推进，全市所有公立医院全部取消药品加成；“新农合”参保人数和筹资标准稳步提升，全市参合人数达613.38万，参合率为98.45%。加快推进民生工程，“四在农家·美丽乡村”工程建设扎实推进，解决80.56万人饮水安全问题，27659套公租房已全部开工建设，启动城市棚户区改造49362套，农村危房改造已开工67461户、竣工67080户；启动实施了15个乡镇卫生院和207个村卫生室的新建和改扩建工程，稳步推进基层医疗卫生机构标准化建设；中心城区公交停车场、100个社区排污管网、100座一类公厕、100条小街小巷路灯改造等民生工程有序推进；坚守生态底线取得新成绩，遵义市创建国家环保模范城市全省率先通过国家验收，湄潭县、

赤水市在全省率先创建国家级生态县（市）成功，环境空气质量优良天数明显提升，县城以上集中式饮用水源地水质达标率100%。

成绩难能可贵，问题也不容忽视。我们也清醒地认识到，遵义市欠发达、欠开发、欠开放的阶段性特征没有根本改变，贫穷落后是主要矛盾、加快发展是根本任务的基本市情没有变，经济总量小、人均水平低，产业结构单一，城乡区域发展不平衡、民生欠账较大等矛盾和问题凸显，遵义还面临守住发展和生态两条底线、“赶”和“转”、扶贫攻坚和率先小康的双重考验。这些困难和问题，我们必须在今后工作中采取强有力的措施认真加以解决。

二　2016年遵义市经济社会发展形势及增长因素分析

2016年是实施“十三五”规划和全面建成小康社会决胜阶段的开局之年，也是推进结构性改革的攻坚之年，安排好2016年国民经济和社会发展计划意义重大。

2016年遵义市国民经济和社会发展的总体要求是：全面贯彻落实党的十八大和十八届三中、四中、五中全会和习近平总书记系列重要讲话精神，认真贯彻落实中央和省、市关于经济工作的决策部署，贯彻创新、协调、绿色、开放、共享的发展理念，坚持主基调主战略和两大战略行动，以弯道取直、后发赶超为主题，以脱贫攻坚、全面小康为主线，以提高发展质量和效益为中心，坚守发展和生态两条底线，大力实施新型工业化、新型城镇化、农业现代化、旅游产业化发展战略，以开局就是决战、起步就是冲刺的精神状态，突出加强供给侧结构性改革，坚持红色传承、推动绿色发展，奋力打造西部内陆开放新高地，为在贵州省率先全面实现小康社会夯实发展基础，确保实现“十三五”经济社会发展的良好开局。

（一）经济发展形势判断

1. 挑战方面沉着应对

从外部环境来看，世界经济环境仍然比较复杂，经济下行压力依然较大，全国经济增长已下滑至7%以下，贵州省2016年初步确定经济增长10%以上，贵阳、六盘水、毕节、黔南等其他市州2016年经济增长计划均下调2～3个百分点；遵义市生产总值增速按不低于其他市州要求，下调约2个百分点，保持12%～13%的规划目标仍面临不少困难。从内部条件来看，遵义市经济结构仍为“二三一”，工业经济中烟、酒、能源、原材料的比重占80%以上，新兴产业尚在培育、支撑动力弱，难以弥补传统增长点收缩带来的影响；房地产市场依旧疲软，项目建设受投融资、用地等影响推进迟缓，投资增长放慢，对经济拉动作用下降；财政总收入和一般公共预算收入；城镇居民可支配收入和农村居民人均可支配收入；受经济大环境影响，消费市场仍旧低迷，企业产销率低、利税状况不容乐观，产业、投资回落将影响居民增收和总体水平，致使居民和财政两个收入增长放缓、增长难度加大。

2. 机遇方面牢牢把握

从国家和省层面来看，国家“十三五”时期将深入实施西部大开发战略，加大革命老区和贫困地区扶持力度，深入推进武陵山、乌蒙山、黔中经济区3个战略规划及“7631”政策工具箱、长江经济带和“一带一路”战略；贵州省级层面大力发展大数据、大健康产业，推进“33668”扶贫攻坚行动计划等，为遵义市加快发展提供新的增长动力。从自身动力来看，“十二五”期间遵义市强力推进工业强市战略，城镇化带动农业现代化、旅游产业化，加强重大工程项目及45个省级农业园区、17个工业园区等建设，已形成以晴、巴斯巴、鸭溪循环经济园等一大批新增长点，遵义市加快发展的自身基础更加牢固；同时，遵义市行政管理体制等方面改革持续深入推进，遵义综合保税区、遵义航空口岸、遵义经济技术开发区、遵义国家级高新技术产业开发区、遵义软件园、遵义大学生创业园“六大开放平台”加快建设，工资改革、公车改革以及新蒲市级行政中心加快搬迁等，将进一步激发遵义市加快发展的内生动力与活力，助推全市经济提速发展。

（二）经济增长因素分析

1. 从发展需要考虑

一是中央经济工作会提出，要认识、适应、引领新常态，坚持稳中求进总基调，推进供给侧结构性改革，突出抓好“去产能、去库存、去杠杆、降成本、补短板”五大任务。二是贵州省委、省政府对遵义市提出了“全力追赶，力争超越，奋力实现两个率先”的要求。三是市委“十三五”规划建议确定了经济年均增长13%左右的发展目标。四是要确保在2018年在贵州省率先实现以县为单位的全面小康社会，东部和北部区域对标经济发展方面的要求差距较大，特别是三项核心指标需要保持较高的增速。五是贵州省增比进位的需要，全省2016年经济计划增长10%以上，贵阳增长11%左右，毕节、六盘水等市州初步提出13%左右的增长目标，这些都需要遵义市经济保持高于全省、不低于其他市州的增长。六是贯彻遵义市委“学习贵阳、紧跟贵阳、紧追贵阳”的目标导向，立足于缩小与贵阳发展差距的要求，按高于贵阳2个百分点左右设定经济发展速度，遵义市地区生产总值与贵阳的差距可望从100亿元减至60亿元左右；规模工业增加值在2015年比贵阳多85.6亿元的基础上扩大到110亿元以上；社会消费品零售总额年均被拉大差距从40亿元减至20亿元左右。

2. 从增长可能研判

（1）需求方面

投资拉动。一是政策方面。国家加大对西部地区铁路、公路、城市地下管廊等基础设施投入，中央专项支持遵义等革命老区建设，如2015年9月以来遵义市就获得中央产业基金48.88亿元、98个项目，按照资本金比例可拉动银行贷款240亿元左右；2016年国家将继续投放专项建设基金，全省“5个100”工程、水利“三大会战”等继续推进，将有利于遵义市扩大投资规模。二是项目储备方面。2016年固定资产投资统一为500万元口径，从市直主管部门各行业上报汇总来看，交通水利、城建、工业、民生等项目储备投资达2100亿元；从各级各部门上报重大工程项目来看，纳入市级2016年调度重大工程的项目843个，总投资6639亿元，年度投资1612亿元，同比增加262亿元；从各县（市、区）投资计划来看，500万元以上固定资产投资近2000亿元。从以上分析来看可支撑全市投资增长20%以上。三是投资主体更加多元化。随着投融资体制改革持续推进和遵义市投资环境不断改善，招商引资、对外开放水平逐步提高，基金、专项债、众筹等各类资本市场工具和投融资模式用于实践，PPP项目更多付诸实施，社会投资总量和占比将进一步上升，均会促进投资规模增长。从以上方面分析来看，上述可支撑500万元以上固定投资快速增长。

消费推动。一是随着遵义市发展共建共享水平提升和脱贫攻坚战略深入实施，城乡居民收入逐年增加，将极大改善消费预期，提升消费能力。二是2016年遵义市城镇化率提高2个百分点左右，增加城镇人口12万~14万，亦可相应增加人均消费。三是遵义市着力打造文化旅游、现代服务业等千亿级产业促进产业转型升级，与国家2016年“适度扩大总需求，着力加强供给侧结构性改革”的总体部署高度契合，有利于遵义市培育汽车、住房、文化旅游等消费热点，扩大大健康医药、大数据等服务消费，促进消费结构升级，必将促进第三产业的发展。

出口带动。近年来，遵义市进出口总额一直保持高位增长，已有以晴光电集团、茅台集团、贵州钢绳股份公司等进出口业绩企业49家，其中以晴光电集团2015年业绩预计达6亿美元左右；2016年将增加几米电子科技、京立通信器材、贵州财富之舟等10家进出口实绩企业。随着遵义综合保税区、遵义机场航空口岸申报和建设步伐加快，2016年全市进出口总额可保持20%的高速增长，对经济增长的贡献越来越大。

（2）供给方面

第一产业：2016年，遵义市坚持以产业化提升农业，以农业园区建设和农村电商带动优势产业加快发展，推动“接二连三”发展，大力发展现代山地特色高效农业，可促进粮油产量和畜牧业平稳发展，125个农业园区可实现销售收入160亿元以上，新增60家以上市级农业龙头企业等，农业增加值可望保持6%左右增长。

第二产业：工业方面，经测算，2016年可预期的规模以上工业经济总量增长空间在120亿元左右。一是从存量来看，自实施电力直购以来，2015年遵义30家企业降低用电成本12.2亿元，中国银行贵州省分行支持白酒产业授信额度50亿元，中国金融融资租赁公司以300亿元基酒质押贷款，将在2016年有效缓解企业资金压力，促进生产恢复和增长，白酒、建材、医药等60余家规模以上存量企业新增增加值在70亿元左右。二是今年新统计入库的优质白酒、能矿产业等109户规模工业企业可产生增加值30亿元左右。三是预计2016年新增规模企业100户以上，新增增加值在20亿元左右。建筑业方面，预计保持15%左右增长，增量在30亿元左右。

第三产业：预测遵义市第三产业将保持14.7%左右的快速增长。一是全市快速交通体系逐渐形成，物流运输更加便捷高效，公路运输货运量、货物周转量等将保持30%左右的高速增长。二是遵义市近年引入招商、浦发等40家银行金融机构、23家保险机构、5家证券机构，存款余额总量已相当于毕节、六盘水、铜仁市三个地市总和，遵义市在强力推进工业化、城镇化，不断补足民生和基础设施短板的过程中，必将随着投资规模扩大而取得较快发展。三是随着旅游接待能力和基础条件的改善提升，在省、市旅发大会的带动下，遵义市住宿餐饮、批发零售等行业将加快发展，预计2016年全市旅游综合收入达640亿元以上。四是大数据和电子商务等新型服务业态快速发展，遵义市列入全省服务业“十百千”工程的红花岗示范区、17个集聚区将成为新的增长点，市内注册电子商务企业已达110家，共有500余家企业利用电子商务平台开展营销业务，预计全市电子商务交易规模在100亿元左右、增长80%以上。

综合投资、消费、出口和三次产业发展情况研判，2016年遵义市13%的增长预期是符合实际、有支撑可实现的。

三　2016年经济社会发展的主要目标和工作重点

（一）2016年遵义市经济社会发展的目标建议

——保持经济持续快速增长。地区生产总值增长13%，达到2500亿元。其中，第一产业增长6%、达到380亿元，第二产业增长13.5%、达到1120亿元，第三产业增长14.7%、达到1000亿元。

——加快全面小康进程。全面建设小康社会实现程度达到90%，确保赤水市、遵义县[①]同步小康创建达标授牌；全年减少农村贫困人口20万以上，完成5个贫困乡镇“减贫摘帽”和实现300个贫困村出列。

——促进经济协调发展。城镇化率达47%，第三产业比重达40%；中部区域经济增长14%，西部区域经济增长13.5%，东部区域经济增长14.5%，北部区域经济增长15%以上。

——着力提高发展质量与效益。2000万元以上规模工业增加值

① 经国务院同意，2016年6月遵义县撤销，设立播州区。

确保增长12.5%、达到1050亿元左右，力争增长13.5%；500万元以上固定资产投资确保增长20%、达到2034亿元，力争增长25%、达到2120亿元；社会消费品零售总额增长13.5%；一般公共预算收入确保增长10%，力争增长12%以上。

——坚守生态底线推进可持续发展。环境空气质量优良率达85%，县城以上集中式饮用水源水质达标率达100%，城镇污水处理率达93%以上，森林覆盖率达57%，一般工业固体废物综合处置利用率90%以上；节能减排、安全生产事故起数和死亡人数等指标控制在省下达目标范围以内。

——坚持开放带动创新驱动。进出口总额增长20%、达到17.8亿美元，招商引资到位资金增长15%、达到2254亿元；全年新增市级创新平台20家，省级科技型企业50家，完成发明专利申请1000件以上。

——着力改善民生共享发展成果。城镇居民人均可支配收入增长13%，农村居民人均可支配收入增长13.5%，人口自然增长率控制在6.05‰以内，居民消费价格指数控制在省调控目标范围内，城镇登记失业率控制在4.2%以内。

（二）2016年的工作重点

1.深入推进新型工业化，加快产业转型升级步伐

一是突出绿色发展，加快“绿智园区”建设。全神贯注抓园区，凝神聚气抓工业，大力实施“1351”工程，推动“绿智园区”建设取得新突破，加快建设遵义（上海）产业园、道真（重庆）产业园、桐梓（重庆）产业园，支持企业技术改造和设备更新，加快培育新的发展动能，力争在电子信息、新医药、装备制造、节能环保等新兴产业转移合作实现突破；确保新增规模企业100家以上，新建标准厂房100万平方米，建成污水处理厂8座，产业园区基础设施实现“八

通一平”。二是突出创新发展，推动传统产业升级。扎实抓好“百企引进”“千企改造”工程和“双培育”“双退出”行动计划，开展降低实体经济企业成本行动，推进传统企业改造提升，启动白酒产业“一大十星”扶持行动计划，着力打造赤水河谷中国酱香白酒产业带；加快建设大数据、白酒、大健康、新能源及节能环保、特色农副产品加工五个千亿级产业，着力培育机电制造、新材料、烟草、化工四个百亿级产业，因地制宜发展饮用水、石材、道地中药材加工、生物制造等产业，促进茶、酒产业与“互联网+”“旅游+”深度融合，重点建设一批精品酒庄、茶庄；加快推进红花岗区医药健康产业园、道真医药产业园、新蒲生物健康产业园等重点项目建设，促进新医药与健康养生养老产业融合发展；推进新一轮煤矿兼并重组和采掘机械化改造，减少破产清算；加快页岩气、煤层气、风电等新能源开发利用，推进铝、钛等材料精深加工；组织重点企业开展电力直购，大力推进“四个一体化”项目建设；依托航天十院基地等军工企业优势，推动军民深度融合发展；着力培育以巴斯巴为代表的新能源汽车产业集群，全面提升装备制造业智能化水平，推进工业稳增长、调结构、增效益。三是突出大数据引领，抓增量促转型。积极发展基于大数据的信息产业，以智能制造为主攻方向，依托以晴光电集团等龙头企业，加快建立“遵义智造”发展体系，集中力量打造以大数据为引领的智能终端产业集聚区，推动遵义软件园、航天704所项目建设；加快贵阳—贵安—遵义大数据产业合作，加强沪遵、渝遵、贵遵电子信息产业战略合作，力争无线WiFi项目在中心城区投入运营，新投运呼叫中心5000席，确保信息产业规模达800亿元。四是突出项目带动，强化跟踪服务。深入实施“百千万”工程和“双服务”行动，启动提升民营经济比重行动计划和万户小老板工程，加大工业项目招商引资力度，强力推进遵义卷烟厂、贵州钢绳厂、遵义碱厂搬迁等十大技改项目，加快以晴集团大数据、巴斯巴新能源汽车产业园等十大重点项目建设，建成投产绥阳煤电锰项目，加快推进务川氧化铝、习水二郎电厂二期等项目建设，大力推进茅台循环经济产业园、长博集团生态产业园、赤天化年产30万吨生活用纸生产线和新蒲贵州财富之舟智能终端生产等重大项目建设，加大对新开工、在建、计划建成投产和开展前期工作四类项目的跟踪协调力度，确保全年开工建设投资额3000万元以上产业项目500个，新建成投产120个以上。

2. 深入推进新型城镇化，加快黔北城市群建设

一是加强城市统筹发展。尊重城市发展规律，坚持盘活存量、做优增量、提高质量，认真筹备召开全市城市工作会，在统筹上下功夫，在重点上求突破，不断优化城市空间、规模、产业结构，构建生产、生活、生态空间体系，培育改革、科技、文化动力，突出规划、建设、管理关键环节，集聚政府、社会、市民主体合力，改善城市生态环境，提高城市发展持续性、宜居性，大力构建宜居宜业宜游黔北区域性大城市。二是加快城市开发提质增效。坚持“疏老城建新城”，加快中心城区各城市组团开发，积极推进旧城改造，实施交通“环网分担”和“微循环疏解”工程，引导人口疏解，完善城市功能，加快把中心城区建成200万人口区域性大城市；新蒲新区按照“产城景一体、铁公机联动、山水田融合、村社园统筹、文教卫配套”的要求，坚持集约、绿色循环低碳发展，以自然为美提升内涵，加快推进遵义大学城、综合保税区、经开区等建设；将红花岗区忠庄镇、深溪镇和遵义县龙坑镇片区划为南部新区，下放管理权限，按照国家级高新技术开发区的思路，推动提挡升级；着力推进遵义东站高铁新城、汇川大道片区、董公寺片区等片区整体开发建设，大力发展物流、仓储和总部经济。三是增强城镇综合承载能力。强力推进遵龙大道、高新快线延长线、绥阳至新蒲同城大道等建设，推动新老城区互联互通；加快推进唯一国际、奥特莱斯等21个城市综合体和56个示范小城镇建设，完成14个山体公园建设任务，建成20个以上省级

湿地公园，新增3个以上农贸市场；强化城市地下综合管廊、道路交通、环卫设施、停车场等公共设施建设管理，推进教育文化、医疗卫生等公共服务配套建设，加快城镇棚户区和危房、老旧小区改造，推进改革创新，破解体制机制障碍，培育发展新兴业态，促进就业创业，推进“智慧城市”“公交都市”建设，全面提高城镇公共服务能力。四是强化城镇服务管理。坚持人民城市为人民，加快户籍制度改革和居住证制度双落地，加快农民工市民化，允许农业转移人口等户籍人口在就业地落户，把公租房扩大到非户籍人口，着力化解房地产库存；以政府“有形之手”、市场“无形之手”、市民“勤劳之手”同心发力，提高各方推动城市建设、管理、服务的积极性，真正实现城市共治共管、共建共享。

3. 深入推进农业现代化，加快发展山地特色高效农业

一是着力抓好农业产业。牢固树立大农业理念，深入实施“1234”战略，大力推进农业结构调整，提高农业综合生产能力，全年粮食总产量稳定在260万吨以上，油菜籽产量稳定在20万吨左右，收购烟叶140.5万担，肉类产量达66万吨，畜牧渔业产值176亿元，茶园总面积达到200万亩，种植蔬菜265万亩，辣椒200万亩。二是抓好农业园区建设。加快农业园区、农产品基地和农业品牌建设，创建县级以上农业园区125个、实现总产值185亿元，销售收入160亿元以上；新增市级以上农业龙头企业50家以上，实现规模以上农产品加工业总产值300亿元。三是加快农（林）旅融合发展。办好“中国·贵州国际茶文化节暨茶产业博览会”，推进“东有龙井、西有凤冈”深度合作，打造湄潭农、旅、养生一体化现代农业创新区，探索推进农村电商大发展，促进第一、第二、第三产业融合发展，拓宽农民增收渠道，保障农民收入稳定增长。四是加快推进“四在农家·美丽乡村”建设。坚持黔北民居“七要素”基本风貌，深化“富、学、乐、美”内涵，扎实推进“四在农家·美丽乡村”六项小

康行动计划，强化农业现代化基础设施建设，加快推进农发行60亿元“六项行动”基础设施项目建设，加强农业面源污染综合治理，推动基础设施向乡村延伸，完成水土流失治理面积300平方公里，解决农村60万人饮水安全问题，加快建成一批遵义县花茂村、桐梓县杉坪村类型的休闲观光农业和“四在农家·美丽乡村”升级版、示范点，加快改善农村人居环境，让更多农村群众享受新农村建设成果。

4. 深入推进旅游产业化，加快提升壮大现代服务业

一是大力发展文化旅游产业。坚持学习贵阳、紧跟贵阳、紧追贵阳，扎实筹办好贵州省第十一届旅发大会和遵义市第五届旅发大会，按“智慧旅游城市”建设标准加快推进24个旅游景区建设，建成赤水河旅游公路、湄（潭）凤（冈）余（庆）茶区木栈道等一批重点旅游项目，加大精品旅游线路、景点打包对外宣传力度，加速旅游与文化、工业、农业、信息等产业深度融合，谋划建设遵义三线文化产业园，建成“1964”文化创意园一期工程，全面提升遵义市“旅游产业化”水平，全年接待游客7400万人次以上，实现旅游综合收入640亿元以上，完成旅游产业投资145亿元以上。二是提升服务业发展水平补齐短板。扎实推进全省“十百千”工程涉及遵义市的红花岗示范区、17个集聚区及服务业重点项目建设，建成新雪域冷链物流园和传化物流公路港，加快推进遵义国际物流城、贵州黔北现代物流新城等项目建设，大力发展电子商务、现代物流、金融服务、批发和零售业、家政服务业、社区服务等服务业，着力补齐现代服务业发展短板，重点培育5~10家电子商务企业，市场建设投资达到90亿元以上。三是着力推进大健康产业发展。以“互联网+”的思维、大数据的手段，突出抓好“医、养、健、管”四个重点，加快汇川区国家温泉旅游城、遵义市医药产品交易中心等项目建设，确保2016年完成投资354亿元，努力把大健康医药产业培育成为遵义市后发赶超的重要支柱产业。四是着力引导扩大消费。大力开展市场促

销年活动，组织各地开展汽车、家居、建材、特色商品等大型展销会和节庆活动，全年举办各类大型消费促进活动100场次以上；积极发展电子商务、信息服务、绿色环保、健康养生等多样化新型消费，推动传统消费方式转变，力争限额以上商贸企业累计达800家以上。

5. 壮大县域经济，加快科学治贫精准扶贫有效脱贫

一是发展壮大县域经济。以县域经济的整体提升加快扶贫攻坚步伐，以更加解放的思想、坚定的信心、精准的举措、务实的作风坚决打赢扶贫攻坚战。按照“中部跨越、西部转型、东部崛起、北部突破”新要求，落实“四大区域”生产力空间布局规划，深入实施县域经济“1355”行动计划，中部紧紧围绕区域性中心城市建设，加快战略性新兴产业、现代服务业和都市农业发展，区域地区生产总值增长14%；西部强力推进“四河四带”建设，做大“四色经济”，地区生产总值增长13.5%；东部全面推进以茶产业为主的现代山地高效农业发展，联合打造生态休闲旅游示范区，地区生产总值增长14.5%；北部充分利用区位、民族、资源优势，着力打造黔北渝南后花园、铝材工业基地、道地药材示范带，地区生产总值增长15%以上。二是全力保障精准治贫。坚持科学治贫、精准扶贫、有效脱贫，实施大扶贫战略行动，扎实抓好扶贫攻坚“三步走”和“33668行动计划”，深入开展遍访贫困村贫困户活动和“千企帮村、万户结对”，确保全年减少农村贫困人口20万以上，完成5个贫困乡镇“减贫摘帽”和300个贫困村出列，全面实现贫困乡镇“减贫摘帽”。三是更加突出精准扶贫。大力实施发展生产脱贫一批、易地搬迁脱贫一批、生态补偿脱贫一批、发展教育脱贫一批、社会保障兜底一批“五个一批”工程，突出打好异地脱贫搬迁关键一仗，注重工业化、城镇化结合，确保搬得出、稳得住、能致富；做到“八个精准”和“六个到村到户”，项目资金安排向“片区县、重点县、贫困乡镇、贫困村、贫困人口”倾斜，支持每县发展1～2个产业，市级财政加大非

片区县的插花式扶贫投入，全年计划投入产业扶贫资金7亿元以上，集中轮训贫困户13万户，易地扶贫搬迁4.5万人，城乡低保应保尽保、应退则退。四是更加突出借力发展。抢抓上海对口帮扶遵义的历史机遇，积极拓宽沪遵两地在文化教育、医疗卫生、园区建设、科技创新、智力帮扶等领域的互访交流和深度合作，确保2016年完成上海对口帮扶投资6299万元。

6. 坚守生态底线，推进经济社会可持续发展

一是优化国土空间开发。严格落实主体功能区规划，坚持节约集约用地原则，严格按照主体功能区定位谋划区域发展，抢抓高速公路带来的时空变化机遇，瞄准国际、国内大市场，优化生产力空间布局，妥善处理好生产、生活与生态的关系，促进生产空间集约高效、生活空间宜居适度、生态空间山清水秀，给自然留下更多修复空间，给农业留下更多良田好土。二是坚持绿色循环低碳发展。以提高资源产出率为目标，按照“减量化、再利用、资源化”的原则，大力发展循环经济，重点抓好遵义经济技术开发区循环改造项目，茅台循环经济生态工业园区，绥阳煤电锰、桐梓煤电化、务（川）正（安）道（真）煤电铝三个循环经济工业基地建设；大力发展风电等清洁能源，推广绿色照明，强力推进国家新能源示范城市创建和国家低碳工业园区试点工作，积极推进农村生活垃圾无害化、减量化、资源化处理工作，建成7个农地膜回收利用加工厂；大力推进环境污染第三方治理试点工作，力争两年内实现乌江干支流乡镇污水处理厂全覆盖。三是积极推进国家生态文明建设示范市创建工作。坚持保护、建设、治理并举，严守环境底线，严格源头预防，加快治理生态环境突出问题，扎实推进国家生态市、生态县、生态乡镇创建，以及绿色贵州三年行动计划，深入推进“月月造林”活动，继续实施石漠化治理工程、新一轮退耕还林工程，着力带动社会造林，营造林75.68万亩，县城以上集中式饮用水水源地水质达标率达100%，城镇污水处

理率达93%以上，森林覆盖率达57%；城市空气质量明显提升，环境空气质量优良率达85%以上。四是加强生态文明制度建设。推进改革创新，大胆探索实践，针对薄弱环节破解体制机制障碍，加快生态文明制度体系建设，引导、规范和约束各类开发、利用、保护自然资源的行为，加大地质灾害防治力度，总结推广深化赤水河流域生态文明制度建设成果，启动赤水河流域生态经济示范区创建工作，加快洛安江百里画廊生态示范区建设，落实最严格的耕地保护制度，确保全市耕地保有量和基本农田量不下降，进一步推进土地整治工作，加强农村面源污染综合治理，努力营造天蓝、地绿、水清、气净、城乡清洁的美好环境。

7. 着力改善民生增进人民福祉，实现共建共享

一是大力促进就业创业。鼓励大众创业、万众创新，完善创业就业扶持机制，重点支持大学生、返乡农民工等群体创业，新增城镇就业12.6万人，转移农村劳动力10.5万人，城镇登记失业率控制在4.2%以内。二是抓好教育事业发展。着力实施教育脱贫攻坚五年行动计划，推进“普十五”工作，加快遵义大学、遵义医科大学申报建设力度，加大教育硬件建设力度，逐步缓解中心城区和县城“大班额”问题，实施100个“全面改薄”项目和150个学前教育项目；创新职业教育发展模式，推进职业教育集团化、专业化、多元化发展；大力推进全市“互联网+教育”行动计划，促进城乡实现优质教育资源共享。学前三年毛入园率达86.5%，九年义务教育巩固率保持在90%以上，高中阶段毛入学率达86.5%，中职毕业生就业率保持在95%以上。三是抓好卫生计生工作。全面实施医疗卫生“五大建设”工程，加强服务网络建设，优化城乡医疗卫生资源配置，不断提高服务能力。深化推进公立医院改革，构建分级诊疗制度，改革医保支付方式，加快信息化建设；开展城乡医院对口帮扶，促进优质资源下沉；完成遵义市第一人民医院内科综合楼建设，启动遵义市

中医院新蒲新区新院建设，加快新蒲新区人民医院及凤冈、务川、正安、习水、赤水、湄潭等中医院建设；完成20个乡镇卫生院达标工程，建成200家村卫生室；完善突发公共卫生事件应急和重大疾病防控机制，提高防控能力和水平；加强爱国卫生工作，力争桐梓县、绥阳县、遵义县成功创建为国家卫生城市（县城）。积极落实和应对“全面二孩”生育政策，促进人口均衡发展。四是强化社会保障。继续推进全民参保登记计划试点工作，进一步完善城镇居民医疗保险报销工作，全面启动新型农村合作医疗大病保险报销工作；实施城镇保障性住房“公廉并轨”政策，加快租补分离工作；加大农村危房改造和城镇保障性住房建设力度，建成农村幸福院144个；建成投用遵义市文化馆和正安、凤冈、余庆3个县级综合档案馆；扎实开展“三关爱”活动，严厉打击“两抢一盗”，强化社会治安综合治理，维护社会和谐稳定，实现人民群众安全感和满意度“双提升”。

8. 凝心聚力上项目，确保发挥投资拉动作用

一是千方百计扩大投资规模。抢抓中央“补短板”机遇，大力开展项目建设年活动，精准谋划项目、精准储备项目、精准对接项目、精准推进项目，保持投资强度、优化投资结构、提高投资有效性，500万元以上口径行业投资方面确保完成工业投资620亿元，城建投资1040亿元，公路水运投资200亿元，铁路投资110亿元，机场投资10亿元，农村基础设施投资40亿元，水利投资50亿元，社会事业和其他投资30亿元；实施重大工程项目843个，年度投资1612亿元。二是着力推进重大工程项目建设。全力以赴守底线，凝心聚力上项目，采取集中开工、项目观摩、督查调度等加快推进交通、水利、能源等基础设施重大工程项目建设，全力推进仁怀机场建设，加快推进遵义机场二期改扩建工程前期工作，并力争开工建设；加快推进渝黔铁路、川黔铁路遵义城区段线路外迁工程、遵义东站高铁新城等铁路配套项目建设，加快推进李家湾铁路物流园区前期工作，力

争开工建设城市轨道交通1号、3号线；加快推进江习古、G75兰海高速贵遵段扩容工程、务川至德江、遵义至绥阳延伸线、乐理至冷水坪、白腊坎至黔西高速公路建设进程；力争正安至习水高速公路全线动工建设；全面启动道真至武隆高速公路、G4215遵蓉高速遵义至仁怀段、G75兰海高速遵义至重庆复线、遵义至余庆、务川至彭水高速公路前期工作；全年续建、新建高速公路366.49公里，改扩建国省干线327.45公里，建成高桥等3个客运站，开工建设农村公路4000公里以上；力争开工建设观音大型水利枢纽工程，开工建设9座骨干水源工程，续建遵义绿塘、正安新洲、道真沙坝加高等31座中小型水库工程；加快推进风能、页岩气、煤气层、太阳能、生物质能等新能源建设步伐，全年完成能源投资21亿元以上；加快遵龙大道建设，建成忠庄立交、九节滩立交、大连路与长沙路交叉口改造工程；完成中心城区交通微循环路网改造工程；开工建设高铁新城片区、新蒲新区地下综合管廊。三是全面落实项目建设条件。着力优化发展环境，大力开展精准招商年活动，推行并联审批，扎实做好项目建设的用地、审批、融资、申报、规划选址等保障工作，加大招商引资力度，创新运行PPP项目、众筹等投融资模式，推进投融资机制创新，着力破解项目建设资金瓶颈，强化要素保障，扎实加快推进项目建设前期工作，推动项目建设提速度赶进度，做大投资规模，拉动经济快速发展。

9. 着力深化改革扩大开放，创新驱动激发发展活力

一是深化重点领域改革。加大对实体经济的支持力度，优化存量、引导增量、主动减量，积极稳妥化解产能过剩，推进供给侧结构性改革；扎实推进遵义县、湄潭县新型城镇化综合试点改革；深入推进预算管理制度、财税体制改革，持续推进商事领域“三证合一”“一照一码”“先照后证”等改革，深化农村综合改革，全面推进农村土地承包经营权确权登记颁证工作，深化湄潭试验区农村产权制度改革，推进农村集体经营性建设用地入市改革试点工作；推进市属国有企业产权

制度改革，做实企业、做大平台；深化行政管理体制改革，推行政府权力清单和责任清单，简政放权，清理规范中介服务营造公平的税负环境；深化生态文明体制改革，总结推广深化赤水河流域生态文明制度建设成果，完善生态文明制度体系；大力支持、引导非公有制经济发展，鼓励民营经济依法进入更多领域；稳步推进电价、流通体制、金融体制、开发区（工业园区）、养老保险、不动产登记、医药卫生体制、政府债务管理等领域和环节改革。二是扩大对外开放力度。坚持红色传承，绿色发展，大力开展外贸突破年活动，积极对接国家“一带一路”和“长江经济带”建设，主动参与黔中经济区建设；加强与瑞士、韩国、新加坡等国家和我国港澳台地区交流合作，深化与上海、成渝等地的合作，加快上海漕河泾开发区遵义分区和新蒲开发区遵义（上海）产业园建设，打造沪遵产业合作示范区；依托重庆、融入重庆，加强互联互通建设，加快推进渝黔高铁、遵崇高速复线、国省道改造提升三个通道建设，力求在两地产业深度对接融合、交通通道建设等方面取得实质性突破，着力打造西部内陆开放新高地；着力推动“六大开放平台”建设，加快申建遵义综合保税区和遵义机场正式航空口岸，积极支持有条件的县、市设立海关、外汇等分支机构；组织重点茶酒企业到港澳台等地区举办专项推介会，进一步扩大对外交流合作。力争引进500强企业和行业龙头企业20个以上，新增外贸企业50家以上，外贸进出口总额17.8亿元。三是着力推进创新发展。实施创新驱动发展战略，深化科技体制改革，推进国家创新型试点城市建设，实施产业技术创新、科技创新能力提升、科技创新主体培育、科技创新创业人才培引、科技创新惠民五大行动，培育发展新产业，加快新技术、产品、业态等创新，重点推进遵义国家级高新技术开发区、新蒲高新产业园区、遵义南部高新技术产业园区建设，加快娄山关高新技术产业开发区发展，加快生物医药研发共享平台建设，全年新增市级创新平台20家，省级科技型企业50家，完成发明专利申请1000件以上。

经济发展篇

Economic Development Reports

B.2
遵义市“十三五”期间经济增长速度研究

陈斗林*

摘　要：本课题所研究的经济增长速度是指生产总值的增长速度。经济增长速度作为综合反映一个国家或地区经济规模、经济实力变化情况的重要指标，不仅是确定其他指标的重要依据，对制定经济社会发展的各项政策也具有十分重要的导向作用。本文对遵义“九五”“十五”“十一五”“十二五”期间的经济增长速度进行比较分析，寻找历史轨迹和存在差距，研判“十三五”期间的增长动力，提出保增长的对策措施，为市委、

* 陈斗林，遵义市发展和改革委员会节能减排监察支队副支队长。

市政府确立“十三五”期间的经济增长速度目标提供决策参考。

关键词： 遵义 经济 增长速度

一 遵义“十二五”期间经济增长速度现状

（一）遵义市“十二五”期间经济增长速度的现状特征

1. 增速较快

由表1可看出，遵义市地区生产总值年均增速从“九五”时期的不足两位数，到“十二五”时期高达14.84%的高速增长，年均增速提高了5.66个百分点，“十二五”是增长最快的五年。

表1 “九五”至“十二五”时期遵义地区生产总值年均增速对比

单位：%

时间	“九五”时期（1996～2000年）	“十五”时期（2001～2005年）	“十一五”时期（2006～2010年）	“十二五”时期（2011～2015年）
第一年	10.8	8.9	12.2	17
第二年	11.1	11.8	14.1	15.9
第三年	8.0	11.4	11.6	14.0
第四年	7.4	12.7	12.6	14.4
第五年	9.2	14.3	14.7	13.2
年均增速	9.18	11.68	12.98	14.84

资料来源：遵义市发展和改革委员会，下同。

2. 质量较高

从图1可看出，“十二五”期末遵义市三次产业结构调整为

13.2∶46.8∶40，第二、第三产业比重之和分别比“十五”“十一五”高8.5个、2.2个百分点，产业结构调整步伐加快，发展质量较高。

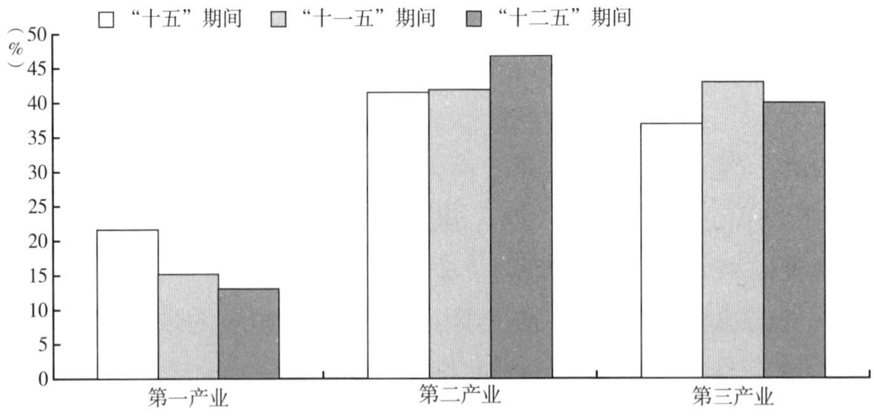

图1　“十五”至“十二五”时期遵义三次产业结构对比

3. 效益趋好

由图2、图3可看出，“十二五”期间遵义市财政两项收入、城乡居民人均可支配收入呈逐年上升趋势，与GDP增长同步，说明遵义市经济发展效益趋好。

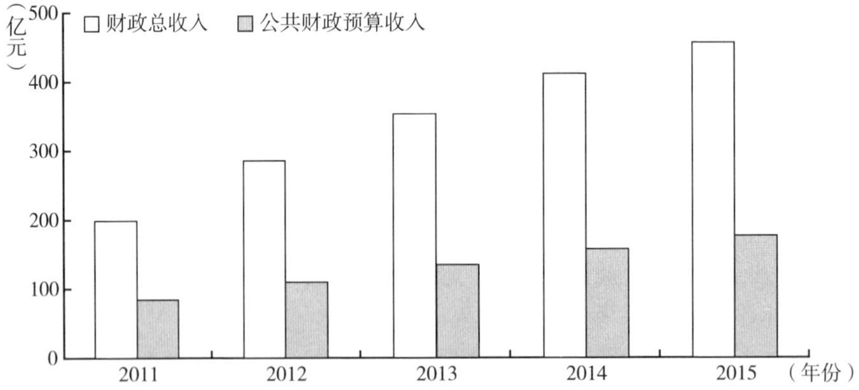

图2　“十二五”时期遵义财政两项收入

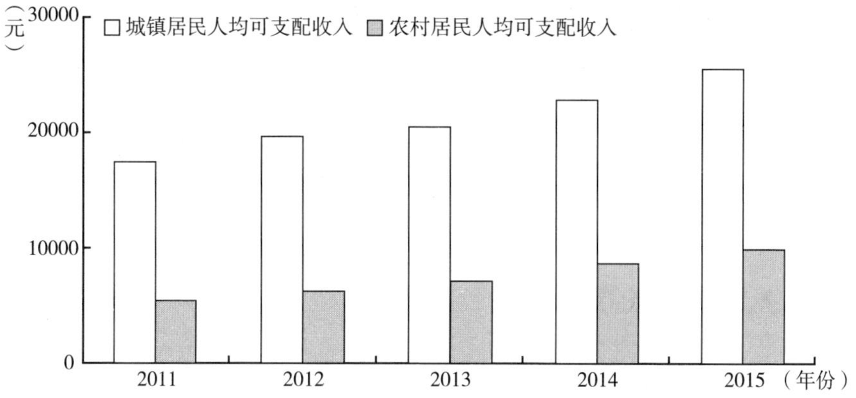

图3　“十二五”时期遵义城乡居民人均可支配收入

（二）遵义与全国、贵州省及其他市（州）的比较

1. 增速高于全国、全省平均水平

据统计资料，“十二五”规划前四年，全国GDP平均增速为8%，贵州省为13%左右，遵义市为15.32%。由此可以看出，遵义“十二五”前四年的GDP年均增速高于全国、全省平均水平。

2. 在全省9个市州中走在前列

从表2中可看出，在全省9个市州中，遵义市“十二五”时期前四年经济平均增长速度处于全省第5位，位居全省前列。

表2　“十二五”时期前四年贵州9个市州GDP平均增速

单位：%

年份	遵义	贵阳	六盘水	安顺	毕节	铜仁	黔西南州	黔东南州	黔南州
2011	17.0	17.1	16.6	15.0	16.8	15.5	15.6	16.8	15.5
2012	15.9	15.9	16.0	15.4	15.3	15.3	15.4	16.50	15.5
2013	14.0	16.0	15.9	15.4	15.1	15.4	15.5	16.1	16.0
2014	14.4	13.9	14.1	14.8	14.0	14.3	14.6	14.4	14.5
平均增速	15.32	15.72	15.65	15.14	15.30	15.12	15.27	15.95	15.37

3. 在西部30个非省会城市中增长较快

遵义市地区生产总值从2010年的第14位上升为2014年的第7位，增速从2010年的第22位上升为2014年的第1位，地区生产总值和增长速度在西部30个非省会城市中排位逐年靠前，进位较快。

（三）存在的主要问题

1. 总量仍较低

一是与贵阳标兵的总量差距在拉大，从2011年的262亿元扩大到2014年的623亿元，年均扩大差距155.75亿元。二是与西部其他市州相比，总量虽逐年提升，但与第一名鄂尔多斯的差距也是逐年扩大，由2010年的1734.47亿元扩大为2014年的2287.8亿元，差距总量超过遵义市GDP总量（2014年为1874.36亿元）本身。三是与总量相当的柳州市、咸阳市、通辽市相比来看，总量分别相差246.4亿元、125.6亿元和12.4亿元，总量差距也不小。

2. 增速仍较慢

一是“十二五”时期前四年，遵义GDP增速在贵州省分别排位为第2、第3、第9、第4，GDP增速排位起伏较大，未能保持均衡增长。二是从“十二五”时期前四年GDP年均增速来看，遵义虽高达15.3%、位列全省第5位，但从遵义作为全省第二大经济体的角度来讲，未能保持全省第一方阵，增速还较慢。三是从对标贵阳来看，遵义“十二五”前四年年均增速比贵阳低0.4个百分点，比毕节、黔西南州仅多0.02个、0.05个百分点，差距很小。综合来看，遵义发展速度还不够快。

3. 差距仍较大

一是遵义2014年全面小康实现程度为84%，其中经济发展方面的实现程度仅为71.7%，低于全面小康目标值23.3个百分点，是遵义市率先实现全面小康的短板。二是从全面小康核心指标来看，2014 年遵义市人均 GDP 为 30484 元、实现程度 58.9%，低于全面小康目标值 36.1 个百分点；居民人均可支配收入 14541 元、实现程度 65.8%，低于全面小康目标值 29.2 个百分点；这两个与经济发展密切相关的核心指标离目标值差距都较大。三是从与经济发展密切相关的 R&D 经费支出占 GDP 比重、第三产业产值占 GDP 比重、文化产业产值占 GDP 比重、单位 GDP 能耗等指标来看，这些指标分别低于全面小康目标值 21 个、15.4 个、32.8 个、23.6 个百分点，差距和欠账都比较大。

二 遵义“十三五”期间经济增长速度展望

（一）“十三五”发展形势方面

1. 挑战方面

一是从国际来看，世界经济仍处于危机后的深度调整期，“十三五”时期世界经济将延续低位复苏、分化调整、风险不断的态势，新的贸易争夺战将使国际经济形势更加复杂，不确定、不稳定性因素仍较多。二是从国内来看，经济进入新常态，下行压力加大，传统产业产能过剩、新兴产业尚未形成，产业结构、需求结构、区域结构等结构性问题仍然存在，继续保持较快增长将面临不少困难与挑战。三是从周边来讲，贵阳、泸州、重庆等与遵义市合作的周边城市近年来发展迅速，由于同处西部内陆地区，区域竞争在所难免，并将进一步加剧，同时遵义市在技术、资金、人才等生产要素方面的集聚能力明显处于劣势，比较优势和竞争动力不足。四是从自身来看，作为支撑遵义市经济快速发展的两大核心因素，投资和工业在未来五年的形势不容乐观。遵义市投资总量超过 GDP 总量，投资率突破 90%，对经济的拉动作用已达80%的上限；工业对传统行业依赖度较高，烟、酒、能源、原材料等占比80%以上，传统产业支撑动力弱，新兴产业尚在培育，工业面临转型升级困境，对经济增长的支撑作用将进一步减弱。

2. 机遇方面

一是国家政策给力。“十三五”时期国家将加大对西部落后地区的扶持，新一轮西部大开发继续推进、国发2号文件的项目化落实、武陵山乌蒙山黔中经济区3个国家层面战略规划区加快推进等，为遵义市经济发展提供新的增长动力。二是基础条件助力。经过“十二五”时期五年发展，遵义市人均GDP接近6000美元、工业经济比重提高到40%左右、城市化率提高到45%左右、一产增加值占GDP比重下降到13%以内、第二、第三产业从业人员占全部从业人员的比重提高到60%左右，工业化中期特征进一步凸显，经济发展已达中等收入国家水平，加之遵义市在产业、城镇、交通等方面的布局更加科学合理，加快发展的内生动力依然较强，遵义市仍处于经济较快增长的重要时期。三是发展活力显现。“一带一路”、长江经济带等多个国家级发展战略给遵义市发展带来了新机遇，共建黔中、紧贴成渝的潜力也会得到进一步发挥，加上对外快速通道的建成和保税区、经开区、产业园区等开放性平台服务功能的日趋完善，遵义市传统上不沿边、不沿海、不沿江的区位劣势有望逆转，为遵义市参与国际国内合作，承接产业转移、拓展资源配置和要素引进创造了极为有利的条件。四是体制机制激发活力。随着改革的全面深化，依法治市的不断推进，遵义市在经济、政治、文化和社会管理等方面的制度会越来越完善，体制机制障碍将逐步消除，投资软环境会不断改善，为释放市场活力打下坚实基础，有利于更好地发挥市场的决定性作用。

综合判断，“十三五”时期遵义市面临更为复杂的宏观环境，机遇与挑战并存，机遇大于挑战，加速发展、加快转型的基本态势没有改变，经济社会发展仍处于大有可为的重要战略机遇期。

（二）需要支撑增长速度

一是率先建成全面小康社会的需要。国家统计局对西部地区建成全面小康社会的标准设定为：总体实现程度需达到90%以上。2015年遵义市全面小康实现程度为86.5%，2018年要达到90%以上，后面3年年均需提高1.2个百分点，遵义只有保持两位数以上的经济增长速度才能满足需求。按13%左右的增速测算，2018年全市人均生产总值可达到58000元左右，按2000年价格折算，遵义将达到全面小康人均生产总值指标的西部标准。二是追赶跨越缩小发展差距的需要。经济总量小、人均水平低是遵义市发展的最大实际。要不断缩小与全国，特别是贵阳市的发展差距，在“增比进位突破”上创造新业绩，不断做大经济总量、实现跨越发展是“十三五”时期遵义发展的重大任务。“十三五”期间贵阳市地区生产总值增速预期为11%，毕节市、六盘水市预期为13%。按13%左右的增速测算，遵义市经济总量与贵阳的差距将从“十二五”时期年均扩大100亿元减至“十三五”时期年均60亿元左右，占贵阳的比重由74.5%提高到81.4%，领先毕节的优势也将进一步扩大。三是进一步提高经济首位度的需要。“十三五”期间贵州省地区生产总值增长速度预期为10%以上，总量突破18000亿元，要进一步提高经济首位度，遵义市地区生产总值增速必须高于这一速度。按13%左右的增速测算，2020年遵义市的经济总量为4400亿元左右，经济首位度将由2015年的20.4%提高到24.4%，五年提高4个百分点，年均提高0.8个百分点。四是在西部非省会同类城市中排名进位的需要。2015年遵义市经济总量在西部非省会同类城市中的排名预计为第六名，“十三五”期末要实现进位目标，按13%左右的增速测算，遵义市地区生产总值增速将比目前排位靠前的榆林市、柳州市、咸阳市和通辽市高2~4个百分点，经济总量排名将进一步提高，能够实现确保进前五、力争进前三的目标。五是确保社会充分就业的需要。从遵义市经济社会发展实践看，GDP 增速每增加 1 个百分点就能带动 8000 人就业，“十三五”期间遵义必须大力实施工业化、城镇化战略，促进经济结构调整升级，只有保持 13% 左右的增速，遵义才能实现每年新增 10 万人、五年累计新增 50 万人就业的目标。

（三）增长速度支撑因素

1. 从需求方面来看

（1）投资能拉动。“十三五”期间遵义仍处于工业化和城镇化的加速发展期，投资需求很大，遵义市已筛选入库的重大工程项目共 3000 个，总投资 2 万亿元。民生建设方面，总投资 3000 亿元，主要涉及农业建设、水利设施、扶贫开发项目，教育、文化医疗、就业与社会保障项目等类型。比如仁怀市观音大型水库总投资 31.8 亿元，汇川区洛安江饮用水源百里综合治理项目总投资 40 亿元。产业发展方面，总投资 9000 亿元，主要涉及工业基础设施及新型工业化、城市综合开发、旅游产业等项目类型。比如新蒲经开区上海产业园项目总投资 120 亿元，遵义红色旅游综合体（长征文化博览园）项目总投资 90 亿元等。基础设施建设方面，总投资 8000 亿元，主要涉及城镇基础设施、交通基础设施、经贸流通等项目类型。比如舟水桥片区棚户区项目总投资 175 亿元，重庆至贵阳铁路扩能改造工程总投资 166 亿元，遵义市城市轨道交通建设项目总投资 527 亿元等。

（2）消费有基础。一是随着遵义市发展共建共享水平提升和脱贫攻坚战略深入实施，城乡居民收入逐年增加，可保持在 13% 以上的增速，将极大改善消费预期，提升城乡居民消费能力。二是未来五年遵义市城镇化率年均提高 2 个百分点左右，增加城镇人口 60 万人以上，亦可相应增加人均消费。三是遵义市着力打造文化旅游、现代服务业等千亿级产业促进产业转型升级，扩大大健康医药、大数据等服务消费，促进消费结构升级，必将促进第三产业的发展。

（3）出口可带动。近年来，遵义市进出口总额一直保持高位增长，已有以晴光电集团、茅台集团、贵州钢绳股份公司等进出口业绩企业49家，未来五年将增加几米电子科技、京立通信器材、贵州财富之舟等进出口实绩企业。随着遵义综合保税区、遵义机场航空口岸申报和建设步伐加快，未来五年进出口总额可保持20%以上的高速增长，对经济增长的贡献将越来越大。

2. 从供给方面来看

（1）农业方面：“十二五”以来，全市大力实施“1234”战略和“8531”工程，现代农业发展迅速，农村经济发展成效显著，农业中长出工业、农业融入三产格局加快形成，农旅一体、农工互动逐渐成为未来遵义市农业发展的趋势，为“十三五”期间农业的稳定发展奠定了坚实基础。随着农业八大产业的发展，加之农业高效园区的带动，抓品牌、抓营销、抓市场、抓质量等措施的实施，到2020年，遵义年均粮食产量将稳定在265万吨左右，农业增加值年均增长5%左右，有效支撑全市经济保持两位数的增长。

（2）工业方面：“十三五”时期是遵义市工业转型升级的攻坚期，烟酒茶、能源、化工、原材料等传统产业将进一步巩固提升，电子信息、新材料、高新技术等战略性新兴产业加快培育并逐步享受成果，以遵义智造品牌、绿智园区引领的产业园区“1531”成长工程大力推进，遵义市将形成大数据、白酒、大健康、新能源及节能环保、特色农副产品加工5个千亿级工业和建成2个千亿级园区、2个500亿级园区、5个300亿级园区、8个100亿级园区，初步预计到2020年规模工业总产值有望突破5000亿元，实现2000万元规模工业增加值1800亿元左右。从全省总量来看，“十三五”期末贵州省2000万元规模工业增加值总量目标为7000亿元，遵义市在全省的占比为25%左右，到2020年遵义市规模工业增加值总量要达到1750亿元才能支撑，考虑到遵义工业要对全省做贡献，占比有望进一步增加，总量达到1800亿元比较稳妥。以此初步测算，“十三五”期间2000万元规模工业年均增长有望保持12%左右，将稳定支撑全市经济增长达到两位数水平。

（3）三产方面：随着交通条件改善，航空、高速公路等快速交通体系运转更加协调，交通运输业将继续保持较快速度增长；“快进慢游”旅游服务体系逐步构建，旅游景区品质和服务质量进一步提升，加之全省、全市服务业发展大会的召开及系列政策措施的推出带动，将促进人流、物流向遵义市汇集，有力带动物流、住宿、餐饮和批发零售等行业较快发展，预计旅游业可增长18%以上；“引金工程”取得实效，各具特色的金融机构增多，金融产品呈多样化趋势，将促进遵义市金融业保持良好发展势头，更好地为地方经济发展服务；国家鼓励大众创业、万众创新，大幅下放和减少审批事项，定向减税、普遍性降费等减轻企业特别是小微企业负担政策相继实施，将大大降低创业成本，进一步激发市场活力，不断增加市场主体，丰富服务业发展业态，壮大第三产业总量，第三产业将是遵义市未来经济发展最大的增量，预计“十三五”期间服务业发展速度会快于工业增长速度，达到13%以上。

（四）增长速度初步设计

受国际宏观环境和国内新常态的影响，遵义市经济发展的整体环境发生了较大变化，市场需求偏弱、要素供给趋紧、资本价格抬升、资源环境约束加剧，多重困难和挑战相互交织，“十三五”期间经济增长速度与“十二五”相比将有所下降。但在新型工业化、城镇化进程加速的支撑下，经济发展的内生动力和外在活力没有改变，增长潜力仍然较大，预计全市潜在增速在13%左右。只要我们积极适应新常态，抓住新机遇、培育增长点、管住风险点、提振精气神，仍然能保持两位数以上的较快增长速度。

初步测算，遵义市 GDP 增速按 13% 左右计划较为稳妥，与“十二五”相比，下调 2 个百分点，但比全国高 5 个百分点，比全省高 3 个百分点左右，在西部同类城市中仍处于一流水平。

三　实现经济增长目标的对策建议

（一）充分发挥投资关键作用，保持经济平稳较快增长

一是提高思想认识。各地各部门要提高对抓好投资工作的认识，切实加强组织领导，拧紧思想“总开关”，着力解决好新常态下“投什么、谁来投、怎么投”这三个根本问题，统筹协调、科学谋划、扎实做好扩投资稳增长各项工作。二是超前谋划项目。要以战略性思维、超前性部署、重点性突破，结合国家政策导向和民生需求，精心谋划编制一批重大基础设施项目、特色优势产业项目、战略性新兴产业项目、扶贫攻坚项目等，使更多项目挤进国家和省规划盘子，为发展夯实基础。三是精准招商引资。要认真研究国家政策投向，精心谋划和重点推进一批政策含量高、社会预期效益好的 PPP 项目，进一步创新体制机制，顺应产业导向、发展形势、优势和承接条件，着力招大商、招好商、精准招商，切实提高招商的针对性和实效性。四是做好要素保障。认真做好项目用地、融资、征拆、审批等要素保障，加强政银企合作，积极创新融资服务，以钉钉子的精神，做好项目招引、跟踪、审批、落地、推进等各项工作，全力扩大有效投资。

（二）突出精准发力抓强工业，推动工业加速转型升级

一是着力优化工业空间布局。遵循遵义市域空间发展战略，优化四大区域工业空间布局，引导产业向适宜发展区集聚。中部区域重点

发展高端装备制造、电子信息、大健康医药、新材料、特色食品、化工等产业；西部区域重点发展白酒、能源、化工、竹加工等产业；东部区域重点发展茶叶、米加工等特色农产品加工业；北部区域重点发展生态产品、畜产品加工及铝土矿工业。二是着力构建优强工业产业体系，大力改造提升传统产业。以五张名片为重点壮大提升特色轻工业，重点发展酒、烟、茶、药、特色食品等产业；深化电力体制改革，开展电力直供交易，在推进煤电铝、煤电化、煤电材等资源深加工产业一体化上取得实质性突破，增强原材料产业竞争力；扎实推进中心城区国有企业“退二进三”“退城进园”取得突破，进一步优化盘活存量企业。大力发展高新技术和战略性新兴产业，培育壮大一批新兴产业企业，新增上市企业10家以上。三是着力打造工业发展平台。深入实施产业园区“1531”成长工程，进一步增强园区管理自主权，着力打造百亿级、千亿级园区，每个园区重点发展1个带动力强的首位产业，着力建设新型装备制造、高新技术、新材料加工、电子信息、特色食品、化工、区域合作、出口加工、综合保税、空港等十大类型园区。到2020年，打造一批1000亿级园区、500亿级园区、300亿级园区、100亿级园区，总产值突破3000亿元。

（三）着力扩大消费基础作用，狠抓现代服务业发展

一是大力发展文化旅游业。坚持旅游、文化、宣传、体育“四位一体”，深入推进旅游与文化、与第一、第二、第三产业融合发展，全力实施旅游改革、旅游融合、旅游精品、旅游交通、生态环境、旅游配套、品牌建设和培育旅游企业“八大工程”，“十三五”期间，力争实现文化旅游产值2000亿元，实现综合收入1700亿元以上，把遵义建设成为文化旅游发展创新先行区和国内一流、世界知名的旅游目的地和休闲度假胜地。二是大力发展电子商务。加大对电商的扶持力度，逐步完善服务体系，优化发展环境，促进网络经济与实

体经济共同发展，培育电子商务企业200家以上。三是大力发展现代金融业。积极抓好“金融招商”“引银入遵”、间接融资、直接融资和政银企合作工作，强力推进新蒲新区金融集聚区建设，深入实施地方金融体系建设工程，创新金融产品服务，努力把遵义市建设成为西南地区重要的区域性金融中心。四是大力提升服务业集聚发展水平。充分利用高新技术特别是信息技术改造传统服务业，做大做特做优健康养老、休闲养生、康体运动等重点业态，加快建设习水县鳛部省级现代服务业创新发展试验区、新蒲洛安江生态文明示范产业园、娄山关休闲度假产业园等一批区域性重要保健疗养中心和康体运动基地，把遵义市建设成国际知名的“健康遵义”。

（四）不断夯实农业基础地位，促进农业发展、农民增收

一是提高农业综合生产能力。以农田水利、农业综合开发、土地整治等项目为重点，加快中低产田改造，建设基本粮田和旱涝保收高标准农田，大力推广良种良法，逐步提高山区农业机械化水平，稳定粮油烟等大宗农产品种植面积，提高农业综合生产能力。全市粮食年产量稳定在260万吨以上，油料年产量20万吨，烤烟年收购量140万担左右。二是突出优势发展特色农业。加大土地流转力度，发展适度规模经营，突出发展生态畜牧业、商品蔬菜辣椒产业、茶产业、中药材产业、烤烟产业、休闲观光农业等六大主导产业，到2020年底，实现生态畜牧业总产值突破245亿元，商品蔬菜辣椒产业总产值44亿元，茶产业综合总产值200亿元，中药材产业总产值150亿元，烤烟产业总产值稳定在20亿元以上。三是提高山地农业现代化水平。加强高效农业示范园区建设，鼓励规划创建各种类型的主导产业示范区和特色农业精品园，大力发展生态农业、设施农业、循环农业、科技农业、休闲观光农业和农产品加工物流业，推进第一、第二、第三产业融合发展。休闲观光农业综合总产值40亿元，创建现代高效农

业示范园区130个以上、农（林）旅一体化园区（示范区）100个。四是加强农村基础设施建设。整合项目资源，规划建设一批体现现代生活标准和蕴含富、学、乐、美“四在农家”元素的农庄、茶庄、村庄、酒庄，着力打造“四在农家·美丽乡村”升级版、示范带，带动改变农村，富裕农民。

（五）坚守发展生态两条底线，推动经济持续向好发展

一是优化国土空间开发格局。按照《遵义市域空间发展战略规划》和《遵义市四大区域生产力布局规划》，调整优化重点开发、限制开发、禁止开发等不同主体功能定位的国土空间开发格局，科学划定生产、生活、生态空间和生态红线范围，到2020年，国土开发强度控制在4.5%以内。二是大力发展循环经济。大力发展循环经济，着力淘汰落后产能，扎实做好国家新能源示范城市和遵义经开区国家级循环化改造示范园区建设，大力推进遵义市国家餐厨废弃物资源化利用和无害化处理试点城市建设；重点抓好茅台循环经济生态工业园区、赤水20万吨竹浆林纸一体化国家级循环经济项目，以及绥阳煤电钢、桐梓煤电化、务正道煤电铝三个循环经济工业基地建设。三是加强生态环境保护。抓好大气污染防治、污水处理、工业废渣整治、生活垃圾无害化处理和固体废物的综合利用；大力实施退耕还林工程、天然林资源保护二期工程、防护林体系建设等重大生态修复工程，抓好赤水河、乌江、綦江、芙蓉江等重点流域水污染防治，加强城镇和重点园区污水、垃圾处理设施的建设和管理，强化饮用水水源地保护。到2020年，全市城镇污水处理率达到95%，空气质量指数优良天数占比达90%以上。四是推进生态文明制度建设。建立健全生态文明考核机制，按照不同区域主体功能定位实行差别化的评价考核制度；在赤水河流域率先实施生态补偿机制，完善林业生态补偿制度；开展节能量、排污权、水权等交易试点，落实省环境污染第三方

治理实施细则；以赤水河流域“四河四带”建设和生态市、生态县创建为载体，推进生态文明制度建设、先行示范区建设，逐步形成可复制可推广的制度模式。

（六）加快推进重点领域改革，不断提高对外开放水平

一是推进重点领域改革。深化资源配置体制改革，建立资源配置招标投标机制和专家库管理等相关制度；按照“非禁即入”的原则，大力推行 PPP 合作模式；全面放开落户限制，全面开展农村土地承包地、建设用地、宅基地、房屋等确权登记颁证，深化城乡统筹发展体制机制改革；加快转变政府职能，深入推进政务公开，推进事业单位分类改革，深化行政管理体制改革。二是着力扩大对外开放；坚持开放带动，积极融入“一带一路”和长江经济带、贵广高铁经济带建设，深化与“长三角”“泛珠三角”“成渝经济区”等重点区域和相邻市州的合作交流，加快与重庆、贵阳等大中城市的互动互联建设；加快推进遵义综合保税区、遵义机场航空口岸等重大开放平台建设，强化沪遵对口交流合作，全力打造西部内陆开放新高地。三是大力实施创新驱动。坚持大众创业、万众创新，全面推进国家创新型试点城市建设，重点实施科技管理改革、科技开放合作、科技企业培育、科技金融融合、科技服务能力提升五个科技创新行动，着力营造宜居宜业的良好政策环境和制度环境，破解关键环节的体制机制障碍，增强发展动力，激发全社会创新活力和创造潜能。

B.3
遵义市“十三五”时期财源建设研究

雷文宇　陆仕海*

摘　要：“问渠那得清如许，为有源头活水来”。财税收入是政府实施宏观调控、提供公共产品、增进群众福祉的坚实保障。近年来，遵义市财政收入持续增长，但收支矛盾突出、政府性债务沉重问题突出，其主要原因是遵义财源结构比较单一，“源头缺活水”。“十三五”时期，遵义市财税工作将迎来难得的发展机遇，也面临不容忽视的巨大压力，抢抓机遇、克服困难、开源节流势在必行。

关键词：遵义　财源建设　研究

一　遵义市“十二五”时期财政收入分析

（一）目标完成情况

1. 预期目标

《遵义市国民经济和社会发展第十二个五年规划纲要》明确提出：到2015年，全市财政总收入预期目标320亿元，比2010年增加

* 雷文宇，遵义市财政局总会计师；陆仕海，遵义市财政局预算科科长。

178.7 亿元，年均增长 17.8%；一般公共预算收入预期目标 138 亿元，比 2010 年增加 80.4 亿元，年均增长 19%。

2. 完成情况

2015 年，全市财政总收入 432.2 亿元，为预期目标的 135.1%，比 2010 年增加 290.9 亿元，年均增长 25.1%；一般公共预算收入 177.6 亿元，为预期目标的 128.7%，比 2010 年增加 122 亿元，年均增长 25.3%。

3. 总体评价

一是财政总收入连续突破 200 亿、300 亿、400 亿元三个大关，于 2013 年提前并超额完成“十二五”规划预期目标。分年度看：2011 年完成 202.2 亿元，比上年增长 43.1%；2012 年 288.3 亿元，增长 42.6%；2013 年 356.6 亿元，增长 23.7%；2014 年 412.7 亿元，增长 15.7%；2015 年 432.2 亿元，增长 4.7%。“十二五”财政总收入年均增速比“十一五”快 6.5 个百分点，2015 年绝对值超过“十二五”预期目标 112.2 亿元，占 GDP 比重由 2010 年的 15.5% 提高到 2015 年的 20.9%，收入规模居贵州省第二位。二是一般公共预算收入突破 100 亿元大关，逼近 200 亿元大关，于 2014 年提前并超额完成“十二五”预期目标。分年度看：2011 年完成 84.6 亿元，增长 46.9%；2012 年 113 亿元，增长 33.5%；2013 年 136.8 亿元，增长 21%；2014 年 159.7 亿元，增长 16.7%；2015 年 177.6 亿元，增长 11.2%（见图 1）。“十二五”一般公共预算收入年均增速比“十一五”快 4.3 个百分点，2015 年绝对值超过“十二五”预期目标 39.6 亿元，收入规模居贵州省第二位。

（二）财源结构情况

1. 从三次产业看

国家 2002 年实施农村税费改革，遵义市涉农（第一产业）税收从此几乎为零，税收主要由第二、第三产业贡献。2010 年，遵义市

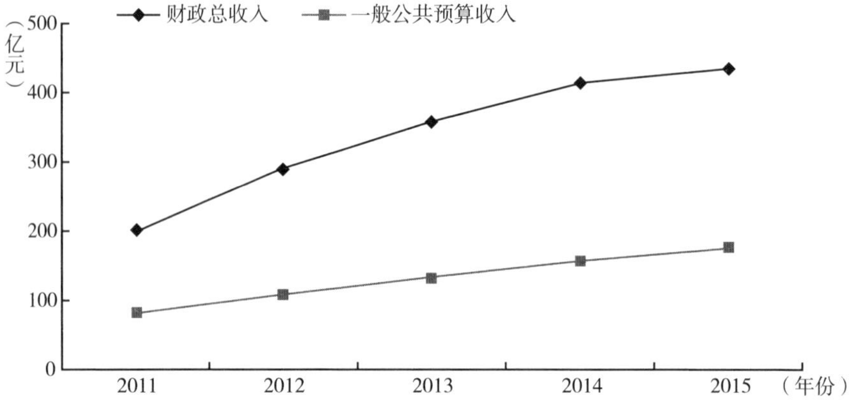

图1　“十二五”时期遵义市财政收入绝对值分年度变化趋势

资料来源：遵义市财政局，下同。

第二、第三产业所做税收贡献比约为55∶45，2014年已调整为40.7∶59.3（2015年相关数据未出笼，以下涉及采用2014年数据处原因相同），第二产业税收占比逐年下降、第三产业税收占比逐年提升。

2. 从收入质量看

非税收入占比逐年下降，税收收入占比逐年上升。2011～2015年，全市非税收入分别为23.5亿元、28.3亿元、30.8亿元、34.2亿元、37.7亿元，占一般公共预算收入的比重分别为27.8%、25.1%、22.5%、21.4%、21.2%（见图2）。

3. 从税种看

增值税、消费税、营业税、企业所得税、城市维护建设税收入占主体地位。2012～2014年，全市财政总收入中，增值税占24%左右、企业所得税占21%左右、消费税占15%左右，三大税种合计约占60%；一般公共预算收入中，营业税占24%左右、增值税占12%左右、城市维护建设税占9%左右，三大税种合计约占45%。

4. 从重点纳税行业看

2014年，卷烟制造、酒制造、电力、原材料、商业、金融保险、

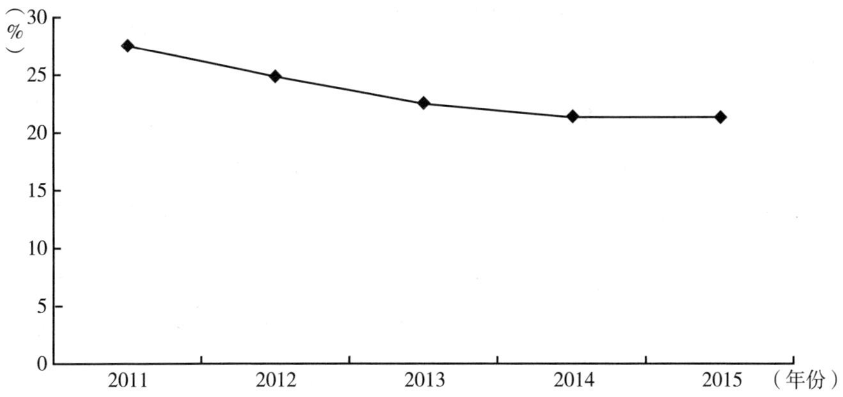

图 2　“十二五”时期遵义市非税收入占一般公共预算收入比重变化趋势

建筑、房地产八大重点纳税行业分别纳税 36.77 亿元、42.59 亿元、6.11 亿元、11.99 亿元、141.11 亿元、17.58 亿元、42.58 亿元、22.23 亿元，共计 320.98 亿元，占财政总收入的 77.8%（见图 3）。2011～2014 年，上述八大重点纳税行业纳税总额占当年财政总收入的比重分别为 73.7%、80.8%、80.3%、77.8%，其支柱地位十分突出，但自 2012 年到达顶峰后，近两年占比已明显回落，其深层次

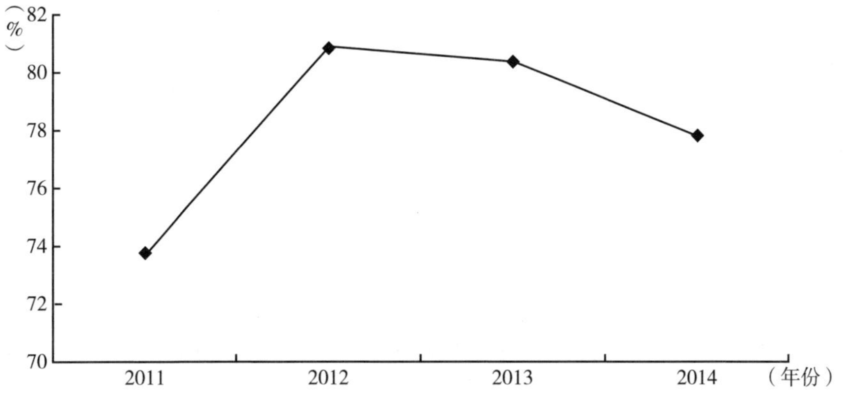

图 3　2011～2014 年遵义市八大重点纳税行业税收占财政总收入比重变化趋势

原因主要是白酒、原材料行业发展困难，房地产和建筑行业发展已趋理性。

5. 从重点纳税企业看

2014年，茅台酒厂、遵义卷烟厂、遵义烟草公司、习酒厂、贵州银行遵义分行、遵义农村信用合作联社、遵义供电局、遵义铝厂、贵阳老干妈遵义分公司、茅台集团技术开发公司等纳税十强企业分别纳税144.43亿元、38.42亿元、14.53亿元、4.29亿元、4.04亿元、2.84亿元、2.09亿元、1.84亿元、1.7亿元、1.67亿元，共计215.85亿元，占财政总收入的52.3%。2011~2014年，上述10家企业纳税总额分别为95.04亿元、149.09亿元、189.04亿元、215.85亿元，分别占当年财政总收入的47%、51.7%、53%、52.3%（见图4）。白酒、卷烟、金融、原材料、供电企业对遵义市财政收入贡献度较高，但自2013年到达顶峰后，2014年开始小幅回落。

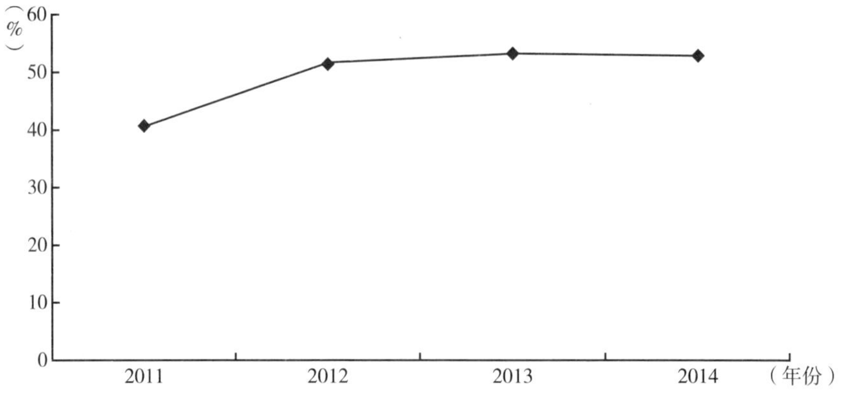

图4 2011~2014年遵义市10家重点纳税大户缴纳税收占全市财政总收入比重变化趋势

6. 从级次看

2011年和2012年，全市一般公共预算收入中，市级收入分别占

18.4%、15.3%；2013 年，全省统一实施省以下分税制财政管理体制改革，税收实行属地管理，增值税、营业税、企业所得税、个人所得税、资源税、城镇土地使用税六个税种省、市、县按 2∶2∶6 比例分享，城市维护建设税、耕地占用税、契税三个税种市、县按 2∶8 比例分享。至 2014 年，分税制财政管理体制已运行两年，市级一般公共预算收入占全市一般公共预算收入的比重提升到 22.5%（见图 5），比 2010 年提升 6.3 个百分点，说明分税制改革后，市级可支配财力大幅提升，市委、市政府用财税手段统筹全市经济社会协调发展的能力增强。

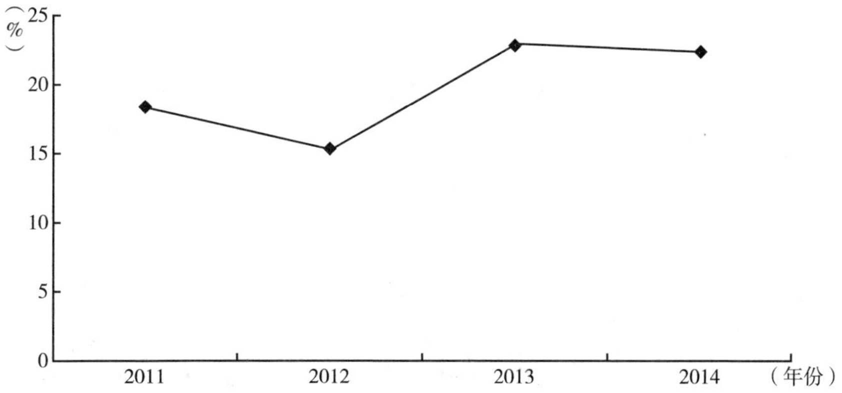

图 5　2011 ~ 2014 年遵义市市级一般公共预算收入占全市一般公共预算收入比重变化趋势

7. 从四大区域看

中部六县（区）、西部三县（市）财政总收入和一般公共预算收入总量大，占全市比重高，其收入完成情况对全市起决定性作用。东部三县、北部三县财政总收入和一般公共预算收入稳定增长，但总量小，占全市比重低，和中部、西部比较差距大（见图 6 ~ 图 9）。

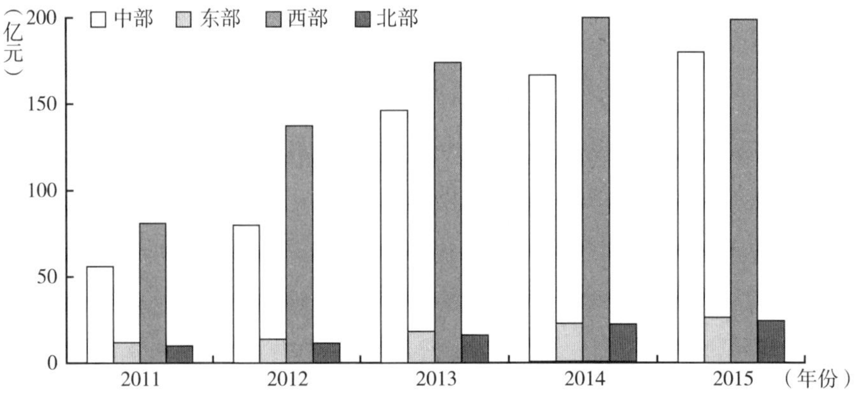

图6　“十二五”时期遵义市四大区域财政总收入变化趋势

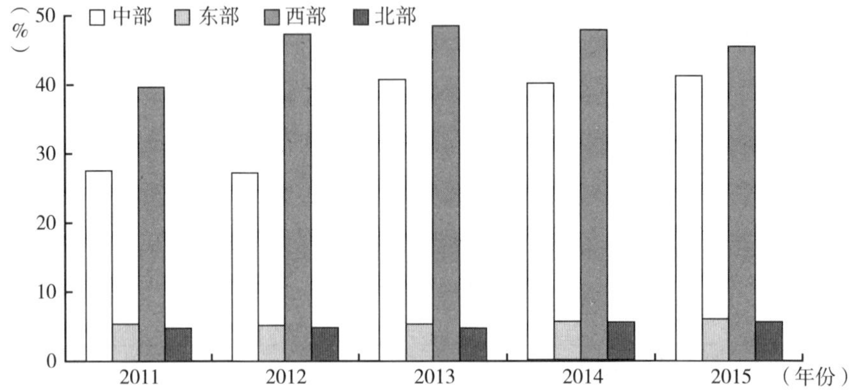

图7　“十二五”时期遵义市四大区域财政总收入占全市比重变化趋势

（三）财政收入的特点

1. 财政收入增长进入换挡调速期，高于全省平均增速

2011～2014年，遵义市财政总收入年均增长30.7%，比全省快8.9个百分点；一般公共预算收入年均增长29%，比全省快2.5个百分点。受国际国内宏观经济发展形势变化影响，遵义市实体经济发展

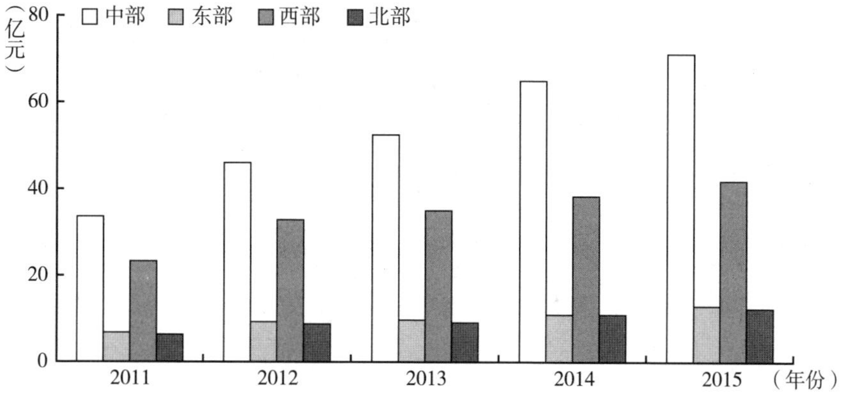

图 8　“十二五”时期遵义市四大区域一般公共预算收入变化趋势

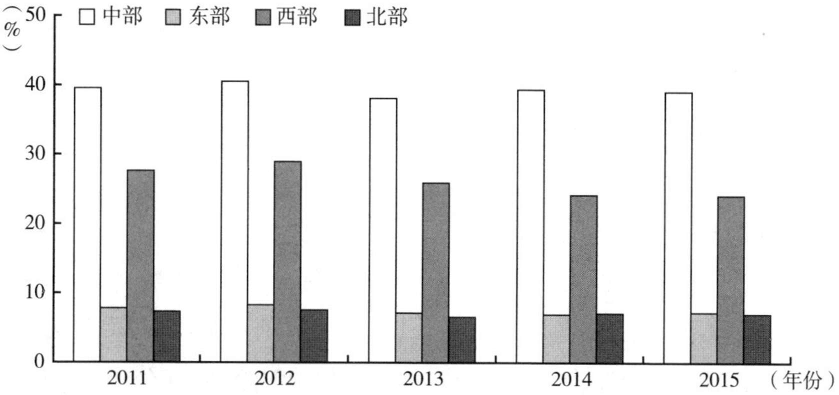

图 9　“十二五”时期遵义市四大区域一般公共预算收入占全市比重变化趋势

增速呈波浪形走势，地区生产总值 2011 年增长 14%，2012 年增长 15.9% 达到最高峰，2013 年回落到 14%，2014 年反弹至 14.4%，2015 年放缓到 13.2%。财政收入增长速度相应逐步回落，呈前高后低趋势，其中，全市财政总收入 2011 年增长 43.1%、2012 年增长 42.6%，2013 年增长 23.7%、2014 年增长 15.7%、2015 年增长 4.7%；全市一般公共预算收入 2011 年增长 46.9%，2012 年增长

33.5%、2013 年增长 21%、2014 年增长 16.7%、2015 年增长 11.3%（见图 10）。财政总收入正由过去的高速增长阶段，回稳至与经济发展更协调、更有质量、更有效益的中高速增长阶段，与宏观经济发展变化保持一致，进入“新常态”。

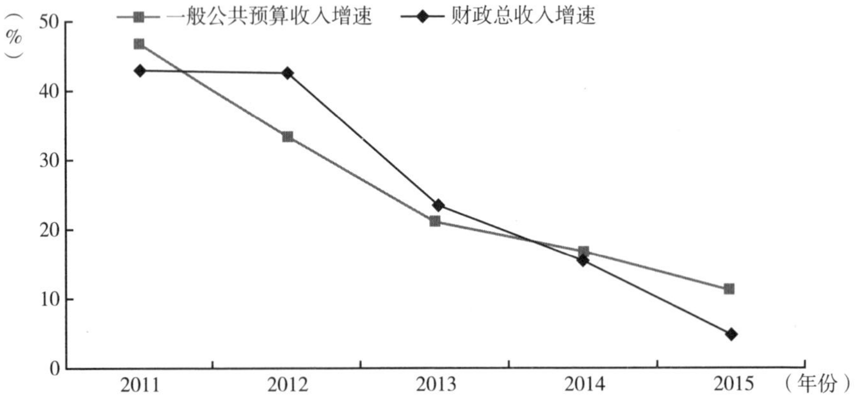

图 10　“十二五”时期遵义市财政收入增速变化趋势

2. 收入规模占全省比重提高

2010 年全市财政总收入占贵州省比重 14.5%，2011 年提高到 15.2%，2012 年提高到 17.5%，2013 年提高到 18.6%，2014 年提高到 19.4%，2015 年下降到 18.8%，五年提高 4.3 个百分点；2010 年全市一般公共预算收入占全省比重 10.8%，2011 年提高到 10.9%，2012 年提高到 11.1%，2013 年提高到 11.3%，2014 年提高到 11.7%，2015 年提高到 11.8%，五年提高 1 个百分点。同期，贵阳市一般公共预算收入占全省比重从 2010 年的 25.5% 下降到 2015 年的 24.9%，六盘水市从 9.2% 下降到 8.7%，毕节市的优势从 11.6% 下降到 7.2%，说明遵义市与贵阳市差距在小幅缩小，与六盘水市、毕节市的优势差距在逐步拉大。

3. 一般公共预算收入占财政总收入比重低于全省平均水平且逐年下降

2010 年贵州省一般公共预算收入占财政总收入的比重 55.1%，

遵义市该比例为40.8%，比全省平均水平低14.3个百分点；2015年全省一般公共预算收入占财政总收入的比重65.6%，遵义市该比例为41.1%，比全省平均水平低24.5个百分点（见图11）。说明遵义市税收收入中，中央和省级收入占比大，地方收入占比小，财政收入结构不合理，其原因主要是遵义市烟酒行业依然占税源结构的主体地位，其税收主要是增值税、消费税、企业所得税，此三项税收以中央和省级收入为主，对地方收入贡献度相对较小。

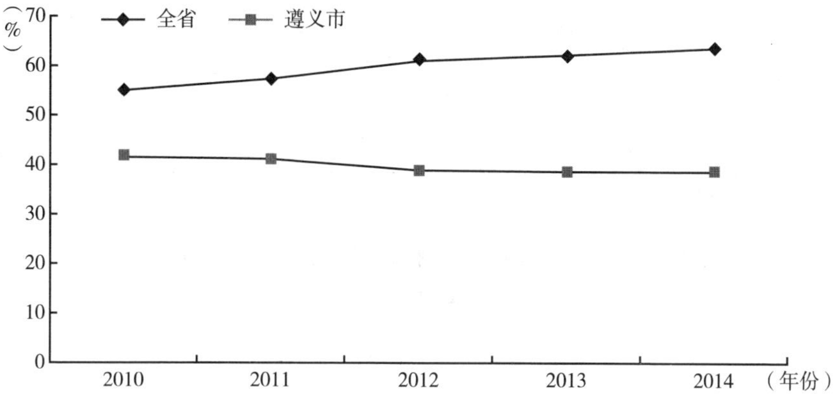

图11 “十二五”时期贵州省、遵义市一般公共预算收入占财政总收入比重变化趋势

4. 人均财政收支水平处在全省中下游位置

2014年全市人均一般公共预算收入2599元，为全省平均水平的66.7%，在九个市州中排第六位，前五位分别为贵阳市7278元、六盘水市4467元、黔西南州3361元、黔东南州2664元、黔南州2613元；全市人均一般公共预算支出6440元，为全省平均数的63.8%，在九个市州中排第八位，前七位为贵阳市9847元、六盘水市7800元、安顺市7481元、铜仁市8224元、黔西南州8424元、黔东南州8868元、黔南州8185元，仅高于毕节市（5515元）。按2014年全省平均数测算，遵义市一般公共预算收入需240亿元、一般公共预算支出需621亿元才能与全省平均数持平，而遵义市2014年这两项指标分别只有159.7亿元、396.4亿元，差距相当大，因此遵义不能只陶醉于收入规模全省第二（见图12、图13）。

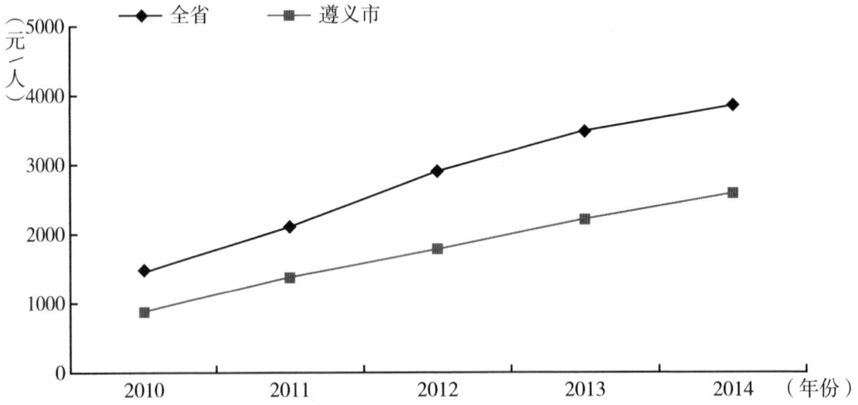

图12　2010～2014年贵州省、遵义市人均一般公共预算收入变化及对比

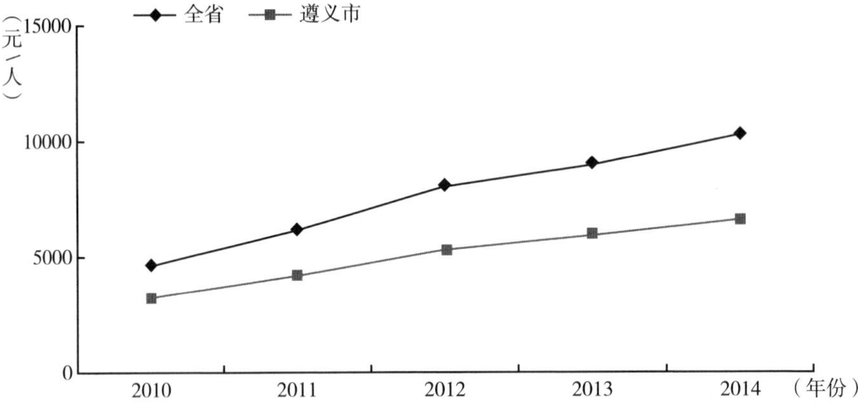

图13　2010～2014年贵州省、遵义市人均一般公共预算支出变化及对比

5. 四大区域财政收入不平衡，增长趋缓

“十二五”时期，遵义市四大区域财政总收入和一般公共预算收入年均增速均超过20%，但四大区域经济发展不均衡，东部三县、北部三县对全市财税贡献度小，中部六县（区）、西部三县（市）虽对全市财税贡献度大，但受经济持续下行和白酒、原材料产业市场变化影响，其税收增长乏力，对全市财力增长影响较大，难以再现“十一五”时期高速增长态势（见图14、图15）。

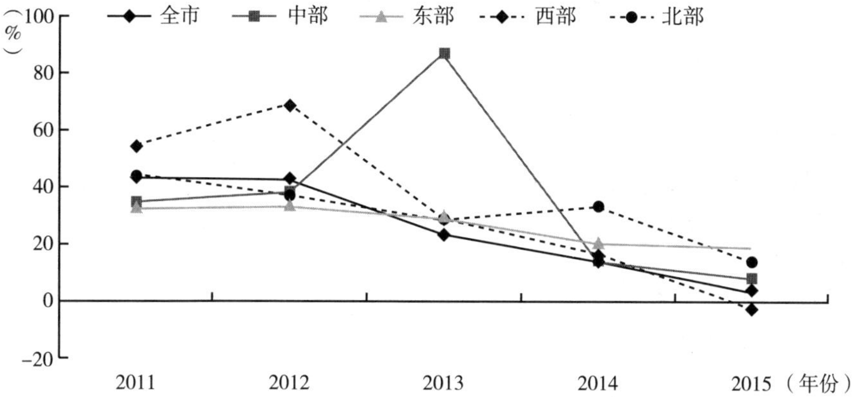

图14　“十二五”时期遵义市总体及四大区域财政总收入增长变化趋势

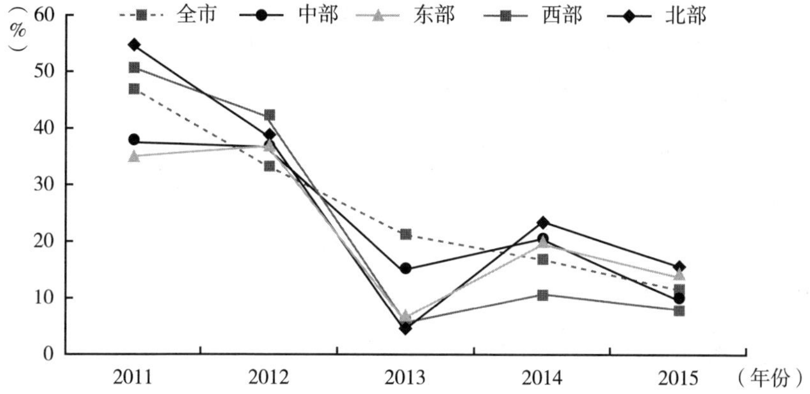

图15　“十二五”时期遵义市总体及四大区域一般公共预算收入增长变化趋势

二 “十三五”时期遵义市财税工作面临的形势分析

（一）面临的机遇：多种因素可促进产业发展调速不减势、量增质更优，将为财税稳步增长提供有力支撑

1. 全面深化改革的因素

2013年11月，中共中央通过了全面深化改革若干重大问题的决定，对坚持和完善基本经济制度、加快完善现代市场体系、加快转变政府职能、深化财税体制改革、构建开放型经济新体制、强化权力运行制约和监督体系等提出了全面深化改革的目标任务。目前，遵义市正结合市情实际，认真落实中央“规定动作”改革，并认真梳理查找阻碍全市经济社会发展的体制机制障碍，在商事、开发区（工业园区）、开放型经济等领域抓好“自选动作”改革，但这些改革多半还处在起步或攻坚阶段，“十三五”时期将陆续步入攻坚或收官期，随着改革的不断深化，经济发展环境将不断优化，改革红利势将不断释放，可推动三次产业不断发展壮大，为税收增长提供有力支撑。

2. 扩大对外开放的因素

国家已经确立“一带一路”“长江经济带”等开放推动发展的战略思路，旨在集聚国内外资金、技术、人才等发展要素，推动重点区域扩大对外开放，实现加速发展。为加快融入“一带一路”“长江经济带”发展，遵义市已提出并加快建设遵义国家级经济技术开发区、遵义国家级高新技术产业开发区、遵义综合保税区（筹）、遵义机场航空口岸、遵义软件园区、遵义大学生创业园区“六大开放平台”，旨在优化开放创新环境，打通对外开放通道，集聚加快发展要素，率先把六大平台打造成为遵义市开放型经济的主战场和对外开放的桥头

堡。在此因素推动下，遵义市“十三五”时期外资外贸产业必将大发展，为财政收入新增量提供可能。

3. 实施“三化一游”的因素

“十二五”时期，市委、市政府结合遵义市资源禀赋，充分考虑发展短板，研究提出大力实施新型工业化、绿色城镇化、农业现代化、旅游产业化“三化一游”产业发展路子。目前，“三化一游”战略正深入实施，产业发展、城镇建设的硬软件环境正加快改善，“十三五”时期全市经济发展方式转变步伐将进一步加快，经济发展将迈上新台阶，可为财税增收创造更高水平的经济基础。

（二）面临的挑战

骨干税源增长乏力、收支矛盾十分突出、政府性债务居高不下、减费降税力度加大等因素，将导致“十三五”时期遵义市财政收入实现高速增长十分困难。

1. 骨干税源增长乏力

“十二五”后期，受市场变化因素影响，遵义市骨干税源白酒、原材料行业销售低迷，预计这种困难在“十三五”还将持续一段时期；目前，遵义市房地产市场已基本饱和，未来国家将出台新的房地产税收政策，房地产业发展将回归理性。总体判断，“十三五”时期，遵义市白酒、房地产、原材料、电力、建筑等支柱产业可能低增长或负增长，将导致全市财政收入增长乏力。

2. 收支矛盾十分突出

“十二五”后期，由于宏观经济持续下行，财政收入增长乏力，使得中央财政转移支付增量有限，市县两级财力更加紧张，而各项政策性民生项目配套、重点基础设施建设配套以及财政供养人员工资和奖金等刚性支出不断增加，加之各级政府债务还本付息的需求，预算平衡难度巨大，财政收支矛盾突出。“十三五”期间，财政收入与支出矛盾突出的局面短期内将不会有效改变。

3. 政府性债务居高不下

近几年，遵义市经济高速增长主要靠投资拉动，靠融资、信贷解决资金来源，导致各级政府债务负担越来越大。截至2014年，全市政府债务余额突破千亿元大关，比2013年6月审计认定的政府债务翻了一番多。分级看，市级（含新蒲新区）债务占全市政府债务的34%，县级占66%；从结构看，直接债务占95%，担保债务和可能救助债务占5%；从风险指标看，一般债务率和专项债务率均超过100%的警戒线；从偿债压力看，82.5%的直接债务将于近三年到期，政府债务风险和压力凸显。2016年，市级需还本付息的政府性债务高达30多亿元。

4. 减费降税力度加大

为营造更好的产业发展环境，“十三五”时期，国家将继续实施积极的财政政策，进一步加大结构性减税降费政策实施力度来“放水养鱼”，这对财政收入减少的影响不可低估。具体来看，小微企业增值税、营业税起征点提高以及所得税优惠，100万千瓦以上水电企业增值税优惠，调整固定资产投资进项抵扣范围，取消、免征、降低行政事业性收费和政府性基金，全面“营改增”等政策会继续实施，将进一步减少财政收入。据统计，2015年遵义市落实的各项税收优惠，共计减免抵退税收114亿元，超过当年税收收入401亿元的1/4。2016年，中央统一取消征收价格调节基金，遵义市减收3亿元财政收入，为维持财政收支平衡，通过对所有专项预算调减20%来平衡。

此外，经济增长是财政收入增长的源头，由于遵义市“十二五”时期财政收入增长远高于经济增长，垫高了财政收入基数，亦加大了遵义市“十三五”时期财政收入实现可持续高速增长的难度。2011～2014年，遵义市财政总收入年均增速30.7%、一般公共预算收入年均增速29%，而全市主要经济指标年均增速为：地区生产总值年均增长15%、500万元以上规模工业总产值年均增长15.6%、社会消费品零售总额年均增长17.1%、城镇居民可支配收入年均增长10.7%、农村居民可支配收入年均增长17.4%，财政收入增速高于主体经济指标增速。

三　对策建议

“十三五”时期，遵义市一般公共预算收入预期目标为年均增长12%，继续保持高于全国、全省预期目标，到2020年遵义一般公共预算收入将突破300亿元大关、达到313亿元，实现这一目标任重道远。

（一）向发展要财源

1. 巩固支柱财源

“十二五”时期，工业占全市经济总量的45%左右，是遵义市国民经济的主体，也是财政收入的主要来源之一。“十三五”时期，要继续坚持工业强市战略，全神贯注抓园区、凝神聚气抓工业，以工业转型升级为主线，以工业园区建设为抓手，以实施重大项目为突破口，做强工业经济总量。一要抓特色传统产业，着力把白酒、特色农产品加工产业培育成为千亿级产业。其中，白酒产业应主动适应市场需求，重点抓好品牌定位、塑造和产品营销工作；特色农产品加工产业应重点抓好具有遵义特色的“两烟”、茶产品加工、竹制品加工等产业。二要抓战略性新兴产业，着力把大数据、大健康、新型节能环保三大产业培育成为千亿级产业，加快形成新的经济增长点。

2. 发展基础财源

城镇化是解决城乡差距的根本途径，也是产业升级、拉动消费、扩大内需最大的潜力所在，城镇化建设对稳固以建筑安装、房地产、餐饮零售等为基础的财源税源意义重大。一要积极申报遵义成为较大的市，中心城区人口长远发展目标定位在300万规模。应进一步优化城市发展规划，主动融入成渝经济圈、黔中城市群发展。加快城市基础设施建设，完善路网结构，拓展发展空间，完善城市功能，充分发挥中心城区在政治、经济、文化等领域的辐射带动作用，促进全市城镇化加快发展。二要全力加快绥阳县撤县设区和桐梓县、湄潭县撤县设市进程，促进中心城区与桐梓县、绥阳县、湄潭县、仁怀市同城化发展，加快构建“黔北城市群”，形成城镇集聚规模效应。三要加快县域城镇空间布局调整，推进以县城为中心的县城倍增计划，实施撤乡设镇、撤镇设办、乡镇撤并整合工作，积极争取全国中小城镇发展改革试点、省级城乡综合配套改革试点、扩权强镇试点，提升县域城镇化发展水平。四要围绕中央关于推进城镇化“三个1亿人”目标，出台推进全市户籍制度改革的政策措施，加快全市户籍制度改革步伐，打破城乡户籍壁垒，为农民工市民化扫清政策障碍。五要坚持产城互动、以产为主，构建城镇化发展新格局。到2020年，力争全市城镇化率从2015年的45%提高到55%，年均增长2个百分点。

3. 培育后续财源

“十三五”时期，随着遵义市新型城镇化进程的加速，城镇带动第三产业发展的作用将更大程度发挥，城市经济将日益繁荣，一些现代服务业业态将随之从无到有、发展壮大，现代服务业将成为未来财税增收的潜力所在。为适应形势发展需要，需加强遵义市现代服务业发展的谋划。要认真落实遵义市委、市政府《关于加快现代服务业发展的实施意见》（遵党发〔2015〕2号）精神，充分发挥区位优势、产业优势、资源优势，围绕物流、人流、资金流、信息流，大力发展生产性服务业（如金融、现代物流、软件及信息技术服务、通信、电子商务、节能环保、研发设计等）和生活性服务业（如文化旅游、商贸服务、健康服务、家庭服务等），构建与工业化、城镇化、农业现代化相协调的服务业发展新格局，促进结构调整、就业增加、民生改善。到2020年，遵义市服务业增加值将达到1760亿元、固定资产投资达到2550亿元、税收收入达到420亿元、就业人数达到106万，消费对经济增长的贡献率突破50%，服务业税收收入占税收总收入比重超过55%，把遵义市建设成为贵州省乃至西南地区重要的金融中心、物流中心、商贸中心、会展中心、农产品交易中心、电子信息产业基地，打造国际山地旅游和度假公园目的地、休闲度假养生胜地，逐步实现遵义市三次产业结构向“三二一”转化，使后续财源更加稳固。

（二）向开放要财源

抢抓国家实施“一带一路”和建设“长江经济带”战略机遇，坚持红色传承，推动绿色发展，奋力打造西部内陆开放新高地。重点加强与泛珠三角、成渝经济区等区域合作，深化与对口帮扶城市、战略合作城市、企业集团、金融机构、科研院所交流合作。主动承接东西部发达地区人才、科技和产业转移，加强园区共建。加强“六大开放平台”建设，大力发展外向型经济，做大外贸总量，提升外贸竞争力。大力改善发展软环境，进一步清理、修改、废止一切阻碍发展的地方性政策，营造亲商、安商、富商和创业、创新、创优的发展环境。创新招商引资工作方式，积极引进国内外500强企业、行业龙头企业、省内外优强企业入驻，进一步提高招商引资资金到位率。

（三）向改革要财源

1. 深化预算制度改革

一是认真编制一般公共预算、政府性基金预算、国有资本经营预算、社会保险基金预算，将政府所有收入和支出纳入预算管理，确保预算完整性。二是预算一经批准，执行中原则上不再增加，确需新增的支出按滚动预算原则，纳入以后年度预算滚动安排。

2. 构建地方税体系

1994 年分税制改革后，营业税成为地方财政收入第一大来源，约占遵义市一般公共预算收入的 24%。全面推开“营改增”后，营业税被增值税取代，增值税主要为中央收入，寻找新的地方收入来源迫在眉睫。从近期中央透露的信息分析，下一步构建地方税体系，关键看消费税、资源税、房地产税，应提前做好谋划工作。一是消费税可能成为新的地方税主体。财政部已开展将消费税从生产环节征收改为在零售或批发环节征收的前期调研，拟将消费税改为地方税，由地方税务部门征收，以弥补“营改增”后地方财政收入缺口。遵义市消费税主要来源于白酒、卷烟行业，这也是遵义市优势产业和支柱财源，我们对消费税政策调整可能影响白酒、卷烟税收的有关因素要加强研判和数据测算，争取更有利的改革政策，确保主要税源不受大的影响。二是资源税将成为地方重点财源。《贵州省煤炭资源税改革实施方案的通知》（黔府办发〔2014〕50 号）规定，从 2014 年 12 月 1 日起，煤炭资源税由从量计征改为从价计征，适用税率 5%，由省、市、县按 4∶1∶5 分享，同时取消煤炭价格调节基金和地方自定的与中央精神不相符的涉煤收费项目。遵义市是煤炭资源大市，年产量在 1200 万吨左右，煤炭资源税将成为遵义市财源的新增长点。三是房地产税。国家高层多次表示将加快房地产税立法进程，“十三五”时期可能会开征并成为地方税主体。房地产税改革的大体思路是取消房产交易环节的土地增值税，将房产税、城镇土地使用税合并成房地产税，在保有环节由地方税务局征收，作为地方税收主要来源。

3. 积极呼吁、努力争取有利于地方事权和支出责任划分的顶层设计改革

合理划分中央、省、市、县各级事权和支出责任，建立完善的财政管理体制，是财税体制改革成功的关键。事权和支出责任划分涉及

各级政府的利益调整，是财税体制改革三大任务中最难办的一项。虽然市级政府在事权和支出责任划分上没有主动权，但我们应积极作为，主动向上呼吁，争取有利于地方的财政管理体制改革。

（四）向管理要财源

1. 努力增收节支

全面排查税源，堵塞税收漏洞，依法征收，应收尽收，及时入库；规范行政事业性收费、政府性基金、国有资产及国有资本收益管理，完善非税收入征缴制度和监督体系，防止非税收入流失。优化支出结构，财政资金重点保工资、保运转、保基本民生；对重点支出根据推进改革的需要和确需保障的内容统筹安排，不再采取先确定支出总额再安排具体项目的办法；统一预算分配，逐步将所有预算资金纳入财政部门统一分配。

2. 盘活财政存量资金

上年预算结转资金，可在下年用于结转项目支出；连续两年未用完资金，收回财政统筹，或补充预算稳定调节基金。加大结转资金统筹使用力度，对不需按原用途使用的资金，按规定统筹用于经济社会发展急需资金支持的领域。建立科学合理的预算执行进度考核机制，有效控制新增结转结余资金。

3. 加强政府性债务管理

认真贯彻落实中央和省加强政府性债务管理有关规定，研究出台遵义市加强地方政府性债务管理的意见及配套政策措施，建立健全政府债务风险防控机制，防范化解财政风险。分清政府债务责任主体，政府直接债务纳入政府预算管理，由一般公共预算或政府性基金预算安排资金偿还。积极探索 PPP 模式，鼓励社会资本通过特许经营方式参与城市基础设施等公益性事业投资营运，按规定程序及时向社会公开政府债务存量情况。

4. 严肃财经纪律

认真落实中央、省委、市委加强作风建设的有关规定，严控公费接待、公费出国（境）、公费购车等支出，严控会议费、差旅费、培训费等一般性支出，严控节庆、庆典、评比表彰类经费支出，进一步建立健全厉行节约反对浪费的长效机制。认真开展民生项目、重点专项资金等财经纪律检查，严肃查处违规违纪行为，提高财政资金使用的规范性、安全性和有效性。

B.4
遵义市“十三五”时期发展环境与形势研究

龚永育　杨安东*

摘　要：“十三五”时期，遵义经济社会发展挑战与机遇并存，主要面临国际宏观经济形势可能持续下行、国家宏观政策可能发生重大调整、贵州省各市（州）相互竞争压力加大、自身发展存在不少结构性矛盾等问题。辩证看待，挑战既是机遇，只要居安思危、解放思想、先人一步、做实措施，遵义市具有的比较优势，将使遵义迎来加快发展的“春天”。

关键词：遵义　发展　环境　形势

科学分析、准确判断遵义市“十三五”时期发展环境与形势，是谋划好“十三五”时期遵义经济社会发展思路、发展目标、战略路径的基础和前提。根据遵义市政府工作要求，遵义市政府研究室在深入调研基础上，立足辩证思维、国际视野和遵义视角，采取要素分析等方法，深入研判“十三五”时期遵义发展的内外环境、现实基础、有利条件和风险挑战，为《遵义市国民经济和社会发展第十三个五年规划纲要》起草提供参考。总的判断是：“十三五”期间，全

* 龚永育，遵义市政府研究室主任；杨安东，遵义市政府研究室工作人员。

球经济处于调整期，国内经济进入新常态。遵义市加快发展既面临巨大挑战，也存在重大机遇，压力与动力并存。从辩证的角度来看，挑战与机遇并非绝对化，若不砥砺拼搏，机遇就会稍纵即逝；只要应对有方，压力也可成为“倒逼”发展的动力。总体来看，遵义市仍处于加速发展、后发赶超的战略机遇期，有条件保持平稳较快发展。

一 面临的挑战

（一）国际层面

国际经济持续下行、缓慢复苏，将对遵义市“十三五”时期外贸增长和引进境外投资带来巨大压力。目前，美国、日本、欧洲等全球发达国家和地区经济增长缓慢，尚未从2008年国际金融危机的阴影中完全走出来。未来5~10年，世界经济仍将处于后危机时期的结构调整期，经济总体增长速度趋缓，市场扩展力较前期减弱，国际金融市场动荡性增强，世界经济发展中不稳定、不确定和不平衡的因素增多。“十二五”以来，遵义市对外贸易每年呈20%以上增长，但外贸总额体量依然较小（2014年为4.6亿美元），且90%左右集中为出口，出口企业也集中在以晴集团、正安神曲等少数几个企业，企业出口的电子、乐器等产品也基本为代工产品，议价的话语权掌握在国际买方市场。国际经济形势的持续下行，将导致国际市场对遵义市出口产品的需求和价格降低，对遵义市外贸企业发展、外贸增长带来不利影响。同时，欧美等西方国家采取稳健的财政政策、宽松的货币政策刺激经济增长，并通过新一轮科技创新推动制造业回归，或到东南亚等资源、劳动力较为低廉的地区投资建厂，导致我国沿海等发达地区外商纷纷撤资。在此种形势下，遵义市“十三五”时期引进境外投资的压力将进一步加剧。

（二）国家层面

宏观政策调整，将使遵义市“十三五”时期可能面临与其他地区发展差距拉大的现实困境。

1. 国家实施“一带一路”战略，贵州省遵义市未在其中，有可能成为“孤岛”

2015年，国家提出“丝绸之路经济带”和“21世纪海上丝绸之路”战略构想，旨在通路、通航的基础上通商，加强我国与中亚、南亚、东南亚、俄罗斯及中东、北非、欧洲的经济交流合作，我国中部河南，西部陕西、甘肃、青海、宁夏、新疆、重庆、四川、云南、广西和东部江苏、浙江、广东、福建、海南在战略框架之中，贵州省遵义市不属于“一带一路”范畴。目前，已有60余个国家和地区响应支持“一带一路”战略，我国已开展“一带一路”规划编制，届时国家将对“一带一路”规划上的地区有重大项目、资金和政策支持，这些省区在交通、基建、产业、文化、旅游、贸易、金融方面将面临千载难逢的实质性发展机遇，而贵州省遵义市将成为“孤岛”，只能眼睁睁地看其他地区大发展、快发展。

2. 遵义市白酒产业将继续面临政策因素带来的发展困境

经过几十年的积淀，遵义市茅台酒成为高端接待用酒、商务用酒，长期供不应求，带动了遵义市酱香白酒产业的整体大发展，以茅台酒为代表的白酒产业增加值，占遵义市工业经济的60%以上，在地方财税、就业上做出了积极贡献。近年来，由于国家对公务接待做出用酒的有关规定等因素，茅台酒销售形势逆转，遵义市白酒行业发展整体下行严重。未来，国家加强“三公经费”管理的决心不会变，茅台酒唯有转型面向大众才有出路，遵义市白酒支柱产业风光不再。

（三）全省层面

贵州省内各市州你追我赶、竞相发展，遵义市面临“标兵快走、追兵紧追”的现实，“十三五”时期保位进位压力巨大。2014 年，遵义市地区生产总值排名全省第2，与排名第1 的贵阳的差距从2010 年的213.06 亿元扩大到2014 年的622.9 亿元，五年拉大差距409.84 亿元，五年（2010～2014 年，下同）年均增速排名第5，落后于贵阳市、六盘水市、黔东南州、黔南州；规模工业增加值虽然继续排名全省第一，但占比已由2010 年的25.5% 下降到2014 年的24.2%，增速从全省第2 位下降到第7 位，工业的领先优势正在削弱；固定资产投资规模名列全省第2，但与贵阳的差距从2010 年的400 多亿元扩大到2014 年的900 多亿元，五年差距翻了一倍多；公共财政预算收入排名全省第2，但与贵阳的差距是遵义市目前收入的一倍还多，而且仅超第3 位六盘水30 多亿元；社会消费品零售总额排名全省第2 位，与贵阳差距300 亿元左右；农业增加值虽继续保持全省第1 位，但五年下降了1.46 个百分点；城镇居民人均可支配收入在全省占比下降7.23 个百分点，农民人均可支配收入与贵阳相比依然较大。总体来看，目前遵义市在全省面临“标兵”越走越远、“追兵”越来越近的态势，保位进位、赶超贵阳的压力巨大，且稍不注意，就有可能被六盘水等市（州）超越的危险。

（四）自身层面

遵义市发展还存在不少突出问题，“十三五”发展道路上遍布荆棘。

1. 稳增长难度大

“十二五”时期，遵义市经济在贵州省内、在西部虽增长较快，但与东部沿海发达地区相比，经济总量依然较小，人均水平依然较低，要率先实现小康目标，“十三五”时期经济必须继续保持10%左右的增速。投资、消费、出口是拉动经济增长的传统“三驾马车”，创新是“新马车”，从目前情况来看，遵义市“四驾马车”的拉动能力均不强，“十三五”时期经济增长的动力较弱。投资增长乏力。“十二五”时期，遵义市经济增长的动力主要来源于投资拉动。2014年，国家出台文件（国发〔2014〕43号和62号），对化解地方政府性债务和招商引资的税收优惠等做出硬性规定，基本关闭了地方政府向银行举债发展的大门，也使地方政府不能继续采用土地和税收优惠招商引资。在此情况下，遵义市“十三五”时期继续保持投资强度的资金来源趋紧，招商引资缺乏吸引力，遵义市、县两级政府可能面临无资可融局面。消费能力不足。2014年，遵义市城镇居民人均可支配收入、农民人均可支配收入分别为22728元、8365元，分别为全国平均水平的78.8%、79.75%，城乡居民收入水平总体偏低，消费能力不强。全市有200多万农民长期在外务工，支撑农民收入的渠道主要是务工经济，收入后续支撑能力不强。城镇居民收入是农民收入的2.72倍，居民收入差距持续变大。服务业种类少，档次低，主体依然是批发、零售、住宿、餐饮，新的消费热点不多。出口形势严峻。目前，美国正拉拢世界范围内的发达国家参与环太平洋战略经济伙伴关系协定和跨大西洋贸易投资伙伴关系协定。美、欧、日的强强联合，将左右全球经济走向，新的国际贸易规则重组，会对发展中国家设置重重壁垒，提高贸易门槛。遵义市商品出口的种类不多，科技含量总体不高，在此形势下，出口贸易将面临更多困难。创新能力不强。遵义市企业的赢利主要靠土地优惠、财税优惠、劳动力低廉、资源价格低廉等要素，科技经费投入较低，自主研发能力较弱，没有形成产学研相结合的创新体系。装备制造、电子信息等一些科技含量较高的产业，其研发基地不在遵义市，遵义市企业只是赚取微薄的代工费用。

2. 调结构任务重

从工业来看，发展方式粗放，产能过剩突出，环境污染严重是主要矛盾。某些园区招商引进的皮具生产企业等，其生产设备还处在20世纪80年代的水平，采取手工方式生产，产业层次较低。遵义市工业的主导产业是白酒、烟草、能源和材料，其中白酒创造的税收占全市的30%以上，新兴产业的占比不足2%，目前原材料、白酒、能源产业市场价格倒挂，产能严重过剩，多数企业处于“维稳生产”状态。在新兴产业尚未壮大的前提下，遵义市对传统产业的依赖依然较强，部分钢铁、化工、电解铝、白酒等生产企业对环境污染的影响依然存在，环境保护任务繁重。从农业来看，遵义市农业基础薄弱和生产方式落后的状态并未根本改变。机耕道建设不足，肩挑背扛依然是主流；水源灌溉保障能力不强、抵御旱涝病虫害等自然风险的能力较低，还处于靠天吃饭的局面；适应山地特色农业发展的小型农机具研发、推广、应用不够，农民组织化程度较低，依然处于单打独斗的生产状态；农业示范园区示范带动能力不强；农产品加工企业多，但多数处于粗加工阶段，精深加工链条短，农产品附加值不高；农业地理标志品牌多，但市场认可度、知名度低。从服务业来看，发展质量总体不高。批发零售住宿餐饮等行业依然是生活性服务业的主流，家政、养老、信息、健康、教育、医疗等行业发展滞后，不能满足群众日益增长的需求。物流配送、法律金融等服务于工业的生产性服务业发展较快，但布局比较分散，且不能满足需要。文化旅游各种景区景点竞相建设，但比较分散，未能形成品位高的精品线路，遵义市依然是游客的过境地而非目的地。

3. 发展要素趋紧

面临资金、资源、环境、市场的多重约束。资金方面，国家为控制地方政府债务规模，银行为控制放贷风险，将继续实施稳健的货币政策，政府融资、企业贷款将面临越来越大的困难，小微企业融资难、融资贵问题尤为突出。资源方面，电力供应能力虽强，但工业电价高，企业负担重。因过度开采地下水，导致地下水位降低，工业用水紧张，生活用水危机也频发。市场方面，遵义市白酒、原材料、能源等产业产品市场需求较弱，此种形势短时间内不会发生改变。环境方面，工业化、城镇化快速发展对资源能源的刚性需求将不断上升，但遵义市经济增长方式仍然比较粗放，高耗能高污染高排放问题依然突出，加之国家实行更加严格的能源消耗总量管理，资源环境与发展需求的矛盾将更加突出。

4. 民生欠账大

交通方面，城市交通拥堵现象十分严重，城市道路建设速度跟不上机动车增长速度，边远地区农村公路硬化、油化不足，道路通行状况较差。教育方面，城乡教育发展不均衡，城市教育资源严重不足，大班额现象严重，农村学校学生少，但优质师资缺乏。医疗方面，村居、镇街医疗机构门可罗雀，而县城及以上医疗机构“门庭若市”，以医护人员、医疗设备、医疗技术为重点的优质医疗资源配置不均。水利方面，工程性缺水问题依然存在，尚未得到彻底解决。扶贫方面，贫困人口依然多，贫困面依然大，扶贫的“造血”功能不足，脱贫群众返贫概率大。社会稳定方面，社会处于转型期、群众诉求多元化，因征地拆迁、环境保护、食品安全等带来的问题较多，将对社会治理体系和治理能力现代化提出更高要求。

二　面临的机遇

（一）国际层面

世界经济多元化格局已经形成，国际经济下行触底后势必缓慢复苏，新国际贸易规则的制定将倒逼遵义市加快创新发展。虽然当前世界经济依然为西方世界主导，但我国经济总量已位居全球第2，贸易总额位居全球第1，已成为世界经济发展重要一极，新兴发展中国家经济占全球的份额也在逐步增加，世界经济多元化格局已经形成，不再是一家独大的局面。按照经济发展的周期性规律，加上欧、美、日等国家和地区正在推行的刺激政策以及新一轮科技革命，世界经济下行有可能很快触底，势必缓慢复苏。以美国主导的国际贸易规则的修订，提高了国际贸易的门槛，虽在很长一段时间对遵义市外贸出口造成冲击，但也将倒逼遵义市加快科技创新进程，提高出口商品的科技含量，提升国际市场竞争力。

（二）国家层面

针对中央实施的一系列宏观政策，遵义市只要加强谋划、主动对接，就可在项目建设和资金争取上面临重大机遇。国家继续深入实施西部大开发战略，把西部作为全国未来经济发展的增长极来打造，势必将加强对西部地区政策、项目和资金的倾斜。国发〔2012〕2号文件，专门针对贵州加快发展提出扶持政策，当前的政策红利尚未完全释放。国家即将实施的“一带一路”发展战略，遵义市虽不在其列，但遵义市即将步入高铁时代和后高速公路时代，与周边省市的互联互通能力增强，能够较好接受辐射，分享“一带一路”战略实施的红利，为遵义市扩大开放、加快融入重点区域发展、积极参与国际国内合作竞争提供了良好机遇。国家正在规划的长江经济带发展战略，贵州省是上游重点区域，遵义市面临乌江经济走廊打造新机遇，新的经济增长极将形成。国家实施精准化投资政策、降准化货币政策，持续推进扶贫攻坚工程和生态文明现行示范区建设，这些一揽子宏观政策均为遵义市争取国家项目和投资提供了新机遇。

（三）省外层面

东部沿海地区产业向中西部地区梯度转移的力度加大、速度加快，为遵义市承接发达地区产业转移，推动产业调整转型提供了良好条件。遵义市拥有丰富的能矿资源、良好的生态资源，交通瓶颈即将解决，正加快融入全国7小时经济圈。在物流运输成本增加不多的前提下，东部沿海地区企业基于土地、劳动力、原材料等价格相对低廉的因素和抢占西部新市场的战略考量，必将更多考虑到遵义市投资兴业。正安神曲吉他有限公司就是有力的例证，该公司原为珠三角地区一家吉他生产企业，产品销往欧美等国家和地区，其大量技术工人主要是遵义市正安人，其技术工人想回家就业导致该公司无法正常生产，故其直接将企业搬到遵义市正安发展。

（四）全省层面

贵州省委、省政府把遵义作为全省经济发展的重要增长极，遵义市面临与贵阳、安顺同城化发展的重大机遇。省委、省政府高度重视遵义发展，积极帮助遵义市申建新蒲综合保税区。黔中经济区发展规划中，省委、省政府对遵义市的定位为黔北经济协作区，目前贵阳、遵义、安顺已实现通信同城化发展。贵（阳）遵（义）毕（节）“金三角”发展战略中，遵义市是重要一极。根据全省城际快铁建设规划，“十三五”时期，遵义市将建成与贵阳快速联通的城际铁路，届时与贵阳的时间距离将缩短在1小时以内，在产业合作、旅游等方面面临同城化发展的大好机遇。

（五）综合实力相比较强

“十二五”时期遵义市发展条件改善，使遵义市在省内和西部同类城市中比较优势巩固提升，加快发展的基础较好。“十二五”以来，遵义市经济保持加快发展态势，GDP总量始终保持全省第2位，在西部30个非省会城市中排位从2010年的第14位上升至2014年的第7位，工业经济继续保持全省领先优势，投资、社会零售、财税和居民收入主要指标也稳居全省第 2 位，为“十三五”加快发展打下了良好的基础。区位优势明显。“十三五”时期，国家重点将重庆打造成为西部开放主引擎，遵义市具有紧靠重庆的区位优势，将进一步承接重庆发展的辐射，具备加快融入成渝经济圈的实现优势。能矿资源富集。遵义市铝土矿、煤炭、锰矿、钼镍矿、铁矿石、石灰石等资源丰富，储藏量大，具备发展新能源、新材料、新建材的资源优势。交通条件改善。“十二五”时期，遵义市实现县县通高速目标，水、陆、空立体综合交通体系初步形成，与周边地区实现互联互通，加快融入全国 7 小时经济圈。交通条件改善大幅降低了物流成本，为企业控制成本、开拓市场创造了现实条件。水利条件改善。“十二五”时期，遵义市实施了一大批大中型水库和五小水利工程，农业生产条件有效改善，工业用水、城镇生产生活用水保障能力增强。自然生态良好。当前，人民群众的消费方式发生重大变化，已经从传统的模仿性、排浪式消费向个性化、多样化消费方式转变，尤其追求健康、休闲等消费方式。遵义市森林覆盖率高，自然生态良好，休闲度假、健康养老、绿色食品等产业具备大发展的机遇。

B.5
遵义市“十三五”铁路建设发展研究

王 寒*

摘 要： 当前，铁路是遵义市综合交通运输体系中的薄弱环节，亟须抢抓国家加快铁路尤其是中西部铁路建设的重大历史机遇，采取有力有效措施，推动遵义市铁路持续快速健康发展。

关键词： 遵义 铁路 建设

铁路是重要的基础设施和民生工程，是资源节约型、环境友好型运输方式，加快推进铁路建设，对推动经济社会又好又快发展、方便人民群众安全出行具有重要意义。

一 发展基础

（一）发展成效

“十二五”以来，在国家和贵州省有关部门的大力支持和遵义市委、市政府的坚强领导下，遵义市紧紧抓住中央扩大内需及深入实施西部大开发等重大历史机遇，贯彻落实国家及省关于加快铁路发展的

* 王寒，遵义市发展和改革委员会铁建科副科长。

一系列决策部署，坚持统筹协调、高效推进，全市铁路建设呈现良好发展态势，有力支撑了经济社会发展和民生改善。

1. 基础设施建设加快推进

重庆至贵阳铁路扩能改造工程（以下简称渝黔铁路）、川黔铁路遵义城区段线路外迁工程（以下简称川黔铁路外迁工程）、阁老坝铁路货场等国家重点工程相继开工建设；昭通至黔江铁路、城市轨道交通、依托渝黔铁路遵义东站建设的遵义东站高铁新城及依托川黔铁路阁老坝铁路货场建设的黔北现代物流新城一期工程等铁路配套基础设施加快推进前期工作。

2. 固定资产投资稳定增长

2013 年以来，遵义市铁路项目固定资产投资增长迅速，从 2010 年的零投资，到2015 年完成43 亿元投资，为改善交通运输条件，保持经济又好又快发展提供了坚实保障。

表 1　“十二五”时期遵义市铁路建设投资情况

单位：亿元

年份	2010	2013	2014	2015
投资额	0	25	35	43

资料来源：遵义市发展和改革委员会，下同。

3. 向上争取成效显著

一是争取昭通至黔江铁路、遵义至泸州铁路、涪陵至柳州铁路、贵阳（开阳）至遵义城际轨道交通、川黔铁路扩能改造工程纳入《贵州省铁路网规划》，昭通至黔江铁路、遵义至泸州铁路、涪陵至柳州铁路、重庆至贵阳客运专线纳入国家《中长期铁路网规划》。二是争取到 2015 年四批次中央专项建设资金共计 6.8 亿元支持铁路及其配套设施建设，占全市总额的 13.9%。三是争取贵州省铁建办下达渝黔铁路遵义段土地和房屋征收补偿资金16亿元，确保渝黔铁路遵义段建设顺利推进。四是争取到中央、省预算内投资及省级项目前期工作经费0.18亿元。

4. 自身建设不断加强

一是出台支持政策，遵义市政府相继印发了《遵义市铁路建设大会战实施方案》《遵义市铁路建设发展专项资金管理暂行办法》《市人民政府关于加快推进铁路建设的意见》等文件支持铁路建设；二是健全组织机构，设立遵义市铁路建设办公室，统筹协调全市铁路建设工作；三是实行政企分开，组建遵义市铁路建设投资（集团）股份有限公司（以下简称市铁投公司），代表市政府作为全市铁路建设项目的出资人，筹集并投入项目建设资金，推进全市铁路建设。遵义市铁投公司的成立，标志着遵义市在铁路建设领域由被动向主动、由从属向主导的角色转变，为遵义市加快铁路建设提供了资金保障。

5. 运输服务水平有所提升

“十二五”时期，遵义市铁路充分挖掘运输潜能、积极拓展运输市场，铁路客货运输量持续增长。

表2 “十二五”时期遵义市铁路运输量

指　标	2010年	2015年	年均增长(%)
客运量(万人)	290	321	2.1
货运量(万吨)	831	1068	5.1

（二）主要问题

虽然遵义市铁路建设取得了一定成绩，但也还存在许多突出困难和问题。一是铁路基础设施较为落后，截至2015年底，遵义市境内仅有一条铁路（川黔铁路），铁路里程为198公里，铁路网密度为64.4公里/万平方公里，为全国平均水平（125.0公里/万平方公里）

的 51.5%，为贵州省平均水平（172.4 公里/万平方公里）的 37.4%，与遵义市作为首批国家历史文化名城和贵州省第二大城市的地位极不相称。二是铁路与其他交通方式之间的有效衔接尚未形成，铁路枢纽及一体化服务发展滞后。

表 3　2015 年全国、贵州省及遵义市铁路运营情况

指　标	全国	贵州省	遵义市
铁路总里程(公里)	120000	3037	198
#高速铁路(公里)	19000	701	0
国土面积(平方公里)	9600000	176167	30762
铁路路网密度(公里/万平方公里)	125.0	172.4	64.4

二　发展条件和形势

（一）发展机遇

“十三五”时期，遵义市铁路建设将进入新一轮发展的黄金机遇期：一是国家深入实施长江经济带发展战略及国发〔2012〕2 号文件，黔中经济区发展规划和武陵山区、乌蒙山区扶贫开发规划等政策，特别是《国务院关于改革铁路投融资体制加快推进铁路建设的意见》（国发〔2013〕33 号）、《国务院办公厅关于支持铁路建设实施土地综合开发的意见》（国办发〔2014〕37 号）的下发，标志着国家进一步加大对铁路建设尤其是中西部铁路建设的支持力度。二是贵州省加快实施全省铁路五年大会战，并即将出台《贵州省人民政府关于进一步加快铁路建设的若干意见》。三是遵义市经济社会快速发展及工业化、城镇化进程不断加快，客货运输需求迅速增长，对铁路建设提出了新的更高要求；遵义市相继出台《遵义市铁路建设大会战实施方案》《遵义市铁路建设发展专项资金管理暂行办法》《市人民政府关于加快推进铁路建设的意见》等支持铁路建设的重要政策；遵义市与重庆市、泸州市、贵阳市、毕节市、铜仁市等地均建立了战略合作伙伴关系。综上所述，国家和贵州省宏观政策的支持，遵义市委、市政府高度重视铁路建设工作，经济社会的快速发展以及与周边地区的紧密联系，将进一步助推遵义市铁路建设取得新突破。

（二）困难挑战

“十三五”期间，遵义市铁路建设面临的主要制约因素：一是资金，铁路项目投资额度大，遵义市财力薄弱，筹集建设资金难度大；二是审批，铁路建设涉及诸多前期配套支撑性文件，各项文件均由国家或省有关部门审批，审批时间长、难度大；三是征拆，铁路建设征地拆迁量大，从在建项目来看，征地拆迁及群众工作协调难度较大；四是体制，铁路项目投资、运营、管理等领域的改革任务艰巨。

三　指导思想及基本原则

（一）指导思想

按照扩大规模、完善布局、提升质量的要求，坚持统筹兼顾、适度超前的原则，以建设遵义连接周边省会城市和黔北城市群的铁路为重点，结合产业布局、城市规划和综合交通体系，尽快形成连通内外、便捷高效、安全合理的现代化铁路网络，为遵义市守牢底线、走好新路、率先小康提供坚实的交通运输保障。

（二）基本原则

1. 坚持适度超前发展

充分发挥铁路的国民经济主动脉功能、国土均衡开发效能及对区域主要城镇发展轴、产业集聚带形成和壮大的先导性作用，遵循基础设施先行理念，推进遵义市铁路由被动适应当前发展向适度超前引领发展模式转变，彻底改变全市交通不畅、发展滞后局面。

2. 坚持科学发展

根据遵义市资源禀赋、空间区位、经济基础、发展需求等要素对路网布局的特定要求，锁定薄弱环节、科学规划路网、消除瓶颈制约。注重构建快速大能力区际通道，实现遵义市与外部的便捷对接；注重打造城际轨道交通系统，助力黔北城市群发展壮大；注重拓展铁路版图、消除路网盲区，促进区域经济协调发展及资源开发、工业强市和扶贫攻坚战略实施。

3. 坚持协调发展

遵循综合运输理念，通道布局、运力分配、设施布点与其他交通方式规划有机衔接、分工协作、优势互补；注重点线协调发展，将遵义打造为西南区域性铁路枢纽。

4. 坚持可持续发展

统筹协调当前与长远利益、技术与经济、投入与产出的关系，区分轻重缓急、满足发展急需、兼顾必要可能，合理把握新建路网规模、标准和进程，充分挖掘既有铁路资源潜力，实现铁路可持续发展。

5. 坚持绿色发展

基于遵义市生态环境承载能力薄弱、人均土地资源稀缺的市情和“长江上游重要生态安全屏障”的战略定位，坚持铁路建设与土地资源节约、生态环境保护相协调的绿色发展理念。

四　工作目标

2016～2020 年，建成渝黔铁路、川黔铁路外迁工程、阁老坝铁路货场、李家湾铁路货场、遵义市城市轨道交通1号线、2号线延长线、3号线；开工建设昭通至黔江铁路、遵义至泸州铁路、贵阳（开阳）至遵义城际轨道交通；加快推进重庆至贵阳客运专线、涪陵至柳州铁路、遵义至瓮安铁路、仁怀至古蔺铁路、遵义至仁怀城际轨道交通、遵义市城市轨道交通2号线、4号线前期工作；新增铁路里程150公里，改扩建铁路33公里，建成城市轨道交通68公里，完成铁路建设投资500亿元以上。到2020年，全市铁路营运里程达到350公里，在建铁路407公里，铁路网密度达到114公里/万平方公里，铁路年客货运量分别达到1145万人次和2265万吨。

表4 全国、贵州省及遵义市“十三五”铁路发展目标

主要指标	2015年			2020年		
	全国	贵州省	遵义市	全国	贵州省	遵义市
铁路总里程(公里)	120000	3037	198	145000	5730	350
#高速铁路(公里)	19000	701	—	—	2000	150
国土面积(平方公里)	9600000	176167	30762	9600000	176167	30762
铁路路网密度(公里/万平方公里)	125.0	172.4	64.4	151.0	325.3	113.8
客运量(万人次)	400000	—	—	500000	6000	1145
货运量(万吨)	550000	—	—	600000	19800	2265
铁路投资(五年累计)(亿元)	33000	1000	103	28000	2700	500

五 工作措施

（一）加强工作领导

1. 强化组织领导

调整充实市铁路建设工作领导小组，由市长任组长，市政府分管副市长任常务副组长，市政府相关副市长任副组长，市直有关部门、各县（市、区）政府、新蒲新区管委会主要负责同志为成员。领导小组办公室设在市铁建办，负责领导小组日常工作，并统筹协调全市铁路建设各项工作。

2. 营造良好环境

一是积极组织各方力量参与铁路建设，各级各部门密切配合、齐抓共管，增强主动服务意识，大力支持铁路建设，营造良好的外部环境；二是各级宣传部门积极引导新闻媒体加强铁路建设对发展经济、改善交通、方便群众等重要作用的宣传，追踪报道铁路建设中的热点、难点问题，营造良好的舆论氛围。

（二）建立健全管理体制

1. 落实项目法人责任制

由遵义市铁投公司负责对市政府组织实施的市域城际铁路、城市轨道交通和铁路站场、铁路货场等市管铁路全面履行融资、建设、运营和开发经营“四位一体”职能，并根据发展需要组建相应的项目公司。

2. 建立审批联动机制

遵义市直有关部门强化服务意识，建立联动机制。属国家和省级层面审批的加强与国家和省对口部门对接，争取前置要件尽快获批；属市级审批的对涉及铁路项目的审批事项优先办理。各县（市、区）政府、新浦新区管委会负责本辖区铁路建设的征地拆迁、环境治理、维护稳定等工作。

（三）加强规划管理和资源开发

1. 加强铁路规划和建设管理

由遵义市铁建办组织编制遵义市铁路发展专项规划，做到与城市总体规划、土地利用总体规划和综合交通规划等专项规划的衔接和协调，并根据经济社会发展需要和生态环境保护要求，适时优化调整铁路发展专项规划。市直有关部门根据铁路发展专项规划，做好配套设施的建设规划。

2. 加强铁路沿线及站点周边区域的规划和土地控制

遵义市规划局根据城市总体规划和铁路发展专项规划，编制铁路沿线及站点周边的土地控制性详细规划，加强对铁路沿线及站点周边土地进行有效控制。市国土资源部门统筹全市用地指标，并争取贵州省国土资源部门支持，在用地指标上向铁路建设倾斜。

3. 统筹开发利用铁路沿线资源

铁路固有资源的开发利用与沿线土地资源的综合开发紧密结合，做到城市基础设施建设与站点周边综合开发统筹考虑。坚持规划引导与市场开发相结合，挖掘和扩大衍生资源的开发利用，推动铁路沿线土地（房地产）开发、车站物业开发、商业开发等衍生资源与固有资源的一体化运作，带动铁路沿线经济发展。加强铁路沿线地下空间规划控制，将铁路沿线地下空间配套设施纳入铁路项目整体管理，同步开发建设铁路站点地面土地和地下空间。

4. 划定铁路综合开发区域

根据铁路建设进度和资金需求，划定铁路综合开发区域，并按照“整体规划、分步实施”要求，做好铁路综合开发区域土地储备和物业开发。在综合开发中适时调整铁路综合开发区域用地性质和规划指标，编制有关规划，进行有效管控。

（四）加强资金筹措和管理

1. 明确资本金出资责任

遵义市铁投公司负责筹措市管铁路项目资本金，并提出融资方案报市政府批准。根据铁路建设实际进度，市铁投公司确定年度出资计划，按建设时序出资。

2. 大力拓展铁路融资渠道

积极探索以资本市场为平台，通过商业银行贷款、发行企业债券、引进投资者参与投资等方式筹集铁路建设资金。大力推行 BOT、BOT + EPC、PPP 等模式吸引战略投资及民间资本参与遵义市铁路建设和运营。

3. 加强铁路建设发展专项资金管理

严格按照《遵义市铁路建设发展专项资金管理暂行办法》计提、归集、划拨铁路建设发展专项资金，用于市管铁路建设，并加强对铁路建设发展专项资金使用的监督管理。

4. 加强土地储备开发资金筹措

建立铁路综合开发土地储备机制，根据铁路发展专项规划，由遵义市国土资源局、市规划局等部门制订铁路沿线土地储备计划，提前将铁路沿线周边一定范围内的土地纳入全市土地储备，为全市铁路建设提供资金保障。

（五）加强铁路建设和组织管理

1. 加强铁路建设综合管理

建立健全铁路建设质量安全管理责任制，确保铁路项目优质安全。认真落实工程质量终身责任制和安全生产监管主体责任，加强铁路文明施工管理，严格执行环境保护“三同时”制度，切实保护铁路沿线生态环境安全。

2. 做好土地和房屋征收工作

坚持“统一政策、统一组织、业主配合、属地管理”原则，推进铁路项目的征地拆迁工作。遵义市铁建办负责做好征地拆迁统筹协调工作；市直有关部门做好征地拆迁服务工作；铁路沿线县（市、区）政府、新蒲新区管委会履行征地拆迁安置工作主体责任，按照征地拆迁政策和法规在规定时限内完成征地拆迁工作。

3. 统筹协调铁路及配套设施建设

根据铁路发展专项规划编制年度铁路建设计划，将铁路建设项目列入当年城市建设计划，铁路配套设施建设同步安排。突出铁路优先原则，妥善处理与铁路工程相冲突的新建市政、公用设施及已有建筑。

（六）建立健全保障机制

1. 制定支持铁路发展相关政策

铁路项目享受省、市重点建设项目的有关优惠政策，按规定减免市属权限内的行政事业性收费。市直有关部门结合行业特点和铁路建设实际，制定支持铁路建设发展相关措施和铁路建设及运营相关规定。

2. 加强铁路建设效能建设和廉政建设

建立健全铁路开发建设和运营管理工作问责制度，确保有效履行各项职责。建立考评机制，加强对市管铁路项目建设、资金管理、招投标程序、安全质量、运输服务等方面的监督和激励。加强党风廉政建设，深化效能监察，高效推进铁路开发建设和运营管理。

3. 大力支持市铁投公司做大做强

加强市铁投公司的组织建设，选好配强领导班子。加强铁路建设、人才队伍建设，市直有关部门会同市铁投公司研究制定有关政策，引进铁路建设方面的管理人才和专业技术人才，为铁路建设提供智力保障。支持市铁投公司组建集团公司，按上市公司运作，条件成熟时可吸纳社会资本入股，扩大公司资产规模。

4. 大力打造铁路文化品牌

整合沿线历史文化资源，充分考虑铁路沿线文化历史遗存，保护历史遗迹，将铁路作为展示文化的重要载体。通过铁路站点建筑造型设计、车辆内部装饰等方面，展现遵义独特的文化魅力，构建遵义铁路文化品牌，提升城市竞争力和影响力。

旅游文化篇

Tourism Culture Reports

B.6

2016年遵义市旅游业发展研究报告

遵义市旅游发展委员会

摘　要：　2015 年，遵义认真贯彻落实市委、市政府关于旅游产业发展的一系列决策部署，按照建设全景遵义、发展全域旅游，努力把遵义打造成为“贵州第一、国内一流、世界知名”的旅游目的地和休闲度假胜地目标要求，进一步统一思想，明确目标，把握机遇，改革创新，抢抓机遇，迎难而上，各项工作取得明显成效。

关键词：　遵义　旅游业发展

一　主要做法

（一）规划编制加快完善

坚持规划引领，高标准编制旅游发展规划，按照遵义市委、市政府“要用战略眼光、国际思维高标准、高品位抓好旅游产业发展规划。以国际化的眼光、手法、运作和平台来推进旅游业发展，坚持‘新、特、奇、优’，注重高手策划、高人谋划、高位推动、高调推介，全力打造旅游精品景区、精品线路、精品城镇、精品活动等”的要求。遵义市旅游发展委员会积极协调、主动对接，邀请河南腾智策划咨询有限责任公司（智纲智库—王志纲工作室）对遵义市旅游发展和承办第十一届贵州旅游产业发展大会进行了战略策划，并邀请智纲智库创始人王志纲先生来遵义举办了以“新遵义、新旅游、新战略”为主题的专题讲座。邀请世界旅游城市联合会专家委员会主任、全国休闲标准化技术委员会副主任、中国旅游协会休闲度假分会秘书长魏小安老师来遵义指导遵义市旅游产业发展，并举办了主题为“大遵义，全旅游，新发展”的专题讲座。基本完成了“十三五”旅游发展专项规划、赤水河流域千亿级产业发展规划等规划编制工作。

（二）项目建设有序推进

深入推进贵州省“5 个 100”工程的 24 个旅游景区建设和遵义市“十大工程”的 22 个旅游精品工程建设，着力打造一批项目“爆炸点”“引领点”。遵义市“十大工程”的 22 个旅游精品工程，计划投资 867425 万元，完成投资 870664 万元，完成年度计划的 100. 37%。贵州省“5 个 100”工程 24 个旅游景区建设，计划投资 800930 万元，完成投资 906372 万元，占年度计划的 113. 16%。旅游厕所建成 216 座。

（三）区域合作不断加强

与贵阳市旅发委签订战略合作协议；加入中国武陵山片区旅游联盟体系，联合打造旅游产业布局一体化、市场营销一体化、服务体系一体化，与张家界市保持长期联系，对接开展联盟相关工作；加强贵州省铜仁市、六盘水市，甘肃酒泉市，四川自贡市，重庆南岸区旅游部门的联系，开展交流座谈，促进旅游合作；与泰国国家旅游局、韩中文化友好协会建立联系，推动境外旅游市场交流；与浙江中青旅、上海春秋国旅、山东万达国旅、北京凯撒旅游公司、中国国旅（广东国际旅行社）、中国国旅（江苏国际旅行社）、浙江省中旅、厦门福天福地旅行社、重庆鑫传奇国际旅行社、深圳市鹏城享游国旅、国旅集团上海有限公司等旅行社签订旅游合作框架协议，结成遵义旅游市场开发战略合作伙伴，共同打造遵义旅游品牌，推进遵义旅游业持续快速发展。

（四）加大宣传营销力度

借力“5·28”茶博会，遵义开展了2015中国（贵州·遵义）国际茶文化节暨“醉美遵义·生态茶香”旅游宣传系列活动，邀请国内110余家知名旅行社负责人参加了景点景区踩线活动；组织县（市、区）旅游部门参加由国家旅游局主办的美丽中国——2015丝绸之路旅游年香港、澳门宣传推广活动，组织参加了2015第八届华中旅游博览会、2015中国—东盟博览会旅游展、2015南京度假休闲及房产展览会；与深圳市文体旅游局联合举办了“经深飞·醉美遵义”旅游合作推介会并举办遵义旅游图片展，推介遵义旅游产品；在重庆、上海举办了旅游推介会；配合国家红办完成了“薪火相传·再创辉煌”长征精神红色旅游火炬传递活动；配合广州南湖国旅的踩线工作，陪同考察遵义会议会址及相关景区、景点；主办遵义“奥特莱斯”海洋旅游文化节活动；与上海泡泡海公司合作编制新版《遵义旅游攻略》；配合上海音乐学院完成国家“十二五”重点出版项目——《中国民歌与风土》套书中遵义民俗素材的采集；与央视导演对接，进一步完善遵义旅游宣传片；与邮政局合作制作遵义旅游风光明信片；补充印制新版遵义旅游画册；举办“遵义人游遵义”系列旅游宣传推广活动，向市民推广遵义各地的旅游景区、景点及旅游线路，推出了万人赤水游、走进遵义县、散客天天游等系列活动。

（五）信息化水平逐步提升

完成“遵义市智慧旅游网”建设并投入使用；建成遵义市旅游发展委员会手机客户端网站并投入使用；配合完成电视栏目《玩转遵义》的选题及监审，共完成35期；完成了“纪念遵义会议80周年旅游名片”的设计、发放和遵义旅游杂志“纪念遵义会议80周年”专刊；官方微信、微博宣传成效明显，微信公众号目前关注人数高达4900余，旅发委官方微博账号粉丝近16.5万，粉丝来自全国各地，甚至有来自海外的用户。

（六）体制机制改革加快推进

遵义印发了《2015年旅游改革工作任务分解方案》，9个国有及国有控股旅游景区体制机制改革有序推进。目前，赤水大瀑布景区、丙安古镇景区、务川仡佬文化旅游景区、余庆飞龙湖旅游景区、凤冈茶海之心等5个旅游景区已完成景区体制机制改革工作。政府确定了景区范围、管理区域，对公司董事长、总经理、监事长等主要负责人进行了任命。公司资产产权明晰，具有独立法人的现代公司制治理结构组建完毕，人事及薪酬管理制度已公布并试运行。遵义县苟坝红色文化旅游景区明确了景区三权分立，组建了新的公司（知行传媒公司）负责景区开发、宣传、经营管理，公司法人等相关领导正在按程序报县政府批复，公司内部人事及薪酬等制度正在抓紧完善建立。习水县正在通过文件或会议纪要的方式进一步完善明确所有权、管理权、经营权，景区原有公司（习水生态文化旅游投资有限责任公司）法人治理结构、人事及薪酬管理制度等均已建立完成。汇川区政府组建了遗产管理局作为海龙屯景区的行政管理部门，已批复同意组建新的传奇文化（贵州）景区投资和运营管理有限公司作为海龙屯景区的开发建设和管理公司，公司的内部人事及薪酬管理等相关事项正在抓紧推进。

（七）行业管理不断规范

持续做好以《旅游法》为核心的普法工作，大力宣传《旅游法》及其相关法律法规，提高全社会全行业遵守执行《旅游法》的自觉性。一是规范旅游市场。组织举办了旅行社行业管理座谈会；与相关部门开展联合检查活动 7 次，进一步规范旅游市场秩序；对发现的旅行社虚假宣传和经营地址变更、新设分支机构（服务网点）不及时备案等问题，按照“分级管理、属地负责”的原则，督促涉及旅行社及时整改完善。二是加强旅游投诉处置。建立健全市、县两级旅游投诉渠道，对外公布市旅游质监投诉电话，并明确专人受理旅游投诉工作。共受理并处置完成 7 起旅游投诉，配合处置完成非职责范围的投诉 3 起，通过简易程序处理投诉 10 余起。三是强化旅游安全保障。落实安全职责分解，与各县（市、区）旅游部门签订了《遵义市 2015 年度旅游安全工作目标与任务责任书》，将责任目标层层分解落实到县（市、区）旅游部门。抓好旅游安全基础工作，一方面建立健全旅游安全排查治理台账；另一方面建立由旅游、质监、工商、交通、消防等部门推进的旅游安全领导协调、监管、联席会议、专项检查、信息共享等 5 个联动工作机制。市、县两级出动旅游安全检查 3900 余人次，共检查旅游企业 957 家次，累计排查整改安全隐患共

235处。四是完成了2015年度导游年审、办证及导游考试报名工作；组织县（区、市）旅游部门及部分旅游企业相关负责人和业务骨干共计40人赴上海参加了旅游产业发展专题研修班；完成了市、县两级旅游部门联合开展酒店从业人员培训，培训人数达2000余人；组织参加了全省旅游饭店服务行业技能大赛，获得了团体奖第三名和优秀组织奖；组织全市5家旅游院校与36家旅游企业开展首次校企合作座谈会。五是筹备成立了遵义市旅游行业协会及旅行社分会。六是开展了文明城市创建为主题的文明旅游工作；启动全市重点旅游景区导游词的编写工作。

（八）认真谋划省市旅发大会

已于2015年8月上旬完成了贵州省旅发大会筹备领导小组办公室的组建，9月1日召开了承办贵州省十一届旅发大会和2016中国（贵州·遵义）国际茶文化节暨茶产业博览会动员会，会上印发了《遵义市承办第十一届贵州旅游产业发展大会工作方案》《2016中国（贵州·遵义）国际茶文化节暨茶产业博览会总体方案》（征求意见稿），根据《遵义市承办第十一届贵州旅游产业发展大会工作方案》，各工作组完成了具体工作方案的编制工作。2015年9月28～30日，在习水召开了第四届遵义旅游产业发展大会。

二　存在的主要问题

一是旅游品牌影响力与遵义市全国历史文化名城的地位不相适应。遵义在国内国际影响力还不强，支撑旅游的品牌产品、品牌企业严重缺乏，至今没有5A级景区。二是旅游消费市场需求与旅游产品供给不相适应。自然观光旅游产品多，体验性、参与性及休闲度假类产品少，满足不了多元化、多层次发展的旅游消费市场需求。三是井喷式增长的发展要求与旅游基础服务配套不相适应。基础设施与服务配套设施不足，高星级酒店数量不足，特色主题住宿设施缺乏，休闲娱乐产品较少，缺乏夜间休闲产品，旅游商品不成体系、同质化严重，至今没有五星级酒店、百强旅行社。四是旅游人才队伍建设与旅游行业管理不相适应。旅游创意、规划、营销、管理人才紧缺，与构建“文明、安全、有序、便民、强市”的行业管理体系还有较大差距。

三 下一步工作打算

全面贯彻落实全国旅游工作会议、贵州省加快旅游发展工作动员部署会议精神及遵义市委、市政府关于加快全市旅游业发展的决策部署，深入贯彻落实“五大发展理念”，坚持红色传承，推动绿色发展，促进旅游供给侧结构性改革，以守牢底线、走好新路、率先小康为主线，以全国全域旅游示范区创建为载体，打好山地旅游牌，全力攻坚第十一届贵州省旅发大会，突出规模化、精品化、市场化、国际化，加快构建“全景域体验、全过程消费、全产业融合、全民化共享”旅游发展新格局，加快“景点旅游”向“全域旅游”转变，以超常规举措推动遵义在全省实现旅游井喷式增长中走前列、做贡献。2016 年，确保接待游客 8460 万人次以上，实现旅游综合收入 765 亿元以上，同比分别增长 36% 和 40%，其中，贵州省外入遵游客占接待总人数的 50% 以上。完成旅游固定资产投资 145 亿元以上，同比增长 20% 以上。

（一）全力创建“全域旅游示范市”

一是创新旅游发展战略，推动旅游从“景点旅游”向“全域旅游”转变。因地制宜编制好“十三五”旅游发展规划，完善旅游发展空间布局，推动从“小旅游格局”向“大旅游格局”转变。二是加快建设旅游公共服务体系，完善旅游信息、旅游咨询服务中心，游客休息站等服务网络，提高标准化、人性化服务水平，全面提升旅游企业、景区和乡村旅游服务接待能力。三是强化“大产业”引领，积极发展旅游新业态，大力发展长征文化体验和红色研学旅游、山地乡村旅游，积极推进自驾车、房车旅游，大力推动休闲品牌创建，打造休闲度假旅游目的地。四是尽快推进旅游数据中心建设，建立科学的旅游统计体系，充分利用大数据成果，加快建立旅游统计基础数据库，与公安、工商、税务、交通、通信等部门建立涉旅数据统计体系，建立旅游数据统计监测点，聘请第三方数据分析机构，对遵义旅游数据进行全面系统分析，为全域旅游和井喷式增长提供数据支撑。

（二）承办好贵州省第十一届旅发大会

一是推动项目建设。推动茅台镇、赤水河谷旅游公路、土城古镇、双河客栈群等项目建设；推动赤水风景名胜区、湄潭中国茶海、花茂乡村旅游点提质升级；大力开发汽车露营地、低空飞行等山地旅游新业态。二是抓好活动开展。按照《第十一届贵州旅游产业发展大会总体方案》，扎实抓好大会主体活动及配套系列活动。三是全面提升环境质量。加强道路、旅游公厕、停车场等基础设施建设，加强高速路沿线、国（省）道和景区公路沿线环境绿化，加强城市环境、景区周边环境整治等，为旅发大会营造良好环境。四是强化宣传推广。与央视、新华网、凤凰网等媒体合作，扩大宣传效应；组织到北京、重庆等地开展旅游宣传推介，对旅发大会进行宣传造势。五是做好会务工作。加强调度管理，精准服务，以周到、细致、安全、有序为基本要求，把贵州省第十一届旅发大会办成一届精致精彩、异彩纷呈和“贵州第一，全国有影响”的旅游盛会，充分发挥旅发大会对促进旅游产业发展的示范带动效应。同时，协调办好第五届遵义旅游产业发展大会，推动海龙屯、娄山关等传统景区转型升级，带动中部旅游提质增效，加快发展。

（三）深入开展旅游精准扶贫

一是认真落实大扶贫战略行动，把创建全域旅游、全民参与、全民共享作为发展山地旅游的基本方针，因地制宜地抓好旅游扶贫实施方案编制，实现规划指导全覆盖。二是加快推进1000个乡村旅游扶贫重点村建设，把旅游扶贫作为做优乡村旅游增量、做大乡村旅游总量的切入点，在乡村旅游扶贫过程中挖掘新资源、开辟新空间、组织新路线、推出新产品。三是对接做好5个纳入国家级乡村旅游扶贫点和省级乡村旅游扶贫点的贫困村相关工作，总结推广示范经验。四是积极对接“四在农家·美丽乡村”、交通、扶贫、移民搬迁等项目建设，加强与工业、农业融合发展，完善扶贫村基础设施。五是开展乡村旅游等级创建和经营管理、服务人员技能培训，提高扶贫村的旅游市场竞争力，实现扶贫村脱贫致富。

（四）强力推进重点景区和基础设施建设

以创建全域旅游示范为统领，以创建全域旅游休闲品牌为载体，扎实推进景区和基础设施建设。一是加快推进旅游景区建设。重点推进遵义红色旅游综合体、赤水旅游度假区、新蒲云门囤景区、习水丹霞谷景区等25个“省100景区”和4个“省100后备景区”建设，完成投资87亿元，推出一批新景区投放市场，同时做好海龙屯、娄山关等传统景区的提挡升级工作。二是加快重点旅游项目建设。加快“1964”创业园、双河客栈、湄潭县通途温泉大酒店、赤水河谷旅游公路绿化、全景域长征文化体验主题公园等重点旅游项目建设，大力推进20个重点红色旅游项目建设，丰富“1935”商区业态。三是加快交通基础设施建设。建成赤水河谷、双河洞旅游公路并投入使用，加快赤水、遵义中心城区环线、绥阳、湄潭、凤冈、余庆、务川等地重点旅游景区之间环线公路、景区间连接公路建设，打通交通“毛细血管”和“最后一公里”，提高内外交通互联互通水平和交通设施便捷度、舒适度、安全度。四是加快旅游厕所及配套服务设施建设。加快建设和完善景区住宿、餐饮、卫生、娱乐、购物、安全、接待等配套服务设施建设，建成市级游客服务中心，新（改）建旅游厕所165座，加快旅游景区停车场、标识标牌等配套服务设施建设。

（五）全力实施“醉美遵义”品牌宣传营销

一是强化宣传营销。继续实施“巩固周边市场，积极拓展中远程市场，突破境外市场”营销战略，细分目标客源市场，开展全方位、地毯式、立体式宣传营销，积极探索我国香港、台湾地区，韩国、新加坡、日本等境外和国外市场拓展，精心筹备好韩国、我国台湾地区、新加坡的宣传推介会。二是积极组织开展和参加各类活动。抓好北京、上海、重庆、成都、广州等地专场旅游宣传营销活动；大力培育会展旅游市场，借助国际茶博会、贵州省第十一届旅发大会等策划大型主题活动；积极参加国家旅游局、全国红办、贵州省旅游局组织开展的各类展会活动；参加2016年韩国首尔国际旅游展和法国巴黎国际旅游展等海外展及推广活动；精心筹备参加2016年上海国际旅游节；策划一批体现地域特色和民族特色的节庆活动；继续组织开展“遵义人游遵义”“醉美遵义天天游”等营销活动。三是创新宣传载体。开展旅游原创歌曲、旅游形象LOGO、吉祥物、旅游形象定位等征集活动，设计制作遵义旅游攻略图书、新版遵义旅游交通地图和个性化手绘地图；与中央、省、市级媒体及国内旅游门户网站等合作，通过购买版面时段、投放遵义旅游形象宣传片等方式广泛宣传遵义旅游。四是加强区域合作。与重庆、北京、上海、深圳等合作实施引客入遵计划；与铜仁市深度合作打造“仁义”精品旅游线路并推向市场；深度与重庆、宜宾、峨眉等区域合作，打造川渝旅游精品线路；继续深化与武陵山片区旅游联盟的合作共建。

（六）强化旅游行业管理

一是进一步治理规范旅游市场秩序。建立和完善市县两级联合执法机制，建立常态化、长效化的规范治理机制，加大旅游市场秩序的治理力度，重点整治低价竞争、非法经营、欺行霸市、虚假广告、价格欺诈、欺客宰客、强迫消费等扰乱市场秩序的旅行社、“黑导”和旅游购物点。建立市、县两级旅游投诉处理协调机制，及时受理、处理、回复旅游投诉案件，结案率达100%，大幅提升旅游投诉满意度；开展景区环境卫生专项治理，着力解决景区“脏、乱、差”问题。二是进一步强化旅游安全监管责任，充分发挥全市旅游安全联席会议、联动监管、联合检查、信息共享等工作机制作用，加强队伍建设、应急救援、教育培训和应急值守等旅游安全基础工作，扎实抓好每月定期检查和节假日专项督查等安全隐患排查治理工作，保障广大游客和经营者生命财产安全，继续实现旅游安全零事故。三是强化依法兴旅工作。利用网络、媒体和法制宣传活动，全面推进《旅游法》等法律法规的普及工作；深入贯彻实施《旅游法》，推进旅游持续健康发展；完善行政执法自由裁量权标准，启动“七五”普法工作。

（七）提升品质和服务能力

一是加大旅游人才的教育培训。在成渝、上海等重点旅游院校举办旅游发展高级研修班；举办宾馆酒店、乡村旅游等从业人员的服务技能培训；组织开展《旅游法》《旅行社条例》等法规知识培训工作；组织开展旅游饭店服务技能大赛、导游培训及导游技能大赛等活动；做好全国导游资格考试工作。二是加大旅行社诚信等级管理工作，深入开展文明旅游系列活动，开展文明景区创建和旅游厕所管理工作，牵头做好创建文明城市相关工作；做好旅游A级景区、星级旅游饭店等旅游企业信用信息系统管理工作。三是积极做好出境旅行社资质申报工作，申报2家以上国际旅行社，积极引进2家以上知名品牌旅行社。四是评选一批最佳旅游景点、最佳导游、最佳旅游饭店等行业先进典型。五是推进旅游标准化建设，强力推进4A级、5A级景区创建申报工作，开展城市中央休闲区、度假社区、创意农业园、休闲农庄等系列国家品牌创建，积极开展高星级旅游饭店申报、评定、复核及退出工作，推进特色酒店申评工作，确保评定一批特色酒店；大力开展休闲农业与乡村旅游示范县（点）创建申报工作，推进湄潭县创建全国标准化示范县并通过国家验收，出台并推广休闲农业、乡村旅游等地方旅游标准的实施。六是指导旅游行业协会开展工作，建立酒店分会和景区分会，发挥其行业自律作用。

（八）加快信息化建设

强力推进智慧旅游城市、智慧旅游景区、智慧旅游企业建设，加快旅游集散地、机场、车站、景区、宾馆饭店、乡村旅游扶贫村等重点涉旅场所的免费WiFi全覆盖，着力打造一批“智慧景区”“智慧饭店”“智慧旅行社”“智慧乡村”等示范创建工程，实现旅游管理、服务、营销的“智慧化”。做好旅游工作信息的采集、发布、报送工作；做好旅游政务网站更新及升级工作；做好遵义旅游微信平台的基础信息的收集、整理、发布工作；做好《遵义旅游》杂志的分类、选题及策划工作；做好《玩转遵义》的选题策划及遵义玩家的所有联系采访及评选、发布等工作；以第十一届贵州省旅游发展大会为契机，完成仁怀、习水、赤水三个县（市）的智慧旅游平台建设工作及赤水河谷旅游公路沿线信息化建设、光纤光缆布放、摄像头布放安置、WiFi覆盖选点等工作，推进旅游大数据建设。

（九）推动旅游融合发展

充分发挥“旅游+”对其他产业的融合、促进和集成作用，大力推动新型工业化、新型城镇化、农业现代化、旅游产业化融合发展，形成一批旅游新型业态，拓展旅游发展空间。一是按照旅游“商、养、学、闲、情、奇”新六要素，重点开拓休闲度假、体育健身、商务会展、生态旅游、自驾游等休闲度假产品；积极开发温泉、漂流、探险、科考等体验旅游项目；大力发展野外拓展、户外露营、山地运动等健身产品，形成多元化、系列化、适应不同层次需求的旅游项目群。二是加强本土旅游商品研发，加快开发“酒、茶、烟、药、椒、竹、根雕、泥塑”等一批“名、优、特、新”旅游商品，培育一批旅游商品开发基地，形成一批由地域标志性商品、地方土特产和旅游纪念品构成的特色旅游商品体系；加强旅游商品市场营销，拓宽销售渠道，坚持“线上线下”一起做，同时抓好旅游商品进商场超市、宾馆酒店、高速公路服务区、机场车站、旅游景区及进驻电商平台等工作，不断提高旅游商品附加值和旅游消费的比重。

（十）着力创新体制机制

一是进一步深化赤水大瀑布景区、丙安古镇景区、务川仡佬文化旅游景区、余庆飞龙湖旅游景区、凤冈茶海之心等国有旅游景区体制机制改革，激发旅游企业活力。二是培育壮大旅游企业。出台相关激励措施，支持本地旅游企业发展壮大，打造一批具有较强综合实力的旅行社、旅游饭店等；在投融资、项目建设、人才队伍建设等方面大力支持遵义红色旅游（集团）有限责任公司、遵义旅游产业开发投资（集团）有限公司，实现本土旅游企业集团化、品牌化；把旅游业作为招商引资的重要领域，深入实施“引旅入遵”工程，加强与省内外知名旅游企业的对接沟通，力争引进一批大型优强旅游企业驻遵发展。三是建立全市旅游业发展考核评价机制，细化明确工作责任、强化工作措施，确保全面完成年度工作目标任务。

B.7
海龙屯世界文化遗产保护与利用问题研究

中共遵义市汇川区委课题组*

摘　要：　本课题重点围绕海龙屯世界文化遗产保护与利用，分析其现状及存在的主要问题、前景和机遇，为省、市开展相关工作提出了对策建议，供决策者参考。

关键词：　海龙屯　文化遗产　保护　利用

2015 年 7 月 4 日，联合国教科文组织第三十九届世界遗产委员会会议审议通过中国提交的“土司遗址”世界遗产申报项目，贵州遵义海龙屯与湖南永顺老司城遗址、湖北唐崖土司城联合申遗成功，成为中国第 48 处世界遗产。海龙屯申遗成功，实现了贵州世界文化遗产“零”的突破，使遵义成为全国第 11 个拥有世界自然遗产和世界文化遗产“双遗产”城市。

---

* 课题组组长：徐光华，时任中共遵义国家经济技术开发区党工委书记、汇川区委书记。副组长：郭正勇，中共遵义市汇川区委副书记、汇川区人民政府区长；石重友，时任中共遵义市汇川区委副书记；林黛君，时任中共遵义市汇川区委常委、区委宣传部部长。课题组成员：时任陈林，时任中共遵义市汇川区委办公室主任；吴建渝，时任遵义市汇川区旅游局局长；朱静波，遵义海龙屯文化遗产管理局副局长；罗美强，中共遵义市汇川区委办公室副主任、政研室主任；黄浩，汇川区委政研室政研科科长。执笔人：罗美强、黄浩。

一　海龙屯保护与利用现状

（一）保护与利用现状

1. 保护力度持续加大

海龙屯土司遗址始建于南宋宝祐五年（1257年），毁于明万历二十八年（1600年）的平播之役，位于贵州省遵义市汇川区高坪镇海龙屯村龙岩山，遗址区含遗产区和缓冲区，面积共12.9平方公里（见图1）。海龙屯于2001年被列入全国重点文物保护单位进行保护，遗址完好保存了山地城堡的选址特征、整体格局及各类聚落遗存，整体保存、保护状态较好。一是完善管理体制。2013年10月成立了遵义海龙屯文化遗产管理局（副县级），主要负责遗址区保护规划、文物修缮、展示利用和日常维护等工作。针对海龙屯土司遗址区域横跨遵义县、红花岗区、汇川区的实际，机关各区建立了市级联席会议制度，同年，贵州、湖南、湖北三省建立起了土司遗址跨省联合保护管理机制。二是科学编制规划。严格按照《保护世界文化与自然遗产公约》及其操作指南要求，委托中国建筑设计研究院编制了《海龙屯土司遗址申报文本》《海龙屯保护管理规划（2013～2030）》，同步开展了相关辅助普遍价值研究、测绘等工作。三是依法考古发掘。贵州省、遵义市两级分别出台了《海龙屯保护管理办法》，通过3次考古发掘海龙屯遗址，完成文物考古发掘面积近2000平方米，出土文物1万余件，其中，珍贵文物100余件。2013年4月，海龙屯遗址入选全国十大考古新发现。四是依法保护修缮。严格按照《文物保护法》《文物保护工程管理办法》《环境保护法》《风景名胜区条例》等法律法规规定，海龙屯遗址全面完成飞龙关、飞凤关、朝天关和新王宫遗址修复工作以及城墙保护、海潮寺、后关和龙虎大道岩体保护加固项目。五是加强环境建设。委托贵州省城乡规划设计院和遵义规划设计院编制了《海龙屯土司遗址环境整治规划》。投入财政资金近3亿元，积极向上争取国家文物局支持资金1.05亿元，共同实施文物本体保护、水电改造、民居改造、园林绿化、标识标牌、安防监测等项目29个。积极推进210国道改线工程和沿线环境治理，新建成旅游公路3.5公里，海龙屯遗址区域基础设施和周边环境显著改善。

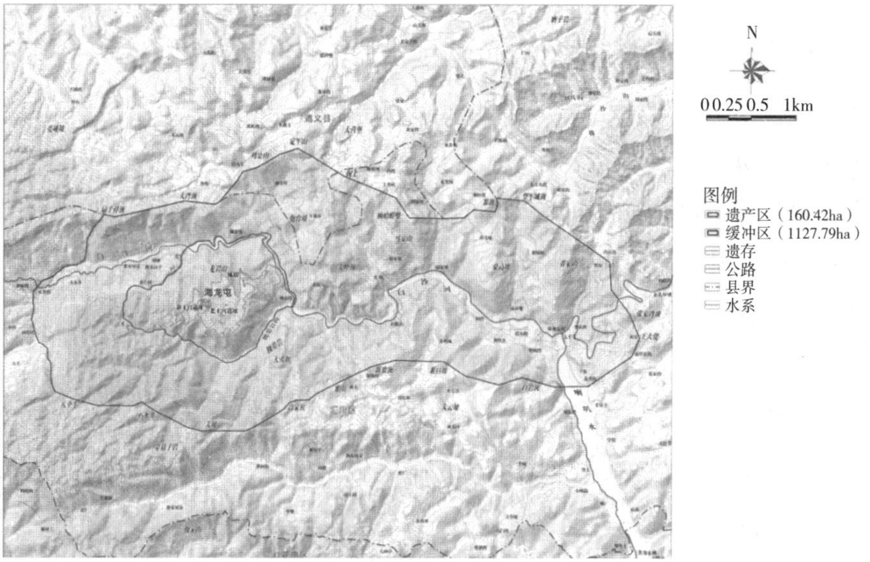

图1　海龙屯遗产区和缓冲区地形

2. 合理利用有序推进

一是成立了土司文化研究机构。2015年5月挂牌成立“土司文化研究基地”，基地以海龙屯为依托，整合中国社会科学院历史研究所、遵义师范学院等智力资源，为研究土司文化搭建了交流平台。2015年7月，在遵义召开了第五届中国土司制度与土司文化国际学术研讨会。通过深化学术研究，系统梳理了海龙屯土司遗址的历史文化价值，整理出版了《播州土司民间传说》《海龙屯与播州土司综合研究》《中国文化遗产土司遗址申遗专辑》等学术专著，找准了海龙屯土司遗址与世界文化遗产的关联点，推动形成普世价值共识。二是形成了黔北土司文化窗口。海龙屯土司遗址以物质形态保存了大量的播州文化信息，其建筑风格、装饰纹样、技术工艺、碑石题刻等方面均展现出黔北民族文化的独特魅力，已成为贵州、遵义向世人多角度展示黔北文化的一个重要窗口。三是引入市场化运作模式。与博雅传奇（北京）文化发展公司签署了《海龙屯遗址战略合作框架协议书》，涉及总投资20亿元，拟采取政府和社会资本合作PPP模式，共同开发、建设、运营海龙屯历史文化旅游度假区，共同出资成立了景区投资公司和海龙屯度假运营公司，分别作为度假区投资开发和度假区内项目运营的平台公司。四是助推多元文化旅游发展。汇川区在严格保护海龙屯的基础上，充分利用文化遗产资源，自2013年9月起对海龙屯景区实施封闭改造，投入资金近6亿元，对景区公路、步道、水库、停车场等进行全面修缮并辅以绿化，打造了占地面积3000亩的海龙屯休闲森林运动公园，并修建了面积达4000平方米的海龙屯陈列馆，文化旅游景区逐渐成熟，形成了遵义文化旅游新的引爆点。海龙屯成功申遗，将助推贵州、遵义多元文化旅游加速发展、繁荣向好。

（二）保护与利用制约因素

1. 遗址管控难度加大

海龙屯遗址区（含核心区、缓冲区）涉及遵义县、红花岗区、汇川区三个县级行政区。受申遗带动，遗址保护区范围内群众自建违章建筑呈增多势头，遗址保护工作也受跨区域管理制约，导致管控难度加大。

2. 制约利用因素较多

海龙屯土司遗址作为世界文化遗产和全国重点文物保护单位，在景区建设上，诸多项目审批十分困难，限制较多。因海龙屯景区保护利用土地报批和调整土地规划无法及时满足开发利用需要，制约了开发利用的快速推进。

3. 保护利用基础薄弱

海龙屯申遗前，其保护工作主要依靠当地政府财政投入，导致保护资金投入严重不足。截至2015年底，因政府欠拨各类保护利用资金约1.5亿元，加之融资渠道狭窄，项目建设进度缓慢，导致遗址供水、供电、通信设施、道路交通等基础设施均无法满足保护和利用需求。

4. 依法保护力度不足

随着保护与利用的推进，现行《海龙屯保护规划》《海龙屯保护管理规划》《海龙屯保护管理办法》已不适应当前工作需求，亟须制定出台更加完善的保护性法规。

5. 部门合力尚未形成

海龙屯前期保护与利用，得到了国家、省、市文物部门高度重视，获得了政策、财力等支持，但省、市其他相关部门对海龙屯保护与利用意识不强、参与度不高，主要靠汇川区单独支撑，保护与利用海龙屯尚未形成强大合力。

6. 专业人才队伍缺乏

世界文化遗产保护与利用，首要条件是技术人才支持，但目前保护与利用海龙屯的相关专业人才极其缺乏，整体素质不高，严重困扰着海龙屯保护与利用。

二 海龙屯保护与利用前景分析

（一）综合价值分析

1. 具有较高的历史文化价值

海龙屯是“土司制度”的重要实物遗存，它完整见证了我国古代少数民族政策从唐宋时期“羁縻之制”，到元明时期“土司制度”，再到明代开始“改土归流”的变迁，横跨3个朝代，迄今725年。一座古屯，见证古代中国对多族群聚居地区独特的“齐政修教、因俗而治”的管理智慧和多元文化，从而可以管窥中国西南地区多族群聚居地区的独特发展阶段和文化特征，对全人类关注文化多样性保护及族群间的交流与共同发展具有重要意义。

2. 具有较高的艺术鉴赏价值

海龙屯土司遗址是中国现今少有的保存较完整的石质结构山地建筑，其设计建造采用“依山筑城，因江为池”的古法，占尽山川之利，充分利用悬崖、深谷、断壁、山梁、坡地的自然状态扼险设关，层层布防，关隘、宫室的选址各得其所。海龙屯城堡不规则的形状、独特的建筑构成、城墙及各个关卡和山地地形的完美融合，充分体现了其设计和建筑的独具匠心；海龙屯的建筑选址、建筑样式、功能分区无不体现出山地建筑艺术的高峰，是我国古代“因山为城”的优秀实例，在中国历代城池建筑中具有较高的价值和地位。

3. 具有重要的学术研究价值

海龙屯是播州杨氏历史终结的见证，是研究土司制度，宋、明建筑艺术，杨氏家族发展的鲜活实证，对于研究中国宋元明时期的军事、政治、经济、建筑工艺等颇具价值。海龙屯毁弃至今400余年，积淀了大批寻幽访胜者的吊古之言，对现代系统研究土司文化、管理思想具有较强的借鉴意义。从海龙屯堡的形成、发展、变化和衰落的历史发展过程中，挖掘其社会变革因素、经济状况因素、土司制度政治体制因素和杨氏家族人文背景因素等多方面的影响因素，对研究贵州乃至整个西南地区的土司制度与土司文化提供了不可多得的科学史料，具有重要考古学价值。

4. 具有不可估量的经济价值

从世界文化遗产的普遍经济价值讲，其本身是无价的；从其特殊经济价值讲，它可以带动以文化旅游为重点的产业发展，将文化优势转化成为产业优势、经济优势，形成新的经济增长点。随着海龙屯申遗成功，其国际知名度也将节节攀升，由文化遗产保护推动经济社会发展的经济效益将逐步显现，尤其对文化旅游产业的发展将起到立竿见影的作用，有利于贵州、遵义迅速拓展国际旅游市场，并以此辐射带动文化产业、现代服务业、大健康、大数据等产业加快发展，形成保护与利用的良性互动和可持续发展。

（二）保护与利用前景分析

1. 有相对成熟的景区作支撑

海龙屯景区依托海龙屯文化遗产资源，自 2013 年启动建设以来，已累计投入资金 6 亿多元，实施水电改造、民居改造、园林绿化、标识标牌、风貌整治等项目建设，建成了海龙屯展示中心、碾坊湾接待中心、民俗生活馆、非遗展示馆。拟投资 20 亿元建设海龙屯游客服务中心和历史文化旅游度假区，景区道路、游步道拓宽和多媒体增强等基础设施正在完善，海龙屯景区拟于 2017 年打造成为国家 5A 级景区。随着景区不断提挡升级，配套基础设施加快完善。

2. 有相对优越的条件作基础

一是积淀深。除海龙屯自身的土司文化、屯堡文化、民族文化外，在其半小时经济圈内，还兼有红色文化、古镇文化、农耕文化等多种文化积淀，文化多样性、包容性、互补性较强。二是区位优。遗址所在地位于遵义市汇川区，地处中国西南腹地，是滇黔北上和川渝南下的咽喉，是遵义市政治经济文化中心。黔渝快铁、兰海高速、川黔铁路和 210 国道纵贯全境，遗址距遵义市区 25 公里，距遵义新舟机场 37 公里，距黔渝快铁 20 公里，交通区位条件较好。三是生态好。保护区森林覆盖率 61.35%，最高海拔 1350 米，最低海拔 970

米，年平均气温14℃～15℃，雨量充沛，冬暖夏凉，气候宜人，宜居宜游。四是地形特。海龙屯遗址保护区属典型的喀斯特地貌，以岩溶地貌、峰丛谷地为主，屯堡东西南三面环沟，屯顶缓平，东低西高，地形复杂、地势险要，适宜探险、竞技等户外运动。

3. 有相对多样的元素作补充

一是内部组合性好。区内有与之配套的历史文化资源，如高坪杨氏土司墓群；有正在建设的高坪张家湾文化创意古镇；有遵义国家经济技术开发区；有国家3A级景区——千果之窗・光勋绿产生态农业示范园；有国际化的体育旅游精品赛事——“娄山关・海龙屯国际山地户外运动挑战赛”；有串联汇川区沿线村庄、景区、景点的山地户外健身步道系统作辅助，集自然、旅游、人文资源为一体，糅合了观光、学术、健身、竞技、休闲、度假等多种旅游形式，发展文化旅游的条件较为成熟。二是外部互补性强。遵义市近年来大力开发特色旅游资源，已形成“遵义会议、四渡赤水、国酒茅台、丹霞遗产、中国茶海”五大品牌，海龙屯申遗成功，必将与遵义历史文化、红色文化、国酒文化、自然景观、田园风光实现资源互补、品牌互动，成为遵义全景域旅游新的文化元素和品牌，在满足旅游需求多样化的同时，助推遵义旅游转型升级、提质提挡。

4. 有相对独特的文化作牵引

文化是旅游的灵魂，旅游则是文化的载体，也是对文化的挖掘、提炼和发扬。目前，国际和国内市场对文化旅游的需求在逐步增强，从国际旅游市场来看，文化旅游正以每年10%～20%的速度增长。随着国内文化旅游的兴起和国民素质的提高，世界文化遗产的独特性和高品位使其极具魅力。从联合申报的土司遗址来看（见表1），海龙屯不仅在历史文化、遗址功能和建筑工艺上具有独特性和唯一性，还在地理区位、旅游接待、产业市场等方面拥有突出的优势。

表 1　海龙屯、老司城、唐崖土司城世界文化遗产地对比

遗产名称	遗址历史	遗产地区位	2014 年旅游接待人次（万人次）	2014 年旅游综合收入（亿元）	2014 年星级酒店数（座）
湖南永顺老司城遗址	老司城遗址是最高等级的长官司治所建筑遗址，反映了我国土司制度历史、社会生活方式、文化特征和土家族历史文化，是我国目前考古发掘最全面的土司城堡遗址	位于湖南省湘西土家族苗族自治州永顺县，通铁路里程 36 公里，公路通车里程 2518 公里，距张家界荷花机场 90 公里	341	13	3
湖北唐崖土司城址	唐崖遗址是最低等级的长官司治所建筑遗址，遗址体现了土司时期土家族的艺术精神和审美倾向，是我国土家族聚居区保存最为完整的土司时期文化遗址	位于湖北恩施土家族苗族自治州咸丰县，距州府所在地恩施 98 公里，公路通车里程 2639 公里，距恩施许家坪机场 150 公里	176	12	3
贵州遵义海龙屯遗址	海龙屯是以军事建筑设施为特征的土司统治中心遗址，从“羁縻之制”到土司制度，再到“改土归流”，完整见证了中国古代对少数民族地区的政治制度变化，是亚洲保存最好的古军事城堡建筑遗迹之一	位于贵州省遵义市汇川区，属市中心城区，处于成渝经济圈和黔中经济圈的交会点，黔渝快铁、兰海高速、川黔铁路和 210 国道纵贯全境，距遵义机场 37 公里	740	92	6

5. 有相对稳定的市场作推手

一是市场空间大。多彩贵州旅游、遵义全景域旅游已形成气候，旅游市场稳定。据统计，2014 年贵州旅游接待游客达 3.21 亿人次，旅游接待总收入 2895.98 亿元；遵义 2014 年接待游客量达 5000 万人次，旅游接待总收入500亿元，海龙屯依托贵州、遵义市场发展文化遗产旅游，有较大潜力与空间。二是消费需求热。据海外游客“对中国最感兴趣的旅游资源”调查数据，文物古迹排名第二位，5种最感兴趣的旅游资源中，文化遗产旅游约占4种。根据北京大学旅游开发与规划研究中心对旅游者选择出游目的地的问卷调查（见图2），人们在做出游选择时更倾向于选择世界遗产地作旅游目的地。可见，旅游在转型发展中释放出游客对文化旅游与日俱增的消费需求。

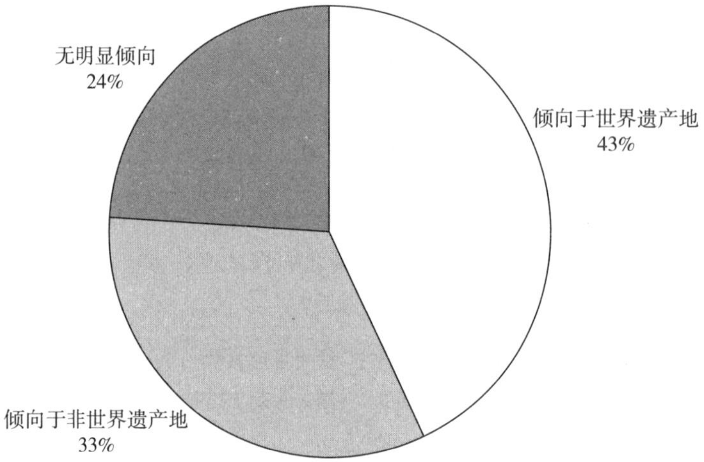

图2　对旅游者选择出游目的地的问卷调查

（三）保护与利用前景规划

1. 坚持保护为先

严格按照《威尼斯宪章》《保护世界文化和自然遗产公约》《中华人民共和国文物保护法》等相关法律法规要求，组织实施好海龙屯文物保护和利用工作。一是狠抓保护工作。强力抓好海龙屯遗址保护及普查建档、文物发掘、保护修缮等工作，规划建设面积2万平方米的中国南方土司文化博物馆，切实把世界文化遗产保护要求落到实处。二是增加投入。切实加大保护经费投入力度，加强文物保护基础设施建设，积极争取国家、省、市专项资金投入，认真做好遗址、遗存的保护与管理，严格遵照《文物保护工程管理办法》及相关规定，加快实施海龙屯龙虎大道危岩体加固、飞龙关修缮、飞凤关修缮、明代建筑群（新王宫）遗址维修保护、万安关修缮和海龙屯文物防雷等工程项目，确保土司文化遗产永续保存与永续利用。三是强化宣传。广泛开展文化遗产宣传教育活动，树立全民参与和全民保护意识，提高全社会的保护自觉性。

2. 坚持科学利用

围绕贵州省委“五化一游”、遵义市委“三化一游”战略布局，突出“国际化、市场化、规模化、精品化”发展定位，坚持“科学规划、保护为先、专业管理、市场运营”发展理念，通过合理适度开发利用，力争把海龙屯建成“贵州第一、国内一流、国际知名”的世界文化遗产旅游目的地，实现保护与利用双赢。一是规划引领。按照“保护核心区、运作缓冲区、拓展利用区”的发展思路，高标准编制《海龙屯景区整体规划》。二是借力市场。采取政府和社会资本合作PPP模式，开发、建设、运营海龙屯历史文化旅游度假区。重点加快景区交通、通信、电力、卫生、饮水、燃气等基础设施建设，实施景区沿线绿化、美化、亮化、净化、硬化工程。三是整体打造。围绕“户外运动天堂、休闲养生福地”旅游形象定位，实施海龙屯景区、娄山关4A级景区以及200公里户外健身步道系统整体打造，整合遵义国家级经济技术开发区、娄山关红军战斗遗址、唯一国际和奥特莱斯城市综合体、现代高效农业示范园区、十里樱花、千亩牡丹、万亩果园、板桥古镇、张家湾古镇等旅游资源，加快推进海龙屯文旅、红旅、商旅、工旅、农旅一体化步伐，力争用1~2年时间建成国际标准的快旅慢游精品旅游线路，到2017年打造成为国家5A级景区。四是联动发展。积极与省内外旅游城市和大型景区开展合作，推进区内外景区、景点“点线”结合、互联互通，依托海龙屯世界文化遗产融入遵义至重庆、四川、湖南等跨境旅游精品线路，使之成为遵义经济发展新的增长点。

三　保护与利用海龙屯世界文化遗产的经济社会影响分析

（一）有利于连接世界通道，敞开贵州开放的大门

1. 促进贵州与世界的交流

立足“世界的海龙屯”，架起贵州沟通世界的桥梁。海龙屯土司遗址进入《世界文化遗产名录》，实现了贵州省世界文化遗产“零”突破。加之中国丹霞世界自然遗产，使遵义成为全国少有的世界“双遗产”“双名片”地之一，必将大幅提升贵州在全球的知名度、美誉度。海龙屯成功申遗，使其除可迅速跻身于“国际旅游热点俱乐部”，享受国际援助、技术支持，免受战争或人为破坏等优厚待遇外，也成为贵州、遵义走向世界和开展文化交流、开放合作的重要桥梁和平台，将推动贵州、遵义实现国际化发展。

2. 加深贵州同外省的合作

通过与湖南、湖北联合申遗，中国西南土司文化已形成文化有机体、资源互补体、利益共赢体。对土司世界文化遗产的保护与利用，必将成为贵州、湖南、湖北三地共商、共通、共融的话题，也将有力推动三地在文化交流、旅游合作、贸易往来方面的紧密合作，建立互利共赢的战略伙伴关系和长效合作机制，扩大贵州、遵义经济对外合作发展空间。

（二）有利于发展多元文化，为多彩贵州再添锦绣

1. 助力“精神高地”建设

播州土司文化作为黔北民族文化的直接来源和历史养分，是贵州、遵义多元文化不可或缺的组成部分。土司文化将在保护与开发中强化黔北地域文化印记，实现与贵州民族特色文化、历史文化、地域文化、红军长征文化等有机融合、交相辉映。围绕海龙屯保护与利用，有利于凝练丰富贵州、遵义文化新内涵，提升多彩贵州、醉美遵义软实力。

2. 助力历史文化传承

海龙屯是土司制度“雏形—定型—发展—成熟—盛极—衰落”演变过程的见证者，其建筑遗存反映了古代西南地区的高超建筑工艺和科学的山地军事战略思想。保护与利用好海龙屯世界文化遗产，将对研究、传承、凝练土司文化产生积极作用。通过深入发掘与研究，搭建起土司文化沟通交流平台，形成逐步完善的研究与保护体系。

3. 助力文化内涵提升

世界文化遗产是凝聚了历史文化精华的文化遗产，是加强公民素质建设的有效载体，对于弘扬民族文化精神，加强历史文化教育，具有不可替代的重要作用。通过土司文化遗产的展览展示，陶冶人的情操，提高人民群众的科学文化素质，丰富人民群众的精神文化生活，以其特有的精神力量凝聚、激励、鼓舞人心，增强文化自信，提升文化软实力。

（三）有利于助推“五化一游”，为转型发展增添动力

1. 助推多元文化旅游发展

从世界遗产地所处城市的旅游业发展状况来看，2014 年我国 47 个世界遗产地分布在 57 个城市中，其中 47 个均为全国优秀旅游城市，占比为

82.5%。从单个世界遗产地来看，许多自然文化遗产即使不分布在国家优秀旅游城市，其在当选“世界遗产地”后也立刻拥有强大的吸引力。以山西省平遥古城为例，平遥在1997年底入选“世界遗产地”，短短2年内，市内公交线路从零发展到13条，三轮旅游车从100辆扩充至300余辆，主要景点两寺（双林寺、镇国寺）一城（平遥古城）的门票收入从1998年的18万元升至2013年的3500余万元。再如黄山，1990年被列为世界文化遗产和自然遗产，2014年黄山市的入境旅游人次达到安徽全省的43.7%，旅游外汇收入占到安徽全省的27.7%，黄山年度游客总数则达到黄山市总人口的28.2倍。海龙屯土司遗址作为世界文化遗产和知名景区，两者结合将形成旅游新热点和产业引爆点，为贵州省、遵义市多元文化旅游带来前所未有的发展机遇。

2. 助推区域经济协调发展

随着经济社会发展与进步，文化遗产成为重要的公共资源，发挥日益重要的社会、经济和环境作用。以承德为例，承德市区在1994年12月申遗之前GDP增长率由－10%升到1996年的30%，并通过在2003年发展大避暑山庄的战略。承德市域GDP增长率明显高于河北平均和全国平均水平，说明承德避暑山庄的品牌效应开始外溢，带动周边旅游业兴起，有力推动了周边区域发展，促进市域经济增长。从长期来看，世界文化遗产一定程度改变了承德市产业结构，提高第三产业的比例。承德市从2000年起将旅游作为城市的支柱产业，更加注重发挥世界遗产的经济效应，从而使得第三产业得到了一定提高。同时，承德旅游业收入与GDP的比值从申遗前的17.9%迅速上升到申遗后的27.79%，并且在最近几年快速上升。海龙屯成功申报世界文化遗产，以其独特的土司文化内涵反映了贵州、遵义的文化积淀和优势，其产生的社会影响和综合效益将大幅提升地方文化影响力和核心竞争力，其品牌效应亦将形成有力的辐射带动。从遵义市来看，必将形成以汇川区为中心的品牌辐射带动圈，引领遵义西部六县区在文化产业、旅游产业、新兴产业、对外宣传等方面发挥重要作用。从贵州省来看，海龙屯世界名片将成为多彩贵州腾飞之“双翼”，与省内知名景区互为响应、串珠成链、熠熠生辉，为全省“五化一游”战略布局增添动力。

四　国内外保护与利用文化遗产的经验借鉴

根据表2所列，本文将国内外对文化遗产保护与利用的成熟经验归纳为以下几方面。

表2　中国与欧洲文化遗产保护和利用经验一览

	经费筹集	管理体制	法律法规	经营机制	发展模式
中国	1. 各级政府财政投入；2. 银行信贷投入；3. 景区收益投入	由相应的职能部门共同管理，从中央到地方形成完整的垂直序列，各自依法律和部门政策对遗产地资源进行管理，构建了多头管理、联署办公的管理模式	1. 制定保护世界遗产的法案；2. 国务院及其部委或地方政府制定保护条例	管理机构直接经营，自收自支，政事合一、事企合一	1. 建设遗址公园；2. 与风景区结合建设旅游景区；3. 与森林资源结合建设森林公园
西欧国家	1. 政府直接投入；2. 政府通过发行专项彩券进行间接投入；3. 社会团体或个人的投入	以国家政府中的专门管理部门、地方政府中的专门管理部门、各级学术科研咨询机构、民间组织等部分组成，构建了自中央到地方、从决策到实施、从组织管理到技术咨询的完整、系统的立体化管理体制	1. 制定保护世界文化遗产的法案；2. 以法律形式制定出严格的奖惩制度	政府对文化遗产管理放权，即进行“私化”改革，对文化遗产经营实行“非营利化”	结合文化、生态景观建设遗址公园和博物馆

（一）合理的投入机制

美国对文化遗产的管理是国家公园制度，联邦政府每年向国家公园管理局拨付20亿美元保护经费。同时，非政府组织的捐赠和志愿者个人的捐款也是经费的重要资金来源。英国政府除通过“文化、媒体与体育部”进行直接的专项经费投入外，还设有“遗产补助基金”“国家遗产纪念基金”“遗产彩券基金”等提供经费支持。丽江古城除积极争取国家、省、市专项资金扶持和银行信贷支持外，通过征收古城维护费，将古城内的部分直管公房和经营用房实行公开竞租等方式，以此提高古城保护管理的资金保障能力。敦煌莫高窟除将专项保护经费纳入省、市和地方财政预算外，通过征收历史文化名城维护费，鼓励单位和个人以捐赠、资助、提供技术服务等方式参与保护。

（二）完善的保护体系

意大利建立了多层次的历史城市建筑保护和管理机构，形成了保护机构网络。比如罗马市政府下设相关办公室对全市历史城区、发展区、文物古迹区和古建筑区分别进行规划管理。美国的国家公园管理局将全国50个州划分为7个大区，分别管理全国200多个不同类型的国家公园，每个国家公园都是独立的管理单位。敦煌莫高窟的保护与管理机构为敦煌研究院，由甘肃省政府领导，省文化厅、省文物局归口管理。

（三）完备的法律保障

法国于1840年颁布了梅里美《历史性建筑法案》，是世界上最早的一部文化遗产保护法，并相继颁布了100多部有关文化遗产保护的文化遗产法。日本颁布了《自然保护法》《自然公园法》《文化财产保护法》等16项国家法律。我国的一些遗产地也通过立法手段保护世界文化遗产，如甘肃省出台了《甘肃敦煌莫高窟保护条例》，云南省制定了《云南省丽江历史文化名城保护管理条例》《丽江县古城保护建设管理暂行办法》等，使世界文化遗产保护制度化、法律化、现代化。

（四）科学的保护与利用理念

德国的大遗址保护与利用主要是建立遗址公园和博物馆，如明斯特城墙遗址公园、柏林夏洛腾堡宫博物馆等。意大利把遗址维护和文化、生态景观的建设与保护融为一体，如费拉拉护城河城墙遗址公园。我国对世界文化遗产的保护与利用主要形式有三类，一是将整个遗址区建成遗址公园，如元大都城恒遗址公园、圆明园遗址公园等；二是将遗址区建设与风景区相结合建成旅游景区，如重庆黄山陪都遗址被结合建成南山风景区；三是将整个遗址区建成森林公园，如邯郸赵王陵与林区相结合建成邯郸近郊森林公园。

（五）健康可持续的发展模式

埃及在金字塔周边开发古建筑、清真寺、博物馆以及风格各异的饭店、市场，满足游客的多层次需求；从不同学科角度、不同层面进行研究和诠释金字塔的文化内涵，赋予其动人的传说，使金字塔更具吸引力。丽江打造出纳西古乐、丽水金沙等文化品牌，加强游客对历史文化和民族风情的体验，形成了旅游与文化互为支撑的发展格局，创造了闻名全球的“丽江模式”。平遥古城利用平遥国际摄影节和平遥中国年活动，不断提升景区的文化内涵和品质，充分展示景区魅力。同时，不断完善旅游要素，扩展免费游览区间，形成吃、住、游、娱、购“一条龙”的综合服务体系，取得了门票之外的巨大经济效益。

五　保护与利用海龙屯世界文化遗产的对策建议

科学合理地保护与利用海龙屯世界文化遗产，既是一项民生工程，也是一项系统工程，调研组建议，重点实施“四大工程”，提高保护利用成效。

（一）实施“一号保护”工程

1. 建立完备法律保护体系

借鉴英、日等国及我国云南、甘肃等地做法，将海龙屯土司遗址保护、管理、利用纳入省市立法议程，尽快启动《贵州省海龙屯世界文化遗产保护条例》立法工作，制定《贵州省海龙屯检测巡视管理条例》，建立完善法律保护配套制度，加快海龙屯遗址保护制度化、法律化、现代化步伐。

2. 健全高效保护管理体制

一是合理调整管理区划。为加强统一保护与管理，建议将海龙屯遗产保护区涉及的红花岗区海龙镇、遵义县沙湾镇划归汇川区管辖或交由汇川区代管，避免管理交叉。在保护区划调整前，保护区所涉及区县重点加大对区内违法建设的巡查打击力度，遏制破坏环境和生态的行为，避免保护区遭受损害。二是强化管理机构职能。借鉴意大利、美国以及我国甘肃等地较为成熟的管理体系，高规格设立海龙屯历史文化景区管理委员会，强化机构设置、人员配备、工作职能，提高文物保护、历史文化研究与利用管理水平和对话平台。三是健全保护管理体制。按照“省主导、市统筹、区负责”思路，理顺海龙屯世界文化遗产保护与利用的管理体制机制，构建多方联动的保护利用工作格局。坚持部门联动，建立国家、省、市、区四级联动的保护利用工作机制，明确各级各部门在世界文化遗产保护与利用中应肩负的职能职责。根据文化遗产保护与利用规划，细化量化工作任务，健全考核机制，督促遗产保护与利用工作落到实处。四是充分发挥民间组织的作用。建立政府授权的省级民间文化遗产保护协会，倡导建立各种社会组织和业余文保员、文保志愿者队伍，并整合民间社团和民间个体力量，提供一定政策和资金支持，鼓励全社会参与海龙屯世界文化遗产保护。五是给予技术力量支持。建议国家、省、市文物部门进一步加大对海龙屯后续保护建设的技术支持力度，强化文物保护修缮等方面培训，帮助组建海龙屯专家顾问团队，成立海龙屯保护专家委员会，定期或不定期对海龙屯世界文化遗产文物保护和监测等进行指导，提高海龙屯遗址的文物保护管理水平。

3. 建立多元经费投入机制

积极向国家相关部门争取文物保护项目与资金投入，借鉴敦煌莫高窟保护模式，省、市、区三级建立相对稳定的经费投入保障机制，将海龙屯遗产保护经费列入同级财政预算，设立保护专项资金，保障海龙屯保护的必要经费。可借鉴法国文物保护采取国家财政拨款方式，设立文化信贷，对地方重点文物机构，给予经常性的财力支援。还可借鉴丽江古城“自我造血”模式，通过提取一定比例的景区旅游收入，加大保护经费投入，重点用于文化遗产的抢救维修、恢复原貌等。

4. 打造立体宣传教育平台

全面增强对海龙屯世界文化遗产的保护与传承，深度研究、发掘和利用海龙屯土司文化遗产，通过影视、动漫以及新媒体作品等加大宣传力度，进一步提高知名度和影响力。将海龙屯土司文化纳入省、市中小学课外辅导读物，并在海龙屯建立教育实践基地，定期开展土司文化教育和考古知识学习。在省、市博物馆开设海龙屯土司文化展示专区，遗址所在地高标准打造国际国内最具影响力的播州土司文化博物馆，集中展示土司文化精髓，进一步提升民众的文化自尊心和自信心，促进海龙屯世界文化遗产的传承发展。

（二）实施“开发利用”工程

1. 科学制定保护利用规划

围绕“世界的海龙屯”，包装打造世界文化遗产金字招牌，将文化优势转化为经济发展优势，大力发展文化旅游。建议由贵州省政府牵头，尽快制定《海龙屯世界文化遗产保护与利用规划》，配套制订相关实施方案，将海龙屯保护与利用上升到全省战略高度。将海龙屯世界文化遗产保护与利用纳入省、市“十三五”规划及旅游产业发展专项规划，作为省、市重大项目来调度，在政策、项目、资金、人才上给予重点倾斜，进行重点规划、指导、包装打造和对外推介。借鉴罗马市政府的分区规划管理经验，将海龙屯遗址保护区纳入遵义市城市发展总体规划，为文化遗产的保护与利用留足发展空间。

2. 积极引入市场化运作机制

借鉴“丽江模式”“平遥模式”等运营模式，按照国际化、市场化、规模化、精品化要求，积极引入市场主体开展政企合作，以市场化理念和平台多层次地开发海龙屯文旅资源，全力打造以海龙屯为代表的遵义旅游目的地和集散地。积极扶持海龙屯景区投资公司和海龙屯度假运营公司做大做强，力争在3年内实现上市，进一步增强对海龙屯文旅资源的综合开发能力。

3. 倾力打造智慧旅游景区

与国内外专业团队合作，联手大力打造国际一流的智慧旅游景区。一是探索“互联网+服务”模式。建立海龙屯微信公众号，提供3D实景地图、微信购票、二维码进闸机、微信语音导游讲解、在线客服等服务，增设英、俄、法、韩等外国语言的景区说明、服务信息、游客留言等功能。依托微博、微信等实时开展旅游资讯、信息咨询、线路推荐等服务。二是探索“互联网+宣传”模式。建立海龙屯智慧管理平台，通过云计算和大数据，开展精准宣传营销，有针对性地进行旅游推介和旅游服务，综合运用图片、文字、声音、视频等媒体传播形式，从用户场景、区域场景、功能场景、兴趣场景等层面，全面满足海龙屯文化品牌宣传需求。三是探索“互联网+文化”模式。通过现代化信息技术，依托智能终端，进一步活化海龙屯历史文化。比如将海龙屯的故事和传说开发成小游戏，将残缺的碑刻题记进行三维数字化复原，利用海龙屯官方微博、微信等平台推广展示等。

4. 突出构建多元化利用体系

一是排演实景舞台剧。邀请国内知名导演和专业演出队伍，结合声、光、电等现代科技手段，在海龙屯排演一部再现当年战争场景的大型舞台剧（如印象武隆、印象丽江等），充分展示海龙屯世界文化遗产的独特魅力，让游客享受一场唯美的视觉盛宴。二是还原历史场景。邀请国内外专业团队，采用3D虚拟技术还原海龙屯部分遗址在损毁前的宏伟场景，提升公众对海龙屯文化遗产的认同感和吸引力，让游客体验真正的梦幻之旅。三是打造土司文化城。延伸做大海龙屯景区，在汇川区高坪镇规划建设土司文化小城镇，将城镇完全依照明代土司的建筑样式进行建造，高标准发展与之配套的住宿、餐饮、演艺等产业（如杭州宋城），全方位满足游客吃、住、行、游，购、娱的需求，使城镇在功能上与海龙屯相互匹配和补充，更在形象和精神上与海龙屯浑然一体，让游客还未到达海龙屯就能享受“穿越”的感觉。可将海龙屯与古城相结合打造一个大型古装影视拍摄基地。四是开发户外山地运动基地。提升现有娄山关·海龙屯国际山地户外运动挑战赛、“中国自行车联赛贵州遵义·汇川海龙屯站”等活动，以海龙屯、娄山关和200公里户外健身步道系统为载体，以国际化标准开发山地运动项目和场地，以若干省级、市级重要户外活动赛事为支撑，打造世界级户外运动基地，积极融入国际户外探险和极限运动。五是建设国家考古遗址公园。根据国内外在遗址公园保护与利用方面的经验，以“与土司对话”为主题，以遗址考古和遗址展示为主线，把海龙屯总体建设成集科研、教育、游憩等功能的国家考古遗址公园。

5. 加快建设专业化人才队伍

加强文化遗产保护与利用人才队伍建设，解决保护力量薄弱等难题。统筹省内高校资源，增设相关专业学科，为世界文化遗产保护与利用、推进“五化一游”战略输送高质量人才，增强行业发展活力。着重培养和引进土司文化研究、文化遗产保护、土司文化讲解、景区开发管理和品牌营销等专业型人才。建立合理的薪酬结构，稳定旅游人才队伍。

6. 精心打造国际精品旅游名片

围绕世界文化遗产旅游目的地发展定位，以海龙屯成功申遗为契机，加快土司文化与历史文化、民族文化、红色文化、国酒文化、茶文化等多种文化相融相生，紧扣“大数据时代”“高铁时代”脉搏，融合大健康、大数据等产业，大力发展文化旅游产业，将文化优势转化为经济优势、产业优势。围绕“五化一游”战略，对接全景域旅游市场需求，重点打造“大小循环”旅游圈。“大循环”圈可组合遵义海龙屯、遵义会议会址、安顺黄果树、毕节百里杜鹃、黔南荔波小七孔、西江千户苗寨、镇远古镇、铜仁梵净山等省内100个特色旅游景区，形成景区各有特色、视觉互为补充、文化千姿百态的新兴旅游业态，加快构建贵州全景域旅游格局。“小循环”圈可组合海龙屯与中国丹霞“双遗产”，串联遵义会议、四渡赤水、中国茶海、国酒茅台等数十个遵义知名景区（点），打造遵义精品旅游新路线。打破行政区划，统筹推进娄山关与海龙屯、金鼎山、大板水景区建设，创新推出“三五日游”“周末游”“度假游”等旅游新产品，促进“快旅慢游”，增强贵州旅游品牌竞争力。主动加强与湖南、湖北两地交流合作，建立三地协作发展长效机制，实现品牌绑定与组团发展，推动土司文化旅游绽放异彩。

（三）实施“品牌提升”工程

1. 积极搭建国际学术交流平台

借助土司制度与土司文化国际学术研讨会等载体，吸引学术界为遗产保护与利用献计献策，扩大遗产保护影响力。统筹国内外智力资源，加强土司制度和土司文化研究工作，筹建贵州土司文化高峰论坛、学术研究会、土司文化教育实践基地等国际化学术交流合作平台。从2016年起，与湖南永顺、湖北唐崖合作，每年定期组织开展土司文化研讨会，共同推动国际性文化交流与深度合作。

2. 深度挖掘土司文化研究成果

强化专业学术研究，借助国内外科研院所、高校等智力资源，增设专业学科，组建专业研究机构，专业研究海龙屯土司文化，将遵义境内的土司军事关隘、土司衙署、行宫等遗址、杨氏土司墓群纳入大遗址保护与研究范畴，深入发掘史实、丰富内涵、凝练精神，促进土司文化与现代主流价值观相融相生。充分发挥专业队伍和民间爱好者作用，收集、挖掘、整理和保存海龙屯土司文化的相关文字、实物等历史资料，讲好海龙屯土司故事和传说。通过举办学术研讨会、主题文化活动等，深入研究和传承播州土司“勤劳勇敢、智慧豁达、团结和谐、追求和平”文化精髓，彰显土司文化魅力。

3. 大力开展对外宣传

一是借助宣传平台。借助国内外知名媒体和外宣平台，多形式开展海龙屯土司文化宣传推介活动；借助国家省市对外推介平台，适时在国际国内举办播州土司文化展示活动；借助新媒体与大众娱乐平台，通过邀请《爸爸去哪儿》《奔跑吧兄弟》等国内知名真人秀节目到海龙屯举办和录制大型娱乐性节目，邀请影视拍摄剧组进驻海龙屯拍摄等多种形式，提升海龙屯世界文化遗产知名度、影响力。二是建立互推机制。与省、市乃至全国的著名景点合作，在各自景点投放对方的宣传广告，如海龙屯与黄果树瀑布、遵义会议会址之间相互宣传，使其实现传播资源共享和客流共享。三是拍摄影视剧目。邀请国内著名导演和影视演员，依托海龙屯和土司文化城场景，拍摄一部讲述海龙屯历史文化的影视连续剧，在国内知名电视台黄金时段播出，点燃海龙屯世界文化遗产的引爆点。还可与国内各大影业公司合作，将海龙屯植入其拍摄的电影和自制剧中，以成功的影片助力海龙屯旅游营销。四是打造专属歌曲。邀请国内知名词曲家创作一首符合海龙屯特点的歌曲，并邀请国内著名歌手进行演唱，发出专属于海龙屯的好声音。五是出版相关典籍。与国内知名出版社合作，通过图文并茂的方式，出版一套反映海龙屯历史与风采的图书，使读者了解海龙屯世界文化遗产的博大内涵和精深潜质，激发其对海龙屯的向往。

（四）实施“杠杆借力”工程

1. 着力构筑内陆开放新高地

把海龙屯保护与利用纳入贵州建设文化大省、遵义建设历史文化名城的战略布局，立足海龙屯文化遗产的世界品牌，以文化为横轴，以发展为纵轴，搭建对外开放的世界舞台，大力提升海龙屯世界文化遗产品牌影响力。比如举办世界文化遗产研讨交流会、海龙屯世界文化遗产暨贵州（遵义）投资峰会等活动，深化贵州、遵义与国际社会的文化交流、发展对话与经济合作，加大人才、技术、资金、项目引进力度，进一步拓展交流与合作空间，将贵州、遵义打造成为内陆开放新高地。

2. 着力打造转型升级新引擎

借助海龙屯世界文化遗产品牌，集中打造国际文化旅游品牌，助力经济转型升级。依托文化旅游产业延伸上下游产业链条，推进“接二连三”，为贵州、遵义转型发展、跨越发展增强后劲。推动尽快形成产业辐射带动圈，引领“醉美遵义”“多彩贵州”向多元化旅游发展，丰富“红、古、绿”等文化旅游内涵，提升旅游品牌核心竞争力。积极做好世界文化遗产品牌效应转化，积极辐射带动贵州北部和南部旅游产业发展，延长配套产业链条，拉动全省工业、农业、旅游业、文化产业加快发展，助推城市建设、文化、教育等民生事业协调发展，着力解决不同层次劳动者就业需求，提升全面小康实现程度，让文化遗产普惠于民。

B.8

海龙屯景区游客满意度调查研究

杨 丽*

摘 要： 本文以海龙屯景区游客为研究对象，运用随机问卷调查法，通过统计软件进行数据分析处理，得出海龙屯景区游客满意度指数，揭示了海龙屯景区存在旅游资源单一、基础设施不完善、可进入性低等一系列问题，据此提出了整合资源、突出文化价值、合理规划、完善基础设施、打造旅游精品、规范公共设施管理等提升游客满意度的策略。

关键词： 海龙屯 旅游景区 游客满意度

近年来，旅游景区发展迅速，游客满意度已成为国内外学者研究的热点问题。美国学者 Pizam 等（1978）最早提出游客满意度是游客对目的地的期望和到目的地后的实际感知相互比较的结果，这一理论模式为游客满意度理论的研究奠定了基础，被旅游学界广泛接受。布雷德（Bread）等进一步强调游客满意度是“积极地”感知或感觉，是建立在游客期望和实际体验相比较的正效应基础上的。韦尔顿（Wilton）提出感知绩效模型。

国内学者万绪才等（2004）认为，旅游目的地游客满意度是指

* 杨丽，遵义师范学院历史文化与旅游管理学院讲师。

旅游者对目的地的旅游景观、旅游环境、社会服务和基础设施满足其旅游需求的综合评判。董观志、杨凤影（2005）提出了测评游客满意度的数学模型。符全胜（2005）对保护地游客满意度的内涵进行了分析，指出游客对保护地的设施、服务、风景与环境等方面的质量感知和期望之间的差异，如果感知质量等于或变于游客期望，则游客感到满意，反之，游客就会不满意。李舒新（2012）将世界遗产地游客满意度界定为：游客在世界遗产地旅游和游憩期间，对世界遗产地的风景、文化、设施、环境和服务等方面满足其期望程度的综合心理评价。姜嘉琦（2014）认为游客满意度是游客亲身体验后的感知与旅游预期比较的结果，游客对旅游地六要素“吃、住、行、游、购、娱”及旅游景区形象感知，最终达成游客的满意程度。

在不影响世界遗产原真性的前提下，海龙屯景区要持续健康地发展，遗产保护与旅游开发要同步进行，离不开对景区游客满意度的调查和研究，只有扩大景区的影响力，拓展旅游市场，才能促进遵义市旅游业又好又快地发展。

一　海龙屯景区概况与研究方法

（一）海龙屯景区概况

海龙屯坐落于贵州省遵义市老城北面大约 30 千米的龙岩山东面、处在湘江上游，是研究土司文化的完整遗址。据现有史料记载，海龙屯始建于 1257 年，南宋宝祐五年，是宋朝朝廷和播州的土司杨氏共同修建的，在 1600 年“平播战役”中被毁。据资料，海龙屯还存在有周长约 6000 米的环屯城墙；海龙屯面积有 1. 59 平方千米，居群山之巅，山顶上有兵营、仓库、绣花楼等建筑；屯前设 9 关，分别是：铜柱、铁柱、飞龙、飞凤、朝天、万安等，各关之间用石块砌成的护墙连接，形成令整个城堡格外坚固的3层防御体系。屯内最大的建筑群是新、老王宫，海龙屯是集军事屯堡和宫殿为一体的土司文化遗址，也是至今亚洲保存完好的宋元明时期古堡遗址之一，海龙屯内不仅有宫殿建筑群遗存，而且还有军事防御体系的遗迹，这在中国是独一无二的。国务院在2001年将其确定为全国重点文物保护单位。2012年列入"中国世界文化遗产预备名单"。2015年7月4日，在德国波恩举行的第39届遗产大会上，遵义海龙屯作为中国三大土司遗址之一，与湖南永顺彭氏老司城遗址和湖北咸丰唐崖覃式土司城遗址一同被列入《世界遗产名录》。

（二）研究方法及过程

结合相关文献，根据景区游客满意度的影响因素确定并设计了本研究的调查问卷，问卷一共包括两部分，第一部分是调查海龙屯景区游客的样本人口学特征及其社会属性；第二部分为影响海龙屯景区游客满意度的评价项目，包括旅游资源、基本设施、旅游交通、旅游价格及旅游服务，每个影响因素分别分为游前期望和实际感知两项，采用五级李克特量表形式，游前期望可分为五个档次并设置分值，由高到低分别为很高（5分）、较高（4分）、一般（3分）、较低（2分）、很低（1分）；实际感知同样也分为五个档次并设置分值，由高到低分别为很满意（5分）、满意（4分）、一般（3分）、不满意（2分）、很不满意（1分）。

海龙屯景区申遗成功后于2015年10月1日国庆节正式对外开放，对海龙屯景区游客满意度的调查研究采用随机抽样调查的方法，在海龙屯景区向游客发放问卷，主要地点为游客返程时景区观光车候车处和游客下山休憩地。由于海龙屯景区开放时间较短，游客数量较少，笔者分别于2015年12月和2016年4月进行了两次调查，共发放问卷200份，回收196份，回收率为98%，有效问卷194份，有效率为98.98%。

二 调查结果分析

（一）样本人口学特征

笔者对回收的有效问卷经过统计，得出此次被调查的海龙屯景区游客的构成情况。

1. 游客性别构成

在有效的 194 份调查问卷中，男性游客数量有 108 人，占游客总数的 55.7%；女性游客数量有 86 人，占游客总数的 43.3%，从本次的问卷调查中可以明显看出海龙屯景区对男性游客吸引力比女性游客更大。

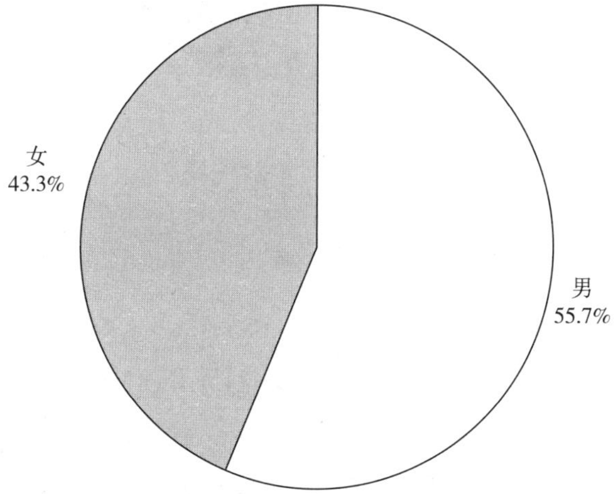

图 1 游客性别构成

2. 游客年龄构成

由图 2 可以看出，海龙屯景区游客的年龄主要集中在 18～35 周岁和 35～50 周岁，比例分别高达 36.08%、38.14%，这两个年龄段的游客由于身体强健，登海龙屯比其他年龄的游客更具有精力；数量排在第三的年龄段分布是50周岁以上的游客，这部分游客收入稳定，到海龙屯不仅可以了解历史、放松身心，而且还可以锻炼身体等；与之相比，18周岁以下的游客量较少，仅占8.25%。

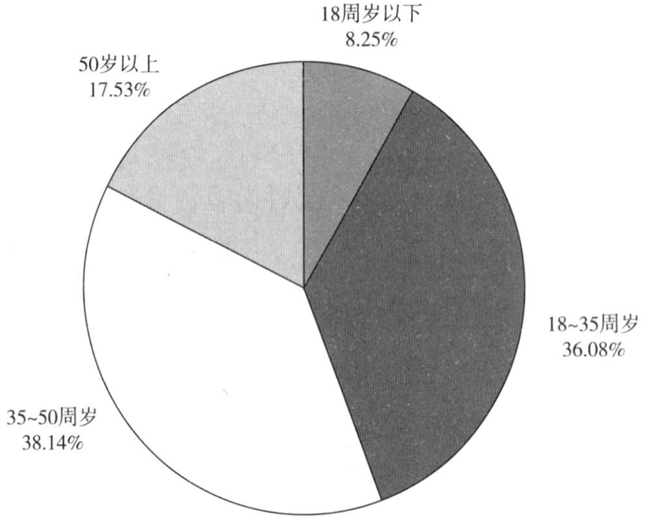

图2　游客年龄构成

3. 游客来源地分布

从图3可以明显看出海龙屯景区游客绝大部分来自贵州省省内，且据此次问卷调查数据统计在占比80.41%的贵州省内游客中，遵义当地游客占据省内游客总量的66.67%；省外游客仅占到19.59%，四川省、重庆市两个邻近遵义市省份的游客只占到客源总量的10%左右，说明目前海龙屯景区的辐射面积还非常小。

4. 游客职业分布

由图4可以看出海龙屯景区的游客中教师、学生占据很重要的一部分，占到调查总游客数的31.96%，结合游客年龄结构可以得出学生游客较多，景区的历史文化对教师和学生具有很大吸引力；企业管

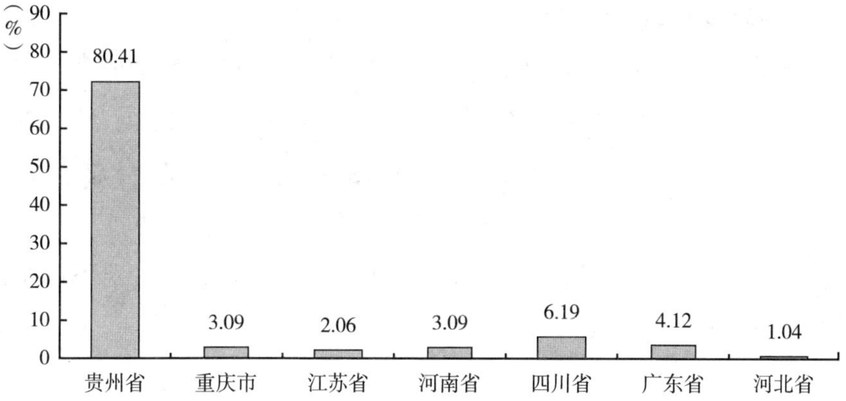

图3　游客来源地分布

理人员、专业技术人员和自由职业者分别占调查总游客数的16.49%、14.43%和12.37%，这三种职业的游客数量相差不大；政府公务员占到9.28%；个体经营者占7.22%；退休人员占3.09%；其他占5.16%，虽然这几项职业占据数量较少，但可以看出海龙屯景区客源市场广泛，对各行各业都具有一定的吸引力。

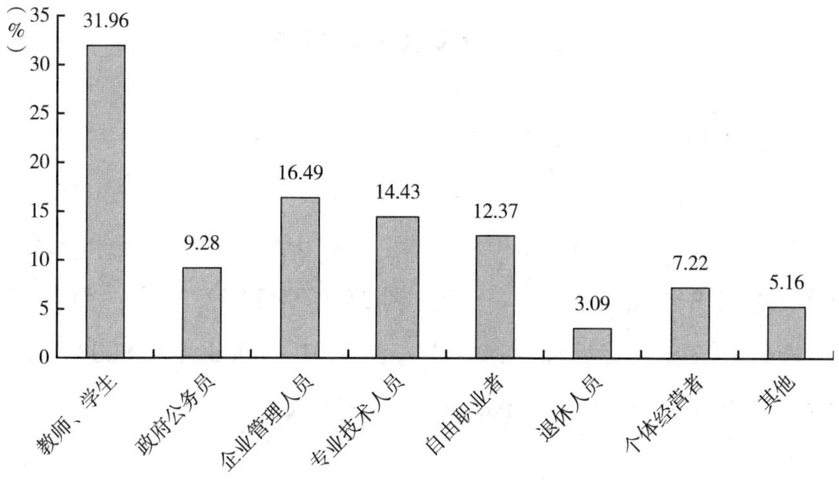

图4　游客职业分布

5. 游客受教育水平分布

由图 5 可以看出，被调查的游客中学历是本科的数量最多，占到调查总人数的 39.18%；数量其次的是大专学历的游客，占到 29.89%；再次就是高中及以下学历的游客，占到调查总人数的 21.65%；硕士及以上学历的游客较少，仅占 9.28%。各种层次学历的游客在此次调查中都占有一定的比例，说明海龙屯景区对不同学历的游客都具有一定的吸引力。

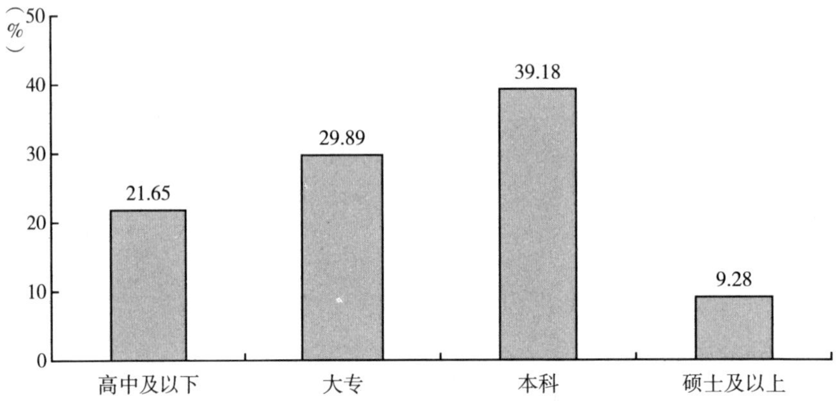

图 5　游客受教育水平分布

6. 游客月收入水平分布

从游客月收入水平来看，被调查的游客中收入水平在 1000 元及以下的游客最多，占到 35.05%；收入在 1001～3000 元和 3001～5000 元的游客数量差不多，分别占到 25.77% 和 23.71%；而月收入水平较高的游客占有量较少，月收入在 5001～8000 元和 8000 元以上的游客比例分别为 10.31% 和 5.16%（见图 6）。

（二）游客旅游特征

根据此次问卷调查，除了得到以上游客样本人口学特征以外，经

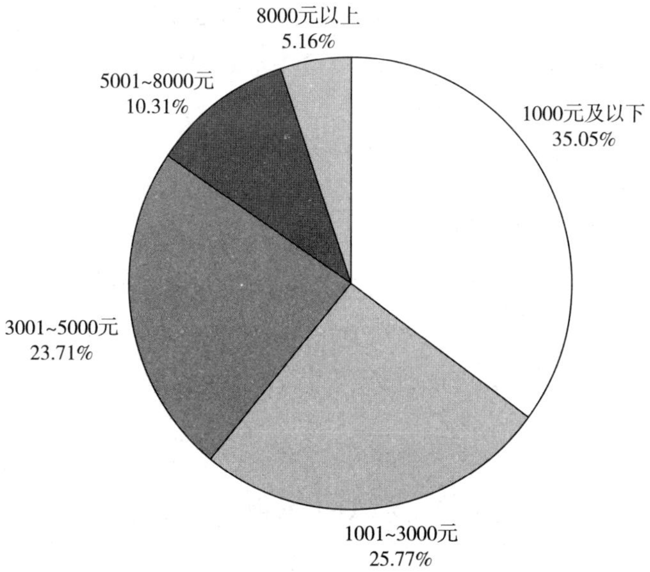

图6　游客月收入水平分布

过数据统计分析笔者还总结出游客旅游特征，基本情况如下。

1. 散客为主

到海龙屯旅游只有 7.22% 的游客是报团前来游览的，其余 92.78% 的游客都是散客，这部分游客中有 5.15% 的游客是独自一人；10.31% 的游客是和伴侣一起来；52.58% 的游客是和朋友、同事、同学一起来；27.84% 的游客是和家人一起来；还有 4.12% 的游客是和其他人一起来。

2. 获取信息途径广泛

游客获取海龙屯景区信息的来源主要有：通过亲戚朋友介绍得知的游客有 15.46%；通过报纸杂志了解的游客有 25.77%；通过电视网络了解的游客有 32.99%；通过宣传资料了解的游客有 9.28%；通过旅行社了解的游客有 13.4%；通过其他途径了解的游客有 3.1%。

3. 停留时间短

从停留时间来看：游客在海龙屯景区游玩的时间都较短，基本上是一日游，一方面由于游客主要来自遵义市区内；另一方面由于海龙屯景区才刚开始发展，已经开发项目很少，娱乐活动项目少，所以大多数游客在一天之内很快就能游览完所有景点。

4. 旅游消费低

游客可以接受在海龙屯景区的旅游消费水平在200元以下、200～500元所占的比例分别为32.99%、48.45%。可以接受旅游消费在500～1000元的游客占18.56%，没有游客接受1000元以上的旅游消费。从被调查的游客数据统计来看，目前到海龙屯旅游的旅游者消费水平较低。

三　游客满意度影响因素分析

（一）影响游客满意度的因素

从主观方面来看，影响游客满意度的因素有性别、年龄、职业、学历、收入等；从客观方面来看，影响游客满意度的因素有旅游资源、服务设施、旅游服务、旅游交通、旅游价格。

（二）回收的调查问卷数据统计

运用SPSS 19.0和Excel软件进行数据处理得出结果，如表1所示。

表1　海龙屯景区游客满意度分析

评价项目		游前期望值	实际体验值	差异值	满意度指数
旅游资源	平均值	3.875	3.275	-0.6	0.847
	景区特色	3.89	3.17	-0.72	0.81
	观赏价值	3.91	3.35	-0.56	0.87
	资源丰富度	3.97	3.09	-0.88	0.78
	文化价值	3.98	4.00	0.02	1.01
	景区提示标志设施	3.78	2.87	-0.91	0.76
	公共休息设施	3.72	3.17	-0.55	0.85

续表

评价项目		游前期望值	实际体验值	差异值	满意度指数
服务设施	平均值	3.768	3.684	-0.084	0.978
	景区安全设施	3.83	3.66	-0.17	0.96
	停车场	3.80	3.41	-0.39	0.90
	公共厕所	3.71	3.86	0.15	1.04
	通信等基础设施完备度	3.69	3.67	-0.02	0.99
	景区卫生	3.81	3.82	0.01	1.00
旅游服务	平均值	3.688	3.585	-0.103	0.972
	导游讲解服务	3.56	3.49	-0.07	0.98
	旅游咨询服务	3.67	3.70	0.03	1.01
	售票人员服务	3.71	3.73	0.02	1.01
	景区管理工作人员服务	3.72	3.69	-0.03	0.99
	景区旅游商店的服务	3.75	3.43	-0.32	0.91
	服务效率	3.72	3.47	-0.25	0.93
旅游交通	平均值	3.78	3.22	-0.56	0.853
	交通便利度	3.72	2.85	-0.87	0.77
	景区路线安排	3.80	2.97	-0.83	0.78
	景区游览交通的安全性	3.81	3.83	0.02	1.01
旅游价格	平均值	3.76	3.108	-0.668	0.825
	门票价格	3.85	2.83	-1.02	0.74
	商品的价格和多样性	3.77	3.16	-0.61	0.84
	景区交通价格	3.75	2.93	-0.82	0.78
	景区餐饮价格	3.73	3.51	-0.22	0.94

说明：差异值 = 实际体验值 - 游前期望值；满意度指数 = 实际体验值/游前期望值。

根据每个评价项目的平均值和游前期望值及满意度指数的比较结果，可将评价项目进行以下几种分类：

A 类：满意度指数≥1，说明该项目具有优势；

B 类：游前期望值≥平均值，1 > 满意度指数≥0.9，说明该项目具有一定优势；

C 类：游前期望值≥平均值，满意度指数 < 0.9，说明该项目缺

乏优势；

D类：游前期望值 < 平均值，1 > 满意度指数≥0.9，说明该项目没有优势；

E类：游前期望值 < 平均值，满意度指数 < 0.9，说明该项目处于劣势。

从海龙屯景区游客满意度分析可以得知，旅游资源、服务设施、旅游服务、旅游交通、旅游价格这五个评价项目的满意度指数平均值都没有超过1，说明游客对该景区整体方面并不完全满意，服务设施和旅游服务两项评价项目的满意度指数分别为0.978、0.972，在0.9~1之间，说明游客对这两项的心理体验是满意的，尤其对公共厕所、景区卫生、旅游咨询服务和售票人员的服务最为满意。满意度指数较高说明这些项目已经得到游客较高的满意度评价，在景区今后的发展中应该继续保持。根据表1和以上几种分类可以得到评价结果如表2所示。

表2　海龙屯景区游客满意度评价项目分类

类别	评价项目
A	文化价值、公共厕所、景区卫生、旅游咨询服务、售票人员服务、景区游览交通的安全性
B	景区安全设施、停车场、景区管理工作人员服务、景区商店的服务、服务效率
C	景区特色、观赏价值、资源丰富度、景区路线安排、门票价格
D	通信等基础设施设备完善度、导游讲解服务、景区餐饮价格
E	景区提示标志设施、公共休息设施、交通便利度、商品价格和多样性、景区交通价格

四　研究结论与对策

（一）结论

通过对表1、表2的结果分析来看：游客对海龙屯景区的文化价值、公共厕所、景区卫生、旅游咨询服务、售票人员服务等满意度较高；而对景区特色、观赏价值、资源丰富度、景区路线安排、门票价格、商品、基础设施等满意度偏低。该问卷结果可以反映出景区存在以下几方面问题。

1. 旅游资源

景区旅游资源单一，特色不鲜明、观赏价值难以体现。有游客反映在其游览的过程中没有体验和感受到土司文化，犹如普通的登山游览，使游客感到乏味。可以看出景区旅游资源没有得到凸显，整体资源开发程度不够，旅游产品品种单一。此外，景区多数是单项观赏，景区的旅游活动少，缺乏旅游娱乐休闲设施。

2. 服务设施

景区提示标志设施过于简单，标识不显眼，在一些危险地方没有安全提示信息。现有的公共休息设施简陋，都是露天的场地，不能为游客遮风挡雨避阳，只是暂时歇脚休憩地。景区的通信等基础设施设备落后、不完善。基础设施过于简陋，如垃圾桶只是普通的竹篓，不仅使用周期短、不便于垃圾分类，而且与世界文化遗产景点配套不协调。

3. 旅游交通

景区内旅游路线单一，上屯下山只有一条狭窄的步行梯子通道，游客观赏的景观重复；还有一些山路陡峭，在旅游高峰期游客较多的情况下，只有一条道路可以上山下山，安全隐患较大。从遵义市区到达海龙屯景区的交通不便，据了解，茅草铺客运站不定时有车发往景区；此外，还可以从遵义市区茅草铺客运站旁坐公交车到达高坪，再从高坪转车到达景区，且道路设施并不完善，造成了景区可进入性低。

4. 旅游服务

旅游服务质量决定旅游目的地旅游的可持续发展，旅游目的地的管理水平与综合竞争力及游客的重游意愿和服务质量息息相关。景区缺乏标准化和个性化服务意识，在旅游过程中除了传统的导游讲解服务，景区还缺乏游客在游览过程中的参与性、娱乐性和独特性。

（二）海龙屯景区游客满意度提升对策

1. 整合资源、突出文化价值、塑造旅游形象

景区特色、观赏价值、资源丰富度、景区路线安排、门票价格制约着景区的发展，是海龙屯景区在将来的开发规划中改进的工作重点。海龙屯景区要与遵义市其他景区相串联，整合红色、绿色等旅游资源，丰富旅游项目，满足游客多元化的需求，突出海龙屯土司文化价值。通过提高旅游服务质量，改善公共环境卫生，拓展旅游线路、适当降低门票价格，邀请业内专家参加旅游活动，增强游客体验感等措施来塑造景区的良好旅游形象，提高游客的重游率，培养游客的忠诚感。

2. 合理规划、完善基础设施、打造旅游精品

景区内游览路线应该合理规划、开发其他的通道，在满足游客可以游览景区所有的景点和不破坏景区的情况下，满足不同情况的游客都能登山游览，如缆车通道、上山下山的线路分开等。针对景区外部可进入性低的问题，海龙屯景区应该开通旅游专线专车，增加游客接待量；景区内部除了观光车外还可以出租自行车提供游客自由选择。此外，景区应不断完善设施设备，多在公共场所增设适合不同层次、不同需求的游客休闲娱乐场所，如为游客提供露天桌椅以便其享用自带食物等。提高产品质量，打造旅游精品。

3. 引进高新技术、发展智慧旅游

从通信等基础设施设备完善度、导游讲解服务、景区餐饮价格来看，景区的通信等基础设施设备应该不断更新和完善。在“互联网 +”时代，海龙屯景区应不断加快推进智慧旅游建设，景区经营者应运用互联网和移动平台为景区推广和宣传信息；充分把握好旅游者使用智

能手机的习惯，为游客订票、信息查询提供方便快捷的服务。例如，在景区内特色景观附近贴上二维码标识，游客通过扫描二维码就可以得到相关信息，景区内的游客还可以收到景区发送的导览信息和提示信息等。导游讲解服务是游客获取景区信息的重要来源，讲解内容的丰富性、真实性、准确性和讲解的语言、态度、手势以及与游客的沟通都影响游客对导游服务质量的满意度，如生动的导游讲解可以让游客置身其中仿佛穿越到那段血雨腥风的历史中。

4. 规范公共设施管理，合理定价

景区提示标志设施一方面就像指南针一样指导着游客的游览方向；另一方面对游客起着安全信息提示作用，所以景区提示标志设施应该放在醒目的位置，特别是安全出口、禁止吸烟等提示牌、标志牌应符合世界遗产景区标志的相关标准，有景点中英文名称、方向箭头、距离等；对景区内观光车票价游客普遍反映过高，且一路无人讲解，显得很枯燥，道路两旁的资源也较枯燥乏味，所以相关部门应该合理定价，同时观光车上还可以配备讲解人员简要介绍景区从而吸引游客对景区的憧憬和加深对景区的印象等。门票价格可根据景区发展情况，考虑大多数游客的意愿适当降低价格或者通过举办相关活动使游客获得更优惠、性价比更高的一次旅游经历。

B.9
基于因子分析法的遵义红色旅游竞争力问题研究

禹玉环*

摘　要：　遵义作为全国重点红色旅游目的地，红色旅游在其旅游业中占据着十分重要的地位。遵义红色旅游的竞争力问题研究，具有重要的现实意义。本文从红色旅游竞争力出发，通过对遵义红色旅游游客的调查，利用因子分析法对遵义红色旅游竞争力问题进行分析评价，并针对目前遵义红色旅游竞争力相对较低的现状，提出了一系列提升对策。

关键词：　因子分析　遵义　红色旅游　竞争力

一　引言

遵义拥有丰富的红色文化旅游资源，具有发展红色旅游的良好基础，近年来遵义红色旅游发展迅速，已经成为贵州省旅游业的重要组成部分。但是与全国很多重点红色旅游目的地相比，遵义红色旅游市场优势并不明显。要想在激烈的市场竞争中谋求发展，提升遵义红色旅游的竞争力势在必行。但是，对遵义红色旅游竞争力问题的研究还

---

* 禹玉环，遵义师范学院历史文化与旅游管理学院副教授。

很薄弱，因此，笔者从红色旅游竞争力出发，通过对遵义红色旅游游客的调查，利用因子分析法分析遵义市红色旅游竞争力问题，并提出了一系列提升对策，以期抛砖引玉。

二　调查问卷设计及数据采集

（一）调查问卷设计

结合遵义红色旅游发展的实际情况，运用文献研究法和头脑风暴法，通过查阅相关文献资料及听取部分专家学者和遵义红色旅游一线工作人员的意见和建议，本调查选择了20项评价指标，建立遵义红色旅游竞争力评价指标体系（见表1），形成了遵义红色旅游竞争力调查问卷。本调查问卷一共有24个题项（包括4个人口统计学特征题项），问卷采用Likert五级量表进行测度。

表1　遵义红色旅游竞争力评价指标体系

序号	指　标	序号	指　标
1	资源数量	11	红色文化内涵
2	资源品位度	12	城市旅游形象
3	食宿接待能力	13	旅游服务水平
4	产品体验性	14	社会治安
5	产品创新性	15	设施配置水平
6	城市旅游环境	16	红色文化氛围
7	从业人员素质	17	资源知名度
8	红色资源保护	18	资源垄断性
9	居民友好程度	19	品牌化程度
10	宣传营销	20	旅游信息服务

（二）遵义市红色旅游竞争力情况调查

在调查问卷设计的基础上，笔者于2015年10月至12月在遵义会议会址景区、遵义红军烈士陵园、习水土城景区和桐梓娄山关景区进行实地问卷调查。调查组共发放问卷220份，回收问卷202份，剔除无效问卷，总计有效问卷181份，有效率89.6%。

三 遵义市红色旅游游客竞争力影响因素分析

在前期问卷调查数据采集的基础上，笔者运用因子分析法，采用SPSS 17.0统计分析软件对问卷数据进行分析。为了确定问卷调查结果的可靠性，笔者首先必须对问卷调查数据进行可靠性分析。可靠性统计量结果显示，Cronbach 的 α 系数为0.837（见表2），大于0.7，说明数据的可靠性较高。

表2 遵义红色旅游竞争力可靠性统计量表

Cronbach's Alpha	项　数
0.837	20

之后本文运用主成分分析法对数据进行因子分析。在进行因子分析前，先要考察相关数据是否适合采用因子分析法进行数据分析，通过检验，KMO值为0.771，同时，对因子进行独立样本检验，检测结果显示，除“旅游参与性”和“产品体验性”两个变量的Sig.（双侧）值大于0.05外，其余各变量的Sig.（双侧）值均小于0.05（见表3），因此可以认为除这两个变量外，各变量之间存在着显著的相关性，数据可以进行因子分析。

表 3　独立样本检验

类别		F	Sig.	t	df	Sig.（双侧）	均值差值
资源数量	假设方差相等	1.246	0.267	-10.696	99	0.000	-1.66431
	假设方差不相等			-10.604	92.202	0.000	-1.66431
资源品位度	假设方差相等	26.153	0.000	-6.575	99	0.000	-1.04324
	假设方差不相等			-6.748	83.318	0.000	-1.04324
食宿接待能力	假设方差相等	1.748	0.189	-8.084	99	0.000	-.79167
	假设方差不相等			-8.133	98.953	0.000	-.79167
产品体验性	假设方差相等	8.607	0.004	-1.414	99	0.161	-.17807
	假设方差不相等			-1.438	93.676	0.154	-.17807
产品创新性	假设方差相等	67.005	0.000	2.858	99	0.005	0.62972
	假设方差不相等			2.963	69.538	0.004	0.62972
城市旅游环境	假设方差相等	12.499	0.001	-1.698	99	0.093	-.20991
	假设方差不相等			-1.729	92.133	0.087	-.20991
从业人员素质	假设方差相等	5.516	0.021	-8.525	99	0.000	-1.16588
	假设方差不相等			-8.386	83.954	0.000	-1.16588
红色资源保护	假设方差相等	5.811	0.018	-8.264	99	0.000	-1.32783
	假设方差不相等			-8.360	97.286	0.000	-1.32783
居民友好程度	假设方差相等	23.726	0.000	-7.658	99	0.000	-.96698
	假设方差不相等			-7.470	73.726	0.000	-.96698
宣传营销	假设方差相等	12.079	0.001	-7.945	99	0.000	-1.29167
	假设方差不相等			-7.866	90.956	0.000	-1.29167
红色文化内涵	假设方差相等	0.039	0.844	-15.034	99	0.000	-1.67649
	假设方差不相等			-15.145	98.784	0.000	-1.67649
城市旅游形象	假设方差相等	0.011	0.918	-13.834	99	0.000	-1.22327
	假设方差不相等			-14.022	96.119	0.000	-1.22327
旅游服务水平	假设方差相等	0.030	0.863	-2.145	99	0.034	-.38090
	假设方差不相等			-2.144	97.768	0.035	-.38090
社会治安	假设方差相等	20.915	0.000	-7.607	99	0.000	-.93121
	假设方差不相等			-7.782	87.466	0.000	-.93121
设施配置水平	假设方差相等	29.720	0.000	-5.333	99	0.000	-.85417
	假设方差不相等			-5.439	90.648	0.000	-.85417

续表

类别		F	Sig.	t	df	Sig.（双侧）	均值差值
红色文化氛围	假设方差相等	12.090	0.001	-10.109	99	0.000	-.96541
	假设方差不相等			-9.857	73.332	0.000	-.96541
资源知名度	假设方差相等	0.911	0.342	-13.612	99	0.000	-1.98860
	假设方差不相等			-13.697	98.937	0.000	-1.98860
资源垄断性	假设方差相等	8.319	0.005	-7.252	99	0.000	-1.02869
	假设方差不相等			-7.157	87.699	0.000	-1.02869
品牌化程度	假设方差相等	0.506	0.478	-10.548	99	0.000	-1.50157
	假设方差不相等			-10.555	98.252	0.000	-1.50157
旅游信息服务	假设方差相等	4.335	0.040	-13.674	99	0.000	-1.39701
	假设方差不相等			-13.914	93.015	0.000	-1.39701

在独立样本检验的基础上，进一步使用因子分析法提取公因子并经过方差最大化旋转，萃取出六个公因子（见表4），公因子一（F1）的方差贡献率是32.845%；旋转后的方差贡献率是16.578%；公因子二（F2）的方差贡献率是12.341%，旋转后的方差贡献率是16.053%；公因子三（F3）的方差贡献率是9.930%，旋转后的方差

表4　解释的总方差

类别	初始特征值			提取平方和载入			旋转平方和载入		
公因子	合计	方差贡献率(%)	累计方差贡献率(%)	合计	方差贡献率(%)	累计方差贡献率(%)	合计	方差贡献率(%)	累计方差贡献率(%)
F1	5.912	32.845	32.845	5.912	32.845	32.845	2.984	16.578	16.578
F2	2.221	12.341	45.186	2.221	12.341	45.186	2.890	16.053	32.631
F3	1.787	9.930	55.116	1.787	9.930	55.116	2.831	15.728	48.358
F4	1.643	9.130	64.247	1.643	9.130	64.247	1.882	10.454	58.812
F5	1.225	6.803	71.050	1.225	6.803	71.050	1.858	10.321	69.133
F6	1.027	5.706	76.755	1.027	5.706	76.755	1.372	7.623	76.755

贡献率是 15. 728%；公因子四（F4）的方差贡献率是 9. 130%，旋转后的方差贡献率是 10. 454%；公因子五（F5）的方差贡献率是 6. 803%，旋转后的方差贡献率是 10. 321%；公因子六（F6）的方差贡献率是 5. 706%，旋转后的方差贡献率是 7. 623%，六个公因子解释了原始变量总方差的 76. 755%，即调查统计数据中 76. 755% 的信息可以由这六个公因子来解释，而经因子旋转后，每个因子的方差贡献率都有变化，但最终的累计方差贡献率不变。

因子分析的结果显示，18 个评价指标分别隶属于 F1、F2、F3、F4、F5 和 F6 六个主因子，由表 5 可见，F1 由食宿接待能力、从业人员素质、旅游服务水平、产品创新性 4 个指标构成，这些指标与红色旅游产业竞争力有关，可将其定名为“旅游产业竞争力”。F2 由宣传营销、品牌化程度、城市旅游形象 3 个指标构成，这些指标与市场影响竞争力有关，可将其定名为“市场影响竞争力”。F3 由旅游信息服务、红色文化氛围、设施配置水平三个指标构成，这些指标与旅游环境有关，可将其定名为“旅游环境竞争力”。F4 由资源数量、资源品位度、资源知名度、资源垄断性 4 个指标构成，这些指标与红色旅游资源有关，可将其定名为“资源竞争力”。F5 由居民友好程度、社会治安 2 个指标构成，这些指标与社会环境有关，可将其定名为“社会环境竞争力”。F6 由红色资源保护、红色文化内涵 2 个指标构成，这些指标与红色文化保护有关，可将其定名为“文化保护竞争力”。

通过数据分析可以看出，六个因子的方差贡献率分别是 32. 845%、12. 341%、9. 930%、9. 130%、6. 803% 和 5. 706%，累计方差贡献率达到 76. 755%，特征值分别是 5. 912、2. 221、1. 787、1. 643、1. 225 和 1. 027，说明六个主因子在评价遵义红色旅游竞争力中起主要作用，这样，可以得到一个衡量遵义红色旅游竞争力的综合评价指标体系。

表 5　遵义红色旅游竞争力评价的因子分析

因子	原始变量	均值	方差贡献率(%)	特征值
旅游产业竞争力	食宿接待能力	2. 5304	32. 845	5. 912
	从业人员素质	2. 8011		
	旅游服务水平	3. 7901		
	产品创新性	2. 2597		
市场影响竞争力	宣传营销	3. 3757	12. 341	2. 221
	品牌化程度	3. 8895		
	城市旅游形象	3. 3536		
旅游环境竞争力	旅游信息服务	3. 6133	9. 930	1. 787
	红色文化氛围	3. 6121		
	设施配置水平	2. 7072		
资源竞争力	资源品位度	2. 9779	9. 130	1. 643
	资源数量	2. 6298		
	资源知名度	3. 6409		
	资源垄断性	3. 6354		
社会环境竞争力	居民友好程度	2. 2376	6. 803	1. 225
	社会治安	2. 2983		
文化保护竞争力	红色资源保护	2. 6740	5. 706	1. 027
	红色文化内涵	3. 1989		

通过以上分析，笔者用均值来衡量遵义红色旅游竞争力，通过表5中各变量的均值可以看出，影响遵义红色旅游竞争力的18个指标中，旅游产业竞争力的4个指标均值分别是2. 5304、2. 8011、3. 7901、2. 2597，总均值是2. 8453；市场影响竞争力的3个指标均值分别是3. 3757、3. 8895、3. 3536，总均值是3. 5396；旅游环境竞争力的3个指标均值分别是3. 6133、3. 6121、2. 7072，总均值是3. 3109；资源竞争力的4个指标均值分别是2. 9779、2. 6298、3. 6409、3. 6354，总均值是3. 221；社会环境竞争力的2个指标均值分别是2. 2376、2. 2983，总均值是2. 2680；文化保护竞争力的2个

指标均值分别是 2.6740、3.1989，总均值是 2.9365。18 个因子均值在 3.5 ~ 5 之间的只有 6 个，而且均值最高也没有超过 4，由此可见，遵义红色旅游的竞争力偏低。

四　遵义红色旅游竞争力提升对策

（一）提升红色旅游的产业竞争力

因子分析的结果显示，旅游产业竞争力因子（F1）的方差贡献率为 32.845%，说明其在红色旅游竞争力方面具有重要影响。这一因子涉及的四个指标均值分别是 2.5304、2.8011、3.7901、2.2597，总均值是 2.8453，由此可见，有必要通过提升红色旅游的产业竞争力来提升遵义红色旅游的竞争力。

提高遵义红色旅游食、宿、行、游、购、娱等配套要素的服务水平。加强酒店建设尤其是高星级酒店的建设，重点打造 2 ~ 3 家高星级红色主题饭店，开发遵义特色的食宿产品，展现遵义红色旅游地域特色。要规范对现有红色旅游企业的管理，不断增强旅游服务意识，提升红色旅游服务水平，为游客营造良好的旅游环境。

提升红色旅游服务水平。旅游产品的核心是服务，服务水平直接影响游客对旅游产品的评价，也直接影响旅游竞争力。遵义红色旅游竞争力提升，有必要通过提升旅游服务水平来实现。一是要加强对旅游业从业人员的培训，提升红色旅游从业人员的服务意识和服务水平，力争提供个性化、针对性强的服务。二是要加快人才引进的步伐，引进一批专业素养过硬、综合能力突出的旅游高级人才，着力培养一支重视并善于做好红色旅游工作的高素质行政管理队伍。三是花大力气提升遵义旅游教育水平，依托遵义师范学院、遵义市旅游学校、遵义职院、航天职校等教育优势，加快培养旅游专业人才，通过从业人员综合素质的提升，带动遵义红色旅游的整体服务水平提高。

创新产品开发形式。要注重创造游客对红色旅游的偏好，引导游客参与到红色旅游中，为红色旅游提供强劲的发展动力和永不枯竭的客源。以市场需求为导向，以供给侧改革为抓手，结合现阶段游客对旅游产品的需求倾向，着力开发体验性、娱乐性、趣味性较强的产品，满足游客的红色旅游体验性需求。结合遵义旅游资源的特色和优势，紧紧把握住“转折”这一主题，打破红色旅游静态观赏的模式，开发一系列体验功能强的旅游产品，增强红色旅游活动的可参与性，要重点打造遵义会议会址系列、娄山关系列和四渡赤水系列产品，突出遵义红色旅游产品的地域性，通过与井冈山、延安等红色旅游目的地进行对比分析，彰显与其他红色旅游目的地的差异性来增强市场竞争力。

（二）增强遵义红色旅游市场影响竞争力

市场影响竞争力因子（F2）的方差贡献率为12.341%，说明其对竞争力同样具有重要作用。因此，要提高遵义红色旅游竞争力，必然要促进遵义红色旅游市场影响竞争力的提高。

加强宣传，尤其是对目标市场进行针对性宣传。近年来，遵义市在发展红色旅游的过程中，开始重视红色旅游宣传工作，也取得了一定的成绩，但整体而言，红色旅游宣传的投入还不够，旅游宣传的针对性不强，旅游宣传的效果不明显。因此，要提升遵义市红色旅游的竞争力，必须加大宣传力度。增加红色旅游宣传人财物的投入，改变传统的宣传营销模式，建立长期有效的营销机制。要改变目前遵义旅游宣传无序、粗放、短期的现状，通过宣传旅游整体形象、提升旅游整体环境进行旅游宣传活动，同时要对目标市场进行有针对性的宣传，调查显示，遵义红色旅游客源主要来自贵州、重庆、四川等近距离旅游市场，对其他远距离市场进行重点突破是现阶段宣传的关键。

树立大旅游品牌意识，加强品牌管理。遵义发展旅游业只依靠红色旅游是远远不够的，遍地开花、各自为政的发展模式也是不可取的，遵义红色旅游要实现跨越式发展，就必须树立大品牌、大旅游的发展意识。遵义各旅游企业应该打破行政区域划分壁垒，加强区域交流和合作，实现资源整合和共享，构建区域经济的多赢局面。充分利用红色旅游的优势，设计以红色旅游为主，带动其他旅游形式发展的大品牌。加强品牌管理，对品牌进行跟踪监控，依据所得数据建立品牌档案，并在分析、判断的基础上进行品牌预警，通过对品牌价值的管理和维护，促进品牌的健康发展。

同时，遵义市要树立鲜明的旅游形象。首先要通过相应措施，从游客的角度完整地表达和凸显“转折之城、会议之都”的形象。其次，整体规划，分区布局。各功能区域的主题形象也要明确，各区域围绕自己的旅游功能进行相应的主题设计，不同的功能板块其主题各不相同。遵义各县区市在旅游形象设计的过程中，要遵循“突出核心，彰显差异”的原则，旅游形象设计既要突出遵义市整体的旅游形象，又要展现各旅游区域的个性化特征，做到一村一品，一县一业，使遵义市成为形象鲜明、富有特色的旅游区域，推进全域旅游的发展。

（三）优化资源组合

在开发红色旅游时遵义应尽量找准旅游者消费需求和市场经济价值的最佳契合点，整合相关旅游资源，满足现代旅游者多元化的旅游需求。把发展红色旅游与发展生态旅游、民族文化旅游、乡村旅游等密切结合起来，是创新红色旅游产品的重要渠道，也是增强红色旅游竞争力的重要途径。遵义市在发展红色旅游的过程中，也可以将红色文化与遵义特有的土司文化、酒文化、生态文化、茶文化、仡佬族文化等结合起来，整合开发，既能达到资源的有效利用，又可以克服红色旅游固有的客源市场狭窄、季节性波动大的弱点，增强遵义市红色旅游的魅力。

（四）加强红色旅游资源保护

旅游资源是旅游业得以持续发展的重要载体，红色旅游资源是发展红色旅游的基础，红色旅游资源的不可再生性与不可复制性决定了红色旅游要可持续发展，必然要加强对红色旅游资源的保护，不但可以提高红色旅游发展的水平，也可以提高遵义红色旅游的竞争力。近年来，由于红色旅游开发力度加大以及城市建设步伐加快，遵义红色旅游资源遭到一定程度的破坏，要提升遵义红色旅游的竞争力，必须加强遵义红色旅游资源的保护，保持红色旅游资源及其存在的环境的原真性。要深度挖掘红色文化的内涵，突出体现遵义红色文化蕴含的丰富精神内涵，彰显红色旅游资源的精神魅力。要加大红色旅游资源保护的宣传教育力度，增强全民红色文化保护意识，形成红色文化保护的良好氛围，拓宽红色旅游资源保护的资金来源渠道，健全相关法律法规，完善资源开发与保护机制，正确处理红色旅游资源开发和保护的关系，利用现代技术手段，运用多种平台和途径加强遵义红色旅游资源的保护。

B.10
关于遵义枫香乡村旅游发展的调研报告

付 强*

摘　要：　旅游产业是经济社会发展到一定阶段而诞生的一种现代产业。近年来，由于人们生活水平的普遍提高，乡村旅游在全国范围内迅速发展起来，并受到人们的喜爱。纵观贵州近年来各地区乡村旅游的发展，虽取得一定的成绩，但还是存在一定的发展问题。本文以遵义枫香乡村旅游的发展为研究对象，多方面地分析该地旅游发展现状，挖掘出该地的旅游发展潜力，针对枫香乡村旅游中存在的问题，提出相对可行的发展对策，以帮助其打造出独具特色的乡村旅游发展模式，提升该地的旅游整体服务质量，走一条可持续发展的生态之路。

关键词：　枫香　乡村旅游　可持续发展

近年来，受益于国家西部大开发的政策和资金扶持，贵州经济发展水平不断提升，旅游产业迅速发展。其中乡村旅游在整个旅游产业中占据较大比例，在遵义地区已形成一定的规模。遵义枫香利用得天

* 付强，遵义师范学院组织（人事）部办公室主任，遵义师范学院历史文化与旅游管理学院旅游管理暨酒店管理专业副教授。

独厚的旅游资源优势，并结合多地乡村旅游发展经验，更是以超快的速度发展起来，成为遵义地区乡村旅游发展的典范。但由于枫香乡村旅游发展起步晚、速度快，所以在发展过程中逐渐出现了相应的发展问题，对该地乡村旅游的可持续发展产生了一定的阻碍。面对这种严峻的发展现状，解决这些问题已成为遵义枫香乡村旅游稳步发展的关键。

一 乡村旅游的定义

目前，国内外学者对乡村旅游给出了多种定义，但至今都未能统一。中国旅游界研究学者认为，应该把农民作为乡村旅游中的经营主体，利用农民自己种植的粮食作物加工成具有地方特色的旅游产品，通过为游客提供服务获得经济来源的经营模式，事实上这只是对乡村旅游中“农家乐”定义的表述。本文结合当今乡村旅游发展现状，提出了自己的定义，认为乡村旅游是利用乡村地域中风土、风物、风俗、风景等组合而成的乡村旅游特色产品为乡村旅游媒介，以吸引现代城市居民旅游者前往旅游目的地去放松身心、缓解压力、游玩购物等旅游活动。因此，乡村旅游应包括以下内容：①独特自然的乡村田园风光和乡村农业文化风俗；②客源市场以现代的城市居民为主；③以满足旅游者的多种旅游活动为经营方向，即实现旅游者旅游活动的多样性。根据这些内容可以，乡村旅游是一种新兴的旅游活动，因此在旅游的开发与发展过程中应具有独特性和创新性。

二 枫香乡村旅游概况

（一）地理环境优越

枫香位于遵义县西部，地处云贵高原，喀斯特地貌发育完整，溶洞及暗河居多，植被覆盖率可达44.9%。枫香平均海拔高度1035米，是典型的亚热带季风气候，年均降水量在1200毫米左右，年均气温为17℃，可谓冬无严寒、夏无酷暑，是理想的避暑胜地。其交通位置方便，杭瑞高速、赤遵高速、326国道和208国道均在该境内的白腊坎交会经过，距离红色文化圣地苟坝会议会址3公里，遵义市政府50公里，南白县城45公里，“国酒之乡”茅台镇28公里，紧邻中国仡佬第一乡——平正和苗族少数民族乡——洪关两地。全镇村村通油路，正处在遵义红色旅游精品线路上，在短时间内既可以游览红色之地——苟坝会议会址，又可以亲临国酒之乡品尝国酒的清香。除此之外，自驾车者只需40分钟车程就可以去赤水看竹海和瀑布，亲自体验世界地质文化遗产——丹霞地貌。

（二）旅游资源丰富

枫香镇内有国家3A级旅游名胜区——枫香温泉，水温全年保持在39℃。泉水中富含大量对人体有益的偏硅酸等多种微量元素，成为第十一届亚运会的指定饮用水。枫香苞谷酒是该镇的一大特色，特别是徐氏的苞谷酒最为出名，距今约有18年历史，酒香清醇，回味无穷，深受广大消费者的青睐。枫元农家乐是枫香地区最有成就的四在农家，这里不仅有秀丽的田园风光，而且游客在此可以亲自体验农家生活的悠闲自在。苟坝村的苟坝会议地址是以遵义会议地址为中心的红色旅游区重要组成部分，目前已经成为贵州省省级爱国主义教育基地。位于枫香青坑村的九龙洞也是该地区新开发的自然旅游景点，洞中岩洞交错分布，犹如仙境，让人眼花缭乱。在镇的西部，还有一个流水岩，此处植被茂密，有许多小型飞瀑和溶洞。

（三）农家乐形式的乡村旅馆快速崛起

农家乐是组成乡村旅游的重要部分，是由乡村旅游目的地的农民向旅游者提供的一种特别的服务，使游客重返质朴纯真的田园生活的新型体验活动。经过两年的发展，枫香农家乐已初具规模，正逐步走向一条规范化发展的道路。2015 年 6 月 16 日，习近平主席赴贵州遵义市参观遵义会址，深入枫香镇花茂村考察调研农村扶贫情况时，就已有 9 家农家乐，1 家大型农业山庄，其中 1 家名为红色之家的农家乐就是当时习近平主席访问过的。农家乐的农民通过对自家的田地、果林园、鱼塘、院落的精心打造和向游客提供热情的服务，展示出别具特色的农村风貌和生活场景。比起城市各种大中高端型酒店，以农家乐形式存在的乡村旅馆更能满足旅游者对质朴田园风光的享受和对农户生活民俗体验的需求。根据遵义乡村旅游网有关数据显示，在枫香镇共有乡村旅馆 82 家，仅花茂村就拥有 42 家，其中三星级 2 家，共计床位 2000 多个，已接待游客 20 万人次。

（四）陶艺风情文化多姿多彩

花茂村的陶瓷历史悠久，文化底蕴深厚。制作技术是 19 世纪 80 年代从四川引进的，主要生产的是一些“农陶”产品，例如瓷坛和花盆。现在已经成为国酒——茅台酒专用酒瓶的生产基地，用花茂村生产的土陶罐装的茅台酒曾获得巴拿马博览会金奖。在 20 世纪 80 年代，村内拥有 20 个个体陶瓷窑炉，后来由于外陶的进入和自身生产工艺的落后，现仅剩下 1 个母先才陶艺馆。如今的花茂陶瓷因为其精湛的手工艺技术已成功申报市级非物质文化遗产。为了更深入地挖掘出花茂村的土陶文化历史内涵，在村内的白泥组打造出一条集旅游休闲和陶艺展览为一体的陶艺风情街，分为陶艺展示、陶艺体验、陶艺文化创意三个区域。在这条街上，游客们不仅可以看到陶艺产品介绍和陶艺工程景观，还能亲身体验制陶的乐趣。花茂村依托陶艺文化创意和宣传，吸引大量游客前来游玩，使该地土陶文化得以传播，有望成为远近闻名的“陶瓷之乡”。

（五）现代高效农业园区发展初见成效

现代高效农业作为农业产业中的新型农业，逐步发展成为我国农业产业中的主要力量。为保障粮食安全，夯实国民经济基础，普及人民小康生活，加强对现代高效农业的发展势在必行。近年来，遵义枫香依托自身优越的气候资源和土壤条件，抓住国家对农业发展的政策支持和资金补助的机遇，率先建设园区发展现代高效农业，搭建一定规模的智能温控大棚，培育出大量蔬菜瓜果。枫香的现代高效农业园区是由 2014 年山东寿光九丰公司来到枫香规划修建的，是贵州省内集农业观光和自然风景为一体的乡村旅游发展基地。目前已建成的高效农业大棚面积达 15 万平方米，带动当地村民 80 余人就业，发展初见成效。园区的最终目标是发展成为遵义市中心城区蔬菜供应基地的“心脏”，为农民增收提供保障，全面建成后，预计可提供 2000 个就业岗位，受益范围辐射 2 万多农户。

三　枫香乡村旅游发展中存在的问题

（一）旅游资源开发深度不够

在枫香镇这个地方，除了拥有美丽的自然环境，还有丰富的文化资源。但总体来说，资源开发深度还是不够。目前开发的资源未能满足青少年的旅游需求。首先，是对自然资源的开发不足，没有充分利用地形地势的独特之处，修建一些激情体验活动娱乐设施来调动游客的参与性和体验性。例如没有利用宽阔的土地资源在田间小道修建游客可以体验的娱乐活动设施。其次，没有充分利用民族资源，该地拥有中国仡佬族第一乡——平正和苗族少数民族乡——洪关这两个地方，却没有开发出吸引游客的民族民俗风情旅游项目，也没有挖掘出古老而神秘的少数民族的文化旅游资源。由此看出，枫香镇的乡村旅游资源开发还不全面，也没有深挖旅游资源内涵，而现代旅游者对旅游的需求不只是停留在欣赏美景上，而更多的是满足自身精神层面的需求。

（二）旅游基础设施薄弱

枫香作为一个才发展起来不久的乡村旅游地，由于发展时间较短，在基础设施建设方面还很薄弱，特别是在卫生与交通方面比较突出。该地景区通往外界的车辆数量和班次少，游客乘车前往景点是一个很大的问题。在该地，没有配备专用的旅游观光车，就该地花茂村与苟坝会址来论，两地只相隔3000多米，如果游客想同时参观两地，没有观光车很不方便，走路太劳累，而自驾车游客也会因重新找车位停车而苦恼。且停车场数量少，规模小，档次低。在卫生方面，由于农村居民和城市居民在生活习惯和卫生意识上存在一定的差异，一些农家饭馆的卫生设施过于简陋，消毒设施缺乏，未修建专用的排污管道，各种生活用水随意排放。公共卫生间的修建过于简陋，数量少，截至目前，该地的公共卫生间只有数间，管理非常差。每当周末游客数量增加时，游客需求便不能满足，游客怨声载道，怀着不满排队等候。除此之外，枫乡还缺乏文化娱乐设施和银行等。

（三）旅游产品单一，缺乏地方特色

目前，我国乡村旅游产品单一，各大乡村旅游地旅游产品同质化现象问题突出，缺乏地方性和代表性。第一，游客能参与的活动少之又少，仅仅是围绕着“吃农家饭、住农家房、干农家活”而展开，品位较低，不能满足游客多样化和高品位的旅游需求。第二，旅游产品粗糙，精度不够。许多农民对乡村旅游产品理解片面，认为乡村旅游产品就是以农民和农业等为主，越原生态的旅游产品越能获得游客

的青睐，因此对旅游产品只是在农产品的基础上进行表层生产和开发，而没有深度去挖掘产品的特色和内涵，缺乏创新性和创造性。第三，乡村旅游产品的包装策划简单且缺乏新颖。主要受思想意识的影响，农民觉得精致的包装过于浮夸和浪费，所以在包装上不重视美观，采用的包装材料粗糙简陋，不能吸引游客的注意力，这样的产品游客最多就是当时看看和品尝一下，而不会作为旅游纪念品带走送给亲朋好友。

（四）旅游宣传力度不够

面对当前各大风景名胜旅游区大规模的宣传，枫香的乡村旅游却像含苞待放的花骨朵，不知道怎样把自己展现在大众眼前。枫香乡村旅游在宣传方面存在较大问题。第一，没有特色鲜明的宣传标语和口号，不能引起大众的关注。第二，缺乏在电视和广播等大型公众媒体上的广告宣传。第三，投入的资金少，例如没有制作专业的枫香乡村旅游宣传报纸或旅游手册，在市场营销方面聘请的人才数量少。面对众多宣传方面的问题，该地景区景点的负责人和政府没有给予重视。随着现代城市居民收入水平的提高和对精神文化的不断追求，乡村旅游已经发展成为一种时尚。枫香乡村旅游由于在宣传方面力度不够，失去了及时进入大众视野的机会，因而对枫香乡村旅游的宣传已成为该地旅游发展中迫在眉睫的棘手问题。

（五）旅游从业人员数量少、素质低

枫香乡村旅游的发展和管理需要专业的旅游从业人才，该地目前的发展与人才需求比例失调，特别是管理人员和服务人员的数量严重不足。由于没有及时引进专业的旅游服务人员和管理人才，在发展的过程中出现一些矛盾。首先，管理人员的缺乏导致景区混乱，特别是在景区环境卫生和经营秩序上表现得尤为突出，脏乱零散。其次，该

地目前的服务人员素质普遍偏低，以当地土生土长的劳动农民为主，他们对乡村旅游缺乏理论上的认识和了解，没有接受过专业的培训，只能给游客在吃住方面提供一些最直接的基本服务，服务意识不强。在语言方面，地方口音较重，普通话不标准，不懂服务礼仪，态度随意散漫，容易引起游客的不满，降低了游客对枫香乡村旅游的满意度和期望值。

四　促进枫香乡村旅游可持续发展的对策

（一）深度开发旅游资源

枫香地区拥有两个极具代表性的民族资源，分别是苗族和仡佬族，政府应积极参与和扶持该地民族旅游资源的开发，利用地方民族特色与当地的自然景观及农业旅游资源有机结合，开发出别具民族特色的乡村旅游景点。充分把握地区地形优势，开发枫香地区美丽的山地旅游资源，发展符合新一代年轻人的旅游活动资源，例如，修建山地环形自行车轨道和山体滑梯，有利于提升游客旅游活动的参与性和积极性。大力开发农业旅游资源，发展农业科普种植园，吸引儿童游客和家长前来亲自体验种植乐趣，增加父母和孩子的互动和交流，同时还能普及农业科普知识，增长见识。深度挖掘地方特色资源的文化内涵，修建有代表性的文化旅游馆，满足游客考察、学习的旅游需求。

（二）大力发展旅游基础设施

从 2013 年起，国家将基础设施建设的重点从城镇转移到农村，各级政府应积极响应国家政策，加快对那些有资源优势和产业基础的乡村实施政策支持和资金扶持，加快完善乡村旅游发展地的交通、住宿、卫生、通信等基础设施，由此可见，国家对发展乡村旅游给予了高度重视。第一，对枫香农家乐和乡村旅馆的用水、洗澡，用餐等设施加大修建和改善力度，并使其达到国家规定的餐饮设施相关标准。第二，增加对该镇公共卫生间的修建和改进管理，满足游客的基本需求。第三，购置专用的旅游观光车辆，方便游客进出旅游景区景点，同时也能与邻近景点之间建立有效衔接。第四，大规模修建文化娱乐活动设施，增加游客在目的地的逗留时间。例如，可以在花茂高效农业蔬菜园区内部修建蔬菜水果模样的娱乐设施及农业科普学习乐园，吸引家长带孩子参与娱乐和学习，以打造独具特色的乡村旅游景区，提升景区经济效益。

（三）着力打造旅游特色产品

充分利用枫香的仡佬族和苗族两大民族资源，汲取各地区少数民族旅游特色产品制作经验，运用到该地仡佬族和苗族旅游特色商品的制作中，打造出独具地方特色和文化内涵的旅游手工艺品。由于地域文化的不可取代性，当地人制作出的手工艺品一定可以吸引游客的注意。少数民族很多都是以歌寻找配偶，这种恋爱方式是少数民族几千年的文化传统。本地的苗族和仡佬族都有各自的民俗文化，可以利用这种特有的民俗文化打造民族歌舞文化馆和民族歌舞表演厅，游客购票看歌舞表演，可以从歌舞文化中感受独具民族特色的婚俗文化和社交文化等。旅游经营者应该根据当地的地域特色和区位优势，创造性地制作更多具有地方特色的小吃品种，树立自己的品牌，制作精美的包装，吸引游客的注意。美的包装不仅能激起游客品尝的欲望，而且更多的是促使他们购买带走。

（四）加大旅游对外宣传力度

枫香的乡村旅游发展起步晚，知名度不高。自 2015 年 6 月 16 日以来，枫香花茂借助国家主席习近平深入该地考察调研农村扶贫情况的机会对当地乡村旅游进行了一定的宣传，取得了相应的成效。但是，还是有很多人不知道这个新发展起来的地方，客源市场范围小。首先，枫香应该利用独有的自然环境、民族文化及现代科技农业园区等设计特色鲜明的旅游形象。其次，借助外力，加大对宣传的资金投入，利用广播、电视、网络和杂志等媒介对该地的旅游资源进行宣传，打开旅游市场，努力提高知名度。最后，打出具有该地旅游特色的旅游宣传口号和标语，给人耳目一新的深刻印象。将该地的旅游市场逐步扩大，吸引更多旅游者前来休闲度假，从而带动当地的经济发展。

（五）强化旅游从业人员的引进和培训

旅游人才是旅游业发展中的首要资源。枫香乡村旅游发展中的从业人员大多是当地土生土长的地方村民，缺乏专业的旅游服务从业人员。应当积极发挥政府的主导作用，完善人才管理体制，并根据枫香的实际需求出台相关管理政策与奖励机制，创新人才培养管理机制，创立人才管理服务机构，鼓励村民去学习培训。首先，要对地方农民进行思想政治教育和业务知识培训，提高整个从业队伍的素质。其次，应花重金聘请专业礼仪教师对村民进行上岗前的礼仪及服务技能的培训，树立良好的旅游服务形象。最后，政府与商家联手，通过提高待遇大量引进专业的旅游从业人员到此工作，为节约成本，可以采取短期服务与长期服务相结合的方式，并对他们进行必要的民俗文化培训，以拓宽知识面，提高服务质量。妥善解决枫香乡村旅游的人才发展问题，有助于推动乡村旅游的规范化和全面化发展。

五　结语

随着我国乡村旅游产业的蓬勃发展和人民生活水平的日益提高，乡村旅游在全国各地的发展规模和范围势必逐渐扩大，同时也将带动旅游目的地经济的飞速发展，为加快实现城乡经济一体化做出贡献。但是在乡村旅游发展的同时也会给旅游目的地带来一系列环境破坏问题，所以在发展旅游经济的同时应当兼顾环境效益和生态效益，走一条可持续发展道路。遵义枫香乡村旅游的发展近年来已经取得一定的发展成果，然而，由于发展时间短、基础薄弱、管理混乱等众多因素的困扰，枫香乡村旅游的发展面临着一定的威胁和挑战。遵义枫香乡村旅游的发展应该与时俱进，在传承发展的基础上创新，从旅游者的实际需求出发，在发现问题和解决问题中稳步发展前进，只有这样才有望成为乡村旅游发展的成功典范。

“三农”篇

“Agriculture, Rural Areas and Farmers” Chapter

B.11
遵义市“四在农家·美丽乡村”创建工作研究报告

中共遵义市委课题调研组*

摘　要：　遵义市“四在农家·美丽乡村”创建工作推动了全市农业生产条件改善、产业结构调整优化和农民生活质量提升，全市农村渐呈环境生态化、产业特色化、村庄景区化、城乡一体化发展态势，走出了一条可供西部地区乃至全国借鉴的新农村建设成功之路。

关键词：　遵义　美丽乡村　创建

* 课题组组长：孟曙初，时任中共遵义市委副书记。课题组成员：雍思强，中共遵义市委政研室副主任；张洪元，遵义市全面小康建设办公室专职副主任；袁家富，中共遵义市委政研室业务一科科长；罗星汉，遵义市全面小康建设办公室综合科科长；王凯，时任中共遵义市委办公室秘书二科副科长；吕雪松，遵义市文明办秘书科科长；韦继军，时任中共余庆县委政研室主任。执笔人：雍思强、袁家富、罗星汉、吕雪松、韦继军。

遵义市地处黔北，古称播州，原属蜀地。全市国土面积30762平方公里，辖15个县（市、区）241个乡（镇、街道），户籍人口780万，因遵义会议和国酒茅台闻名于世。受地理环境、历史条件等长期影响，遵义农村基础设施落后，产业结构单一，经济社会发展相对滞后。

自2001年起，遵义干部群众创新开展了“四在农家”创建活动，经多年实践、探索、推广，形成了贵州省“四在农家·美丽乡村”品牌。创建活动持久开展，推动了全市农业生产条件改善、产业结构调整优化和农民生活质量提升，全市农村渐呈环境生态化、产业特色化、村庄景区化、城乡一体化发展态势，走出了一条可供西部地区乃至全国借鉴的新农村建设成功之路。如今，“四在农家·美丽乡村”创建向纵深推进，“看得见山、望得见水、记得住乡愁”的新农村正在黔北大地生根发芽、开花结果。

一　创建活动起源及发展历程

“四在农家·美丽乡村”源于基层群众自发实践。在县级、市级、省级党政主导推动下，从余庆县率先示范创建，形成遵义市新农村建设载体，进而铸就贵州省新农村建设品牌，积淀了广大干部群众15年的创新、探索、实践和坚守。

（一）“四在农家”创建起源——余庆县创新和实践

2000年前后，余庆县按照“三个代表”重要思想学习教育活动要求，组织全县近千名干部进村入户，与农民群众同吃、同住、同劳动，认真研究破解“三农”难题。在宣传、教育、培训和发动群众发展农村经济过程中，很多干部获知群众普遍有求富、求学、求乐、求美的愿望。余庆县县委、县政府顺应群众需求，以白泥镇罗家坡、小腮镇大屯和桥底、龙家镇高寨、花山乡罗家寨等村民组为试点，发动群众自筹资金、投工投劳，积极争取上级补助和社会赞助等，新建或修缮房屋、道路、庭院，安装供水、供电、电话、电视等管线，积极兴产业、学科学、倡文明、改环境，农民群众精神风貌焕然一新。余庆县委把这种做法总结为“富在农家、学在农家、乐在农家、美在农家”，做出决定并在全县开展以“四在农家”为载体的农村基层组织暨精神文明示范带创建活动。在历史的必然与偶然的交会点上，在中央政策与群众愿望的耦合下，群众的自发性创造实践，孕育和催生了“四在农家”这朵“黔北之花”。

（二）“四在农家”创建深化——遵义市探索和推广

余庆县创建活动受到了农民群众普遍欢迎，很快引起外界广泛关注。为推广创建经验，余庆县委向遵义市委提出在全市广泛开展“四在农家”创建活动的建议。2002 年初，遵义市委批转了市委宣传部《关于在全市推广余庆“四在农家”活动经验的实施意见》，并相继在余庆县、赤水市等地召开现场会，将创建内涵提炼为“富在农家增收入、学在农家长智慧、乐在农家爽精神、美在农家展新貌”，推动“四在农家”创建从试点示范拓展到全市开展。2004 年 5 月，遵义市委、市政府制定《关于在全市农村广泛深入开展“四在农家”创建活动的意见》，提出到 2010 年让全市 80% 以上的农民受惠于这项活动的目标。2005 年 4 月，遵义市委再次召开全市“四在农家”创建暨农村基层组织建设现场会，决定由试点示范向整村、整镇、整县连片创建、整体推进。“四在农家”创建活动成为遵义市加强农村宣传思想工作、精神文明建设和基层组织建设的有效载体。

继党的十六届五中全会提出社会主义新农村建设的重要命题，《中央关于推进社会主义新农村建设的若干意见》明确社会主义新农村建设的“20 字方针”，党的十七大报告强调“统筹城乡发展，推进社会主义新农村建设”，党的十七届三中全会又提出了建设社会主义新农村的系列新思路、新举措、新政策。遵义市“四在农家”创建活动的实践探索，符合中央关于社会主义新农村建设的要求，并走在了全省乃至全国的前列。

2006年7月，遵义市委《关于以“四在农家”为载体扎实推进社会主义新农村建设的意见》正式确立了“四在农家”创建活动在全市新农村建设中的地位，强调以“四有五通三改三建”（有一条致富路子、有一幢整洁的楼房、有一门实用技术、有一套现代化家具，通水、通电、通硬化路，通广播电视、通电话，改灶、改厕、改环境，建图书阅览室、建文体场所、建村务公开栏）为着力点，大力整治“五乱”（柴草乱垛、粪土乱堆、垃圾乱倒、污水乱泼、畜禽乱跑），推进“一池三改”（通过沼气池建设带动改圈、改厕、改厨），注重“黔北民居”的标准化改造。2008年，遵义市委继续深入推进“四在农家”创建活动，提出了总结经验、点面结合、逐步升级推进的发展思路。2009年9月，全国农村精神文明建设现场会在遵义召开，会议丰富了以富为核心打牢发展基础、以学为根本培养新型农民、以乐为动力提高幸福指数、以美为目标构建和谐家园的创建内涵，将创建活动引向高潮。2010～2012年，遵义市委、市政府制发多个文件，提出以富推动发展，以学提升素质，以乐倡导民风，以美展示文明，不断加强组织领导、加大工作力度、完善创建机制，逐年增加投入、提升水平、丰富内容。这一时期，是遵义市“四在农家”创建活动深入、快速、全面推进的黄金时期，树立了贵州省新农村建设的标杆和典范，引起了中央领导、国家有关部委、主流媒体的高度关注，各地到遵义参观考察学习团纷至沓来。

2013年，遵义市委、市政府《关于深化“四在农家·美丽乡村”创建的意见》，进一步丰富了建设富裕、文明、乐和、生态乡村的新内涵，提出到2018年实现“四在农家·美丽乡村”创建全覆盖。

2015 年，市委提出围绕环境、风尚、人文、秩序和创业之美，坚持升级型、特色型、普及型“三型”分类推进，突出自然风貌、生态庭院、文明时尚、文化内涵、功能配套、产业发展，实现由示范创建向常态推进转变、外延式发展向内涵式提升转型的升级创建新思路，全市掀起了“四在农家·美丽乡村”升级创建热潮。

（三）“四在农家·美丽乡村”创建转型升级——贵州省全面普及和提升

2003 年 7 月，贵州省文明委在余庆县召开现场会，对遵义市“四在农家”创建活动经验给予了充分肯定。2004 年 11 月，“四在农家”写入《中共贵州省委关于学习贯彻〈中共中央关于加强党的执政能力建设的决定〉的意见》。2006 年 4 月，贵州省委、省政府为推广遵义市创建经验，在遵义市召开了“四在农家”创建经验交流会。2007 年 4 月，“四在农家”创建活动被写入贵州省第十次党代会报告，并成为全省新农村建设的重要抓手。2012 年，“四在农家”被写入《国务院关于进一步促进贵州经济社会又好又快发展的若干意见》（国发〔2012〕2 号）。同年，贵州省委十一届二次全会将“四在农家”创建活动拓展为“四在农家·美丽乡村”，推动“四在农家·美丽乡村”创建活动在全省开展，成为全省新农村建设的主题和载体。

党的十八大确立了全面建成小康社会的目标，指出“要深入推进新农村建设，全面改善农村生产生活条件”。对贵州而言，与全国实现同步小康，农村是最大的短板，贫困地区是最大的难点。2013 年 8 月，贵州省委、省政府《关于深入推进“四在农家·美丽乡村”创建活动的实施意见》赋予“四在农家”以富推动经济发展、以学培育新型农民、以乐实现文化惠民、以美建设美丽乡村的新内涵。同年 11 月，贵州省人民政府出台了《关于实施贵州省“四在农家·美丽乡村”基础设施建设六项行动计划的意见》，提出把精准扶贫、新农村建设、全面建成小康社会与“四在农家·美丽乡村”创建活动结合起来，实施“小康路、小康水、小康房、小康电、小康讯、小康寨”六项基础设施建设的任务。2014 年，贵州省委、省人民政府印发《贵州省“四在农家·美丽乡村”创建五年行动计划（2014～2018年）》，细化了“六个小康”建设目标任务和措施。“四在农家·美丽乡村”创建进而成为贵州省新农村建设、精准扶贫和全面建成小康社会的重要载体。

二　创建活动的主要做法和成效

15 年来，创建活动始终以农民群众“富、学、乐、美”为目标，坚持“物的新农村”和“人的新农村”相结合，逐渐升级发展；始终在中央政策引领下，不断深化创建内涵和拓展工作外延，保持了旺盛生命力。

（一）主要做法

1. 立足“富在农家增收入”转方式调结构

一是推动产业升级领富。党的十六大以来，国家西部大开发、退耕还林、全面取消农业税等强农惠农政策密集出台，连续 12 年以“三农”为主题颁布中央一号文件。遵义市委、市政府抢抓机遇，切实将这些政策用到“四在农家·美丽乡村”创建中，重点加快产业发展、引领农民奔小康。从 2002 年起，实施基地建设、加工销售、科技推广、基础设施、农村改革等“新五突破”，推广农业产业化经营，推动农业增产、农民增收、结构优化。从 2005 年起，实施种子、种苗、种禽、种畜“四种工程”及“粮增工程”，大力培育农业“八大产业”，即茶、竹、中药材、商品蔬菜、辣椒、高粱、干鲜果、畜牧等。2008 年，提出积极发展庭院经济，打造“一村一品”“一乡一特”“千元院”“万元田”等。近年来，实施以发展壮大8大农业产业、培育500家市级以上龙头企业、建设35个市级以上现代高效农业示范园区、实现农村居民年人均可支配收入超过1万元为内容的农业“8531”工程。随着乡村旅游兴起，各级党政着力引导农民群众在“四在农家·美丽乡村”创建基础上，利用地方特色资源发展乡村旅游产业，带动农民增加收入，呈现出产业多样化升级发展、农民多渠道增收的格局。二是鼓励创业就业致富。改革开放后，遵义大量农村富余劳动力开始向东部沿海地区转移就业，市委、市政府出台了《关于加快劳务产业发展的意见》等文件，积极引导发展务工经济，在遵义籍外出务工人员集中地设立了办事处、服务站，开展维权等服务。随着遵义经济加快发展，农民创业就业渠道拓宽、增收机会增多，遵义市委、市政府又从过去“以输为主”调整为“内转外输、输转结合”，出台了《关于促进农民工返乡创业的意见》等文件，鼓励外出农民工带着信息、资金、技术返乡创业，带动地方经济发展。各地通过以“四在农家”创建为抓手“筑巢引凤”，立足当地优势和特色，引导发展城郊型、科技型、效益型、带动型农业产业，创建农民工返乡创业园，引得众多“候鸟”返乡创业，推动了全市农业产业化和农民就业、增收致富。三是强化扶贫开发帮富。为破解减贫脱困这个全面建成小康社会的难题，创建活动逐步向贫困地区深入推进。贫困村的创建活动以扶贫开发为重点，利用国家新阶段扶贫开发政策和上海市对口帮扶遵义等机遇，大力开展集团帮扶、产业扶贫、对口扶贫、驻村帮扶，并整合部门项目资金实施整村推进。利用良好的自然生态条件，大力调整产业结构、完善基础设施、推进农旅一体化、发展生态旅游，努力实现以村为单位从贫困到小康跨越发展。着力打造遵义县花茂村、桐梓县杉坪村等整村脱贫典型，示范带动了全市新农村建设。

2. 立足“学在农家长智慧”提素质强能力

一是学政策法规。实施广播电视村村通等惠民工程，开展农村远程教育和文化信息资源共享工程试点，通过“农民夜校”“道德讲坛”“乡贤讲坛”“法律八进”“院坝会”“百姓龙门阵”等载体，为农民获取新的政策、法规和信息拓宽渠道。二是学知识技能。着力培养新型职业农民，整合各类培训资源，采取“走出去”与“请进来”、实施“阳光工程”等方式，不断提高农民增收致富本领。随着近年来互联网普及和电商产业兴起，各级政府通过培训，让部分农民会电脑、懂电商，引导扶持农民通过阿里巴巴、呼叫外包等平台发展现代服务业。三是学文明礼仪。整合“农家书屋”“农民文化家园”“万村书库”等项目，每村建1个便民图书室，实现以文化人、以文育人。广泛开展读书活动，大兴读书之风；开展保护环境、节约资源教育，大兴勤俭之风；开展礼仪知识培训，大兴文明礼仪之风；着力转变农村陋习，破除封建迷信。树立农村良好道德风尚，逐步引导农民融入现代生活。

3. 立足“乐在农家爽精神”倡民主促和谐

坚持开展丰富多彩的文体活动，让农民创造文明、享受文明。一是乐于天。农民群众长期沐浴着党中央政策阳光，在他们心中，党中央就是“天”。在创建活动中，建立稳定的农村文化投入保障机制，全面落实国家各项惠民政策，让农民群众增强获得感和认同感。二是乐于地。在创建村寨修建文体活动场地，在农家小院安装文体器材。结合“多彩贵州”等活动，传承农村花灯、傩戏、薅秧歌、金钱杆等民族民间艺术，积极创作农民群众喜闻乐见的文艺作品，进而丰富文化生活，在传承和弘扬地方传统优秀文化中体验身心愉悦。三是乐于人。引导农民群众创造并享受生活，积极开展群众性文体活动，建设农村精神文明，促进邻里和睦、构建社会和谐。举办了五届“农民科技文化体育活动周”，扶持组建各类农民文体协会和近千支文艺宣传队伍，每年为群众演出上万场次。近年来，遵义农村悄然兴起城里人的“坝坝舞”“广场舞”。四是乐于和。加强和创新农村社会治理，积极推广“小事不出村、大事不出镇、难事不出县、矛盾不上交”的余庆经验。加强基层民主建设，立足把农民组织起来和培养农民团结协作意识，建立了红白理事会、村民自管委等自治组织，提高村级组织自我管理、教育、服务、监督能力，切实保护农民合法权益和民主权利，推动“平安村寨”“和谐社区”建设，提高农民群众的安全指数和幸福指数。

4. 立足“美在农家展新貌”改环境靓村庄

引导农民保护生态环境，改善基础设施，整治庭院环境，构建邻里和睦关系，大力彰显家庭美、环境美、生态美、心灵美。一是美化环境。以黔北民居和“四有五通三改三建”为切入点，着力改善人居环境和农村生产生活条件。大力实施“田园规划”工程，统一规划设计，统筹基础设施布局和配套，注重人与自然和谐、建筑与环境协调。大力实施“农村生活环境改善工程”，以农村“五乱”为重点“整脏治乱”，改变农民生活环境和生活方式。大力实施“农村新型社区”打造工程，完善公共服务配套基础设施，推进城乡一体建设。二是美化生态。既改善小环境，又打造大环境。成功探索出退耕还竹、还茶、还药、还果、还草等退耕还林模式。实施“绿色贵州”行动，推进高速公路沿线、农户房前屋后栽花种树种草，对 25 度以上坡耕地有计划地实施退耕还林还草。实施小流域生态修复、农业综合开发和水利建设、生态建设、石漠化治理“三位一体”工程，实施农村环境综合治理工程、乡村清洁工程、村庄集中连片供气工程、沼气池建设、发展有机循环农业、山水林田路综合治理等，切实改善农村生态环境。三是美化心灵。积极开展农村精神文明建设，以道德建设为主要内容，着力开展“五心”教育活动，即“把忠心献给祖国、把孝心献给父母、把爱心献给社会、把诚心献给他人、把信心留给自己”；大力实施“三关爱”活动，即“关爱农民工、关心留守儿童、关怀空巢老人”；广泛开展“文明村镇”创建和“五好家庭户”“遵纪守法户”“和谐家庭户”“科技示范户”等各类评比活动，催生了文明乡风。

5. 立足发挥基层干部群众主体作用激发创建内生动力

创建活动中，各地始终尊重农民的主体地位，大力培养农民的主体意识，让农民自主选择、自主参与。各级党委、政府通过宣传发动、现场指导、资金投入、项目倾斜、结对帮扶等方式，积极引导农民群众参与创建活动、社会各界支持创建活动，充分发挥基层干部群众的改革创新精神。在党委、政府引导和扶持下，干部群众创造了多种行之有效的创建模式，实现了自我创建、自我管理。比如部分县市大胆创新，将农民宅基地审批放权到乡镇，探索“四在农家”异地搬迁、集中打造的模式。各级党政机关、社会团体和企事业单位带着责任、感情、点子、项目和资金，到创建点办实事好事，切实帮助解决“三农”发展困难和问题，深受农民群众欢迎和拥护，密切了党群干群关系。

（二）主要成效

创建活动开展15年来，农民群众得到了实惠，农村面貌焕然一新，产生了较大社会影响，成为全国新农村建设的典型和示范。截至2015年底，创建活动已覆盖全市241个乡（镇、街道）1680个村，约有85%的农民群众受益。

1. 改变了全市农村面貌

创建活动开展前，广大农村普遍存在产业结构单一，传统生产技术和方式落后，增收渠道狭窄，外出打工成为多数农民的无奈选择；生活环境恶劣，交通不便，信息闭塞，外出靠步行、相互联系靠“嗓门”，出门晴天一身灰、雨天一身泥；生活习惯落后，房前屋后

“五乱”现象严重，文化设施落后，文化阵地匮乏，业余生活十分单调，农民精神面貌差；农村盗窃、打架斗殴、邻里矛盾纠纷时有发生。创建后，农村面貌焕然一新，基础设施和公共服务设施不断完善，方便了群众生产生活，丰富了群众文化娱乐，提升了群众素质，让美丽乡村成为农民的幸福家园；农业产业结构调整和转型升级，让农民拓宽了致富门路，收入不断增加、生活不断殷实；现代农业、观光农业和休闲避暑、农旅一体化等产业不断发展，让美丽乡村成为城市人观光休闲、返璞归真、寄托乡愁的地方。遵义农民常自豪地说“走路不湿鞋、吃水不用抬、烧饭不用柴、村寨靓起来”“美丽村庄是我家、农村不比城市差”。在广大农村，农业强、农村美、农民富的美好愿景正逐步实现。

2. 壮大了农业产业规模

创建活动开展前，遵义各地传统种养殖业占主导地位，全市农业规模小、较分散，组织化、市场化程度低，结构不合理，科技含量低，整体效益差。创建活动开展后，通过大力调整产业结构，培育特色优势主导产业，加快农业产业化进程，在稳定粮食生产的同时，推动了“黔北粮仓”向“黔北钱仓”转变。

2014 年，全市农业增加值 267.47 亿元，是 2001 年的 3.2 倍，其中农业“八大产业”稳步发展，建成茶园 178.85 万亩，年产值 50.36 亿元、综合产值 89.75 亿元；竹基地 274 万亩，年产值 30 亿元；中药材 158 万亩，年产值 37 亿元；蔬菜 268.9 万亩，年产值 91.5 亿元；辣椒 191.1 万亩，年产值 32.2 亿元；畜牧渔业年肉产量 54.7 万吨，年产值 137 亿元；高粱 126.02 万亩，年产值 17.67 亿元；干鲜果 123 万亩，年产值 36 亿元。建设省级农业园区 45 个，流转土地 165 万亩，入驻企业 326 家，完成投资 65 亿元、销售收入 80 亿元；市级龙头企业达 415 家、实现销售收入 160 亿元，建成各类农民专业合作社 3605 个、成员 11 万个，带动农户 20 余万户。引导扶持了全国劳动模范、全国创业之星张明富等农民工返乡创业典型，培育了遵义县“贵三红”、湄潭县兰馨茶业、绥阳县吉帮金银花、正安县天楼野木瓜等本土企业。

3. 完善了农村基础设施

创建活动开展前，全市农村很多地方交通不便、水利落后、通信不畅、信息闭塞，农民生产生活环境和条件普遍较差。创建活动开展后，通过加大惠农政策落实力度，积极推动城镇基础设施和基本公共服务向农村延伸，加速了城乡一体化进程。截至2015年6月底，全市通硬化路10214公里（其中高速公路682公里、国省道2310公里、县乡村公路7222公里）；近90%的农户用上自来水；通电率100%；电话覆盖率100%；城镇20M宽带覆盖率95%，农村4M宽带覆盖率96%；广播覆盖率87.4%，电视覆盖率93.4%；创建点上100%建成图书阅览室、文体场所、村务公开栏。

4. 提高了农民生活水平

2000年，遵义市农民年人均纯收入仅1722元。2014年，全市农村居民人均可支配收入达8365元，在创建活动开展最早的许多地方甚至已超过1万元。创建活动让农民至少掌握了一门实用技术和多种增收渠道，农民收入普遍增加。湄潭县核桃坝村民依靠党的富民政策，以种植茶叶为主，过上了好日子；兴隆镇田家沟村群众自编自演，其发自内心的花灯戏《十谢共产党》唱响黔北农村，走上央视舞台。创建活动开展以来，全市创作了具有地方民族特色的MV歌曲作品100余首，其中歌唱家陈思思演唱的《欢迎您到茶乡来》、海政歌舞团汤俊演唱的《亲亲我的赤水河》，以及歌颂黔北基层干部转变作风的《大山里的共产党员》、反映黔北农民欢愉心情的《摘菜调》等广为传唱。

5. 拉动了投资消费需求

创建活动全面贯彻落实党的“三农”政策，遵循了“城市支持农村、工业反哺农业”等要求，通过引导财政资金和社会资金投向农村，形成了全社会支持参与新农村建设的良好局面，拉动了农村投资和消费内需。截至 2015 年 6 月底，全市已新建或改造黔北民居 38.46 万栋，覆盖农户 57.7 万户、230.8 万人，其中打造乡村旅馆 1.43 万栋；各级财政奖补 38.5 亿元，拉动社会投入 255.89 亿元，收到了“四两拨千斤”之效。大规模农村基础设施建设和黔北民居新建与改造，还培养造就了 2 万余名有资质的专业建筑工匠，有约 10 万农村劳动力就近就业，拉动了建筑等相关产业发展，促进了家电家具等领域消费。一大批乡村休闲旅游、茶旅一体化观光旅游示范点应运而生，每逢节假日或周末，美丽乡村成为城里人休闲、娱乐、度假、避暑的好去处，成为拉动消费新的增长点。

6. 提升了知名度影响力

创建活动引起了各级领导、主流媒体、社会各界的广泛关注，全国各地乃至众多国家地区纷纷到遵义考察学习。一是各级领导充分肯定。2005 年底，在新华社《关于遵义市“四在农家”创建活动的调研报告》上，时任中共中央政治局委员、中央书记处书记、中央宣传部部长刘云山同志批示：“四在农家活动是建设新农村很好的载体，遵义的经验可以公开报道。”2006 年初，时任中共中央政治局常委李长春同志视察遵义“四在农家”创建工作，指出：“贵州结合自己的实际，把‘四在农家’作为建设社会主义新农村的一个抓手，这项工作做得很好。”中央文明办专职副主任王世明在遵义指导工作时指出，“遵义‘四在农家’，把共产党为人民服务的宗旨刻在了黔北大地上，把共产党好写在了老百姓的心中”。近年来，中央政治局常委、全国政协主席俞正声，中央政治局常委、国务院副总理张高丽，中央政治局委员、广东省委书记胡春华等党和国家领导人视察遵义时，都对遵义“四在农家 · 美丽乡村”创建工作给予了高度评价。特别是 2015 年 6 月 16 日，习近平总书记在视察遵义县花茂村时指出：“怪不得大家都来，在这里找到乡愁了”“这里的脱贫致富是比较成功的”“花茂村不错，整治得很好，我看了很高兴”。二是主流媒体广泛宣传和全面报道。2006 年初，中宣部、中央文明办把“四在农家”创建活动作为新农村建设的开篇之作重点推出，当年春节后上班第一天，中央电视台新闻联播和焦点访谈分别作了报道，并连续 3 天在《新闻联播》报道。人民日报社、新华社、中央电视台等 11 家主流媒体，也将“四在农家”创建活动作为建设社会主义新农村的典型进行了集中宣传报道。以“四在农家”为题材拍摄的 20 集大型电视连续剧《青山绿水·红日子》已在央视八频道播出。2009 年、2011 年、2015 年中央主流媒体多次对“四在农家”创建进行了重点报道。三是理论研究和经验推介成效明显。中央政研室、中央党校等先后在遵义召开了“四在农家”理论研讨会，并作为西部欠发达地区建设新农村的先进典型，走上了中央党校、国家行政学院、上海浦东干部学院、香港中文大学等讲坛，编入全国八年级德育教材，产生了广泛影响。日本、韩国、柬埔寨、老挝、南非等 20 多个国家和地区，以及国内 31 个省（区、市），都对遵义新农村建设进行了参观考察。

三　遵义市“四在农家·美丽乡村”创建活动的主要经验和启示

“四在农家·美丽乡村”创建是遵义干部群众的创造，是我国西部欠发达欠开发地区新农村建设的好载体，是建设农村精神文明、构建和谐社会的好抓手。创建中探索形成了党政引导、村组自治、部门联动、资源整合的运行机制；科学规划、分类指导、尊重意愿、循序渐进的工作机制；财政补助、单位帮助、群众自助、社会资助的投入机制；领导挂点、单位包村、干部入户、群众自主的推进机制等四项机制，具体体现为“六个坚持”。

（一）坚持党政引导，群众主体创建

各级党政把“四在农家·美丽乡村”创建活动作为新农村建设的有力抓手，始终把牢创建方向，不断探索创建经验、丰富创建内涵、拓展创建内容和外延。始终积极引导和鼓励群众参与，不搞党政强迫命令，不搞“一刀切”和硬性摊派，避免了党政大包大揽、群众大拆大建和一味依赖。始终坚持实行村组自治，建立健全民主管理制度；不断出台政策激励机制，加大扶持和投入力度；紧紧依靠农村基层组织、村组干部和村民代表，用好群众的智慧和力量。创建活动启示我们，在党政引导、群众主体的创建机制下，能够紧密切合群众利益，做到“到位”而不“越位”，既加强组织领导和指导，又充分尊重群众意愿，调动和发挥农民群众主体作用；各级各部门能够充分发挥自身优势，出政策、抓规划、搞调研，积极支持创建、服务“三农”，推动形成农民意愿与政府引导的良性互动。

（二）坚持全面发展，“五位一体”创建

在农民温饱有余但不满足于现状的情况下，“四在农家·美丽乡村”创建活动兼顾了农民多种类、多层次的追求，以农村基层组织建设和精神文明建设为着力点，从“四有五通三改三建”开始，不断满足群众发展需求，逐步深化拓展创建内容，涵盖了经济建设、政治建设、文化建设、社会建设和生态建设等方方面面。创建活动启示我们，新农村建设是一项系统工程，必须切实找准着力点和有效载体，紧扣经济建设这个中心，实施“五位一体”综合创建，引导农民逐步向全面小康生活迈进。要抓住农民致富这个核心，提高农民素质这个重点，推动农业新增长、富裕农民新生活、培育农村新风尚，促进物质文明和精神文明协调发展，推动农民全面发展、乡村全面现代化。

（三）坚持统筹规划，循序渐进创建

“四在农家·美丽乡村”创建活动坚持因地制宜、规划先行，不断由易到难、由点及面、由粗到精、由表及里推进。历届党委、政府一届接着一届干，从修建黔北民居、“四有五通三改三建”“整脏治乱”等改造环境，到农村基础设施、村庄规划和生态文明建设，再到城乡公共服务均等化；从试点示范到整村、整镇、整县统一规划、统筹推进，不断深化拓展、升级创建活动。创建活动启示我们，在经济发展水平总体落后且参差不齐、短期内投入资源十分有限的情况下推进新农村建设，必须认真落实中央统筹城乡一体化发展有关政策要求，联系实际、科学规划、循序渐进，分轻重缓急进行，不能好高骛远，也不能一蹴而就。要站在全面建成小康社会工作大局，既考虑农村经济社会中长期发展，又突出阶段性工作重点。每一个创建点都要做好“五位一体”的总体规划和单体设计，从一家一户、一村一寨抓起，逐步实现农业强、农村美、农民富。

（四）坚持整合资源，各方参与创建

“四在农家·美丽乡村”创建活动采取各级财政投一点、帮扶单位助一点、社会各界捐一点、政策优惠省一点、项目支持多一点、受益群众出一点“六个一点”的办法，多腿走路、多方出力，筹措帮扶了大量资金、项目，提供了有力保障。按照“渠道不乱、用途不变、捆绑使用、各计其功”的方式整合资源，实现了资金、项目、技术、人才等作用最大化，形成创建合力和聚集效应，形成“千斤重担人人挑”的工作格局。创建活动启示我们，新农村建设是一项长期而艰巨的任务，不能仅仅依靠农民自身力量或政府扶持，必须把激发农村内部潜力与调动各方面积极性结合起来，既尊重各类投入主体，又充分发挥各方面的积极性、创造性，充分调动党政群各部门和

社会各阶层、各类经济组织、工矿企业，以及一切关心支持新农村建设的组织和个人的力量，鼓励、引导、整合来自政府、社会和创建群众等的各种资源投向新农村，发挥有限资源的“乘数效应”，形成以工促农、以城带乡、城乡互动局面。

（五）坚持尊重自然，突出特色创建

“四在农家·美丽乡村”创建坚持因地制宜、突出特色，在不挖山、不砍树、不填塘的情况下，切实加强了村庄整治，大力推进体现小青瓦、坡屋顶、转角楼、三合院、雕花窗、白粉墙、穿斗枋“七大元素”的黔北民居建设，成就了一道道亮丽风景线。创建活动启示我们，新农村建设特别是村庄规划建设要顺应自然规律，综合考虑自然条件、经济基础、生态条件，按照“依山顺势、宜散则散、宜聚则聚、聚散相宜”原则，注重保护好原生态，突出田园风光，实现人与自然和谐。民族的就是世界的，自然的就是独特的。在改善农村人居环境的同时，要把尽量保留原有村庄风格、突出黔北民居、保持原生态的真山真水等作为一项基本要求，使其与自然景观相得益彰。要注重保护耕地，集约节约用地；注重文化引导，突出文化特色，挖掘文化资源，提升文化品位。

（六）坚持分类指导，精准帮扶创建

“四在农家·美丽乡村”创建活动中，全市各级各部门坚持分类指导，实行分区域推进创建、分类型设定创建标准、分功能深化创建内涵。在贫困地区结合扶贫开发开展基础型创建，在生活基本殷实地区开展普及型创建，在生活相对富裕地区开展提升型创建。特别是在贫困地区的创建，实行进村入户制定精准帮扶措施，市县领导和机关部门坚持每年定点挂帮、一年一换、滚动扶持，提高了创建活动效果。创建活动启示我们，新农村建设涉及众多村庄，每个村庄自然条

件、经济发展、生活习俗、农民收入等情况千差万别，各级各部门要大力引导扶持，积极示范带动。在指导产业发展、村庄规划整治、民居建设改造等方面，要因地制宜、量力而行、分类指导，从解决农村发展最迫切、群众最关心的问题入手。要突出重建文化、重树风尚、重塑农民，大力推进农业生产产业化、县域经济发展集聚化、农民生活方式文明化、城乡基础设施一体化、基本公共服务均等化、生产生活环境生态化、精神文明建设常态化、基层组织功能服务化。

B.12

遵义市城乡居民、农民工就业有关情况抽样调查报告

赵　龙*

摘　要：　本报告通过抽样调查城乡居民、农民工就业相关情况，对其就业情况、职业技能情况、就业渠道、社保参保情况、劳动关系情况、加班情况及人力资源社会保障政策法规普及情况进行调研，并得出相关结论和提出对策建议。

关键词：　遵义市　城乡居民　农民工　调查

按照国家人社部关于开展人力资源社会保障基本情况调查的统一部署，2014 年 11 月，市人社局在全市开展城乡居民、农民工就业有关情况抽样调查，涉及 72 个村居、2524 户家庭、8740 名城乡居民和 74 家企业、1000 名农民工。现将调查情况报告如下。

一　8740名城乡居民调查情况

（一）就业分布情况

从就业形式来看，承包或承租农用地从事农林牧渔业生产人员

* 赵龙，遵义市人力资源开发服务中心公共人事部副部长。

51.32%；全日制职工/雇员18.62%，非全日制职工/雇员5.96%，自由职业者8.19%，个体户主8.53%，私营企业主1.64%，劳务派遣工0.34%，生产合作社成员0.07%，其他形式5.53%。从行业来看，占比最高的前三个行业是农林牧渔业51.19%、制造业9.66%、建筑业8.95%。从产业来看，第一产业占51.19%，第二产业占20.51%，第三产业占28.31%。

（二）创业带动就业情况

私营企业主、个体户主二者共占10.17%，比2013年下降2.71个百分点。不到半年的创业者私营企业主占16.42%、个体户主占6.59%，已满半年但不到一年的私营企业主占20.9%、个体户主占6.3%，已满一年但不到两年的私营企业主占13.43%、个体户主占10.32%，两年及以上的私营企业主占49.25%、个体户占76.79%，分别下降42个和7.2个百分点。私营企业主和个体户主创业带动就业的平均人数为29人，比上年增加24人。总体来看，受资金、项目等的限制，近年私营企业经营困难，关停较多，创业能长期稳定的不多，城乡居民创业热情不高。

（三）就业渠道

从找到目前这份工作的渠道来看，通过参加招聘会和到人力资源服务机构求职的占9.92%，比2013年下降9.16个百分点；直接与企业联系的占15.84%，比2013年上升5.92个百分点；通过社会关系找到的占38.36%，比2013年上升18.42个百分点；网络招聘及广播、电视、报纸等招聘广告影响力极低，仅为1.09%；国家分配和工作调动的占5.43%；其他方式为23.22%。总体来看，直接与企业联系和通过社会关系找工作的达54%，通过人力资源市场服务求职的仅为9.92%，且呈大幅下降趋势，说明企业、求职人员对公共就业服务机构的信赖程度不高，公共就业服务机构“当媒人”的能力、水平、方式还需进一步改进和提升。

（四）社保参保情况

①养老保险方面，参保比例为85.74%，与2013年调查结果相比提高10.47个百分点，其中参加城镇企业职工基本养老保险的占10.2%，参加城乡居民养老保险的占16.07%，国家机关事业单位离退休的占0.99%，参加新型农村社会养老保险的占58.13%。城乡居民养老保险拉高了整个养老保险的参保比例，但此部分人群保险的保障水平低，目前参保人员60岁以后月人均收入仅60~70元。②医疗保险方面，参加基本医疗保险的比例为99.97%，比上年度增加3.88个百分点，是所有保险中参保比例最高的。其中参加城镇职工基本医保为6.38%，城镇居民基本医保为6.42%，新型农村合作医疗为85.8%。③失业保险方面，参保比例较低，为21.59%，且与2013年调查结果相比下降10.07个百分点。④工伤保险方面，参保比例较低，为36.96%，且同比下降36.96个百分点。⑤生育保险方面，参保比例低，为14%，且同比下降8.45个百分点。

（五）劳动关系情况

①签订就业合同情况。职工签订书面劳动合同的比例较低，为39.45%，比2013年下降24.74个百分点，其中签订了固定期限劳动合同的比例最高，占69.59%，平均为22.3个月，签订了无固定期限合同的为28.03%。②劳动报酬及工资拖欠情况。收入水平较低，月平均收入为1725元，其中城镇职工月平均工资2527元，比2013年上升398元。工资被拖欠比例2.74%，比2013年上升1.61个百分点。③带薪休假及补偿情况。在具备带薪年休假条件（工作满1年及以上）的职工中，休假比例上升，但休假天数连续两年减少。其中，已经休假的占46.19%，比2013年上升10个百分点；安排了但调查时还没有休假的占27.12%，上升17.7个百分点；因不符合条件未休假的占11.2%；

事情多未休、单位已补偿的占2.54%，事情多未休、单位未补偿的占2.54%；因自己不想休假而未休的占6.78%，不知道的占3.81%。职工平均休假8.8天。④加班及获得补偿情况。职工加班比例有所上升，加班者获得补偿情况略有上升。加班比例17.16%，上升2.92个百分点。加班平均时间25.5小时，上升7小时。在加班职工中，全部拿到加班工资65.07%，上升1.6个百分点。说明职工常有加班、长时加班，且有35%拿不到加班工资。⑤劳资纠纷情况。近一年内，职工与单位发生过劳动人事纠纷的比例为0.81%。劳动人事纠纷的最终解决方式为：与用人单位协商的占16.67%，经有关调解组织调解的占58.33%，经劳动保障监察机构处理的占25%。

（六）专业技术和职业技能情况

全社会具备职业技能及参加培训的比例较低，是就业率不高的重要因素。获得专业技术人员资格证书的占5.6%，获得副高级以上职称的占0.78%，中级的占1.84%，初级的占2.98%；获得技能职业资格证书的占4.02%，获得高级技工以上职业资格证书的占0.6%，中级技工为0.91%，初级技工为2.5%。2014年参加过职业技能培训的比例为6.18%，参加专业技术培训的比例为2.75%。

（七）人力资源及社会保障政策法规普及情况

群众对政策的关注度有所不同，迫切的、核心的关注较多，一般的关注较少。对人力资源及社会保障各项主要法规政策认知度最高的是《基本养老保险政策》和《基本医疗保险政策》，分别达89.27%和87.46%。认知度最低的是《劳动保障监察条例》和《职工带薪年休假条例》，分别只有45.32%和45.67%。各种法律法规“听说过，但没有学过”所占比例最大，都超过40%；“学过，并熟悉法律法规的内容”的最高仅占4.57%；“学过且了解主要条款”的最高占

24.82%；“从来没有听说过”的占50%以上的有《生育保险试行办法》《劳动保障监察条例》和《职工带薪年休假条例》。

二　1000名企业农民工调查情况

（一）就业情况

企业农民工以青壮年为主，平均年龄38.5岁，20～39周岁的占52.9%。①分性别来看，男性占72.7%，平均年龄39.7岁；女性占27.3%，平均年龄35.3岁。②从经济类型来看，主要集中在私营企业、有限责任公司（不含私营有限公司）和国有企业，三大经济类型分别占55.4%、26.5%和11.7%，共占93.6%。③分行业来看，在采矿业、制造业、居民服务和其他服务业就业的农民工比重较大，三个行业共占企业农民工总数的82.2%，说明农民工职业技能差，主要从事粗重体力活。④从用工形式上来看，全日制工占87.7%，非全日制工占5.5%，劳务派遣工占6.8%。⑤从就业渠道来看，通过老乡或亲戚朋友推荐的比重较大，占63%；通过劳动力市场的占6.6%；9.7%是通过用人单位入村招工；7.3%是通过各种媒体或网络查找招工信息；通过政府或中介有组织的劳务输出的占4.1%；9.3%是通过其他方式找到工作的。

（二）职业技能情况

①从职业技能来看，企业农民工中持有技能职业资格证书的占27.6%，与2013年相比上升6.7个百分点。其中，初级技工占16.8%，中级技工占7.9%，持有高级技能以上职业资格证书（高级工、技师和高级技师）的仅为2.9%。②从培训时间来看，企业农民工外出务工前接受过职业技能培训的比例为43.4%，比2013年上升15.8个百分点；

培训期限一个月及以上的占 14.98%，一个月以下的占 85.02%。进城务工后接受过职业技能培训的为 55.3%，比 2013 年上升 4.35 个百分点；培训期限一个月以上的仅占 7.25%，一个月以下的比例为 92.75%。参加过农民工专项职业能力考核并取得专项职业能力证书的比例为 35.8%，比 2013 年上升 18.4 个百分点。③从培训费用来看，进城务工后培训费主要是由企业负担，占 93.49%；由政府或政府与企业共同负担的仅占 2.89%，农民工自己负担的仅占 2.53%，说明农民自觉掏腰包培训提升自我技能的愿望不足。④从培训作用来看，觉得有帮助，培训的技能与工作对口的占 89.63%；有帮助，但工作与培训基本不对口的占 9.45%；没有帮助，作用不大的占 0.92%。

（三）工资情况

平均每月报酬为 3345 元，与 2013 年调查结果相比增加 1318 元，上升 65%。分行业来看，农民工劳动报酬最高的前三位分别是采矿业（4186 元/月）、建筑业（3978 元/月）和交通运输、仓储及邮政业（2754 元/月）；劳动报酬最低的是批发和零售业（1930 元/月）。从企业类型来看，最高的是私营企业（3870 元/月），最低的是外商投资企业（1687 元/月）。2013 年 12 月 31 日以前，被拖欠工资的农民工比例为 2.1%，拖欠的工资平均为 5493 元。2015 年以来被拖欠工资的农民工比例为 7.5%，拖欠的工资平均为 18330 元，拖欠情况有明显上升。当发生工资拖欠时，农民工首选途径是找人力资源和社会保障部门，其中找劳动监察的比例为 55.3%，找劳动争议调解仲裁的比例为 21.4%，找工会的比例为 18.9%，找法院的仅为 0.6%。

（四）加班、带薪休假及补偿情况

41.9% 的被调查人员加过班，其中都能拿到加班工资的占 81.86%，多数能拿到加班工资的占 7.4%，多数拿不到及从来没拿到加班工资的占 10.74%。从带薪年休假情况来看，已休假的只占 15.30%，比 2013 年下降了 15.05 个百分点；安排了但目前还没有休假的占 23.2%；没有安排但已补偿的占 7.8%；没有安排且未补偿的占 37.7%，比 2013 年上升了 9.14 个百分点；不知道的为 16%。说明带薪休假在企业中执行得非常不好。

（五）其他方面情况

①劳动合同签订。签订书面劳动合同情况持续上升，96.4% 的农民工签订了书面劳动合同，微降 0.52 个百分点。签订无固定期限的劳动合同比重较大，占 79.7%，签订固定期限劳动合同的平均期限为 20.6 个月。②法律意识。被调查农民工对法律法规"听说过，但没有学过"的比重最大，占 50% 左右；学过但只了解主要条款和学过并熟悉法律法规的内容的共占 50% 左右。可以看出农民工已开始注意了解掌握与自身权益有关的法律法规，法律意识逐步增强。③社保参保。企业为职工参保的情况不乐观。参加城镇职工基本养老保险 54.6%，城镇职工基本医疗保险 47.8%，失业保险 42.1%，工伤保险 89.5%，生育保险 30%，城镇居民基本医疗保险 10.9%，新型农村合作医疗 44.2%，农村社会养老保险 20.5%。④最关心的问题。企业农民工最关心的三大问题是工资水平、工作环境和社会保险，比例分别为 71.7%、48.2% 和 44.5%。

三　结论和政策建议

（一）调查结论

每年遵义市政府都要安排大量就业创业等相关工作经费，但我们的就业创业形势依然不容乐观，产业转型升级和加大产业培育的任务还非常艰巨。主要特点为：①50%左右的就业集中在农林牧渔生产领域，第二、第三产业就业比重太低，以后要加大农村劳动力转移就业力度。农民工就业主要集中在采矿业、制造业、居民服务和其他服务业，比重达82.2%，需拓宽就业领域。私营企业主和个体户主占就业人员比例为10.17%，比上年度略有下降。今年创业时间为两年及以上的私营企业主、个体户主比例大幅下降。一个私营企业主和个体户带动就业人数大幅提高，平均达到29人。②城镇职工和农民工工资持续上升，与2013年相比分别上升18.7%和65%。③就业渠道比较单一，人力资源服务机构的职能发挥不够，作用需进一步加强。城乡居民和农民工就业过程中社会关系扮演了重要角色，城乡居民通过社会关系找工作的占38.36%，农民工高达63%，通过人力资源市场等其他方式实现就业的比例仅占9.9%和6.6%。④社会保障工作成效显著，体系逐步健全，2014年城乡居民和农民工参保意识大幅度提高，各项参保比例均有所提高。⑤劳动关系和谐稳定。签订书面劳动合同率维持在较高水平；工资拖欠维持在较低水平，多数职工加班能得到补偿；职工带薪年休假及补偿略有上升，职工平均休假天数稳定；职工与用人单位发生劳动人事纠纷比例下降，80%以上的找劳动保障监察、劳动争议调解仲裁、工会和法院，运用法律法规维权意识增强。⑥专业技术和职业技能人才总量仍然偏低，职业技能培训有待加强。城镇居民和农民工拥有专业技术资格证书、技能职业资格证书的比例偏低，并且大多与岗位需求不相适应，结构性矛盾依然存在，职业技能培训力度有待加强。⑦法律法规和重要政策的普及率总体比较低，还需大力加强宣传。在城乡居民和农民工中普及率仍然偏低，他们对大多数法律法规仅停留在听说过但没学过的层面上。

（二）工作建议

打造遵义经济升级版需要人才支撑，招商引资也要有人才优势，各级政府及职能部门应深入研究、强力抓好创业就业工作，并且作为重大民生工作来抓，作为后发赶超、同步小康的重大项目来抓。重点要做好四项工作：①健全就业人力资源服务机构，进一步完善就业创业政策。注重日常的用工登记、职业介绍和指导等服务，通过各种媒体建立全方位、多层次的信息发布渠道，充分满足用人单位和求职者对就业信息的需求；加快基层就业服务平台建设，将就业服务向街道、乡镇和社区延伸；充分利用就业优惠政策，鼓励各类人员创业，努力提高创业成功率和带动就业率；积极开展就业援助月、民营企业招聘周、春风行动的系列活动，进一步做好就业服务工作和农村劳动力转移就业工作。②进一步完善社会保障体系，逐步扩大社会保障受益范围。企业和个人保险缴费负担过重，建议降低缴费标准，将更多的人员纳入社会保障范围；继续做好社会保险的扩面征缴工作，进一步提高社会保障覆盖范围；实现各项保险全国统筹，逐步提高社会保险待遇水平。③积极开展多专业、多形式的就业培训。培训工作要与就业需求精准对接，多上一些符合市场需求的专业，特别是职业教育的专业设置要有市场意识。④进一步加大政策法规的宣传力度。通过多种方式加大人力资源及社会保障政策法规宣传力度，使更多的劳动者了解并熟悉人力资源及社会保障政策和相关法规，运用正确的方式依法维护自己的合法权益。

B.13

遵义市扶贫攻坚情况调研报告

娄方进*

摘　要：　虽然“十二五”时期遵义市扶贫攻坚取得了显著的成效，但贫困问题仍十分突出。“十三五”期间，遵义市必须抢抓一切有利机遇，以更加解放的思想、更加坚定的信心、更加精准的举措、更加务实的作风，深入实施大扶贫战略行动，只有这样才能打赢这场输不起的扶贫攻坚战，实现贫困人口同步小康。

关键词：　遵义　脱贫攻坚　调研

按照贵州省委常委、遵义市委书记王晓光“请市小康办对遵义市整体脱贫工作做一些调研”的批示要求，遵义市全面小康办同遵义市扶贫办成立扶贫攻坚课题调研组，认真学习中央扶贫开发大会、省扶贫开发大会和市大扶贫战略行动推进大会精神，深入道真县、正安县、务川县、桐梓县等地进行实地调研，形成了《遵义市扶贫攻坚情况调研报告》，供决策者参考。

一　遵义扶贫攻坚基本成效

遵义市位于贵州省北部，辖区面积30762平方公里，辖15个县

* 娄方进，遵义市全面小康办业务一科副科长。

（市、区）243个乡镇（街道）2001个村（社区），户籍人口787万，其中农村人口676万。全市9个县被列入武陵山片区和乌蒙山片区、占县（市、区）总数的64.3%，其中习水、正安、务川、道真4个县被列为国家扶贫开发工作重点县。2014年，全市共有省级贫困乡镇116个、占乡镇总数（226个）的51.3%，重点贫困村871个、占行政村总数（1673）的52.1%，是全国和贵州省贫困群众最多、贫困面最广、贫困程度最深的地区之一。

历届遵义市委、市政府高度重视扶贫开发工作，特别是“十二五”以来，在党中央、国务院的亲切关怀下，在贵州省委、省政府的正确领导下，牢固树立抓扶贫攻坚就是抓发展、抓民生的理念，工作重点向扶贫攻坚聚焦，资源要素向扶贫攻坚聚集，各方力量向扶贫攻坚聚合，把扶贫攻坚作为第一民生工程，突出问题导向，以集中连片特困地区为主战场，以增加农村贫困群众收入为主渠道，全力实施扶贫攻坚“三步走”战略，加快推进扶贫攻坚示范区建设，强化“全力扶、全面扶”，全市“扶贫攻坚、减贫摘帽”成果丰硕、成效显著，走在贵州省前列。截至2014年底，习水、正安、务川3个国家扶贫开发重点县和85个贫困乡镇成功实现“减贫摘帽”，贫困发生率低于全省（18%）7.2个百分点，成绩排全省第二位；贫困乡镇发生率低于贵州省（28.4%）14.7个百分点，成绩排全省第三位。遵义交出了扶贫攻坚的圆满答卷。2015年实现道真县和26个贫困乡镇“减贫摘帽”，完成226个贫困村出列，减少农村贫困人口21.56万。“十二五”期末，全市贫困乡镇下降到5个，贫困乡镇发生率下降到2.2%；贫困村下降到645个，贫困村发生率下降到38.6%。全市贫困人口从2011年162.48万下降到51.42万，累计完成减贫111.06万人，贫困发生率从24.3%下降至7%以下。

（一）扶贫攻坚加速了全面小康进程

通过深入实施扶贫攻坚工程，贫困地区全面小康创建进程加速，增强了全面小康建设的全面性、协调性、可持续性，全面小康创建质量和创建水平明显提升。按照国统字〔2008〕77号监测，全市2014年全面小康实现程度达84.0%，比遵义市《2014年政府工作报告》确定目标高1个百分点，比2013年、2012年、2011年分别提升3.8个、7.5个、10个百分点，2015年实现程度达86.5%。14个县（市、区）2014年实现程度均超过80%，均值达到90.6%，较2012年大幅提升，其中正安、习水、务川、道真4个国家扶贫开发工作重点县增幅均超过10%，习水在贵州省排位提升12位、正安提升9位、道真提升5位、务川提升4位。

（二）贫困地区特色产业初具规模

遵义市上下牢固树立扶产业就是扶根本的思路，把扶贫开发作为新的经济增长点，积极引导各贫困县、贫困乡镇、贫困村因地制宜培育特色优势主导产业，着力做好产业扶贫大文章，形成了道真药业园区，正安吉他产业园、大数据呼叫中心产业园，务川绿色食品（轻纺）工业园区、涪洋黔渝商贸物流园等一批贫困县特色产业园区，培育了赤水竹业和石斛、正安白茶、务川山羊、湄潭和凤冈茶叶、凤冈肉牛、桐梓方竹笋等一批地方特色优势产业，增强了贫困地区发展内生动力，推动了全市经济社会快速健康协调发展。

（三）贫困地区基础设施明显改善

以改善贫困地区群众基本生产生活条件为出发点，以优先解决水、电、路为重点的贫困地区基础设施瓶颈制约为突破口，全面推进

“四在农家·美丽乡村”六项行动计划，积极开展乡村道路、农田水利、人畜饮水、农村危房改造等工程建设。高标准、高质量修建农村公路1.3万公里，农村公路通车里程达2.5万公里，建制村水泥路通达率达到89%、客运率达82%。实施扶贫生态移民搬迁8.83万人，解决农村饮水安全328万人，贫困地区自来水入户率达到83%。“四在农家·美丽乡村”创建工程纵深推进，覆盖全市226个乡镇1600多个村，90%以上农村人口受益小康“6+1”行动计划，完成农村危房改造30.6万户。农村电网升级改造实现全覆盖，95%以上的自然村通电话、通宽带。通过基础设施的不断完善，进一步破除贫困地区发展瓶颈，增强了贫困地区发展后劲，群众出行难、吃水难、用电难等问题得到明显改善。

（四）贫困群众收入快速增加

通过建设工业园区增加就业岗位、培育特色产业提升农业产值、实施“雨露计划”“阳光工程”提升就业技能、引导返乡农民工创业就业等多措并举，拓宽了贫困群众增收渠道。全市农村居民人均可支配收入从2011年的5216元提高到2015年的9369元，年均增长16%；扶贫开发重点县农民人均可支配收入提高到8247元，年均增长17%；贫困乡镇农民人均可支配收入提高到8025元，年均增长17.5%；民族地区农民人均可支配收入提高到7857元，年均增长18%。

（五）大扶贫格局基本形成

扭住“党委主责、政府主抓、干部主帮、基层主推、社会主扶”五个关键，着力抓好“三支队伍”建设，精心挑选5200多名机关干部到871个贫困村任“第一书记”和“项目书记”，实现贫困村全覆盖。整合全市111个部门475个项目，投入帮扶资金8.45亿元，对务川、道真、正安等县13个一类贫困乡镇实施“集团帮扶”；2015年31个市直部门“集团帮扶”道真县和忠信镇，整合项目资金4.42亿元，实施基础设施项目105个。抢抓上海对口帮扶机遇，2013年以来共争取各类帮扶资金1.92亿元，实施帮扶项目122个，惠及9个县（市）58个乡镇72个村。通过实施“集团帮扶”和对口帮扶，成功探索“定点到乡、帮扶到村、捆绑发展、整体推进”攻坚新路，贫困地区面貌得到极大改善。

（六）扶贫攻坚体制机制更加完善

在落实贵州省委“33668”扶贫计划基础上，遵义市委、市政府先后制定实施《关于坚决打赢脱贫攻坚战的实施意见》《关于打好扶贫攻坚战加快“减贫摘帽”的实施意见》《关于进一步加强未减贫摘帽乡镇干部管理使用的意见（试行）》《关于打好扶贫攻坚战推进精准扶贫的实施方案》等综合配套文件，扎实推进大扶贫战略行动，加快推进脱贫攻坚“五个一批”和“十项行动”，对不同致贫原因的贫困户实施精准扶贫，探索完善一整套扶贫攻坚体制机制和规章制度，为打赢科学治贫、精准扶贫、有效脱贫这场攻坚战打下了坚实基础。

二　遵义市贫困现状分析

经过“十二五”以来的艰苦奋斗，遵义市扶贫攻坚工作虽然取得显著成效，但贫困面广、贫困人口多、贫困程度深的问题仍然非常突出。截至2014年底，遵义市还有31个贫困乡镇（贫困乡镇发生率13.7%），共有871个贫困村72.98万贫困人口，贫困发生率10.8%，比全国高3.6个百分点。

（一）贫困人口分布广泛，涵盖所有县（市、区）

1. 四大区域分布

贫困乡镇主要集中在北部和中部，分别为11个、9个，分别占贫困乡镇总数的35.5%、25.7%；贫困村主要集中在中部、西部和北部，分别为293个、238个、205个，分别占贫困村总数的33.6%、27.3%、23.5%；贫困人口主要集中在北部、中部和西部，分别为22.74万人、21.66万人、19.24万人，分别占贫困人口总数的31.2%、29.7%、26.4%。通过数据分析可以看出，若以片区计，北部地区、中部地区、西部地区贫困面广、贫困人口多、贫困程度深的问题较为突出，成为以片区为单位中难啃的“硬骨头”。

表1　四大区域贫困乡镇、贫困村、贫困人口分布情况统计

单位：个，万人

区　域	贫困乡镇	贫困村	贫困人口
中部	9	293	21.66
东部	6	135	9.34
西部	5	238	19.24
北部	11	205	22.74
合　计	31	871	72.98

资料来源：遵义市全面建设小康办公室，下同。

2. 县（市、区）分布

红花岗区、汇川区、新蒲新区和仁怀市以乡镇为单位已全部“减贫摘帽”。正安县贫困乡镇最多，6个乡镇未“减贫摘帽”，占贫困乡镇总数的19.4%；习水县、桐梓县贫困村均超过100个，分别为127个、121个，分别占贫困村总数的14.6%、13.9%；习水县贫困人口最多，有11.95万人，占贫困人口总数的16.4%。通过分析看出，贫困乡镇、贫困村、贫困人口主要集中在习水、桐梓、正安、遵义等县，特别是习水、桐梓的广大农村山高坡陡、沟壑纵横、条件恶劣，扶贫攻坚难度大、成本高，成为以县为单位中最难啃的“硬骨头”。

表2　各县（市、区）贫困乡镇、贫困村、贫困人口分布情况统计

单位：个，万人

县(市、区)	贫困乡镇	贫困村	贫困人口
务川县	2	67	7.89
正安县	6	90	9.83
道真县	3	48	5.02
习水县	3	127	11.95
红花岗区	0	7	0.95
汇川区	0	13	1.51
新蒲新区	0	15	1.22
遵义县	3	91	8.52
桐梓县	4	121	5.53
绥阳县	2	46	3.93
湄潭县	2	64	3.66
凤冈县	3	41	3.61
余庆县	1	30	2.07
赤水市	2	51	2.38
仁怀市	0	60	4.91
合　计	31	871	72.98

3. 民族分布

汉族贫困户21.14万户，占贫困户总数的71.5%，少数民族贫困户8.43万户，占贫困户总数的28.5%；汉族贫困人口45.18万，占贫困人口总数的61.9%，少数民族贫困人口27.8万，占贫困人口总数的38.1%。少数民族贫困户、贫困人口虽然少于汉族，但由于少数民族基数小，贫困户和贫困人口占比高，92 万常住人口中贫困人口达27.8 万，占少数民族总人口的23.7%，贫困现象集中、贫困程度深、贫困发生率高，成为以民族为单位中难啃的“硬骨头”。

表 3　汉族与少数民族贫困户、贫困人口对比统计

单位：万户，万人

类　别	贫困户	贫困人口
汉　族	21.14	45.18
少数民族	8.43	27.8
合　计	29.57	72.98

（二）致贫原因多种多样，稳定脱贫基础薄弱

1. 根据国务院扶贫攻坚建档立卡分类

每类致贫原因遵义市均有涵盖，其中，主要集中在缺技能致贫、缺资金致贫、无力脱贫无业可扶三类，分别为6.3 万户 17.64 万人、6.78 万户 19.03 万人、10.13 万户 18.41 万人，分别占全市贫困人口的24.2%、26.1%、25.2%，三类人群占比达到75.5%（见表4）。

表 4　根据国务院扶贫攻坚建档立卡分类统计

致贫原因	户数(万户)	人数(万人)	人数占比(%)
缺技能	6.3	17.64	24.2
缺资金	6.78	19.03	26.1
基础设施薄弱	2.89	8.13	11.1
因灾因学	2.19	6.15	8.4
因病因残	1.28	3.62	5.0
无力脱贫无业可扶	10.13	18.41	25.2
合　计	29.57	72.98	100.0

2. 根据省扶贫开发大会要求分类

根据贵州省委书记陈敏尔在全省扶贫开发大会上讲话中明确的两有（有资源有劳动能力但无致富门路）、两因（因学因病致贫）、两无（无力脱贫无业可扶）、两缺（缺基础设施缺技术资金）进行分类，遵义市均有涵盖，其中，缺基础设施缺技术资金的“两缺户”129953户36.48万人，分别占贫困户、贫困人口总数的44%和50%；因病因学致贫54518户15.29万人，分别占贫困户、贫困人口总数的18.4%和21.0%；无力脱贫无业可扶101283户18.41万人，分别占贫困户、贫困人口总数的34.3%和25.2%（见表5）。

表5　根据贵州省扶贫开发大会提出的致贫原因分类统计

致贫原因	户数(户)	人数(万人)	人数占比(%)
两有户	9947	2.8	3.8
两因户	54518	15.29	21.0
两缺户	129953	36.48	50.0
两无户	101283	18.41	25.2
合　计	295701	72.98	100.0

（三）贫困特征及表现形式

遵义市属于典型的不沿边、不沿海、不沿江的内陆山区，山地和丘陵占全市总面积的93.43%，自然灾害频发、生产生活条件恶劣，贫困人口主要集中在“两山”地区、国家扶贫开发重点县和深山区、石山区、边远山区及民族地区，总体呈现出“经济总量小、人均水平低、贫困面积广、贫困人口多、贫困比重大、产业水平低、脱贫致富难”等特征，整体扶贫、全面脱贫难度大，脱贫攻坚任务繁重，形势严峻。

1. 贫困面广程度深

15 个县（市、区）均存在不同程度的贫困，除红花岗、汇川、新蒲、仁怀外，其余县市贫困乡镇占比均超过 10%，凤冈、正安、道真超过 20%，正安县达 31.58%；桐梓、习水、湄潭、赤水、凤冈、务川、正安、道真 8 县市贫困村占比均高于 50%，正安、务川、道真、习水均超过 60%。

2. 致贫原因复杂

国务院扶贫攻坚建档立卡和贵州省扶贫开发大会要求统计的各类致贫原因遵义市均有涵盖。有的贫困户、贫困人口同时存在两种以上致贫原因，情况复杂，增加了精准施策、精准扶贫、精准脱贫难度。特别是缺技能、缺资金的贫困户需要大量的资金投入和技能培训，无力脱贫无业可扶的贫困户需要政策兜底、资金兜底，对于财政本就贫弱的各级政府而言，困难不小。

3. 贫困制约突破难

贫困地区山高坡陡、沟壑纵横，基础设施建设成本高、加之贫困地区财力弱投入不足，导致以交通、水利等为主的基础设施建设明显滞后。遵义市还有 196 个行政村 3671 个村民组未通硬化路，需硬化通村公路 1486.6 公里、通组公路 15830.95 公里，桐梓、习水、正安、赤水 4 个县市尤为明显，196 个未通硬化路的村主要集中在这 4 个县，分别为桐梓 75 个 575 公里，习水 72 个 494 公里，正安 33 个 316.5 公里，赤水 16 个 101.6 公里。全市水利基础设施水平参差不齐，71 万农村人口还未解决饮水安全问题，严重制约贫困地区资源开发和产业发展。未通硬化路的村组均地处边远、条件恶劣，基础设施建设成本高，成为脱贫攻坚最大制约因素，返贫风险较大。

4. 收入渠道单一

由于贫困地区工业发展起步晚、水平低，工业企业普遍规模不大、实力不强、带动能力弱，加之农业产业化程度不高，对促进贫困群众增收的拉动效应不明显。广大贫困地区群众主要依靠外出务工，收入构成单一，增收困难，扶贫开发重点县工资性收入占农民总收入比重接近50%。2014年，全市农村居民人均可支配收入8365元，比全国平均水平10489元低2124元。其中务川、道真、正安3个贫困县分别仅为6757元、6785元、6786元，分别低于全市平均水平1608元、1580元、1579元。

5. 人口素质偏低

长期以来，贫困地区教育基础设施建设相对滞后，师资力量相对薄弱，教育事业发展相对滞后，特别是边远山区和民族地区。遵义市贫困地区平均受教育年限不足7年，比全市平均水平低1年、比全国平均水平低2年。由于贫困人口文化素质相对较差，对新事物的理解和认知能力不足，思想相对保守，开拓进取精神不足，不同程度上存在“等、靠、要”的思想，主动参与扶贫产业发展和基础设施建设的积极性不高，有的甚至还产生抵触情绪，增加了脱贫攻坚难度。

三 总体目标及对策措施

深入贯彻落实党的十八大和十八届三中、四中、五中全会精神，深入学习贯彻习近平总书记系列重要讲话和中央扶贫开发大会、贵州省扶贫开发大会、遵义市大扶贫战略行动推进大会精神，抢抓中央支持革命老区脱贫攻坚机遇，坚持“创新、协调、绿色、开放、共享”理念，按照贵州省扶贫开发大会精神和省委“1+10”文件要求，把脱贫攻坚作为第一民生工程，以脱贫攻坚引领经济社会发展全局，以集中连片特困地区为主战场，围绕“扶持谁”“谁来扶”“怎么扶”“如何退”，全面落实“五个一批”“六个精准”“六个到村到户”，以稳定实现农村贫困人口不愁吃、不愁穿，农村贫困人口义务教育、基本医疗、住房安全有保障，贫困地区农民人均可支配收入增幅大于全国平均水平、基本公共服务主要领域指标接近全国平均水平为目标，以更加解放的思想、更加坚定的信心、更加精准的举措、更加务实的作风，深入实施大扶贫战略行动，坚决打赢这场输不起的脱贫攻坚战，确保2016年贫困乡镇全部“摘帽”，2017年贫困村全部“出列”、贫困人口全部“脱贫”，力争到2018年县县实现全面小康，到2020年实现贫困人口同步小康。

（一）静态考察与动态管理双管齐下，精准识别困难对象，精准编制扶贫规划，精准解决“扶持谁”的问题

1. 精准识别贫困对象

深入开展遍访贫困村贫困户和精准识别“回头看”活动，以现有建档立卡人口信息为基础，对全市所有贫困人口进行拉网式再摸底、再核查、再精准，核准贫困程度、致贫原因、脱贫计划及帮扶需求，使贫困人口识别精准到村、精准到户、精准到人，把真正的贫困户贫困人口找出来，防止“富戴穷帽”，切实解决好“扶持谁”的问题，做到户有卡、村有簿、乡有册、县有账、市有库，完善贫困监测体系，实行动态管理，脱贫销号、返贫重录，确保数据真实可靠。确保真正的贫困农户建档全覆盖。运用互联网技术、大数据手段，建立遵义“扶贫云”，市、县、乡、村四级同步搭建脱贫攻坚大数据平台，实现脱贫攻坚数据化查询、数据化调度，信息化管理、精准化实施。

2. 精准编制“十三五”脱贫规划

把脱贫攻坚作为“十三五”头等大事和第一民生工程，以脱贫攻坚引领经济社会发展全局，把脱贫攻坚作为编制“十三五”规划的重中之重，同时围绕“五个一批”“六个精准”“十项行动”，精心编制“十三五”脱贫攻坚规划及专项规划，市直各部门尽快制定省“1+10”文件配套措施、操作方案及操作流程，落实目标、任

务、资金和权责“四到县”。尊重扶贫对象主体地位，围绕扶贫对象意愿和需求安排项目，实实在在地谋划实施一批脱贫重大工程、重大项目，提升项目安排精准度。针对脱贫攻坚重点地区、重点人群、重点领域，谋划好即期项目和中长期项目，明确时间表、责任单位和责任人，推动项目尽快实施、尽快投运，以载体化、项目化、实物化、工程化推动脱贫攻坚取得实效。县（市、区）要积极争取，把本县基础设施、重点产业等规划挤进市、省规划和国家规划盘子，确保国家、省市各项部署落地生根、开花结果，提升脱贫攻坚实效性。

（二）把基础设施建设作为脱贫攻坚的重中之重，着力改善贫困地区基础条件，破除脱贫攻坚的制约瓶颈

1. 实施贫困地区基础设施建设行动计划

抢抓国家贫困县基础设施建设配套资金机遇，以实施农村公路三年会战、水利建设三年行动计划、农村电网改造升级、信息基础设施建设三年行动计划等为载体，重点抓好以农村公路、信息高速公路和水利设施建设“两路一水”等为重点的农村基础设施建设，确保基础设施建设项目覆盖所有镇、村、组，将农村公路“毛细血管”融入干线“大动脉”，完善农村公路路网，切实解决基础设施“最后一公里”问题。推广道真“整合项目统一建设”和桐梓“企业代建政府回购”的农村公路建设经验，推动农村公路建设与产业发展、群众生活改善、交通安全保障、生态环境保护相结合，加快推进农村公路建设，确保到2017年实现建制村通畅率、建制村通客运车辆比例、农村公路列养率、重点路段安全隐患治理率“4个100%”。规划建设一批骨干水源和饮用水源，确保县县有中型水库，乡乡有稳定水源，破除生产生活用水瓶颈，全面解决农村群众饮水安全问题。推进农村用电公共服务均等化，确保贫困户实现一户一表，全面实现自然村“村村通电话”、行政村“村村通宽带”。

2. 强化资金整合和监管

各县（市、区）要以县为单位，围绕“十三五”脱贫攻坚规划及专项规划，重点针对基础设施建设项目，按照“渠道不变、投向不乱、集中使用、各记其功”原则，整合各部门专项扶贫资金、相关涉农资金、社会帮扶资金，实行归口管理、捆绑使用、集中实施，提高扶贫资金使用效率。建立市扶贫开发融资平台，破解基础设施项目投入不足的问题。凡是不积极、不主动、不配合项目和资金整合的单位及单位主要负责人，不得参加年度评先评优并严厉追责。按照“项目跟着规划走、资金跟着项目走、监督跟着资金走”原则，发挥“民生特派组”和第三方评估作用，建好精准扶贫项目台账和扶贫资金使用监管制度，从申报、立项、审批、资金拨付到实施、验收和资金分配、使用、监管等进行全程监管，对扶贫领域虚报冒领、截留私分、贪污挪用、挥霍浪费等违法违规问题，从严惩处、严惩不贷。

3. 强化基础设施项目建设质量监管

按照农村公路建设混凝土路肩、浆砌边沟、安保工程、错车道、管理养护、生态绿化“六个同步”，确保与主体工程同时设计、同时施工、同时投入使用，确保一次性交工验收合格率达 100%。严格执行《贵州省交通建设工程质量安全监督条例》，对扶贫攻坚重大项目特别是基础设施项目实行挂牌督办，严把勘察、设计、招投标等关口，规范原材料采购，加强工程质量安全源头监管，健全质量管理责任体系和四级质量保证体系，实行“一把手”负责制和质量终身追究制，严防“豆腐渣”工程，保证工程优质高效。

（三）以推进“五个一批”为抓手，实施精准滴灌、靶向治疗、精准扶贫、有效脱贫，精准解决“怎么扶”的问题

1. 着力推动产业就业扶贫

树立扶产业就是扶根本、促就业就是促增收的理念，制定并实施

《关于扶持生产和就业推进精准扶贫的实施意见》，大力实施扶贫攻坚“三个十工程”，实施精准扶贫“特惠贷”，将产业扶贫与金融扶贫有机结合，探索扶贫产业保险新途径，促进三次产业融合发展，把扶贫产业培育成新的经济增长点，确保每村有一个主导产业、每户有一个致富项目。一是发展现代山地高效农业。扶持贫困县、贫困乡镇规划建设不同层次的农业示范园区，加快调整农业产业结构，发展现代山地特色高效农业；引导贫困地区结合实际发展特色优势主导产业和以农产品加工为主的加工业，实现“强一接二连三”，做好产业扶贫大文章，推动“两有户”走上自主脱贫致富的可持续发展道路。二是发展特色旅游业。依托贫困地区植被丰茂、气候凉爽的优势，统筹扶贫项目和资金，在贫困地区发展形式多样、特色鲜明、个性突出的乡村旅游产品，不断完善“商、养、学、闲、情、奇”旅游新六要素，推动旅游富民。对少数民族贫困群众聚居村寨，重点搞好村寨保护和民族文化传承，挖掘文化内涵，编排高质量的民族文化节目，引导群众发展民族特色文化旅游，推动少数民族聚居地加快脱贫步伐。三是实施电商扶贫。统筹推进全市供销系统电商惠农工程，加快综合电商服务平台和贫困乡村综合服务网点建设，加强贫困地区农村电商人才培训，加快实现全部自然村电商综合服务网点全覆盖，对贫困家庭开办电商业务给予网络资费补助、小额信贷支持，促进“遵货出山”和“网络下乡”，拓宽农产品销售渠道。四是积极发展劳务经济。把帮助贫困群众转移就业作为精准扶贫重要抓手，依托农民夜校、“阳光工程”及“雨露计划”等载体，加大贫困农民种养殖和就业技能培训，确保贫困户家庭至少1人掌握1~2门实用技术。引导和组织贫困群众有序外出务工，扶持贫困农户组建建筑施工队，就地就近参与新一轮农村基础设施项目建设工程。建立贫困群众就业服务保障平台，为贫困群众提供就业服务，化解贫困群众与用工单位劳务等纠纷，保障贫困群众合法权益。

2. 着力推动生态移民扶贫

把易地搬迁作为打赢脱贫攻坚战的关键举措，建立易地扶贫搬迁工程指挥部，制定并实施《关于进一步加大扶贫生态移民力度推进精准扶贫的实施意见》，制订分年度搬迁计划，以“一方水土养不起一方人”的贫困地区和生态环境脆弱、生存条件恶劣、公共服务滞后的自然村寨整村整组搬迁为重点，合理确定搬迁规模，分轻重缓急，有序组织实施，确保“十三五”期间完成18万人易地搬迁任务。一是精准安置方式。按照充分尊重群众意愿的原则，把生态移民搬迁与推进城镇化和农业现代化结合起来，重点围绕县城、集镇、产业园区、旅游服务区、中心村实施安置搬迁，对具有一定经济基础且适应能力强的群众或具有一技之长适合劳务经商的群众，重点安置到县城，对文化素质偏低、谋生能力弱的群众，就近安置到条件较好的农业园区和中心村。二是提高补助标准。适当提高建档立卡贫困人口建房补助标准，在原有人均补助标准不变的基础上，建档立卡贫困人口每人补助2万元，非贫困人口每人补助1.2万元。针对少数经补助后仍无法建房的特困群众，结合城镇保障房、农村危房改造政策实行兜底，破解“越穷越搬不动”的怪圈。同时鼓励通过进城务工、投亲靠友等方式自行安置。建立易地扶贫搬迁挂帮联系制度，加强安置房建设和移民生产生活管理，积极引导搬迁群众尽快融入当地社会。三是帮助搬迁户创业就业。正确处理搬迁户生产与生活、基本需要与长远发展的关系，对搬迁群众实施创业就业技能培训，改善安置区基础设施和公共服务条件，支持和帮助搬迁群众发展特色种养殖和就地就近就业，妥善解决好搬迁群众的居住、看病、上学等问题，确保搬得出、稳得住、有事做、能致富。

3. 着力推动生态补偿扶贫

以加快生态文明先行示范区建设为载体，把生态补偿作为贫困地区守底线、走新路、奔小康的有效路径和脱贫攻坚重要抓手，在认真贯彻落实国家《生态补偿条例》《关于建立完善生态补偿机制的若干意见》基础上，制定遵义市生态补偿实施细则，细化流域、森林、草原、湿地、矿产资源等重点领域生态补偿实施细则。认真贯彻落实国家《生态环境损害赔偿制度改革试点方案》，分领域加快建立生态环境损害评估技术体系，探索“政府补偿”和“市场补偿”相结合的生态补偿新模式，扩大生态功能区补偿范围，对生态系统自身保护成本进行补偿，对保护生态系统和环境的投入或放弃发展机会的损失进行补偿，对具有重大生态价值的区域或对象进行保护性投入。实施流域上下游横向补偿试点，加大贫困地区生态保护修复力度。划定生态红线，对贫困地区25度以上坡耕地全部实施退耕还林，让有劳动能力的贫困人口就地转成护林员等生态保护人员，实现生态保护与贫困群众增收“双促进”。建立完善“自然保护地友好产品增值体系”，确保生态区生产活动有利于生态保护，促进贫困地区生态保护和生态资源可持续利用。

4. 着力推动教育医疗扶贫

把教育作为“拔穷根”的治本之策，让贫困子女都能接受公平有质量的教育，阻断贫困代际传递。一是加快贫困地区教育发展。大力推进“四项突破”工程和教育“9+3”计划，巩固提高“普九”成果，加快基本普及十五年教育。继续压缩行政经费用于支持教育，各级教育经费重点向贫困地区、基础教育倾斜，改善贫困地区义务教育薄弱学校办学条件，实施贫困地区教师支教计划，补齐贫困地区教育短板。二是加大贫困学生资助力度。按照“精准资助、应助尽助”原则，制订并实施《关于进一步加强遵义市农村贫困学生资助推进教育精准扶贫的实施方案》，完善贫困学生资助体系。从2015年起，对农村贫困学生就读普通高中、中职学校，分别实施不同标准的“两助三免（补）”政策，对贫困学生就读普通高校实施“两助一免（补）”政策，确保贫困家庭不因孩子上学而致贫返贫，确保不让一名贫困学生上不起学、读不好书。对农村贫困家庭幼儿特别是留守儿童给予特殊关爱。三是加大医疗救助力度。加快贫困地区医疗卫生基础设施建设力度，推进贫困地区基本公共卫生服务均等化，改善贫困地区医疗条件；建立贫困人口健康档案，采取集中诊疗方式对贫困人口实行先诊疗后付费等方式，确保贫困户生病能得到及时治疗，构筑基本医疗、大病保险、医疗救助“三重医疗保障”，提高医疗救助保障水平，确保建档立卡贫困人口中的大病患者等11类救助保障对象经实施基本医疗保障、大病保险、计生医疗扶助、民政医疗救助后，政策范围内医疗费用保障水平达到90%以上。对经大病保障支付后仍有困难的，加大医疗救助、慈善救助等帮扶力度，提高“新农合”政府补助标准和统筹基金最高支付限额，全面实施大病二次报销，使贫困人口大病得到兜底保障，遏制或减少农村“因病致贫、因病返贫”现象。构建保障生育健康服务体系，开展新生儿出生缺陷干预，实现优生优育。

5. 着力推动保障兜底扶贫

制定并实施《关于开展社会保障兜底推进精准扶贫的实施意见》，织密织牢社会保障“安全网”，完善以最低生活保障、特困人员供养、受灾人员救助、医疗救助、住房救助和临时救助等为主体、社会力量参与为补充的新型社会救助体系，扫除社会保障救助盲区，确保2020年前“两无人员”和暂时不能脱贫人口全部脱贫，共享全面小康创建成果。一是扩大救助范围。健全以收入核查为核心，以“三环节十步骤”为基本程序，通过民主评议、张榜公示等形式，确保低保对象认定精准，确保所有“两无人员”、暂时不能脱贫人口、因灾因病返贫和其他符合条件的农村群众全部纳入社会保障救助范围，实现应保尽保。二是提高救助标准。持续提高农村低保标准，稳步提升托底保障水平，确保五保供养对象生活水平不低于当地农村居民平均生活水平；合理调整孤儿基本生活保障标准，确保散养孤儿生活费不低于600元/月，集中供养孤儿基本生活费不低于1000元/月。逐步推进农村低保标准和扶贫标准“两线合一”，2016年全市农村低保标准按18.2%平均增幅提高，平均标准达到3184元/年，到2020年农村低保与扶贫两个标准实现统一。三是完善救助设施。完善贫困地区五保供养设施，确保各地供养床位达到当地五保对象总数的60%以上，切实满足五保对象集中供养需求。强化儿童福利机构建设，2017年实现所有县（市、区）儿童福利机构建设全覆盖。提升特困供养服务机构管理服务水平，为特困供养人员高质量提供生活照料、医疗康复、长期护理、精神慰藉等全方位服务。

（四）完善组织领导机构，强化脱贫攻坚帮扶责任，切实解决“谁来扶”的问题，凝聚脱贫攻坚强大合力

1. 完善组织机构，强化领导

扭住“党委主责、政府主抓、干部主帮、基层主推、社会主扶、群众主体”关键，建立完善“市负总责、县抓落实、乡镇实施、重在村组”的工作机制，市县乡均成立以党政主要领导为“双组长”的脱贫攻坚同步小康领导小组，下设办公室，由党委、政府分管领导任办公室主任和副主任，制定规章制度和工作规则、完善调度机制，明确专人办公，加强脱贫攻坚同步小康工作的领导和协调。从2016年1月1日起，全市进入脱贫攻坚倒计时，制定“作战图”，立下“军令状”，用好“指挥棒”，配强“突击队”，扎紧“钱袋子”，倒排工期、挂图作战、按图销号、强力推进。遵义市委每季度召开一次常委会、市政府每季度召开一次常务会或专题会、市领导小组不定期召开会议，及时传达中央和贵州省脱贫攻坚有关精神、听取遵义市脱贫攻坚情况汇报、研究解决脱贫攻坚中遇到的困难和问题。夯实县级党政领导班子，选好配强贫困县、贫困乡镇党政“一把手”，加强“三支队伍”建设，根据贫困村特点和产业基础，选优配强“第一书记”

和驻村干部，确保贫困村全覆盖。

2. 着力构建大扶贫格局

探索完善集团帮扶、定点扶贫、对口扶贫、遍访扶贫、小康驻村扶贫、园区扶贫、金融扶贫、非公企业组团扶贫等“八大扶贫机制”和“市领导包乡、县领导包村、乡镇领导包户、党员干部包人”的“四包责任制”，对习水、桐梓、正安、遵义县等贫困人口集中、贫困程度深的重点县，实行市四大班子包保帮扶，对其余县（市、区）由市委常委帮扶，汇川、新蒲等中心城区，确保明年贫困人口全部出列，依托大扶贫推动农业现代化，打造新农村升级版；31 个贫困乡镇由市领导帮扶，871 个贫困村由各县（市、区）领导结对帮扶，同时动员各级各部门及社会各界关注、支持和参与脱贫攻坚，帮扶单位实行“一人驻村、全单位帮扶”，政策、资金、项目向贫困村、贫困户倾斜，因户施策、因人施策，确保贫困帮扶到村到户到人，贫困乡镇“摘帽”、贫困村“出列”、贫困群众脱贫，帮扶不脱钩。各县（市、区）围绕经济协作、脱贫攻坚、园区共建、职业教育、人才交流、引企入遵、文化旅游等重点领域，加强与对口帮扶城市对接协调、交流合作，实现借梯借力脱贫。认真总结推广茅台集团帮扶道真等做法，深入开展“扶贫日”活动，凝聚起脱贫攻坚强大动力活力。

3. 建立完善退出机制

设定时间表，建立完善贫困县、贫困乡镇、贫困村、贫困户退出机制，实行严格评估，按照“摘帽”标准验收，逐户销号，解决好“如何退”的问题，实现有序退出。要设定时间表，留出缓冲期，在一定时间内实行“摘帽”不摘政策，形成“早脱帽子早有好处，不脱帽子还有约束”的导向，鼓励贫困县、贫困乡镇早脱贫早“摘帽”早奔小康。对已经脱贫的群众要与他们一起算账，要群众认账，防止“数字脱贫”，防止“平均数掩盖”；对未能脱贫的群众，要明确帮扶措施，帮助其尽快脱贫，确保帮扶措施精准、脱贫成效精准。

4. 强化考评、严格问责

围绕扶贫攻坚绩效评估，建立最严格的考核制、“一把手”负责制和问责制，层层签订“军令状”，以“霹雳”手段实行最严格的考核问责。强化督察暗访，全面落实扶贫攻坚“一票否决”制，积极引导各级干部转变作风，以“三严三实”要求、“马上就办”作风和“钉钉子”精神，增强各级各部门的使命感、责任感、紧迫感。从2016年起，以召开项目观摩会的形式，对各县（市、区）扶贫攻坚成效进行现场观摩、调度，形成脱贫攻坚“比学赶超”的浓厚氛围。对在扶贫开发中表现突出的干部，要大张旗鼓进行表彰；对违规违法、不作为乱作为和精神懈怠、落实不力、扶贫效果不好的干部要严肃追究责任。

（五）强化脱贫攻坚宣传发动，积极引导广大贫困群众自力更生、勤劳拼搏，着力营造脱贫攻坚浓厚氛围

1. 加大培训力度

市一级尽快编制脱贫攻坚“1 +5 +1”（“1”即遵义市脱贫攻坚总体实施方案手册，“5”即“五个一批”分项实施手册，“1”即党风廉政和脱贫攻坚民生监督手册）宣传知识手册，确保实现市县乡村各级干部人手一册，贫困户贫困群众人手一册，组织开展“脱贫攻坚进行时”巡回宣讲；依托市县党校，对贫困乡镇党委书记、贫困村第一书记、同步小康扶贫工作队队长、贫困村党支部书记和村委会主任、致富带头人等，重点针对贵州省委“1 +10”文件和遵义市委有关部署，进行集中轮训。各行业各系统要组织全体干部职工认真学习扶贫攻坚有关政策、思想方法和举措。各县（市、区）要通过农民夜校、召开群众会等形式，向广大贫困群众宣传宣讲，同时制作“扶贫手册”“扶贫政策明白卡”和扶贫操作流程图，向贫困群众发放，确保不漏一户、不漏一人，让贫困群众充分知晓扶贫政策。市、

县两级设立脱贫攻坚民生热线，既接受群众咨询，也受理群众反映的问题。

2. 强化宣传发动

制定脱贫攻坚战宣传方案，在遵义日报、遵义杂志社、遵义广播电视台、《遵义扶贫开发》等开辟专题专栏，积极挖掘和宣传扶贫先进典型，曝光一批反面典型和不良现象，营造全社会关注扶贫、支持扶贫、参与扶贫的良好氛围。各地各部门结合本地本部门实际积极探索、创新宣传新途径新方式，做到广播有声，电视有影，报纸有文，迅速掀起舆论热潮。注重发挥贫困群众首创精神，避免政府大包大揽导致“政府热、群众冷”，激发贫困群众扶贫攻坚主人翁意识，提振贫困群众精气神，防止贫困群众过度依赖政府而出现等靠要思想，引导广大贫困群众牢固树立“等靠要可耻、自力更生光荣”等观念，发扬艰苦奋斗、奋发有为的精神，向脱贫户看齐，向脱贫户学习，积极主动参与脱贫，主动摆脱贫困，真正实现由“要我脱贫”向“我要脱贫”转变，依托党的政策，靠辛勤劳动改变贫困落后面貌。

B.14

农村敬老院发展现状与社会化改革路径研究

——基于贵州省遵义市的调查*

龙翠芳**

摘　要： 以调查统计数据为依据，本文分析遵义市农村敬老院发展现状及存在的问题，提出农村敬老院社会化改革的路径和体制机制构建。研究表明，遵义市农村敬老院存在入住率低，管理服务人员不足，专业化水平低，基础设施建设有待完善，五保供养与社会养老相混合等问题。农村敬老院社会化改革是解决农村敬老院发展问题的根本途径，需要在树立主体化理念的前提下构建多元主体协商合作共治体制机制，政府推动，多渠道筹资，促进家庭养老与机构养老对接。

关键词： 农村敬老院　社会化改革　主体化理念　多元主体协商合作共治

近年来，随着我国农村中青年人口大量外出，农村留守老人越来

* 本文系2016年贵州省教育厅高校人文社科基金青年项目“贵州省农村敬老院发展现状与社会化改革路径研究”（项目编号：2016qn42）的阶段性成果。

** 龙翠芳，贵州民族大学2014级社会学博士研究生，遵义师范学院副教授。

越多，加剧农村人口老龄化，也导致农村家庭养老方式的弱化，农村敬老院的地位和作用日益显现。我国农村敬老院建设相对滞后，本研究以贵州省遵义市为例，具体以遵义市汇川区泗渡镇敬老院（养老服务中心）、板桥镇敬老院（五保供养中心）、红花岗区巷口镇敬老院（残疾人抚养院）、深溪镇敬老院（一鑫老年抚养院）、长征镇敬老院（乐天颐养园）、遵义县松林镇敬老院（养老服务中心）为调查点，以敬老院集中供养老人、敬老院管理服务人员、居家分散养老老人为调查和访问对象，围绕农村五保家庭、农村社区环境和农村敬老院展开实地研究。探讨农村敬老院社会化改革的路径，构建农村敬老院社会化改革的体制机制，有助于解决农村养老问题，促进农村社会和谐和经济发展，对全面建成小康社会具有重大的现实意义。同时，也为拓宽农村敬老院研究工作的理论视角和为相关部门决策提供科学依据。

一　遵义市农村敬老院发展现状

遵义市位于中国西南部，贵州省北部，国土面积30762平方公里，占贵州省总面积的17.5%。下辖3区2市10县（164个镇、55个乡、8个民族乡、17个街道办事处），总人口770万。遵义市是贵州省第二大城市、新兴工业城市和重要农产品生产基地，是黔北政治经济文化中心，被定位为中国历史文化名城和革命老区。

贵州是一个欠发达、欠开发的省份，进入老龄化社会比全国晚，但发展速度快，是典型的“未富先老”城市。2003年，贵州省正式进入人口老龄化社会，以65岁及以上人口占总人口7%的标准来计算贵州老年人口系数，2010年，第六次全国人口普查数据显示：贵州老年人口系数为8.57，农村为9.49，城市为7.17；

遵义市老年人口系数为9.56，农村为10.49，城市为9.21。可见，遵义市老龄化水平高于全省平均水平，且农村人口老龄化比城市严重，农村养老问题日益严峻。农村敬老院是解决农村养老问题的社会机构，推动农村敬老院发展是一项关系民生的社会治理工程。

农村敬老院主要是由政府投资兴建，是我国“五保”（吃、穿、住、医、葬）对象（现称“特困人员”）集中供养的农村公共服务设施，是农村机构养老的重要载体，也是旅游养老、候鸟式养老、异地养老、乡村田园养老等社会化养老的主阵地，因此，农村敬老院的建设与管理对我国养老事业的发展具有重大影响。2008年，遵义市率先在全省实现乡（镇）敬老院全覆盖，每个乡（镇）自建或几个乡（镇）共建一个敬老院。表1显示，2015年，遵义市共有五保对象18607人，集中供养12215人，五保对象集中供养率达到65.65%，高于全省41%的平均水平。五保老人是遵义农村敬老院的主体人群，入住的社会老人少，农村敬老院对五保老人“应救尽救、应养尽养”，与国家对特困人群的“兜底”扶贫密切结合。遵义市现有五保供养服务机构230个，已投入使用179个，管理人员484人，其中事业单位编制人员314人，集中供养标准2900元/年，分散供养标准1940元/年。遵义市农村基本建成布局合理、设施配套、功能完善、管理规范的五保供养服务机构网络，初步满足农村五保供养对象的供养需求，并逐步开展对农村其他老年人、残疾人和未成年人的供养服务，有条件的农村敬老院正在不断吸收城镇非五保社会老人入住。遵义农村敬老院的发展与遵义经济、政治、文化和社会的发展是紧密相连的。随着遵义市经济社会深入发展，人口老龄化进程的加快，敬老院经营主体多元化，入住对象多样化，管理服务专业化是其未来发展的方向。

表1　遵义市农村五保供养机构情况

地区(区/市/县)	农村五保对象			农村五保供养服务机构		养老机构管理服务人员(人)	床位	
	总数(人)	集中供养(人)	集中供养率(%)	总数(个)	投入使用(个)		使用(张)	未使用(张)
遵义市	18607	12215	65.65	230	179	484	15629	5646
红花岗区	177	128	72.32	6	5	14	195	250
汇川区	383	283	73.89	4	2	14	198	333
遵义县	1999	1399	69.98	30	18	58	2051	1040
桐梓县	2701	1290	47.76	25	15	48	2000	1565
绥阳县	1456	1050	72.12	16	11	30	931	780
正安县	1982	1388	70.03	20	20	67	1540	400
道真县	1104	557	50.45	13	13	28	647	0
务川县	1046	650	62.14	20	15	30	770	234
凤冈县	635	446	70.24	17	13	28	856	304
湄潭县	780	548	70.26	18	15	30	791	100
余庆县	322	162	50.31	8	4	18	240	180
习水县	2443	1728	70.73	19	16	32	1900	460
赤水市	913	690	75.58	15	15	41	1578	0
仁怀市	2141	1615	75.43	14	14	36	1735	0
新蒲新区	525	281	53.52	5	3	10	197	0

资料来源：根据2016年1月课题组调查数据整理。

二　遵义市农村敬老院发展存在的问题

（一）发展差异大，入住率低

遵义市农村敬老院建设与管理工作可能满足农村五保对象的集中供养需求。表1显示，集中供养率最高的是赤水市75.58%，最低为桐梓县47.76%，两城区（红花岗和汇川区）、遵义县、绥阳县、正安县、凤冈县、湄潭县、习水县、赤水市和仁怀市农村敬老院集中供养率高于全市农村平均水平，说明遵义市农村敬老院地区发展差异大。农村五保供养服务机构除正安县、道真县、赤水市和仁怀市外，其余市/区/县农村敬老院存在已建立尚未投入使用的情况。床位使用除道真县、赤水市、仁怀市和新蒲新区外，其余各区/市/县农村敬老院存在床位闲置较多的情况。表2显示，除巷口镇敬老院外，其他5所敬老院床位闲置较多，入住率低。

表2　6所敬老院的概况

变量＼调查点	泗渡镇敬老院	板桥镇敬老院	巷口镇敬老院	深溪镇敬老院	长征镇敬老院	松林镇敬老院
入住人数	48	34	10	32	24	37
男性	36	23	6	22	17	24
女性	12	11	4	10	7	13
五保	48	34	10	18	4	32
代养	0	0	0	2	0	0
社会养老	0	0[a]	0	12	20	5[b]
管理服务人员	3	4	3	16	7	2
医务人员	0	1[c]	0	6	0	0
床位数	80	180	16	150	146	120
投入使用年份	2015	2007	2005	2015	2015	2013
经营特点	公建公营 院办经济	公建公营 院办经济	公建公营	公建民营 医养结合 社会养老[d] 社会代养[e]	公建民营 社会养老	公建公营 院办经济 异地养老
贵州省乡镇敬老院级别	拟报5星	全国优秀敬老院 2星	条件较差	拟报4星	未评	3星 拟报4星

说明：a. 目前没有社会养老人员，夏天重庆老人来避暑入住的较多；b. 冬天社会养老人员少，夏天空置房间转变为旅游观光、避暑等客人的临时宾馆；c. 为院长兼任卫生员；d. “社会养老”指入住老人为社会人员，而非五保老人；e. “社会代养”指收养本乡镇辖区以外的老人。

资料来源：根据2016年1月课题组调查数据整理。

（二）管理服务人员不足、工资低

据民政部统计，全国平均每13名集中供养的五保对象仅拥有一名工作人员，说明管理服务人员不足是全国农村敬老院普遍存在的问题。表2调查数据显示，公建公营的4所敬老院管理服务人员不仅人数少，而且工资低，为1500～1900元，保险费是工作人员另交。以松林镇敬老院为例，入院老人37人，管理服务人员2人，不符合国家对敬老院工作人员与入院老人1∶10的配置要求，两名工作人员拿的也是全县最低工资。遵义农村敬老院管理服务人员大多是从附近村镇招聘的，没有经过专业培训，文化水平低，年龄偏大，而敬老院任务繁重，风险大，导致很多工作难以开展。

（三）专业化水平低

调查显示：6所敬老院管理体制不完善，公建公营的泗渡镇敬老院、板桥镇敬老院、巷口镇敬老院和松林镇敬老院管理员和服务员没有分开，专业化管理服务水平低，社会养老发展滞后。4所公建公营敬老院低龄老人照顾高龄老人的方式是一种理想模式，但是由于条件有限，额外劳动导致有些低龄老人不愿意住进敬老院。6所敬老院成立院民委员会，建立奖惩制度来加强敬老院老人自我管理，如板桥镇敬老院，分为本职工作积分和团结互助积分，按月结算院民零发钱；如松林镇敬老院，把院民分为养殖组、饲养组和卫生组，召开周、月、季度例会。总体上看，院民管理看似精细和规范化，实则缺乏专业化和人性化考虑，以刚性规章制度来约束入院老人的行动和生活，客体化管理突出。另外，院民个人档案内容简单，仅有户籍、年龄、身体、家庭等基本情况，普遍缺乏对入院老人的动态管理机制。

（四）基础设施建设有待完善

总的来看，遵义农村敬老院基础条件相比以前有了较大的改善，但有的敬老院仍存在问题：敬老院建设规划只顾眼前，不利于长远发展，如松林镇敬老院；设施破旧，没有维修资金，如巷口镇敬老院；改扩建资金不到位，对入院老人造成安全隐患，如板桥镇敬老院。表2显示，除深溪镇敬老院有专业的医务人员外，其他5所敬老院都没有专业的医务人员，大多是院长或工作人员兼任卫生员。2015年投入使用的泗渡镇敬老院、深溪镇敬老院和长征镇敬老院设施较齐全，其他敬老院主要缺乏无障碍设施和消防设施，6所敬老院都没有消毒柜。以巷口镇敬老院为例，没有大门、围墙，电线老化，房顶漏雨，楼梯没有无障碍扶手，没有消防通道和消防自动喷淋系统等。

（五）五保供养与社会养老相混合

调查表明，6所敬老院都是混合型，五保老人与社会养老相混合；失能和失智老人，也没有一定的区隔。公建公营敬老院因五保老人不足，朝社会养老发展；公建民营敬老院因社会养老不足，也在收养五保老人。农村敬老院方向定位不明确，致使生存和发展处于尴尬境地，直接影响集中供养率。以长征镇敬老院为例，由于护理力量不足，五保老人与社会老人在集中供养意愿上结构性失衡，导致真正需要供养的五保老人未能得到集中供养。农村敬老院可分为护理型、混合型、日间照料型、临终关怀型、养老型等类型，按照分类和入院老人的需求来收住老年人，使有意愿集中供养的老人都能得到妥善和满意的养老服务。敬老院的发展定位有助于建立结构性需求和服务体系，提高服务质量和专业化管理水平。

解决遵义市农村敬老院建设与管理的问题，推动遵义农村养老事业发展，走社会化道路是必然趋势。社会化改革使农村敬老院能够充分发挥政府投入资源的应有效益，引入大量社会资源，提高管理服务水平，倡导社会养老服务、转变传统养老思想等方面起到促进作用。

三　农村敬老院社会化改革的路径

农村敬老院社会化改革的路径理论解释框架如图1所示。框架的中间是笔者要分析的变量——农村敬老院社会化改革路径，框架左边是政府、社会组织、社会工作、民营/私营企业、社区、个人等多元主体介入农村敬老院社会化建设与管理，改变政府唯一主体地位，目标是多元主体协商合作共治；右边是农村敬老院社会化改革的操作路径。随着转型期社会变迁的加速推进，市场经济的深入发展，社会资本（私人资本、民间资本等）将不断进入公共服务领域，农村敬老院“公建公营”垄断模式已打破，“公建民营”“民建民营”等模式逐渐兴起，多元主体、多元资本将不断介入农村敬老院建设与管理体系。市场化是农村敬老院社会化改革的路径选择，“政府购买服务”“医养结合”“社区养老”“社工介入”“社会代养”等是社会化改革

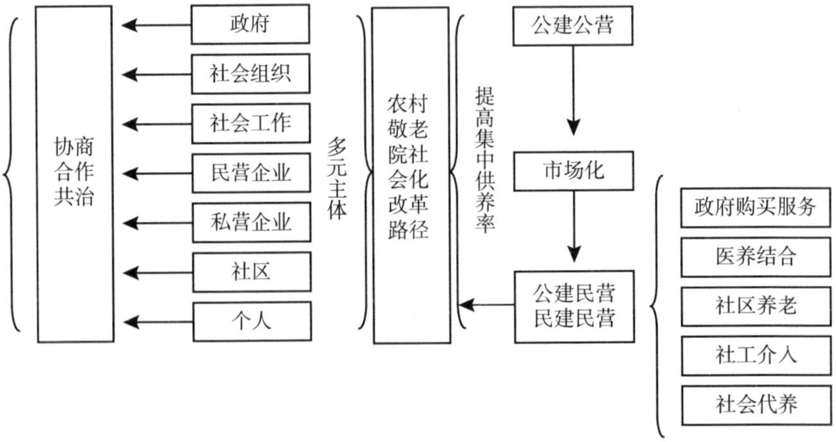

图1　农村敬老院社会化改革路径理论解释框架

的具体方式。通过建立政府购买服务、医疗与养老相结合、社区居家养老、养老机构代养和社会工作介入养老机构的养老模式，创新敬老院管理方法，集中社会资源养老。多元主体协商合作共治有助于推动农村敬老院发展，提高机构养老的集中供养率，也使农村五保供养对象得到应有的照顾，体现了以人为本，人性关怀，促进农村敬老院发展达到“善治”的社会状态。

四　构建农村敬老院社会化改革的体制机制

（一）主体化理念是农村敬老院社会化改革的理论出发点

理念是行动的先导，农村敬老院发展理念是关系农村敬老院社会化改革全局的根本指针。目前我国农村敬老院普遍具有行政化、半专业化的特点，社会工作中的多元因素分析视角、“心理—社会”视角、“环境中的人”的实务视角、系统理论视角、优势视角、增权视角是理解和分析案主和他们的问题的理论视角，农村敬老院建设与管理须借鉴社会工作的专业理念来指导工作，介入以人为本，助人自助，平等公正的专业价值理念，提高服务水平，增强机构的开放性，并整合社会资源，使农村敬老院向科学和可持续的方向发展。

农村敬老院是收养农村五保老人的主要场所，因为社会资本的缺乏，加之懒惰、身体缺陷、家庭不幸等个人或家庭因素，农村五保老人成为生活在最底层的弱势群体。这些老人无劳动能力、无生活来源、无法定赡养、扶养义务人，有些老人因此患上了精神疾病，有些老人出现心理问题或性格缺陷。农村敬老院社会化改革要改变过去行政化的工作思路，改变过去把入院老人看作管理的客体或物化对象的思想，树立主体化理念，立足入院老人的立场和角度来思考问题，主动了解老人的需求，尤其要多关注五保老人的心理和情感诉求。农村敬老院也是解决城乡养老问题的主要途径，走社会化改革道路就是要解决结构性问题，根据入院老人经济生活条件，根据入院老人的要求提供针对性服务，不仅要让入院老人的物质生活满意，更要让入院老人的精神和情感得到满足。

（二）加强顶层制度设计，政府推动是农村敬老院社会化改革的根本

农村敬老院社会化改革要强化政府的主要责任，政府部门应尽快制定和完善农村敬老院社会化改革的政策措施，提供多元主体介入农村敬老院建设与管理体系的平台和相关法律政策保障，建立多元责任分担机制。加强民政部门引导和监督公建民营和民建民营敬老院的建设与管理，由乡镇民政办具体操作，使其发展不偏离社会养老保障公益性事业的宗旨。

政府应做好农村敬老院的规划、监督和标准化管理。第一，科学规划。在全面了解和准确把握农村敬老院发展现状的基础上，客观地分析农村敬老院建设与管理工作，立足存在的问题，合理定位，科学规划未来发展方向。第二，加强监督力度。建立联合行动机制，协调相关部门，提高农村敬老院的专业化管理水平，如电路维修、食品检查等事项交由有关部门去做。第三，加强敬老院内部的管理。敬老院自身要加强管理，完善内部的管理制度，从院长到服务人员要加强制度化管理，乡镇民政部门加强指导和监督，定期检查或抽查，对存在的问题及时指出来，比如楼梯扶手要安装，电线老化要及时换等。第四，加大政策引导和资金支持力度。政府应投入更多的公共资源、公共资金加强农村敬老院基础设施建设，让承担“兜底”养老功能的农村敬老院提供更多的“兜底”养老床位，提高公共养老服务水平。也需要政府以养老补贴、减免税费、优惠供地等政策引导社会资本投资建设带有公共养老职能在内的民办敬老院（民建民营）。第五，明

确管理服务人员事业单位编制。对于公建公营敬老院而言，岗位、工资和编制是提高公建公营敬老院工作人员待遇的依据，尽快明确公建公营敬老院工作人员岗位、工资和编制问题有助于激发工作人员的工作积极性和热情，提高院民生活质量。同时，通过公开选聘社会工作、管理学、心理学和护理专业的大学本科毕业生从事敬老院管理与服务工作，定编不定人，并纳入事业单位编制，这也是吸引人才、留住人才的保障。

（三）多元主体介入是农村敬老院社会化改革的关键

大力支持社会组织、社会工作、民营/私营企业、社区、个人等介入农村敬老院社会化建设与管理，以提高敬老院市场竞争力和解决敬老院发展的结构性问题。虽然大多数入院老人对养老服务要求不太高，仅限于能够满足基本物质生活保障，但对于少数经济收入水平较高的社会养老人群来说，“私人定制”的个性化贴心服务才能满足他们的需求，而这种高档次的服务可由主要经营社会养老的民办敬老院来提供。因此，社会基本生活标准应当满足入院老人基本生活所需，照料护理标准应当根据入院老人生活自理能力和服务需求分类制定，体现差异性。建议部分农村敬老院立足农村五保供养对象，部分有条件的农村敬老院组织开展民营试点，从“点—线—面”来推广民营试点工作，动员社会组织、民营/私营企业和社区以合资、入股、购买或租赁等方式参与农村敬老院的现有基础设施的改造或扩建，探索多元化投资，企业化管理和产业化经营，逐步实现农村敬老院由国家福利事业型向社会公益事业经营型转变。农村敬老院社会化改革要符合当下养老分层需求，既要承担农村养老的“兜底”功能，也要顺应养老服务市场未来的发展趋势，不断向外拓展敬老院的养老功能。

入院老人的医疗护理可引入医疗社会工作的专业方法，协助老人解决与疾病相关的社会经济、家庭、职业、心理等问题，配合医生进行疾病防治和伤残康复等服务。对于农村敬老院保险意识低的问题，可从经营企业的视角，引入农村敬老院责任保险，能够有效降低农村敬老院的经营风险，有助于提高敬老院的服务质量和社会管理效率，更好地保障老年人的合法权益。针对院民的个人档案管理问题，可建立入院老人数据库，把历年来入住的老人，按年份建立完整、详细数据库，加强对入院老人的动态管理。

（四）发展院办经济，多渠道筹资是农村敬老院社会化改革的主要内容

院办经济是提高入院老人生活满意度的物质基础，是影响农村敬老院发展的关键。调查表明，农村敬老院一般位于环境优美的郊区，空气清新，适合老年人安度晚年。农村敬老院良好的周边环境是吸引社会老人入住的自然因素，更为重要的是，要能够提供舒适的居住设施和全面的医疗护理，以全方位的服务来吸引社会老人入住才是权宜之计。发展农村敬老院院办经济，可通过发展避暑游、乡村游等旅游服务产业集群和异地养老、“候鸟式”养老等养老服务产业集群，扩大产业链和市场影响力，多渠道筹集资金，推动农村敬老院社会化改革。

（五）促进家庭养老与机构养老对接是农村敬老院社会化改革的补充

以居家为基础、社区为依托、机构为支撑是我国养老服务业的基本架构，研究表明，农村老年人的居住意愿与居住方式仍以与子女共同居住为主，家庭养老是我国农村绝大多数老年人的养老方式。因此，鼓励有自理能力的老人在家分散供养，对完全或部分丧失生活自理能力的老人，优先为其提供集中供养服务。促进家庭养老与机构养老有效契合与对接，提高老人的生活满意度是发展农村养老服务事业的宗旨。在一些经济发达的农村地区，可探索集中居家养老模式，由

村集体出资兴建村老年公寓，融合家庭和农村社区养老资源，将村里60岁以上有入住需求的老人集中安置到老年公寓，或让敬老院里身体健康的老人入住老年公寓，以解决农村老人的生活照料和农村养老的结构性需求问题，提高农村社区养老保障水平。集中居家养老以老年公寓为主要形式，既保持了乡村养老传统，又满足了老人离家不离村、继续感受家庭亲情、乡情和子女照顾的需要。集中居家养老不同于机构养老和传统的家庭养老，是探索家庭养老与机构养老对接的有效养老模式。

专 题 篇

Special Reports

B.15 遵义市“六大开放平台”调研报告

龚永育 杨安东*

摘 要： 以开放倒逼改革，以开放推动发展，是时代的“最强音”。对外开放需要载体，贵州省正全力建设“1+7”国家级开放创新平台，奋力打造贵州内陆开放型经济试验区；“十三五”时期遵义市将倾力打造“六大开放平台”，奋力构建开放型经济新格局，对实现“坚持红色传承、推动绿色发展，奋力打造西部内陆开放新高地”的战略定位具有极其重要的意义。本文侧重介绍遵义市加快构建“六大开放平台”的现实意义，申建、发展情况，主要弱项、差距、短板及成因，并从整体

* 龚永育，遵义市政府研究室主任；杨安东，遵义市政府研究室工作人员。

统一和个体差异角度提出工作建议。

关键词： 遵义市 “六大开放平台”

2016年7月29日，贵州省委常委、遵义市委书记王晓光同志在遵义市委工作会议上提出加快构建遵义国家级经济技术开发区、遵义国家级高新技术产业开发区、遵义综合保税区（筹）、遵义机场航空口岸、遵义软件园区、遵义大学生创新创业园区“六大开放平台”的战略构想。遵义市政府研究室与市政府办、市商务局组成联合调研组，对遵义市“六大开放平台”进行了书面、实地和座谈调研，对遵义市构建“六大开放平台”的现实意义，目前申建、发展的有关情况，存在的弱项、差距、短板及成因，破解的措施建议等进行了全面梳理。现将调研了解的有关情况报告如下，供市委、市政府做决策参考。

一 遵义市加快构建“六大开放平台”的现实意义分析

（一）从宏观层面来看，遵义市加快构建“六大开放平台”，培育壮大开放型经济，是参与国际国内经济交流、合作与竞争的现实需要

事实证明：开放推动发展，发展才是硬道理，深圳原为一个贫穷落后的小渔村，今天能成为现代化的大都市，其中的奥秘所在就是用好了开放倒逼改革、开放推动发展这一法宝。当前，国际国内经济、社会、文化等合作交流活动日益频繁，一个国家或地区若闭

关自守、自给自足，不参与对外合作交流，势必丧失融入国际国内一体发展、加快发展的机遇，只能永远贴着“贫穷落后”的标签。以开放倒逼思想、体制改革，以开放促进机制、科技创新，以开放聚合资金、技术、人才要素，以开放推动经济、社会发展，已成为各地加快发展的共识和推动发展的战略选择。一个地区扩大开放，培育产业，发展经济，需要有载体和平台来作为落实区域开放开发战略的“主阵地”，遵义市现有的19个产业园区、1个国家级开发区、13个省级开发区、1个省级高新区就是实施对外开放战略、集聚产业发展的“主阵地”，但重点不突出的矛盾客观存在，开放载体集聚产业发展的能力有待提高。在此情况下，集中力量，重点建设好“六大开放平台”，完善遵义市扩大开放体系，构建全新的大开放格局，培育壮大开放型经济，是遵义参与国际国内经济交流、合作与竞争，加快融入全球经济一体化，做大市域经济总量，增进人民福祉的现实需要。

（二）从中观层面来看，遵义市加快构建“六大开放平台”，培育壮大开放型经济，是抢抓省委、省政府打造“1+7”国家级开放创新平台重大战略机遇的主动作为

就贵州而言，近年以“铁公机联动”为主要特点的立体交通网络初步成形，内外通达能力全面提升，对外开放条件大幅改善，经济社会发展迈上新台阶，但贵州省拉动经济发展的主要抓手依然是投资，消费和出口“两驾马车”先天“短腿”削弱了加快发展的能力，长此以往可能导致本末倒置并无以为继，不利于可持续发展。“新常态”下，省委、省政府着眼长远，充分考虑“贫穷落后是主要矛盾，加快发展是根本任务”的省情实际和贵州省当前扩大对外开放条件日益改善的现实状况，适时做出打造“1+7”国家级开放创新平台重大战略部署，旨在整合和争取资金、项目、政策等资源，加快培育

贵州省开放型经济，扩大对外贸易，补齐进出口贸易不足的“短板”，用外需产业结构转型升级，推动发展方式转变。遵义市两个开放平台入选省“1+7”盘子，表明省委、省政府既对遵义发展寄予殷切希望，也对遵义提出加快发展的工作要求，辩证看待，这既是机遇，也是挑战，我们早作打算、主动作为、先人一步就是抢抓机遇，我们沾沾自喜、被动等待、邯郸学步就会错失机遇。机遇就在眼前，机遇稍纵即逝，遵义不能错过也不会错过，加快构建“六大开放平台”，是市委站在新的历史高位上做出的正确决策，是遵义市抢抓贵州省打造“1+7”国家级开放创新平台机遇的实际行动，我们只能上不能下，只能快不能慢，只能实干不能空谈，只能主动作为不能被动等待，否则追赶贵阳就将是一句空话。

（三）从微观层面来看，遵义市加快构建“六大开放平台”，培育壮大开放型经济，是推动市域经济社会大发展和在全省实现“两个率先”目标的有力抓手

党的十八大以来，遵义市外贸进出口总额虽以年均14.3%的增量向上提升，但截至2014年底全年外贸进出口总额也仅有4.6亿美元，外贸总额体量小、结构不平衡、开放平台建设滞后、激励机制不完善、企业总体实力不强、拳头产品不多、对经济增长的贡献度低等矛盾长期存在。从长远考虑，遵义市加快经济发展，必须走加强经济体制改革，扩大对内对外开放，培育壮大开放型经济之路，绝不能自以为是、故步自封、自我满足。遵义市加快构建“六大开放平台”，可发挥遵义市经济体制改革的“试验田”、对内对外开放的“桥头堡”、开放型经济的“前沿阵地”作用。“六大开放平台”建设运营得好，将发挥各自不同的效应，使遵义最终成为资金流、技术流、人才流等各种发展要素快速集聚的“洼地”，成为各地客商投资创业的“福地”，成为贵州内陆开放的“高地”，并在GDP、财税、就业等方

面发挥重大贡献，市域经济发展的增长极会加快形成，主引擎作用会加快体现，为全市其他开发区（产业园区）发展提供强大的典型引领和示范带动作用。

遵义是贵州省第二大经济体，在资源、区位、交通和发展基础等方面在省内具有一定的比较优势，在全省经济社会加快发展的浪潮中当先锋、走前列、做表率的能力和底气较足，遵义市委、市政府提出2018年率先在贵州省建成全面小康社会、率先向现代化迈进“两个率先”目标。目标已经确立，关键在抓重点、破难点、补短板。调研组认为，遵义市率先实现小康目标重点在农村、难点在农民、短板在农业，率先实现现代化目标重点是产业现代化、难点是工业现代化、短板是信息化与工业化深度融合不够。就率先实现小康目标而言，遵义市加快构建“六大开放平台”，可推动产业大集聚、大发展，为农村富余劳动力增加就近就业的机会，同时可带动农产品深加工产业发展和为新农村建设注入活力，是“致富农民、抓活农业、扮靓农村”的一把“金钥匙”。就率先实现现代化目标而言，遵义市加快构建“六大开放平台”，可加快资金、技术、人才等要素集聚步伐，通过引资引智引才来大力改造农业，升级工业，发展现代服务业，推动信息化与产业发展、城市建设管理、行政管理等深度融合，打造“遵义创造”“智能智产”“智慧城市”等品牌，建成“智慧遵义”，使遵义在贵州省社会主义现代化建设进程中先人一步。

二　遵义市“六大开放平台”目前申建、发展基本情况简介

调研组认为，目前遵义市“六大开放平台”的建设、发展处在不同的历史阶段和不同的发展水平。按发展的进程划分类别标准，可大致分为四类，各个平台目前申建、发展的基本情况如下。

（一）拟申报平台：遵义国家级高新技术产业开发区

遵义市中心城区已拥有遵义国家级经济技术产业开发区（北区在汇川区，东区在新蒲新区）和贵州新蒲经济开发区（含国开区东区规划范围）、贵州红花岗经济开发区三个国家级、省级对外开放平台，遵义市委、市政府正在倾力申建遵义综合保税区且申报成功希望较大，为进一步提升贵州红花岗经济开发区这张名片的“含金量”，努力构建“汇川国开区（北区）、红花岗高新区、新蒲综保区”三足鼎立的大开放新格局，推动中心城区在遵义市“中部崛起”中更好地发挥“火车头”作用，市委前不久提出将贵州红花岗经济开发区申建为遵义国家级高新技术产业开发区的构想。因处于拟申报阶段，目前该平台尚无正式建设内容。

（二）正申建平台：遵义综合保税区（筹）、遵义机场航空口岸

1. 遵义综合保税区（筹）

综合保税区是我国目前开放层次最高、优惠政策最多、功能最齐全、手续最简化的特殊开放区域，具有保税仓储物流、保税加工、保税展示以及保税贸易等多种功能。遵义综合保税区为贵州新蒲经济开发区的四个重要组成部分之一，地处新蒲新区虾子镇境内，紧邻遵义软件园区，规划面积1.1平方公里，拟重点发展电子信息、新医药大健康、高端装备制造等战略性新兴产业，配套发展特色轻工、现代物流和商贸服务业。新蒲经开区是遵义综保区的申建主体，现正按“边申报、边建设、边招商”工作思路，推进遵义综保区建设发展各项工作，遵义市筹建办已代拟《贵州省人民政府关于支持遵义综合保税区加快发展的意见》。目前，遵义综保区批文申报工作正紧锣密鼓地进行，计划年内申报成功。遵义综保区总规、控制性详规、修建

性详规、可研报告、产业发展规划、土地利用方案等申报专项材料已编制上报国家有关部门；贵州省委、省政府对遵义综保区申建工作高度重视，倾力帮助协调国土资源部、海关总署等国家有关部门；遵义市委、市政府成立了申建工作专班，积极加强工作协调。遵义综保区基础及配套设施建设进展快速，园区框架基本成形，待国家正式批准后即可封关运行。为加快完善企业入驻和海关等部门开展业务工作的基础条件，新蒲经开区管委会围绕综保区规划定位和申报需要，重点推进标准厂房、综合服务大楼、道路、信息系统等建设。一期63栋30万平方米标准厂房建成封顶，其中10栋完成装修施工及绿化；保税仓库正进行主体建设，查验区、熏蒸区建设启动；3万平方米综合服务大楼和保税交易展示中心完成外部装修，内部海关及检验检疫功能用房布置方案已送审同意，正同步开展内装及信息化建设；园区道路、绿化、管网建设正交叉施工、同步推进。客商洽谈工作取得初步成效。主要通过新蒲经开区驻韩国、上海、深圳等驻外招商机构开展对外招商，以晴光电集团已确定入驻，与香港鑫瀛医药、西部产投生物科技、西安京颐置业、福建尔雅茶文化史博物馆、泰国AJT大健康咨询策划公司等企业达成入驻投资意向，基本确定入区项目14个，其中保税加工类11个、保税物流类1个、配套服务类2个。

2. 遵义机场航空口岸

遵义机场航空口岸地处新蒲新区新舟镇境内，为贵州新蒲经济开发区中黔北临空经济区组团的重要建设项目，其申报背景原为服务遵义市新蒲以晴光电集团（该企业主要生产平板电脑、手机、电子触摸屏等电子产品，80%产品对外出口，2014年进出口总额7000多万美元，2015年上半年3.3亿美元，通过贵阳机场海关报关，空运至香港后转口，属遵义市从厦门引进的生产型外贸进出口企业）国际航空货运需求，由市委、市政府实行先申报临时航空口岸成功后再申报正式航空口岸“两步走”战略。2014年12月30日，国家口岸办批复同意遵义机场2015年1月1日至6月30日对外临时开放。2015年6月28日，遵义机场以客带货形式开通遵义—香港临时包机（属于地方政府补贴性质的抢救性飞行，若不能及时组织客源、货源并达到口岸开放的相关指标要求，再次申请延期开放或正式开放获批可能性很小）。2015年7月22日，遵义机场临时航空口岸延期开放获国家口岸办批复，延长开放时间为2015年7月14日至12月31日。遵义市委、市政府现正加快将遵义机场临时航空口岸申建为正式航空口岸，成立了申建工作推进专班，负责基础设施改扩建、机场总规修编、国际航线开发、“一关两检”入驻协调等工作，目前满足临时航空口岸需要的机场航站楼、货运站等基础设施改扩建工作经行业主管部门验收已通过，上级口岸办专业验收近期进行，拟于2015年10月26日正式开通遵义—香港航班。正式口岸申建协调工作得到贵州省有关领导的大力支持和省口岸办等相关部门的倾力相助，贵州省已明确纳入“十三五”规划，国家口岸办已明确纳入“十三五”口岸规划。

（三）正起步建设平台：遵义软件园区、遵义大学生创新创业园区

1. 遵义软件园区

该园区地处遵义国家级经济技术开发区东区虾子镇的贵州新蒲高新技术产业园区内，已单独成立管委会，与遵义大学生创新创业园区实行“一套人马、两块牌子”管理模式，人员配备、制度建设、规划编制、项目洽谈等工作正不断推进中。建设该园区，旨在整合并发展全市软件与信息产业，促进遵义市工业与信息化深度融合，加快推进遵义市“智慧城市”建设，最终把软件园区打造成为遵义市聚合对外开放、招商引资、创业孵化、产业升级四种功能的强大平台。目前，园区发展思路和目标明晰，牢固树立“政府引导、企业经营、市场运作”理念，加快完善管理体制机制，先后注册成立“遵义万

众创新创业服务有限责任公司”和“遵义万众投资管理有限责任公司”，着力强化公司化、市场化运作，为园区的快速发展提供强大支持。拟按照“一区多园”发展模式，布局研发服务、综合服务、生态休闲三个主体功能区，打造新蒲科技人才城、企业研发中心、大学计算机重点实验室、软件工程中心等重点项目，力争到2018年建成全省一流的软件和服务外包基地，产业总规模超过20亿元，总建筑面积达60万平方米，培育引进软件和服务外包企业50家（其中年产值千万元骨干企业10家以上），引进高端人才超过100人，培养专业人才超过500人，从业人员3000人以上；到2020年，力争建成西部一流的软件和服务外包基地，产业总规模达50亿元，建筑面积达80万平方米，培育引进企业200家以上（其中年产值超亿元企业30家以上），培育上市公司5家以上，高端人才引进超过200人，专业人才培养超过1000人，从业人员达6000人以上。硬件建设快速推进，软件园区规划用地面积1400亩（其中建设用地750亩），总规划建筑面积80万平方米，包括单元式科研楼、信息交流中心、创业中心、创意产业中心、科技商务办公、企业孵化+产品中试、星级酒店及休闲娱乐等子项目，目前完成建筑面积20多万平方米，综合大楼、规划展示厅、企业服务中心、科研楼、职工公寓等已建成，可入驻上百家企业。企业引进初见成效，目前有贵州以晴数据中心、西南大宗商品交易所有限公司、贵州金电中禧大数据、遵义云卫通大数据中心、汇融科技有限公司等14家企业入驻，有元甲光电、博大智能终端2家企业拟签约，有微软（中国）、众筹网等10家企业正在洽谈中，已就微软创新学校、工业智能化等项目与微软（中国）公司达成合作共识，将于近期签订战略合作协议。

2. 遵义大学生创新创业园区

该园区总部（创客基地）地处新蒲新区新蒲镇境内，位于遵义大学城遵义医专旁边，刚开始起步建设，园区拟依托遵义大学城聚集的丰富高校资源，通过“园校合作、园企合作、园园合作”等形式，采取创业孵化基地、就业培训实训基地、人力资源市场“三位一体”建园模式，构建以“一园多点”为特点的遵义高校大学生创业孵化体系，为创业大学生提供人才孵化、项目孵化和企业孵化服务，引导、支持、服务大学生创新创业。园区管委会拟将创业园区打造成为遵义市以大学生为代表，推动大众创业、万众创新的典型示范基地。园区建设的基本想法为：实行“校地企”联合建设，与高校共建大学生创业示范园，在遵义大学城打造10个市级“大学生创业示范园”和“遵义大学生创新创业服务中心”，为大学生创业提供咨询、辅导、培训、融资等综合服务，依托新蒲新区城市综合体建设10条“遵义大学生创业示范街”，每个点投入建设资金1000万元，为大学生创新创业、实习实训、可研孵化活动提供场地，形成定位准确、各具特色、布局合理、功能齐全、园校互补的创业园孵化体系。目前，园区管委会与遵义医专正以“边建设、边宣传、边引驻”方式，先期联合打造创新创业示范园，主要开展3000平方米房屋的装修工程，包括创业孵化园、众创空间、实训基地等项目，已洽谈入驻随订科技、上海卓洛、力登科技、钰龙堂、遵义派、上乘慧居、校园妈妈、菜鸟驿站等12家企业，已接待了200人次大学生创业者参观考察和创业咨询。

（四）运营数年平台：遵义国家级经济技术开发区（北区）

1992年7月，贵州省政府批准成立遵义经济技术开发区，是全省首批省级经济技术开发区之一。1997年6月遵义撤地设市，贵州省委于1998年将开发区调整为遵义市正县级派出机构，正式成立遵义经济技术开发区管委会，辖高桥、董公寺两镇和上海路、洗马路两办，面积12.53平方公里，下设“八局一办”。2004年6月，国务院批准设立遵义汇川区，为正县级行政机构，与开发区实行“一套人马、两块牌子”运行体制。2010 年 6 月，该开发区升格为国家级经济技术开发区。2012 年，国开区申请扩区移位，拟分北区和东区，将高坪镇纳入北区核心区域，开发区面积从原来的 12.53 平方公里扩大为 57.4 平方公里，其中：北区 31.4 平方公里，为高坪、董公寺两镇部分区域，高坪片区 18.91 平方公里、董公寺片区 12.49 平方公里；东区 26 平方公里（包括新舟—虾子空港区）。为支持遵义国开区加快发展，遵义市委专门出台了《中共遵义市委遵义市人民政府关于加快遵义经济技术开发区发展的意见》（遵党发〔2012〕3 号）。

北区建设于 2011 年启动，产业发展规划、控制性详规、环境影响评价等基础性规划完成，规划布局特色轻工、高新技术、汽摩制造、航天机电制造、上海漕河泾开发区遵义分区 5 个产业园，重点培育新能源、汽摩制造、新材料、专用设备制造、特色轻工和现代服务业 6 大支柱产业。园区规划建设道路总里程 48 公里，4 年来建成通车 8.16 公里，在建 19.1 公里；有 32 万平方米棚改、公租、还房性质的保障性住房即将完工，67.7 万平方米棚改房开工；完成“三电”迁改 422 公里，铺设排水管网 35 公里；高坪河排污管网完工，天然气门站和污水处理厂建设前期工作启动。高坪片区为北区核心区域，适用开发地块面积 2 万多亩，目前已用 7050 亩，园区入驻企业 15 家，其中全面投产 3 家、部分投产 6 家、未投产 6 家。

三 目前存在的主要弱项、差距、短板及成因探析

调研反映，遵义市“六大开放平台”目前申建、发展均存在一些困难和问题，既有共性表象也有个性特征，既有内因制约也有外因作用。

（一）遵义国家级高新技术产业开发区：目前申报成功的可能性不大

遵义科技局对接贵州省科技厅，恳请省厅代为沟通国家科技部，国家科技部高新司明确表示，国务院对各类“国字号”开发区实行动态管理，目前正对国开区、高新区进行清理整顿，其间硬性规定不增加开发区数量，从遵义市的申报热情和工作需要角度考虑，建议遵义市调整申报思路，参照省外一些城市做法，将现有的国家级经济技术开发区转变为国家级高新技术产业开发区。贵州省科技厅通过综合考虑，建议遵义市加强贵州红花岗经济开发区产业整合工作，先将其申报成为贵州高新技术产业化基地，实行“一套人马、两块牌子”管理模式，下步待自身申报条件成熟和国家相关政策调整后再行申报国家级高新区。

（二）遵义综合保税区（筹）：主要存在现开发利用的土地利用、产业培育不足和实用人才缺乏三大难题

1. 土地利用方面

遵义综保区总占地 110.89 公顷，其中限制类建设用地及基本农田 71 公顷，完全符合土地利用总体规划的仅 7 公顷。因前期项目建设选址与土地利用总体规划未能有机衔接，综保区现开发利用的大量土地不符合土地利用总体规划，被国土资源部土地卫片执法系统监测到，反馈到国土资源部数据中心，国土资源部武汉督察局到遵义市综保区进行了违法用地专项督查。国土资源部对遵义综保区土地利用方案审查后建议调位，如此一来，遵义市综保区已建成的大量标准厂房、道路、管网等基础及配套设施不能再用，会造成巨大浪费，同时若重新征地拆迁也会大幅增加投入成本。2015 年 7 月 16 日，贵州省国土资源厅组织召开专题会议，对遵义综保区四至界线进行了相应微

调，新方案上报国土资源部后尚未得到审查反馈结果，年内获国家正式批文还存在不确定因素。

2. 产业培育方面

综合保税区的作用主要是保税加工、保税物流、保税服务，对外贸进出口发展意义重大。国家对综保区审批实行“按需”原则，也就是说，国家的审批主要考虑地方是否有旺盛的现实需求。从全国综保区实际运营的情况看，全国有40多个综保区，贵州就有贵阳综保区、贵安综保区和正在筹建的遵义综保区3个，许多综保区实际运营的效果并不佳：比如，海南某个综保区国家批复了“一关两检”20多个编制，人员入驻却没有业务，浪费了国家编制和财政资金，地方抱着一块金字招牌却没有产生促进外贸发展的实际效果；一些综保区入驻企业太少，上下游产业链条不完善，已入驻企业因入驻后更不方便而纷纷要求退出，等等。遵义综保区目前虽有新蒲以晴、西控集团明确入驻意向，还有一些企业也正在洽谈中，但还未实际入驻，且在数量上也还远远不够，区内产业培育任重道远。因此，着眼长远，遵义综保区要真正发挥其促进外贸发展的作用，除了要着力解决好土地报批这一瓶颈问题外，更核心的问题是要把综保区内的保税加工、保税物流、保税服务产业培育好，切不能继续走国内某些保税区的老路。

3. 人才引进方面

遵义综保区的申建相关工作由新蒲经开区运营平台公司——贵州新蒲经济开发投资有限责任公司具体负责，由于缺乏专业人才，许多工作“摸着石头过河”，为申建工作带来不少难度。着眼长远，综保区要运营发展得好，必须拥有一定数量懂国际贸易规则且在国内其他综保区工作过、有丰富经验的专业人才，我国这方面的专业人才不多，且主要集中在东部沿海发达地区，遵义市综保区要解决人才“瓶颈”问题，目前暂不具备自身培养条件，唯有通过从其他综保区引进一途，但沿海综保区管理业务能力强的高端人才税后年薪起步价在30万元以上（如张家港综保区），遵义市现行综保区行政管理体制关闭了高薪引进人才的大门，导致人才招聘中洽谈的多，到位的基本没有。

（三）遵义机场航空口岸：主要在国家层面协调，基础设施建设、航空货源组织存在困难，“十二五”期间申报成功难度大

1. 关于国家层面协调

遵义机场原为军用战备机场，因国家近30年来处于和平发展时期，该机场较少使用，遵义市委、市政府通过十多年努力，将该机场从纯粹的军用机场申请改扩建为军民两用机场。机场2012年成功首航，2014年旅客吞吐量超过65万人次，提前26年实现远景规划目标，成为贵州省第一个年旅客吞吐量超过50万人次的支线机场。目前，该机场和6家航空公司合作，已开通国内22个城市和地区的14条航线，截至2015年9月30日已完成旅客吞吐量61万人次，远超贵州省内其他支线机场。鉴于遵义机场实际运营效果较好的基础条件（国内为数不多的客源组织能力、赢利能力较好的支线机场之一）和加快市域外贸经济发展的需要，遵义市委、市政府正努力将遵义机场申建为正式航空口岸，但因其原军方建设背景和现军民两用实际，申报工作需协调成都空军、西南民航局和国家民航总局、总参、国家发改委、海关总署、国家口岸办、商务部、质检总局、中央军委等诸多部门，需协调的部门多、规格高、难度大。

2. 关于基础设施建设

由于专家未能正确预见遵义机场现在如此大的旅客吞吐量，机场基础设施不能满足实际需求的矛盾比较突出，表现为航站楼设计规模过小，候机厅不能满足旅客需求，安检只能在航班起飞前一小时才能依次进行，停机位不足导致高峰时个别航班飞机只能盘旋等待机位

等，将遵义机场建设成为正式航空口岸，自然会相应增加国际航班航线，机场航班航线将继续加密，基础设施承载负荷也将进一步加重，现有的基础设施根本不符合申报标准。遵义市委、市政府正按照国家口岸办和口岸联检部门关于正式航空口岸相关基础设施建设的标准对机场航站楼、货运站等基础设施加快进行改扩建，但因工程量巨大，年内完成改扩建工作十分困难。

3. 关于航空客货源组织

从长远来看，遵义机场正式航空口岸若申报成功，其最大的意义在于可开通国际航运、客运航线，拉近遵义与世界的距离，让遵义人出国出境旅游和让外国人到遵义投资、居住、旅游、工作等更加方便快捷，对遵义市打造国际旅游目的地意义十分重大。据了解，外国人目前在遵义较长期居住的只有几十人，主要在教育机构工作和在高校留学，外国人到遵义旅游的也不多，而遵义市居民近年出境人数呈井喷式增长，2014 年遵义市办理出国护照、港澳通行证、赴台通行证 12.3 万人次，其中出国 4.5 万人次、赴港澳 6.5 万人次、赴台 1.3 万人次，市民出境主要是赴我国港澳台地区、东南亚、韩国、日本等亚洲地区旅游，需要到重庆、贵阳乘机或从其他城市转机。从遵义市现实的、旺盛的出境旅游需求角度考虑，遵义市申报正式航空口岸的工作思路以客运为主、货运为辅、客带货较为恰当，而遵义市申报航空口岸的初衷，是解决新蒲以晴集团的出口航空货运需求，国家对航空口岸的审批实行“按需”原则，按国家有关规定，正式航空口岸年进出境客运人次、货运吨数要分别达到 5 万人次和 3 万吨以上，否则亮黄牌警告；因航空货运价格高，遵义市钢丝绳、海绵钛、茅台酒等大宗出口产品主要走陆路、海路运输，走航空运输的主要是体积小、质量轻、不易破碎的电子产品类，仅以晴集团电子产品目前的年实际出口货运量还远远达不到国家规定的最低限度。

（四）遵义软件园区（遵义大学生创新创业园区）：制约两园区发展最大的障碍是资金和人才问题

1. 融资方面

遵义软件园区、遵义大学生创新创业园区正处于起步发展期，基础及配套设施还不完善，需要政府先期投入大量资金到硬件设施建设中。目前，新蒲新区到处都在大开发、大建设，有限的财政资金不可能过多集中到这两个园区开发建设，故管委会主要依靠举债发展方式解决资金问题。国发〔2014〕43 号文件的出台，使政府的融资能力削弱，“巧妇难为无米之炊”，园区目前面临严重的资金困难。本来，园区寄希望成立一家村镇银行来解决融资问题，但按有关规定，每个县只能审批一家村镇银行，新蒲新区的村镇银行指标已于 2015 年 6 月被安顺市的汇隆村镇银行注册。

2. 人才方面

遵义软件园区和遵义大学生创新创业园区的发展方向比较专业，且主要以互联网为载体，需要强大的专业人才支撑，目前管委会和企业都同时面临着人才瓶颈障碍。从管委会角度来看，据了解，北京、上海、广州、深圳等地软件园区（大学生创业园区）是企业化运作，管理体制机制灵活；江苏、浙江、福建等地是行政化运作，资源调配能力强；遵义市软件园区（大学生创新创业园区）管委会是事业单位性质，行政与市场优势均不具备。园区在规划编制、招商引资、运营管理、策划研究、综合服务等方面需要专业的高端人才，目前园区管委会的事业单位性质决定了人才薪酬管理体制不活，在高级人才引进的薪酬待遇上没有吸引力，人才引进十分困难；从企业角度来看，软件产业是知识技术密集型产业，大学生创业也主要依靠互联网支撑，对物流无多大需求，但专业人才是企业的顶梁柱。园区管委会在企业引进过程中发现，企业入驻最大的顾虑是遵义市高校专业设置与产业发展未有机衔接，企业在遵义招聘不到搞研发应用的专业适用人才。从长远来看，这一瓶颈可以解决，原因是国内软件行业主要布局在深圳、青岛、成都等大城市，房价居高不下，企业基础性人才收入只属于中端水平（每月7000元左右），但对工作、生活环境质量的要求较高，他们在这些城市的生活成本偏高，遵义有独特的气候优势、较低的房价优势，只要花大力气引进大型软件企业，同时开发好软件园区周边的商品房及洛安江休闲娱乐等项目，加快打造宜居宜业宜游遵义，软件行业人才自然会随企业迁移。

（五）遵义国家级经济技术开发区（北区）

目前遵义国家级经济技术开发区（北区）地位和发展现状十分尴尬，有发展基础，但仍然处于培育发展阶段；有发展条件，但各种设施还需完善；有发展前景，但相关部门积极作为还不够。

一看现实处境。空间变化带来尴尬。国开区扩区移位前的高桥、董公寺、上海路、洗马路两镇两办现已高度城镇化，产业发展基本饱和，扩区移位后的新区域现在尚未得到国家层面审批，北区高坪区域与原区域之间在道路上的互联互通能力较差，供水供电能力严重不足，产业园区硬环境不硬，软环境与国开区应有的软环境要求不相称，招商引资困难，园区门可罗雀，企业集群尚未形成。机构演变带来尴尬。开发区管理机构与汇川区行政机构最初执行“一套人马、两块牌子”管理模式，开发区升格为国开区后演变为“两套人马、两块牌子”管理模式，目前再恢复“一套人马、两块牌子”模式，下设七个工作组，从区直相关职能部门抽调近80人到国开区集中办公，主抓国开区各项协调服务工作，新机制运行效果有待观察。管理体制的不断调整变革，形成目前依靠传统的工作组方式抓国开区发展的状态。现实工作推动与各方协调配合尴尬。汇川区与国开区之间，新管理机制运行还需磨合；国开区（汇川区）与市直部门之间，现实工作沟通协调存在重重困难，主要是存在部门放权与集权的现实矛盾和市级部门下放的部分行政审批权限国开区无能力承接的问题，最终导致国开区虽有省、市一系列政策支持，但北区并没有完全享受到应有的支持政策，其现实处境比较尴尬，产业发展举步维艰。造成一些支持政策不落实的原因，主要是市级没有建立紧密的跟踪、协调、调度机制，工作高位推动不够，一些干部思想上认为国开区是汇川区的国开区，而不是遵义市的国开区，国开区金字招牌概念淡化。同时，汇川区自身对国开区管理体制创新落实不足及工作的重点主要放在“造城”而非“创业”上也是重要因素。

二看功能定位。国开区是开发区的最高层级，国务院对开发区确立的功能定位是：带动地区经济发展和实施区域发展战略的重要载体，构建开放型经济新体制和培育吸引外资新优势的排头兵，科技创新驱动和绿色集约发展的示范区。从遵义市国开区的实际发展能力来看，与国开区应有的功能定位相距甚远。目前遵义市带动地区经济发展和实施区域发展战略的重要载体在新蒲新区而非汇川区；汇川区连基本的引进外资任务都没有完成，也没有发挥好构建开放型经济新体制和培育吸引外资新优势排头兵的作用；汇川区高坪等产业园区内的企业主体凤毛麟角，科技创新驱动和绿色集约发展的示范区更是无从谈起。

四　工作建议

调研组认为，遵义市委、市政府应着力解决好遵义市“六大开放平台”目前申建、发展中存在的困难和问题，全力做实“六大开放平台”，发挥好这六张“金字招牌”的作用，使新平台有新作为、老平台有新发展。在此，从总体统一和个体差异两个角度考虑，分别提出如下工作建议。

（一）从总体统一角度考虑提出的建议

1. 高位推动

遵义市、汇川区两级党委、政府应把“六大开放平台”视作一个整体，统一思想，高度重视，聚焦聚力，全力抓好遵义市“六大开放平台”建设发展各项工作。一是市级要统筹：统筹“六大开放平台”的发展功能定位、产业发展规划、基础及配套设施建设投入、重大项目入驻（含天仪厂等企业退城进园）、机构和人员配置，以避免设施重复建设，招商无序竞争，资源严重浪费，体制机制不顺等问题。要根据不同的功能定位，结合目前发展情况，从政治待遇、经济待遇两个角度着眼，统筹制定科学评价、激励“六大开放平台”发展的考核机制，针对性设置考核指标、标准并严格、及时兑现奖惩，以激发“六大开放平台”工作人员干事创业的积极性。要加强跟踪调度，严格督查，建立由市政府分管副市长定期召开联席会议进行高密度调度和市委、市政府督查室定期督查的工作推进机制，以便及时发现和督促解决问题。二是区级要主抓：“六大开放平台”建设发展的具体工作应由汇川、红花岗、新蒲三区主抓，党政主要领导必须亲自挂帅抓，加强管委会人员配置，把有能力、敢担当的好干部派到平台管委会去，创新人员薪酬管理机制，使“铁工资”变为“活薪酬”。各平台管委会要定期向市委、市政府报告工作推进情况。

2. 高效管理

参考其他地区经验，从长远着眼，长期的管委会管理运营模式不利于“六大开放平台”的建设发展。鉴于目前“六大开放平台”申建、发展水平不高的现实，建议各个开放平台管委会尽快完善基础设施和发展规划等基础性工作，待“舞台”搭建完毕后，管委会依然保留，但仅保留少量管理人员，对平台发展只进行目标考核监督等宏观管理和微观服务，将平台的招商引资、企业服务、策划研究、人才引进等具体日常运营工作通过公开招标方式，交由有实力的社会化公司去完成。也可由管委会下设园区运营公司或管委会逐步向园区公司过渡，实行园区公司化管理、市场化运作，激活一池春水，借以全面提升园区管理效能和发展活力。目前，可先抽取遵义国家级经济开发区北区的高坪园区作为试点先行先试，为全面推行平台市场化运营探路子、积经验。

3. 高速推进

一要强配合、形合力：市、区两级共同集聚资金、人才、项目等要素，把本身的、外围的、各级各部门的政策措施落实好，形成推动六大平台建设发展的强大合力，加速推进“六大开放平台”建设。二要抓重点、破难点：科学设置近、中、远期工作推进和发展目标，近期重点着力解决好贵州红花岗经济开发区申报省级高新技术产业化基地、遵义综合保税区基础设施建设和批文申报、遵义软件园区基础设施建设和招商、遵义大学生创新创业园区总部建设、遵义机场航空口岸基础设施改扩建、遵义国家级经济技术开发区市场化运营试点等问题；中远期重点着力解决好贵州红花岗经济开发区申报国家级高新技术产业开发区、遵义机场正式航空口岸批文申报、遵义综合保税区外贸产业发展和人才引进、遵义软件园区软件产业培育和人才引进、遵义大学生创新创业园区创新创业激励体系和示范基地建设、遵义国家级经济技术开发区软硬环境建设等问题。

（二）从个体差异角度考虑提出的建议

1. 遵义国家级高新技术产业开发区

立足申报工作实际，认真考虑贵州省科技厅建议，先将贵州红花岗经济开发区申报成为省级高新技术产业化基地，待条件成熟时再申报国家级高新技术产业开发区。具体做好以下工作：一是责成红花岗区加快整合贵州红花岗经济开发区的相关产业，尽快完善申报省级高新技术产业化基地的相关材料准备工作。二是责成遵义市科技局加强与省科技厅协调对接，消除申报省级高新技术产业化基地的障碍，确保在2016年成功申报省级高新技术产业化基地。同时，恳请省科技厅随时关注并向遵义市反馈国家级高新技术产业开发区申报政策的变化。三是将贵州红花岗经济开发区成功申报为省级高新技术产业化基地后，实行“一套人马、两块牌子”管理模式。四是全力加强贵州红花岗经济开发区内的高新技术产业培育，让国家、省科技部门看到遵义市高新技术产业发展的蓬勃态势，做足申报国家级高新技术产业开发区的内功，力争在“十三五”时期申报成功。

2. 遵义机场航空口岸

一是调整申报思路。立足遵义市出境旅游需求旺盛的现实，将申报工作思路由货运调整为客运，以客带货、客货混装。申报成功后，主要开通遵义至我国香港、澳门、台湾地区，泰国、韩国、日本等亚洲国家的旅游热线的航线。二是做足申报内功。进一步做大以以晴集团为龙头的航空货运进出口总量，千方百计加大航空货源组织力度；严格按照国家口岸办和口岸联检单位关于正式航空口岸相关基础设施建设的标准，继续加快航站楼、货运站、“一关两检”入驻等基础设施改（扩）建；参照铜仁市“十三五”期间拟将铜仁凤凰机场申报为航空口岸的工作做法，建立和完善市级口岸管理协调机构。三是继续加强对接。加大省和国家层面有关部门的对接协调力度，确保遵义机场航空口岸申报纳入贵州省“十三五”规划和国家“十三五”口岸建设规划盘子一事板上钉钉，减少协调困难，并得到省和国家在人员编制、资金等方面的大力支持；力争在“十三五”期间申报成功。四是给予航线补贴。横看贵阳机场航空口岸申报成功后的状况，遵义机场航空口岸申报成功后，试运行期间部分国际航线运营可能会很艰难，政府要给予一定资金补贴进行“抢救性飞行”，避免其被国家黄牌警告，并逐步将“冷线”经营成“热线”，真正发挥好遵义机场航空口岸这个大开放通道对遵义市经济社会发展的促进作用。

3. 遵义综合保税区

一是解决好土地报批问题。恳请贵州省委、省政府进一步帮助遵义市加大向国土资源部、海关总署等国家有关部门的协调力度，力争年内通过优化土地利用空间布局在不移位、不浪费、不重复建设的情况下申报成功。二是解决好产业培育问题。继续加快完善基础设施，尽早具备企业入驻条件，加强客商入驻洽谈工作，促进以晴、西控集团等外向型企业尽快入驻，加快形成产业集聚效应。如此一来，国家有关部门看到遵义市有旺盛的外贸现实需求后，批准的信心亦足，遵义市也才能真正达到申请这块金字招牌推动外贸发展的目的。三是解决好人才缺乏问题。鉴于国内从事该行业的专业人才较少且主要集中在综保区的实际，主要到国内其他地区综保区挖掘高端专业人才，其前提是做好以下工作：参考国内其他地区综保区高端专业人才引进薪酬及福利待遇管理模式，结合遵义市实际，创新遵义综保区高端专业人才引进薪酬及福利待遇管理机制，增强遵义市综保区对高端专业人才的吸引力。公安（户籍）、教育、人社、卫生、住建等部门要统一思想，加强配合，做好遵义综保区引进高端专业人才及其随迁家属的户籍迁移、子女就学、医疗卫生、人事管理、购房入住等工作，解决引进人才的后顾之忧。制定绩效管理机制，为引进人才创造能干事、想干事、能干成事的工作环境和氛围，发挥好引进人才对综保区建设发展的关键作用。采取以老带新、送出培训和挂职等方式，逐步培养适宜管理、运营好综保区的本土人才。此外，要借助上海对口帮扶遵义的机遇，协调上海综合保税区选派优秀的人才到遵义综合保税区挂职，为遵义市综合保税区培养储备人才。

4. 遵义软件园区

一是学习贵阳、紧跟贵阳、紧追贵阳，积极参与“贵安·贵阳·遵义大数据产业核心区”建设，但要注重与贵阳、贵安差异化发展和耦合共生，力争在信息基础设施建设、大数据广泛应用、终端产品制造、软件和信息技术服务业、电子商务等方面取得突破。二是借助上海对口帮扶遵义的东风，加强与上海市委、市政府对接，将帮扶内容延伸到上海浦东软件园对口帮扶遵义软件园，重点在专业人才挂职锻炼、软件项目招商引资等方面给予帮扶。三是按“飞地经济”模式，尽力整合市中心城区软件、信息、服务外包企业入园，同时进一步加大软件及服务外包企业招商引资力度，形成集聚发展效益。四是若能在新蒲新区新增一家村镇银行指标则指定软件园区注册融资，若不能则尽力协调软件园区入股现有的汇隆村镇银行，以解决建设发展资金短缺问题。五是发挥生态气候环境优势，加速洛安江流域开发，加快建设软件园区欧美风情街，完善园区及周边休闲功能设施，为园区和企业人才引进提供良好的工作、生活环境。同时，在区内谋划建设“全国软件工程师度假式研发基地”“全国软件工程师培训度假式培训基地”，提高遵义在同行业的知名度和影响力，吸引人才集聚。六是创新园区管理人才引进、使用、培养的相关工作机制，为园区发展提供强大的人才支撑；根据企业实际发展需求，在新蒲大学城遵义职业技术学院设立软件专业，培养订单人才；与微软、甲骨文等知名企业开展项目合作或引进知名企业在区内开办公司，吸引“候鸟式”高端软件人才入园工作；主要承接一线城市中低端软件产业转移，吸引和培养一批在大城市难以持续生存的中低端软件企业和软件工程师在遵义创业，把园区建成中低端软件研发基础，并在某些领域向高端研发冲击。

5. 遵义大学生创新创业园区

一是提前做好大学生创新创业扶持政策的思考谋划工作，做到未雨绸缪。同时，加强对国家和省有关创新创业政策的宣传、解读，为大学生入园自主创新创业营造良好的政策环境。二是园区管委会主动加强与遵义职业技术学院等高校对接，加快建设创新创业示范基地。三是尽快引进有实力的社会投资集团运营，在创业指导培训、产品研发应用、风险资金投入等方面给予大学生大力指导和帮助。

6. 遵义国家级经济技术开发区

一要高度重视。要厘清市里和国开区的关系，把其提升到市级战略层面来抓。要认识到国开区东区、北区的发展缺一不可，必须齐头并进，国开区是遵义市的国开区而不是汇川区的国开区；要把国开区当作遵义市对外开放的主战场，重点督促市级有关部门真正落实好《中共遵义市委遵义市人民政府关于加快遵义经济技术开发区发展的意见》（遵党发〔2012〕3 号）明确的各项支持政策；汇川区党委、政府“一把手”尤其要聚焦、聚神、聚力，拿出主要精力抓好国开区（北区）的发展尤其是产业培育。二要做优环境。在当前各地招商竞争激烈的大背景下，国开区无论北区、东区，都尤其要加强硬环境和软环境建设，用良好的投资环境招商、选商、留商、安商，最终实现以商招商，集聚产业发展。软环境方面，支持成立国开区行政审批局。硬环境方面，重点是要尽快完善园区“九通一平”（“一平”为土地平整，“九通”为通市政道路和雨水、污水、自来水、电力、热力、电信、天然气及有线电视管线），并借鉴天津经济开发区园区建设经验，努力构建土地平整和信息通、市场通、法规通、配套通、物流通、资金通、人才通、技术通、服务通“新九通一平”，提升园区核心竞争力，打造面向 21 世纪的新经济平台。三要帮助解决突出问题。遵义市委、市政府要尽力解决好此次调研过程中汇川区反映的国开区北区一些突出问题，主要是请求贵州省政府同意平移汇川区高坪片区 5100 亩坝区到团泽镇和平片区，促进上海漕河泾开发区遵义分区实际落地。责成市规划局尽快牵头编制国开区总体规划（包括东区），市政府应明确专人牵头，抓紧向上争取和做工作，力争尽快解决“扩区移位”未经国家审批这一遗留问题，为国开区加快发展创造条件。责成遵义市住建局加快推进连接中心城区至高坪片区的城市主干道——遵龙大道建设，提升通达能力，为遵义卷烟厂、航天机电园等大型企业“退城进园”创造良好的物流运输条件。协调市供电局配合汇川区完善高坪园区电网建设，为入驻企业和企业入驻创造良好的电力供应条件。将遵义市城市轨道交通建设规划延伸到高坪片区核心区域，促进产城共融发展。继续精简优化市级国土、环保、规划等部门审批程序，将能下放的审批权限全部同步下放到国开区，不能下放的见章盖章、换文上报，全面提升审批效能。要加强对贵州省有关部门协调，解决好高坪园区道路建设需上穿下跨崇遵高速问题。

B.16

推进洛安江流域生态文明建设的思考

中共遵义市委课题组*

摘　要：　本课题的通过对洛安江流域生态文明建设的重大意义、现状以及存在的主要问题进入深入分析，研究提出洛安江流域生态文明建设的具体思路和实施路径，为遵义市生态文明建设探路。

关键词：　洛安江　生态文明　建设

守住发展和生态两条底线，走出一条有别于东部、不同于西部其他省份的发展新路，是习近平总书记对贵州的重要指示精神。良好的生态环境是人民美好生活的重要组成部分，正确处理发展和生态环境保护的关系，实现发展和生态环境保护协同共进，是“新常态”下推进经济社会健康持续发展的根本途径。

一　推进洛安江流域生态文明建设的重大意义

推进生态文明建设，是遵义市发挥生态优势、实现经济社会提

* 课题组组长：张继勇，遵义国家经济技术开发区管委会主任、遵义市新蒲新区党工委书记。副组长：付顺平，遵义市新蒲新区党工委委员、管委会副主任。课题组成员：蒙小文，时任遵义市新蒲新区党工委、管委会办公室副主任、宣传文化中心主任；汪文，遵义市新蒲新区党工委（管委会）办公室正科级干部；王春姣，遵义市新蒲新区党工委（管委会）办公室政研科科长；罗文健，遵义市新蒲新区党工委（管委会）办公室政研科工作人员。执笔人：王春姣、罗文健。

质增效的重要途径，是提升城市形象、造福人民的重要支撑。2014年6月5日，国家发改委等6部门批复《贵州省生态文明先行示范区实施方案》，市委市政府积极响应、全面部署，先后出台《遵义市生态文明建设实施方案》等一系列文件，确立全境域打造现代化、生态化城市，高标准编制和打造洛安江流域生态文明先行示范区，以实现经济效益、生态效益和社会效益相统一，努力走出一条生态产业化，产业生态化新路，具有深远的历史意义和重大的现实意义。

（一）有利于形成示范引领和辐射带动效应

洛安江流域位于遵义市新蒲新区东北部，周边与湄潭、凤冈、绥阳、桐梓、仁怀、遵义、余庆等市县紧紧相连，东与铜仁市和黔东南苗族侗族自治州相邻，东南与黔南布依族苗族自治州相邻，南与省会贵阳市接壤，西南与毕节市相邻，西北与四川省交界，北与重庆直辖市接壤。洛安江流域不仅区位优势明显，而且自然资源丰富、生态环境良好、文化底蕴厚重。充分利用洛安江流域独特的区位优势、生态优势和文化资源优势，以“中国第一、世界一流”标准全力推进洛安江流域生态文明先行示范区建设，把洛安江流域打造成“四典范一目的地”，即生态文明建设典范、城乡统筹典范、新型城镇化典范、产业转型升级典范和世界休闲度假目的地，将会对遵义市、贵州省乃至全国生态文明建设形成示范引领和辐射带动效应。

（二）有助于生态与产业融合互动，实现经济社会转型升级

生态产业化，产业生态化，就是将生态保护和经济发展协调统一，以生态开发推动经济发展，以经济发展带动生态保护。当前，遵义经济发展面临既要“赶”又要“转”的双重挑战，如何在

“赶”与“转”中守住发展和生态两条底线，走出一条有别于东部、不同于西部其他省份的发展新路，是遵义推动经济社会又好又快发展亟须思考的改革路径。习近平总书记2015年6月在贵州考察工作的讲话中指出：“念好‘山字经’，种好‘摇钱树’，打好特色牌，加快发展以农业观光旅游、农业物流等为主体的第三产业。”为此，遵义市委市政府做出了推进洛安江流域生态文明先行示范区建设的重大战略部署，围绕走新路、奔小康奋斗目标，坚持“既要绿水青山，也要金山银山，宁要绿水青山不要金山银山，绿水青山就是金山银山”的理念，不搞工业园区，不搞房地产，重点以现代高效农业、观光农业、休闲农业、现代旅游服务产业推动洛安江流域生态文明建设，通过生态与产业融合发展，实现经济社会转型升级。

（三）有利于提升新蒲新区融入主城区的地位和影响力

新蒲新区作为遵义市委、市政府实施城镇化带动战略推进中心城区城市东扩的主战场和遵义中部经济崛起的“火车头”，位于遵义市中心城区东部，与老城区紧密相连，是遵义的政治、经济、文化中心，高科技产业和第三产业集聚区。洛安江全流域虽然涉及新蒲新区、汇川区、绥阳县“两区一县”，但目前规划的核心区范围主要在新蒲新区境内。为此，新蒲新区严格按照市委市政府“四典范一目的地”的定位和要求，以2016年贵州省旅游产业发展大会在洛安江规划核心区设置备选主会场为契机，依托洛安江流域优美的自然风光和深厚的文化底蕴，充分践行尊重自然，以人为本、农旅景一体的理念，“不毁山林、不拆民居、不搞房地产、少开山、少占田”，走生态发展之路，将“百里洛安”打造成“生态画廊”“多彩画廊”，以加快新区生态文明建设步伐。通过以洛安江流域生态文明先行示范区建设为载体，打造宜游特色新区，不断提升新区影响力和集聚力，从而进一步凸显新区在遵义市的地位和作用。

二　洛安江流域生态文明建设现状及存在的问题分析

（一）洛安江流域基本现状

洛安江位于新蒲新区东北部，全流域指绥阳县黄泥桥至新蒲新区三渡镇云门屯，发源于绥阳县西北部田家堡袁家湾，经绥阳县郑场镇，汇川区团泽镇，新蒲新区新舟、虾子、三渡三镇后汇入湄江，全长93公里，流域面积709平方公里，属中亚热带温润季风气候，平均海拔830米，年平均气温15.1℃。两岸景色秀丽，生态如画，素有“百里洛安，生态画廊”之称。

1. 人居基本情况

洛安江流域规划区涉及新舟镇的绿塘、槐安、平远、沙滩、禹门、杨绿六个行政村和虾子镇的宝和、三台两个行政村，辐射农户11042户，总人口4万余；耕地45526.2亩，其中有效灌溉面积16042.9亩，水田面积6749亩；沼气池1081口；粮食总产量20160.3吨；水产品产量223.5吨；水果产量3380.2吨。

2. 自然生态环境现状

洛安江流域独特的喀斯特地貌山体与自然水系结合，形成极具观赏价值的景观通廊。沿岸山峦起伏延绵，地形变化丰富，水系蜿蜒，植被葱郁，生态保留相对完好。

一是水网丰富，基地水面积为321.04公顷，主要类型包括主流、支流、坑塘及沟渠。二是动物种类丰富。流域内除一些常见动物外，还有穿山甲、猕猴、黑叶猴、红点齿蟾、中华蟾蜍、大白鹭、红腹锦鸡、白冠长尾雉、大鲵、蟒蛇等十余种濒危动物，其中蟒蛇、白冠长尾雉、穿山甲、黑叶猴等被列入国家一、二级珍稀濒危保护动物名录。三是森林资源较丰富，植物种类繁多。洛安江流域村庄聚落周边有松柏等风水林，北部绿塘村自然植被和果林资源丰富，有桃、林、核桃、柿子、枇杷等经济林，其中禹门寺山上的古柏林有保护级古树名木。四是物产丰富。流域内土地肥沃，有若干个产粮大坝，基本农田以水稻为主。其中特色农业为：南部有大面积的辣椒种植，中部沙滩片区有草莓园、油菜基地及蔬菜种植。

3. 人文遗产及景观资源现状

流域内拥有丰富的人文遗产和景观资源。具体包括五个省级文物保护项目：钦使第、郑珍墓、黎庶昌墓、莫友芝墓、摩崖石刻；三个市级文物保护项目：禹门寺、禹门山、大悲阁；沙滩古八景：江桥春柳、栀冈红叶、琴州夜月、南屏晚翠、摩崖石刻、禹门寺（禹门晓钟）、影山草堂、拙尊园；其他景观资源：营盘山、笔架山、小青岗林、沙滩大桥、洛安江坝、梯子堰、油菜花等。

4. 规划现状

洛安江生态文明先行示范区规划范围以洛安江为中轴线，北起沙滩村水坳口、冷家堡、格家湾区域，南至官田坝、双跳墩一带，总规划面积约 32 平方公里。其中核心区规划范围以洛安江为中轴线，北起沙滩历史文化名村，南至洛安江下游的规划道路，规划面积约 10.20 平方公里；启动区规划范围南起机场高速与 308 县道交叉口西北的遵义之门，北至沙滩历史文化名村黎庶昌故居以北区域，规划面积约 2.29 平方公里。

（二）洛安江流域生态环境面临的挑战

1. 自然生态环境带来的挑战

（1）水资源相对短缺，人均占有水量低，导致经济效益不高。

一是径流量季节分布不均，旱季水源不足。1 月、2 月、11 月、12 月四个月缺水较严重，缺口最高达约 129 万立方米，致使农业用水不足，不利于农业生产。二是地表水资源匮乏，农业灌溉多利用水库或者抽取地下水，因缺水而种植耐旱作物，导致经济效益低。

（2）自然灾害时有发生，导致生境遭到破坏。一是山体破坏，存在以崩塌、滑坡、泥石流等为主的地质灾害隐患。二是雨季洪峰流量较大，场地内山区的瞬时洪峰流量较大，洛安江流域两岸低洼地带有大量围垦现象，埋下了洪涝隐患，洪涝风险较大。

2. 农业、生活污染带来的挑战

目前，洛安江流域规划区各种配套设施相对较落后，污水处理建设还远未跟上，水系将会受到不同程度的破坏和污染。一是沤肥和化肥用来供给农业肥料，构成了大面积农业面源污染；二是片区的发展将带来人口的增长，同时景观用水与市政用水的增加，将会各种生活污染激增。这些都将对水源地水质的保护构成威胁。

（三）洛安江流域生态文明项目建设情况

新蒲新区成立“遵义洛安生态开发投资有限责任公司”，注册资金 50 亿元，作为项目开发融资担保平台，解决洛安江流域开发建设融资难题。目前，洛安江生态文明先行示范区已经启动规划建设约 32 平方公里，其中包括核心区、启动区项目和现代高效农业示范园、樱花谷、樱花大道、红叶谷、漫花谷、十里荷塘等项目。具体情况见表 1、表 2。

（四）存在的问题

1. 统筹开发重视不足

洛安江流域上至绥阳县黄泥桥，下至新蒲新区三渡镇云门屯，涉及绥阳、汇川、新蒲三个行政区。但从目前的规划和开发建设情况来

表 1　洛安江流域生态文明项目核心区、起步区推进情况

启动时间	计划完成时间	具 体 项 目	模式
2015 年 8 月	2016 年 3 月 30 日前完成	东大门、南大门、广场、牌坊、游客服务中心、规划展览中心、特色商业街、水域打造、停车场、沙滩老街改造、禹门老街改造、大悲阁改造、禹门寺改造、沙滩历史文化馆、沙滩文化园、黎庶昌故居、沙岛、黎庶昌文化广场、景区旧居改造、生活污水处理厂、进口广场、文化广场、人行栈道、自行车道、电瓶车道、三电迁改、土地及附着物费用以及相关基础设施	遵义红旅集团独资开发、自主经营
	2016 年 12 月前完成	林荫生态广场(览江阁)、教堂、汽车影院、讲学堂、移民安置、林荫生态广场、玫瑰花园、农耕文化园、万国花园、花海、汽车道等	

表 2　洛安江流域生态文明其他项目推进情况

项目名称	规模	推 进 情 况	模式
现代高效农业示范园	1880 亩	该项目计划总投资 10 亿元,计划于 2016 年 3 月全面完成工程建设。现已完成征地 1880 亩,园区牡丹园、银杏园、玫瑰园三园基本建成,植物园、农业大观园、生态园、药园、十二生肖园及景观湖已开工建设。截至目前已累计完成 6.28 亿元,占总投资计划的 62.8%	农科院经营
樱花谷	1061 亩	2015 年计划投资 4.565 亿元,截至目前已完成投资 2.86 亿元,种植樱花 80000 余株,主干道 1.17 公里和 10 公里的观景路已基本完成,目前正着力游客服务中心的建设与景观打造,项目建设稳步推进	PPP 模式
樱花大道	3360 米	2015 年计划投资 1.25 亿元,项目规划为联络线公路,规划面积 302 亩。4 月动工建设,截至目前已完成投资 1.24 亿元,占总投资计划的 99%。目前两侧绿化树木栽种已基本完成,正在进行景观建设扫尾工作	新蒲新区自建
红叶谷	720 亩	2015 年计划投资 2.55 亿元,截至目前已完成投资 1.8 亿元。项目 3 月初开工,3 月中旬完成土地流转工作。苗木栽种现已完成 90%,园区路网、景观已基本成型,目前正着力园区基础设施建设	PPP 模式

续表

项目名称	规模	推进情况	模式
漫花谷	1000亩	总投资2亿元,2015年7月初启动建设,2016年3月底前全面完成建设,具备开园条件。现园区路网和土地整治已基本完成,目前正在进行接待中心大楼和门头建设。截至目前已完成投资0.7亿元	PPP模式
十里荷塘	约3平方公里	项目规划面积约3平方公里,包括村庄整治483栋,10公里道路建设。项目于2015年4月动工建设,目前已完成征地2000余亩,栽种藕根570亩,完成房屋包装256栋和主干道建设等,截至目前已完成投资3.81亿元	新蒲新区自建

看，顶层设计和统筹协调不足，一是未按照全景域水系进行统一规划和系统设计，目前的系统规划设计只是在流域的中下游地段（新蒲新区区域内）；二是流域涉及的三个区县之间在开发建设过程中缺乏沟通和协调，洛安江流域上、中、下游各有特色，各有功能，按照“中国第一，世界一流”标准打造全景域水系，需要涉及的区县做好沟通协调，进行统筹开发。

2. 资金需求量大，融资难

洛安江流域生态文明建设按照国内一流、世界知名、生态最美的地方和国际度假旅游目的地打造生态文明先行示范区，需要几百亿元的资金投入。由于缺乏系统科学的顶层设计，招商引资较难，对实力较强的大型企业吸引力不够，资金紧缺成为当前洛安江生态文明先行示范区快速推进的“拦路虎”。

3. 缺乏对投资人的评估机制

洛安江流域先行示范区建设，需要大量项目支撑，而景区各规划项目建设投资巨大，这些项目必须通过招商引资、吸引社会资本参与建设。从目前招商引资的方式来看，由于缺乏对投资人有效的评估机制，在招商引资过程中难以对投资人的资产、开发建设能力进行信度和效度的评估，这在一定程度上加大了招商引资的难度，造成一些项目引进后推进速度慢，导致洛安江流域开发建设未能达到预期效果。

三　推进洛安江流域生态文明建设的理念

以打造洛安江生态文明先行示范区为载体，推进洛安江流域生态文明建设，是对中共中央、国务院加快推进生态文明建设这一重大决策部署的响应，是遵义市推进生态文明建设的示范引领，事关遵义市经济社会发展全局，因此，从规划设计到开发建设，以及最重要的生态保护，都必须贯穿树立科学、自然、惠民的理念。

（一）坚持顶层设计、科学规划的理念

洛安江流域流经绥阳县、汇川区和新蒲新区，最终汇入湄江，是湘江二级支流，湄江一级支流。由于缺乏统一科学的规划设计，各县（区）规划理念和发展思路不同，洛安江流域生态文明先行示范区的打造处于二区一县“单打独斗、各成一家”的局面，基本“摸着石头过河”，路线目标都不清晰，导致洛安江生态文明先行示范区建设缓慢。洛安江流域生态文明建设事关人民福祉，事关遵义市经济、社会、人口、资源、环境的长远发展。当前，完善顶层设计是突破口，科学规划是前提，要对新蒲新区、汇川区、绥阳县所涉区域，进行统一的、科学的顶层规划设计，作为指导洛安江流域今后一个时期发展以及编制相关规划的主要依据。要按照打造“四典范一目的地”的总体目标，明确近期、中期和远期目标，高水准编制洛安江流域生态文明先行示范区建设规划，结合洛安江流域涉及汇川区、新蒲新区和绥阳县的不同地理特点和资源禀赋，统筹制定生态文明、水体保护、统筹城乡以及产业布局规划，在空间开发布局和区域协作发展上做到市级统筹、区域实施，共同保护和开发好洛安江流域。

（二）坚持保护自然、以人为本的理念

《中共中央国务院关于加快推进生态文明建设的意见》提出“坚持把节约优先、保护优先、自然恢复为主作为基本方针”。在规划建设洛安江生态文明先行示范区过程中，要把保护放在优先位置，在发展中保护、在保护中发展。根据流域生态系统的结构和功能要求，通过合理规划耕地、防护林（网）带、沿岸绿化带、湿地、自然保护区等生态要素，根据流域系统的结构和功能，将洛安江生态文明先行示范区分为生态保护功能区、水资源功能区、生态经济功能区、度假休养功能区和其他专业分区。要坚持在提升自然村落功能的基础上，做到“不拆民居、不毁山林、少开山、少占田、不搞房地产”，保持自然风貌、民族文化和地域文化特色，以当地居民的生产生活需求为重，探索实施新型城镇化，充分尊重农民意愿，宜聚则聚，宜散则散，走持续健康发展之路。

（三）坚持培育产业、城乡统筹的理念

既要绿水青山，也要金山银山，经济总量的不断增长是促进生态文明建设的基础。所谓经济基础决定上层建筑，要发展洛安江流域生态文明，需要大量的财力、物力、人力，这些都需要强大的经济基础来支撑，生态环境的改善和社会经济的发展相互促进，我们在把资源利用好、环境治理好、生态保护好的同时，转变发展方式，培育绿色经济，大力发展现代农业、观光农业、旅游业、生产性服务业、现代服务业、高新技术产业和休闲度假、文化体验、健身养身等产业，推动第一、第二、第三产业融合发展，构建生态产业体系，将绿色经济发展为支持洛安江持续开发的增长极。鼓励农民就地就近转移就业，实现农民增收致富。可以说，城乡统筹是切入点，生态文明是目的，把资金和要素引入农村，通过生活环境的改善、公共产品的丰富和农

村经济的增长，推进城乡协调融合发展，实现城乡一体化，充分调动农民积极性，将生态文明理念深入人心。

四　推进洛安江流域生态文明建设的思路

党的十八大报告明确提出要把生态文明建设放在突出位置，把生态文明融入经济建设、政治建设、文化建设、社会建设各方面和全过程。从目前整个洛安江流域的生态文明建设情况来看，生态文化没有得到深入挖掘和弘扬，生态经济和生态社会基本没有形成，生态制度体系尚未建立。积极开展洛安江流域生态文明建设，在物质文明发展的同时，充分享受生态成果，实现人类社会与自然生态协调发展、互利共生，不仅是一项生态工程，更是一项民生工程、富民工程。因此，要从特色开发、经济发展、生态保护着手，同时兼顾经济效益、社会效益和生态效益，将洛安江流域打造成为自然风光多彩美丽、生态保护体制健全、绿色产业兴旺发达的“中国第一、世界一流”的全景域水系，最终实现“生产发展、生态良好、生活富裕”的目标。

（一）挖掘培育生态文化，建设具有地域特色的生态文明

生态文化是推进生态文明建设的强大动力，我们要保护和开发洛安江流域生态文化资源，为洛安江流域生态文明建设注入强大生命力。在洛安江流域孕育而生、贵州乃至中国文化史奇迹的沙滩文化，发祥于新蒲新区新舟镇沙滩村，沙滩文化有着丰富的文化成果和高尚的人文精神，在《大英百科全书》《中国文学家大辞典》《中国文学史》等众多国家级工具书上均有沙滩文化和沙滩文人成就的记载。当地要大力挖掘、培育和弘扬沙滩文化，逐步形成风格独具、内涵丰富、贴近生活、生命力强的洛安江流域生态文化，以此推动地方特色文化发展。

1. 加强保护，保留文化遗产“原味道”

从明末到清末，沙滩村出了数十名举人进士，尤其到清朝后期，涌现了以郑珍、莫友芝、黎庶昌为代表的一大批文化名人、教育家、外交官和有作为的爱国官吏，其著述达221种、2000余万言，内容涉及经史、诗文、音韵、金石、书画、版本目录、地理、科技等十多个领域，他们崇尚“渔樵耕读”，崇尚教育，爱国兴邦，其文化底蕴深厚，有“贵州文化在黔北，黔北文化在沙滩”之说。沙滩村现有黎庶昌故居、大悲阁等大量历史遗迹和著述，要坚持不破坏这些文化资源的原有环境和格局，充分挖掘沙滩文化内涵，对黎庶昌故居、拙尊园、禹门寺、大悲阁等省市级文物保护项目和其他“文化景观”进行保护性修复，充分发挥这些文化遗产的传播作用，使其成为弘扬沙滩文化的重要阵地，向外界展示有历史记忆、底蕴深厚、地域特色的沙滩文化。

2. 合理开发，展示文化遗产“新风貌”

文化遗产的保护和开发之间存在着辩证的相互促进、协调发展的关系，在保护文化的基础上合理开发，促进地方文化的延续和展现；以合理开发的方法加强文化的保护，使文化遗产具有市场和经济价值。文化旅游就是合理开发的方法手段之一，就是在保护文化遗产资源的基础上深度挖掘、发挥文化遗产的价值，产生经济效益、社会效益。在遵义市乃至贵州省，人文内涵丰富、知名度较高且自然资源较好的旅游景区比较缺乏，而沙滩村具备朱德故居、沈从文故居等文化旅游景区相类似的条件，但由于没有得到充分开发和利用，在全国、全省甚至遵义市都鲜为人知。要合理地开发和利用沙滩文化资源，将生态优势和文化资源优势转化为经济发展优势，依托处于洛安江河畔的地理优势和良好的自然资源，打造特色文化旅游，在遵义市形成规模和辐射带动效应。一是要加大故居及周边建筑保护力度，做好长久旅游开发规划，同时打造国学大讲堂、禹门新街、沙滩八景等项目，打造以文化为名片的特色旅游，让沙滩的文化内涵与洛安江的自然风光在旅游中形成呼应。二是完善沙滩文化基础设施和公共服务载体建设，提供更多的文化产品与文化服务，为推动生态文化发展和生态文明建设发挥示范、普及和导向作用。

（二）协同推进新型城镇化，为生态文明注入内生动力

中央城镇化工作会议指出，要紧紧围绕提高城镇化发展质量，坚持生态文明，着力推进绿色发展、循环发展、低碳发展。一方面，将生态文明理念融入城镇化过程，可以为城镇化建设提供可持续发展的方向和路径；另一方面，生态文明又要求城镇化过程必须尊重自然、顺应自然和保护自然。因此，探索以生态文明建设为引领的新型城镇化模式，既能保护好自然生态环境，又能节约城镇化成本。

1. 因地制宜实施，科学有效推进就地城镇化

就地城镇化是指农民在原住地一定范围内，依托当地发展，通过发展产业、将公共服务和基础设施向农村延伸，既能增加农民收入，解决农村“空心化”问题，又能推动城乡要素平等交换，让农民可以就地享受城镇化生活。新蒲新区对此进行了初步探索，将生态文明建设与城镇化进行深度融合，可作为典范在遵义市推广。以樱花谷为例，新蒲新区坚持“不拆民居、不毁山林”的原则，采用“政府引导＋社会投资”的投资模式和农旅一体化的产业模式，由政府负责水、电、路、污水处理、垃圾处理等基础配套设施，企业将土地从农民手里集中流转出来，打造农业园区，并负责基础设施养护，一切自负盈亏。樱花项目推进以来，园区内无一户农民搬迁，且每月可通过在园区务工获得3000元左右的工资收入。推进就地城镇化，要以人为本，充分尊重农民意愿，宜聚则聚，宜散则散，充分践行尊重自然、天人合一、城乡统筹、城乡一体就地城镇化的理念。要科学地制定与资源环境承载能力相适应的城镇化规划，形成生态环境良好、功能定

位准确、产业布局合理、区位优势凸显的城镇化格局。要做大做强区域特色产业，丰富乡村度假、农业休闲、健康养生、文化体验等生态型业态，大力发展生态产业，加快发展农旅一体化，实现经济效益。

2. 加强环境保护，推进就地城镇化健康持续发展

充分考量资源环境承载力，将生态文明的理念和原则融入城镇化建设的全过程，是实现城镇可持续发展的必由之路，目前，整个洛安江流域的污水处理、垃圾处理、绿化、公共交通和道路等基础设施非常欠缺，需求空间大，随着城镇化进程加快，人口增长和经济发展带来的污染规模化效应将对生态环境带来新的考验。因此，必须更加注重和保障民生，加快完善洛安江流域环保基础设施，以解决严重影响居民健康的突出环境问题为重点，下大力气进行水、大气、土壤等污染防治工作。进一步加快城镇污水处理及再生利用设施建设，加强生活垃圾无害化处理设施的建设；加快推进清洁能源使用，降低二氧化硫排放，保护空气质量；加强饮用水源地保护，加快水利工程建设，确保饮水安全，推动城镇化绿色发展、循环发展、低碳发展。

（三）建立生态文明制度体系，支持洛安江流域永续发展

党的十八大首次提出“保护生态环境必须依靠制度”。党的十八届三中全会又进一步指出，“建设生态文明，必须建立系统完整的生态文明制度体系，用制度保护生态环境”，更加彰显了制度建设是生态文明建设的重要保障，表明了生态文明制度建设的现实紧迫性。洛安江流域已经出现污染现象，先行文明示范区各项建设已经启动，未来对自然资源、生态环境将带来巨大压力和挑战，绝不能走“先污染后治理”的路子，必须逐步构建系统完备、科学规范、运行高效的制度体系，用制度规范行为，保障生态文明持续健康发展。

1. 完善法制，依靠制度保护生态环境

通过出台政策性文件和制定地方性法规，推进洛安江流域及遵义

市生态文明建设。要建立生态环境保护责任追究制度，明确洛安江流域生态环境保护的责任主体，按照权责统一和属地管理原则，将生态环境保护责任落实到部门、企事业单位、领导和群众。要建立生态补偿制度，按照“谁开发谁保护、谁受益谁补偿”的原则，以经济调节为手段，以法律为保障，动员全社会共同保护生态环境。要建立水资源管理及保护制度，保证水的重复利用和再生利用，防止生产生活用水可能带来的破坏和污染。要建立生态环境建设的信息公开制度，定期对生态环境和企业环境信息进行公开，维护社会公众对生态环境建设的知情权。

2. 营造氛围，形成全社会参与的行动体系

推进生态文明建设，需要政府、企业、公众的共同努力，需要全社会共同参与。因此，要必须按照党委决策、部门联动、企业主体、公众参与、各方配合、形成合力的思路，从坚持科学发展观，建设和谐社会的战略高度，从保障、促进经济社会全面、协调、可持续发展以及人与自然和谐相处的全局角度出发，加强宣传教育，不断提高广大群众和各级领导干部资源意识、环境意识和生态意识，引导全社会树立尊重自然、顺应自然、保护自然的生态文明理念，推广和普及节约资源和保护环境的生产生活技术，逐步在遵义市形成绿色、低碳、环保的生产生活方式，形成全社会共同参与生态文明建设的良好格局。

洛安江流域生态文明建设，是遵义市建设生态文明的示范性工程，沙滩特色文化旅游、就地城镇化、农旅一体化都是将洛安江流域打造成生态文明建设典范、城乡统筹典范、新型城镇化典范、产业转型升级典范和世界休闲度假目的地的有力抓手。因此，完善顶层设计、制定科学规划、出台政策支持是当前加快洛安江流域生态文明建设的当务之急。

B.17
桐梓打造“融入重庆示范县”战略研究

娄方进*

摘　要：　贵州省委、省政府主要领导要求遵义“向北挺进、深度参与重庆市场竞争、与巨人同行”。桐梓县依托自身区位、交通和资源优势，坚持“融入重庆”主基调，全力实施“两眼紧盯重庆、两手伸向重庆、两腿迈入重庆”战略，成功实现借船出海、借力发展。但桐梓作为贵州内陆小县，与重庆融合发展，属于典型的弱与强的竞争、穷与富的碰撞，虽然积累诸多经验，但还存在许多需要破除的瓶颈制约。“十三五”期间，桐梓必须抢抓黔渝合作、遵渝合作新机遇，采取针对性措施破解瓶颈，精心谋划战略定位、融入目标、战略举措，精准对接重庆、精准融入重庆，建成“融入重庆”示范县和黔北开放新高地。

关键词：　桐梓　打造“融入重庆示范县”　战略研究

重庆是我国西部唯一的直辖市，长江上游经济中心、西部内陆开放高地和西部经济增长极。桐梓是贵州“北大门”，与重庆綦江区、南川区、万盛区接壤，素有“黔北门户”“川黔锁钥”之称，全县国

---

* 娄方进，遵义市全面小康办业务一科副科长。

土面积3202平方公里，辖24个镇乡74万人，县城距贵阳市区188公里，桐梓松坎收费站距重庆巴南收费站120公里，处于贵阳2小时、重庆1小时经济圈，是川渝南下和云贵北上的重要通道，既有与重庆经贸往来、人文交流紧密的传统优势，又有深化合作的资源互补优势，是贵州融入重庆工作基础和先导效应最好的县。时任贵州省委书记，现任中央政治局委员、中央书记处书记、中央办公厅主任栗战书批示：“可以考虑将桐梓打造成融入重庆的示范县。”贵州省委常委、遵义市委书记王晓光要求：“桐梓县要围绕建成黔渝合作示范区，在面向重庆开放上取得重大突破。”把桐梓打造成“融入重庆示范县”，不仅有利于桐梓借梯借力、加速发展，还能为遵义打造西部内陆开放新高地探路径、作示范、积经验。

一　桐梓打造“融入重庆示范县”的重要意义、重大机遇、独特优势与有益探索

（一）重要意义

1. 遵义奋力打造“西部内陆开放新高地”的需要

在经济全球化、一体化进程不断加快的今天，不同地区之间打破行政疆界，融合发展、互利共赢，已成为加速经济发展重要举措。像遵义这种不沿海、不沿边的内陆山区，开放带来的活力一定程度上比改革带来的活力还要大。融入周边发达地区，实现一体化融合发展，不仅是遵义的“必答题”，在“长江经济带”战略背景下更成为“抢答题”。毗邻贵州的省（市）中，重庆发展速度最快、政策最优、潜力最大，对遵义辐射带动和影响力最强。把桐梓打造成融入重庆示范县，能为全市扩大开放、加强区域合作探路子、作示范，对遵义打造“西部内陆开放新高地”，具有重要意义。

2. 构建“成渝—黔中经济走廊”的需要

成渝经济区是全国六大城市群之一，是国家层面重点打造的全国第四大经济增长极；黔中经济区是国家实施新一轮西部大开发规划的“重点经济区”，处于全国“两横三纵”城市化战略格局中沿长江通道横轴和包昆通道纵轴交会地带，发展潜力巨大。桐梓正好处于成渝经济区和黔中经济区之间的“传接带”、辐射带动交会地。将桐梓打造成融入重庆示范县，有利于构建“黔中—成渝经济走廊”，推动两大经济区无缝对接，加速黔渝经济一体化发展。

3. 为遵渝合作探路径

遵义是贵州融入长江经济带的“桥头堡”。贵州省委书记陈敏尔强调，高速公路县县通后，遵义北部的县比重庆有些县距离重庆市中心还要近，这个优势一定要用起来，搭重庆之船出海开放。但重庆是直辖市，遵义属西部内陆地区，双方政策不对等、向心力不一致，加大了合作成本、增加了共赢难度。桐梓与綦江、万盛、南川之间，既有资源、产业互补，又存在同质竞争。比如通过桐梓融入重庆，探索出避免不同政策体系下的同质化竞争，提升资源、产业互补水平，实现共赢发展，定能为遵渝深度合作提供借鉴和参考。

4. 桐梓率先建成全面小康社会的需要

县域是经济发展和小康创建基本单元。贵州经济滞后主要是县域经济滞后。县域活则贵州活，县域强则贵州强，县县小康则全省小康。贵州省委明确要求全省要在2020年与全国同步建成全面小康社会。全省要与全国同步小康，作为省级经济强县的桐梓必须走在前列。王晓光书记在3月31日市委常委会上强调：“力争2016年湄潭县、桐梓县、绥阳县、习水县有1~2个县率先实现全面小康达标。”把桐梓打造成重庆示范县，有助于遵义借梯借力发展、加速率先奔小康。

（二）重大机遇

1. 国家重视发展开放经济的机遇

开放是一个国家和地区繁荣的必由之路。党的十八大以来，面对世界多极化、经济全球化趋势，党中央立足国内外发展大势，出台构建开放型经济新体制若干意见，做出建设“一带一路”、长江经济带战略部署；党的十八届五中全会把“开放”作为重要发展理念，着力打造更深领域、更高层次的开放型经济，构建广泛利益共同体。重庆、贵州均属长江经济带，桐梓处于两省市连接区域，长江经济带建设深入推进，必将为桐梓打造贵州融入重庆示范县带来重大机遇。

2. 重庆加速发展的机遇

重庆是继北京、上海、天津之后全国第四个直辖市，重庆“两江新区”是继上海浦东、天津滨海新区之后，第三个国家级新区。重庆直辖以来，经济增速连续多年居全国前列，形成了电子核心基础部件、新能源汽车及智能汽车等十大战略性新兴产业，成为中国产量最大汽车生产基地。重庆“十三五”将建设国家重要现代制造业基地和长江上游地区经济中心，对周边地区辐射和带动能力将进一步提升。桐梓作为贵州与重庆距离最近、经济联系最紧密的县，接受重庆辐射、承接产业转移，将迎来得天独厚的机遇。

3. 黔渝遵渝深入合作的机遇

贵州省政府与重庆市政府签署了《全面合作战略协议》，争取更多实质性合作成果，将贵州省内陆开放型经济提升到新水平。遵义市政府与重庆市政府签署《深化遵渝战略合作框架协议》等，《遵义市国民经济和社会发展第十三个五年规划的建议》明确要求“全面深化沪遵、渝遵合作，突出抓好产业园区共建”。《重庆市国民经济和社会发展第十三个五年规划纲要》明确提出“与贵州省合力打造西部互利共赢合作先行区，支持渝南黔北区域合作，推进交通等基础设施互联互通，促进贵州省进出口货物经重庆中转，开展煤电一体化、汽车零部件制造、金融、商贸、旅游度假、现代农业等领域合作”。重庆把毗邻桐梓的綦江规划为黔渝合作共赢先行区、万盛规划为黔渝区域合作先导区、南川规划为渝南黔北区域性商贸物流中心。黔渝合作、遵渝合作深入推进，必将为桐梓打造融入重庆示范县迎来千载难逢的机遇。

（三）独特优势

1. 政策优势

国发〔2012〕2 号文件提出“以遵义、铜仁为节点城市，以黔北、黔东北为腹地，积极构建联结成渝经济区和黔中经济区的经济走廊”。重庆市将万盛、綦江、南川打造为“城市发展新区”和“黔渝区域合作共赢先行区”，并配套出台优惠政策。贵州省长孙志刚强调：“省里对遵义今后五年的支持，主要是支持有利于开放的事，既要全面支持更要重点支持”，要求遵义在内陆开放型经济试验区及开放改革方面先行先试，不受省直各部门有关权限、管理体制机制制约，大胆突破，创造经验，全省铺开。处于成渝—黔中经济走廊连接带和接壤重庆南部板块地区的桐梓，两地优惠政策均可争取实施。

2. 区位交通优势

桐梓是成渝通往贵州、两广、东南亚必经之地，贵州北上东进咽喉要塞和遵义中部跨越重要区域，加之桐梓历史上曾属重庆管辖，与重庆一衣带水、山水相连、人文相亲、经济相通，川黔电气化铁路、210 国道、兰海高速公路纵贯县境南北；黔渝高铁在县境内设有桐梓、夜郎 2 个中间站，黔渝高铁通车后，桐梓进入重庆“半小时经济圈”，大大缩短桐梓与重庆时空距离，区位和交通条件比重庆很多县还要优越。

3. 资源优势

桐梓矿产资源丰富，已探明 29 种，主要有煤、石灰石、硫铁矿、大理石等，其中煤炭探明储量47.72亿吨，是全国100个产煤大县之一，是贵州的1/10、重庆的2倍。硫铁矿远景储量12亿吨；方竹林总面积近50万亩，有世界上连片面积最大的20万亩原生方竹林；水能蕴藏量20余万千瓦，开发量近10万千瓦。重庆正在规划建设“西南最大煤化工基地”，对桐梓煤炭需求量极大。

4. 气候优势

桐梓属亚热带高原季风湿润气候，森林覆盖率达48%，冬无严寒、夏无酷暑、雨热同季、四季分明，年平均气温15℃，夏季平均气温25℃。桐梓凉爽气候与重庆“火炉”形成鲜明对比，成为重庆人旅游首选地和避暑天堂，盛夏高峰期重庆游客到桐梓旅游和避暑每天高达10万人次。

（四）有益探索

近年来，桐梓依托区位、交通和资源优势，坚持“融入重庆”主基调，成功实现借船出海、借力发展。2015年，桐梓县地区生产总值125亿元，同比增长19%，全面小康实现程度91.7%；落户桐梓的重庆企业在桐产值20多亿元，占全县的16%。

1. 把“融入重庆”作为加速发展主基调

融入重庆既是发展定位和取向问题，也是一篇开放大文章。2006年，桐梓县第十一次党代会将建设“重庆卫星城市”作为发展定位，随即与綦江、南川、万盛签订《经济社会发展合作框架协议》《旅游发展合作协议》《交通发展合作协议》《警务联勤合作协议》等文件，成立黔北渝南区域经济合作领导小组，正式拉开融入重庆、合作发展大幕。2011年以来，桐梓把“融入重庆”作为主基调，全力实施“两眼紧盯重庆、两手伸向重庆、两腿迈入重庆”战略，成为黔渝合作桥头堡和示范区。桐梓北部的狮溪、坡渡等八个镇乡与重庆官坝、赶水等毗邻镇乡每年轮流举办黔渝边协调会，群众往来密切，为桐梓打造“融入重庆示范县”打下坚实的群众基础。

2. 把桐梓重庆工业园作为融入重庆主战场

桐梓抢抓黔渝合作、遵渝合作机遇，2011年以来与重庆经信委、重庆两路寸滩保税港区合作共建桐梓重庆工业园。重庆市长黄奇帆要求把桐梓工业园作为重庆的园区，同步规划、同步建设、同步招商，并以“1公司+1亿元”给予支持。园区总规划面积11.4平方公里，累计完成投资126.47亿元，建成核心区6.5平方公里，建成50万平方米标准厂房及配套设施、建成6000人规模职业技术学校。引进企业42家，其中生产企业25家、规模企业8家、高新技术企业5家、世界500强企业2家，招商引资累计到位资金105.75亿元，实现工业总产值139.8亿元、规模工业增加值6.49亿元、财政收入8.54亿元，成为黔渝合作示范性、标志性园区。

3. 把乡村旅游作为融入重庆主抓手

重庆是全国“三大火炉”之一，盛夏酷热难耐。2006年以来，桐梓以“四在农家·美丽乡村”创建为载体，以重庆为主要客源市场，每年举办乡村旅游节，到重庆主城区宣传推介，吸引大批重庆市民到桐梓休闲、避暑、旅游，西南大学培训学院把桐梓列为乡村旅游教学基地，成为贵州首个全国休闲农业与乡村旅游示范县。全县共有乡村旅游点28个、乡村旅馆1243家，2015年接待游客800万人次，旅游收入35.1亿元。引进重庆南方集团、重庆锦天集团等10家大型企业投资近300亿元到桐梓开发黄莲5A级景区、九坝4A级景区等十多个景区，促进了桐梓旅游转型升级。

4. 把培养开放型干部作为融入重庆主要保障

采用“请进来”“走出去”相结合的方式，每年选派优秀年轻干部到重庆九龙坡、北碚、綦江等地挂职学习和到重庆市委党校轮流培训，重点学习重庆园区建设、招商引资等做法与经验，学习重庆先进的思维和理念，培养了一大批视野开阔、理念超前、敢作敢为、善作善成的干部队伍。

5. 把文教卫作为融入重庆助推器

教育方面，桐梓县先后派出校长、教师3000多人次到重庆交流学习，派出近800名教学管理干部和骨干教师到重庆进行素能提升培训。重庆职校同桐梓职校联合办学，每年接收1000余名桐梓学生就读，为桐梓培养专业技术人才。医疗卫生方面，重庆新桥医院对桐梓县医院进行对口指导，黔渝五区县共建新农村合作医疗协作区，方便群众外地就医。桐梓水坝塘镇引进重庆资金、设备和人才合作建院，有效提升了医疗水平。文化娱乐方面，桐梓与南川、万盛、武隆等联办《连线黔渝边》电视节目。桐梓每年坚持在乡村旅游点举办"渝客桐梓情"文艺演出，丰富重庆游客精神文化生活。

二　桐梓打造"融入重庆示范县"的经验启示及需要破除的瓶颈

桐梓作为贵州内陆小县，打造"融入重庆示范县"，与重庆融合发展，属于典型的弱与强的竞争、穷与富的碰撞。经过多年实践，桐梓虽然探索了有益路径，积累诸多宝贵经验，但还存在许多需要破除的瓶颈制约。一方面，要继续总结推广成功经验；另一方面，深入分析存在的问题和瓶颈制约，采取针对性措施解决。否则，不但难与巨人同行，还将被深度"虹吸"，拉大差距。

（一）经验启示

1. 上级支持是前提

桐梓融入重庆能取得一定成效，与省、市的大力支持密不可分，贵州省政府、遵义市政府明确将桐梓作为黔渝合作、遵渝合作示范区、先行区。近年来，遵义市委主要领导多次率党政代表团赴渝考察、对接渝遵合作事宜，明确将桐梓作为合作前沿阵地，为桐梓到重庆洽谈项目、争取支持提供有力支撑。

2. 解放思想是关键

融入重庆不但是发展路径问题，更是思想观念问题。多年前的贵州，山门紧闭、思想保守，得知桐梓在党代会上提出打造“重庆卫星城市”，不但桐梓部分干部群众不理解，省市有的部门都认为贵州的县去融入重庆，是不是要“外逃”，思想认识和发展方向出了问题，一时间争议不断。桐梓县委、县政府一班人力排众议、笃信前行，使得这一发展战略有序推进。

3. 找准载体是核心

近年来，国际国内涌现出多种合作模式，国际上如东盟、海合会、美国墨西哥模式等，国内如京津冀、环渤海、长株潭等。但多数未取得实效，主要是没有找准载体和平台，仅停留“口头合作”“文件合作”。桐梓利用区位交通优势，采取与重庆共建园区，发展以重庆市民为主要客源的乡村旅游，不但促进了产业转型升级，还促进了农民增收致富。

4. 互利共赢是目的

合作双方往往一强一弱、一富一穷，“富方”由于政策聚合、人才集聚、产业布局、发展潜力明显优于“穷方”，产生的强大“虹吸效应”导致“穷方”原本不多的优秀人才、优势产业迅速向“富方”流失，合作中只能贱卖资源，陷入经济发展“倒退式循环”。桐梓在向重庆输送煤炭的同时，还积极承接重庆产业转移，引进重庆企业投资兴业，单是重庆客商到桐梓投资开发旅游资源就达300 亿元，实现“输出去”与“引进来”有机结合，互利共赢。

5. 机制人才是保障

一个地方的发展主要取决于区位、资源、政策、机制、人才五要素，区位不可选择、资源难以改变、政策调控有限，机制和人才灵活性强，成为决定性因素。桐梓与重庆毗邻县签署系列合作文件，成立领导小组强化领导协调，确保有章可循、有人理事。在人才方面采取“请进来”与“走出去”战略，对领导干部、年轻干部进行有针对性培训，使其熟悉重庆政策、产业布局及发展趋势，提升了融入发展的精准性、实效性。

（二）需要注意和破除的瓶颈制约

1. 必须破解“政策不对等、竞争难”的难题

重庆兼享成渝经济区和两江新区特殊优惠政策，享有多项先行先试权利，如两江新区 2020 年前按照 15% 征收企业所得税，贵州按 25% 征收，招商引资吸引力不强。针对大批重庆游客到桐梓避暑，重庆立即制定政策，对重庆市民在重庆县区避暑按天补助，客源大量回流。桐梓作为内陆山区县，经济社会发展自主权特别是审批权限小，开放政策不优，单靠桐梓自身无法破解。

笔者建议：省、市、县三级联合发力，共同解决、共同克服、共同破解。一是赋予桐梓更多先行先试权利，鼓励自主比照执行成渝经济区、重庆两江新区、黔中经济区各项优惠政策；对落户桐梓重庆工业园的企业，实行特殊的投资和财税政策，把桐梓打造成政策“洼地”和开放高地。二是下放更多审批权限、精简程序，不需国家审批的，由桐梓县自主审批。三是支持桐梓投融资平台通过资产证券化等渠道盘活资产，提高资金流动率，市级投融资平台要为桐梓投融资进行担保；将桐梓重庆工业园新增税收部分全额返还，用于园区基础设施及配套建设，缓解桐梓重庆产业园投入不足的问题。四是建立黔渝合作先行区财政专项资金，通过以奖代补、财政贴息等方式扶持实体经济发展。五是帮助桐梓尽快撤县设市。六是出台优惠政策，在桐梓北部紧邻重庆的狮溪、水坝塘 8 个乡镇规划建设“黔渝经济合作先行区”。

2. 必须破解“级别不对等、协调难”的难题

重庆作为直辖市，在全国地位举足轻重，与桐梓接壤的綦江、万盛、南川等均属正厅级行政区，桐梓无论是行政级别，还是重要性、影响力都与其相差甚远，合作的一些重大项目、重大事项，没有贵州省委省政府、遵义市委市政府出面协调对接，单靠桐梓自身力量，协调难、推进难。

笔者建议：省、市尽快建立黔渝合作、遵渝合作领导机构，建立健全党委、政府领导定期联席和会晤机制，并将桐梓作为黔渝合作、遵渝合作重点，定期召开联席会议，及时帮助解决桐梓“融入重庆”中遇到的各种困难和问题，对桐梓“融入重庆”中的重大工业和基础设施项目，积极帮助规划、协调、争取和建设。到成渝宣传推荐时重点推介桐梓。

3. 必须破解“交通不同步、互通难”的难题

交通是决定一个地方开放开发的基础和前提。重庆是西部交通枢纽，交通便捷、通江达海，还开通多个国际航班、国际专列。桐梓重庆工业园货运物流重庆段已免路桥费，贵州省境内段至今仍在收费，物流成本高。兰海（崇遵）高速凉风垭至开肩堡段坡陡弯大、事故频发，被称为“死亡路段”。预计 2017 年通车的渝黔快铁设计时速 200 公里，是贵州最慢的快铁，远低于设计时速 350 公里的贵广高铁，建成之时即是落后之日。桐梓连接重庆 10 条出境路仅 5 条纳入“十三五”规划。桐梓境内交通基础设施严重滞后，从县城到北部狮溪镇轿车无法通行，100 余公里（含 50 公里高速公路）越野车也需四五个小时，基本发展需求都难以满足，更别说对外开放。以往外联便捷的优势已经丧失、内通受阻的形势越发严峻，成为制约桐梓融入重庆的重要瓶颈。

笔者建议：按照贵州省委书记陈敏尔“要重视与重庆、成都实现全方位交通互联互通”的要求，省市加大对桐梓基础设施建设支

持力度，提高建设标准，早日实现与重庆互联互通。铁路方面：以重庆构建“米”字形铁路网为契机，共同争取、尽快启动渝黔快铁复线建设并经过桐梓，争取重庆轻轨延伸到桐梓，规划建设遵义至桐梓轻轨。开工建设推进重庆—桂林（柳州）铁路项目（桐梓段）。支持桐梓建设川黔铁路元田货运场。公路方面：免收桐梓重庆工业园物流运输遵崇高速公路贵州段过路费。对桐梓连接重庆的断头路、出境路，尽快规划，不受指标限制。改造 G75 高速公路桐梓至松坎段，与重庆共同争取尽快建设 G75 复线渝遵段并经过桐梓。加快推进习正高速公路建设，规划建设 S419（桐梓松坎至坡渡段）、S301（桐梓木老林至重庆石林）、S101（桐梓松坎至重庆金狮桥段）三条二级路和桐梓—南川、桐梓羊蹬—万盛、万隆—桐梓夜郎等一批出境路，为在桐梓北部建设“黔渝经济合作先行区”打通大通道。

4. 必须破解“指标不足、供地难”的难题

重庆在全国创新推行地票交易制度，不但解决了新增建设用地指标不足的问题，还保障了被征地农民利益，征拆工作推进顺利；对两江新区用地指标单列，保证优先发展。贵州则须提前编制规划，一旦确定难以更改。桐梓土地利用总体规划编制时间较久，用地指标严重不足，不适应发展需要，该县近年来引进大项目多数由于供地难，导致落地难，严重挫伤了客商积极性。

笔者建议：协调省有关部门尽快批复桐梓“多规合一”方案，支持林地调整规划，为项目建设和旅游开发提供用地保障。将黔渝经济合作示范区用地计划单列，对黔渝合作重点项目用地实行“点供”，切实解决项目落地难的问题。增加桐梓城乡建设用地“增减挂钩”年度指标，缓解新增建设用地指标不足的问题。

5. 必须破解“融入层次浅、共赢难”的难题

从目前情况来看，重庆与桐梓合作的重点为煤炭开采、地产开发、景区建设三方面，高新技术、科技研发、人才技术等领域合作甚

少，总体合作层次浅。双方合作标志性成果——桐梓重庆工业园，许多标准厂房闲置，实质性成果不明显。重庆方面看中的主要是桐梓交通区位和资源优势，如重庆客商到桐梓签署300亿元旅游景区建设合同，但资金到位率不高，成为变相圈占资源和土地；再如綦江万盛联手打造“西南最大煤化工基地”，很大程度上就是针对桐梓丰富的煤炭资源。如不针对性研究解决，桐梓将仅成为重庆原材料和能源供应基地，处于价值链利益分配最低端。

笔者建议：桐梓要牢固树立“五大发展理念”，认真贯彻落实遵义市委、市政府“桐梓要发挥融入重庆的桥头堡作用”要求，按照“重庆所需、桐梓所能”，将融入重庆作为桐梓对外开放主方向、主阵地。一要深入研究重庆有关产业和政策，对《黔渝全面合作战略协议》《遵渝战略合作框架协议》及3月30日国务院常务会议审议通过的《成渝城市群发展规划》，逐条分析研究并制定贯彻措施，明确具体责任部门，确保取得更多实质性成果。二要抓住遵义市委、市政府将遵义打造为中新（加坡）政府间第三个合作项目（重庆战略性互联互通示范项目）重要辐射区的机遇，积极争取、主动对接，力争成为中新政府合作重要辐射区。三要全面清理重庆客商到桐梓投资的项目，严格按照合同，对投资进度、建设标准、建设质量等认真核查核对，对进度滞后或不愿投资的，该收回及时收回，该督促及时督促，避免圈占土地和资源的现象。四要加大对接和沟通协调力度，推进园区建设、产业发展、文化教育、医疗卫生、环境保护、社会管理等全领域开放，推动全产业、全过程融入，拓展融入深度和广度。

6. 必须破解“机制不完善、持续难”的难题

虽然桐梓与重庆方面签署了诸多协议，但多为框架性协议，产业合作、联络联系、利益共享、生态补偿等具体规划和机制不完善。成立的黔北渝南区域经济合作领导小组，尚未搭建起有效的沟通协调平台，未能真正发挥组织协调、沟通对接、联络联系的作用。仅靠现有

机构和模式，难以持续、持久，取得实效。

笔者建议：一要桐梓选派1名县级领导进驻重庆，搭建专班、组织专人与重庆特别是万盛、南川、綦江、武隆等对接，两地县区层面重点立足区位、交通和资源特点，研究制定园区共建、产业发展、人才合作、跨区整合、联络联席等制度和文件；两地毗邻乡镇重点研究社会治理、生态保护、计划生育、防疫检疫等共同治理机制，确保合作发展常态化、有序化、持续化。二要每年选派一批干部到重庆挂职学习和到重庆市委党校培训，深入研究重庆资源、政策、业态，引进一批懂技术、会经营、善管理、素质高的人才到开发区运营公司，提升广大干部融入重庆、发展开放型经济的能力和水平。

三　桐梓打造“融入重庆示范县”战略定位和目标

经过多年积极探索和广泛合作，桐梓已具备与重庆深度合作的基础和条件。“十三五”期间，桐梓要严格按照中央政治局委员、重庆市委书记孙政才的“加强战略规划对接、探索经济文化共建、推进重大项目落实、巩固完善互访互动协作机制”、贵州省委书记陈敏尔“背靠贵州、面向重庆，多跑跑重庆，多招招商”和贵州省省长孙志刚“依托重庆优势、深挖重庆资源、开拓重庆市场、搭上重庆快车”要求，精心谋划战略定位、融入目标，着力在通道经济建设、承接产业转移、内陆开放试验区建设、遵渝合作等方面发挥示范作用，为遵义打造西部内陆开放新高地探路子、作示范。

（一）“融入重庆”的战略定位

1. 贵州内陆开放试验区

省、市赋予桐梓更多更灵活的经济管理、审批和改革权限，出台支持桐梓开放开发优惠政策；帮助桐梓争取成渝、黔中经济区优惠政策双辐射，支持桐梓自主参照执行成渝、黔中经济区优惠政策，将桐梓打造成为成渝经济区、黔中经济区的延伸区以及贵州内陆开放新高地、对外开放试验区。

2. 重庆产业转移配套基地

抓住重庆大数据及汽摩等产业加速发展和布局调整的机遇，以桐梓重庆工业园为平台，积极承接重庆产业转移，引进更多笔电企业和汽摩配套企业落户桐梓，把桐梓建成重庆产业转移配套基地、大数据存储及数据分析中心、渝遵大数据服务外包产业园及呼叫中心。

3. 遵渝合作先行示范区

抢抓重庆“与贵州省合力打造西部互利共赢合作先行区”、贵州省委全面支持遵义开放的政策机遇和市委深化渝遵合作的战略机遇，面向重庆、向北挺进，两眼盯向重庆、两手伸向重庆、两腿迈入重庆，推进全方位、全领域、全过程融入，将桐梓打造成遵渝合作先行区、示范区。

4. 重庆卫星城市

遵循“山舞四水、城奏双曲”定位，按照生态化、特色化、精美化要求，实施城市“客厅工程”，打造“山、水、城”相互辉映的特色城市，美化城市空间、完善城市功能、提升城市品质，将桐梓打造成贵州对渝“会客厅”和门户城市，为桐梓打造“融入重庆示范县”提供有力支撑。

5. 重庆市民养生度假胜地

抢抓遵义被列为国家全域旅游示范区试点城市的机遇，通过“打造高端度假旅游、创建全域旅游示范区，强内功促进旅游转型升级”和“与重庆周边县区联合打造旅游精品路线，引外力助推旅游跨境发展”并举，完善旅游设施、提升服务水平，提升桐梓旅游在重庆的知名度和影响力，吸引更多重庆市民到桐梓休闲度假旅游，将桐梓打造成重庆市民养生度假胜地、贵州最美北大门和国家乡村公园。

6. 渝南黔北增长极和集散地

抢抓重庆“支持渝南黔北区域合作”的机遇，重点强化与渝南地区的南川、綦江、武隆、万盛及黔北地区的道真、务川、习水等县的深入合作，把桐梓建成渝南黔北经济协作区的重要增长极。兰海高速、黔渝快铁、川黔铁路沿线规划建设集运输、中转、仓储、配送为一体的“物流中心”，把桐梓建成黔北渝南地区重要的物流通道和集散地。

7. 重庆优质果蔬供应基地

强化与重庆市农贸市场合作，紧盯重庆市民“餐桌子”“果盘子”，积极调整产业结构，引进更多重庆农业龙头企业、蔬菜大户、专业合作社到桐梓发展延季蔬菜、反季蔬菜、时令蔬菜，提升“桐梓蔬菜”占重庆市场的份额和在重庆餐桌的口碑，打造重庆优质果蔬供应基地。

（二）“融入重庆”的战略目标

通过打造“融入重庆示范县”，实现借重庆之梯登高、搭重庆之船出海，建成实力新桐梓、小康新桐梓、生态新桐梓、活力新桐梓、幸福新桐梓，确保地区生产总值增速高于省市平均水平，年均增长15%以上，到2020年GDP总量在2015年基础上翻一番，确保达到260亿元、力争300亿元，跻身省列经济强县前20强；全社会固定资产投资年均增长22%以上，“十三五”累计完成2300亿元；社会消费品零售总额年均增长14%以上，达到48亿元；财政总收入年均增长15%以上，达到22亿元；人口城镇化率达到50%，年均提高1.23个百分点；森林覆盖率60%以上，2018年建成省级森林城市，2020年建成国家级生态文明示范县，在遵义打造西部内陆开放新高地中走前列、作表率。

四 桐梓打造“融入重庆示范县”的战略举措和路径选择

桐梓要深入学习贯彻习近平总书记系列重要讲话精神，特别是在贵州和重庆调研时的讲话精神，抢抓黔渝合作、遵渝合作新机遇，精准研究重庆、精准对接重庆、精准融入重庆，打通桐梓与重庆的思路、道路、财路、新路，把桐梓打造成重庆菜园、果园、花园、乐园、公园，建成黔北开放新高地。

（一）依托重庆资金、技术、人才，联合打造产业集群，构建具有桐梓特色的产业体系，打造“新型工业基地”

一是打造电子信息产业集群。抢抓重庆打造万亿级电子信息产业并辐射带动周边两小时经济圈“配角经济”机遇，积极承接计算机零部件与配套产品生产，嵌入式系统、软件开发等，联合打造“整机+配套”电子信息产业集群。二是打造遵义大数据中心。抓住贵州建设全国首个大数据综合试验区机遇，依托甲骨文“云平台”，整合县直各部门数据资源，打造桐梓大数据中心。做大做强华唐呼叫服务和深圳富盛通呼叫项目，建成黔北最大的大数据服务外包产业基地、渝遵大数据服务外包示范园。三是打造新型煤化工基地。抓住重庆“十三五”全面关停煤矿机遇，引资开发桐梓煤炭资源，推广机械化、自动化、信息化、生态化生产，确保煤炭年产量稳定在300万吨以上。抓住綦江、万盛打造“西南最大煤化工基地”机遇，推动桐梓煤化工与之合作，引入补链企业，实施煤炭精深加工，形成煤炭—电力—粉煤灰—建材、煤炭—气化—煤化工—下游产品等产业链条，将原煤充分利用，将煤炭资源转变为经济优势。四是打造“西南钛都”。促成中国航空工业集团兼并遵宝钛业，将2000t/a钛锭熔铸全流程生产线随同万吨还原蒸馏海绵钛生产线、包装物生产线和盛钛机械设备制造公司一并搬迁至桐梓，延长钛产业链，提高钛产品附加值，打造“西南钛都”。五是打造装备制造基地。抢抓重庆实施装备制造业三年振兴行动计划和建设“中国汽摩第一城”机遇，积极承接重庆汽摩、风电成套、数控机床、轨道交通、建筑工程机械等产业转移，打造汽摩配套及高端装备制造基地。

（二）壮大县城规模，完善城市功能，提升接受重庆辐射能力，打造“重庆卫星城市”和黔渝合作示范城市

一是壮大县城规模，提升接受重庆辐射能力。加快推进娄山关、燎原、楚米同城化，稳步推进旧城改造，到2020年形成面积20平方公里、总人口25万的现代Ⅰ型小城市，实现“撤县设市”。主动对接《成渝城市群发展规划》，结合綦江、万盛、南川打造重庆“城市发展新区”，加强城市规划互通和建设联动，完善城市功能，提升城市品位，打造集居住、行政办公、现代服务、现代商贸等为一体的生态型现代化城市新区。二是做优做活集镇，拓展开放深度和广度。突出山为景、桥隧连、组团式特点，加快推进新站、花秋、水坝塘3个县城副中心和狮溪、坡渡等毗邻重庆的集镇建设，强化风貌设计、彰显文化内涵，建成10个以上山地特色小城镇，将沿边集镇打造成亮丽景观，提升形象。三是做精做特乡村，筑牢对外开放支撑点。结合打造“最美贵州北大门”，以实施“绿色贵州”三年行动、“月月造林”活动和“四在农家·美丽乡村”创建为载体，规划建设一批绿色廊道、绿色通道、绿色集镇、绿色村庄，打造一批新农村升级版示范点，将农村打造成吸引游客引爆点、农民增收关键点、对渝开放支撑点。

（三）加快标准厂房建设，完善配套功能，夯实对渝开放新平台，将桐梓重庆工业园打造成“黔渝合作示范园区”

一要提升园区聚商聚人聚财能力。创新投融资方式，通过土地出

让、担保融资、银行贷款等盘活资源，解决建设资金不足的问题，加快标准厂房建设，到2020年娄山关高新区和娄山关经开区建成面积超过20平方公里；合理布局工业区、商业区、生活区，建成电商产业园、快递物流园、商业综合体、大型专业市场、文体中心、配餐中心等，完善园区功能，将桐梓重庆工业园打造成面向成渝开放主阵地、中新（重庆）战略合作平台。二要以园区为平台积极招商引资。以桐梓重庆工业园为平台，重点围绕电子信息、智能制造、新材料和现代服务业“3+1”产业体系，紧盯世界500强、中国500强、民营经济500强及高新企业，推进产业招商、以商招商、精准招商，引进一批科技含量高、成长性能好、市场潜力大的引领性项目，推动桐梓产业转型升级。三要创新园区管理服务模式。借鉴外地开发区经验，完善桐梓重庆工业园“管委会+公司”开发经营模式，建立政府监管、市场运作、公司经营的运行机制，逐步实现由政府主导向市场主导转变。对企业落户审批、证照办理等实施“全程代办制”。引进风险投资公司、法律咨询服务公司、会计师事务所、专利事务所、律师事务所、银行、物流快递等服务机构入驻园区，完善园区综合服务体系，提升园区公共服务能力，增强园区核心竞争力。

（四）围绕重庆市民“菜盘子”“果盘子”，积极调整产业结构，将桐梓打造成“重庆特色农产品供应基地”

一是紧盯重庆市民“菜盘子”。利用桐梓海拔高差大、立体气候明显的优势，培育和引进一批农业龙头企业、蔬菜大户、专业合作社，到桐梓建设蔬菜基地，订单种植时令蔬菜、延季蔬菜、反季蔬菜，确保蔬菜基地40万亩以上。二是紧盯重庆市民“果盘子”。以做大做强松坎百花桃、新站太白酥李为引领，在遵崇高速公路沿线特别是低热河谷地带规模化发展精品水果，确保面积18万亩以上。三是发展壮大农特产品。与重庆制药企业合作，积极发展中药材，确保达到10万亩以上。发挥桐梓“中国方竹笋之乡”品牌优势，做大方竹林规模、提升竹林品质和质量，确保全县方竹产业基地达到46万亩。强化农产品认证，确保“三品一标”产地认证面积40万亩、“三品一标”产品100个以上。四是推动产供销一体化。在桐梓县内建成1个大型蔬菜交易市场和6个蔬菜产地交易市场，发展农特产品保鲜和精深加工，加大与重庆双福等农贸市场对接力度，为桐梓蔬菜、精品水果进入重庆市场打通绿色、便捷通道，并借道“渝新欧”大通道走出国门、走向世界。

（五）依托川黔渝建设旅游“金三角”机遇，“强内功”与“引外力”并举，将桐梓打造成“重庆市民养生度假胜地”

一是“强内功”，促进旅游产业转型升级。①尽快建成黄石公园、尧龙山旅游度假区等15个重点旅游景区及度假区，打造杉坪、柏芷山等一批精品旅游项目，建成1个5A级景区、4个4A级景区，打造100家宾馆酒店，提升桐梓旅游品质和影响力。②抓住遵义被列为“全域旅游示范区”机遇，在全县规划画景山水运动区、心灵家园度假区、梦回夜郎文化区、情系桐梓体验区、诗意乡村休闲区等五大旅游区，重点开发文化观光、生态休闲、山地运动、健康养生、民族风情等旅游产品，打造“春踏青赏花、夏纳凉戏水、秋采摘果品、冬观景滑雪”旅游新业态，建成处处皆景、处处可游的国家级乡村公园，吸引更多重庆市民到桐梓休闲避暑、养老养生。二是“引外力”，助推旅游产业跨境发展。转变观念、创新思维，整合旅游资源，引进重庆资金、人才，联合打造跨境旅游。抓住万盛被列为全国唯一“国家资源枯竭型城市旅游转型发展试点区”机遇，联动黔北渝南区县，精心规划万盛黑山谷—武隆天坑—南川金佛山—桐梓黄石公园等一批跨区域旅游精品线，实现资源共享、融合发展。

（六）强化民生事业和社会领域合作，拓展接轨范围，夯实合作基础，推动全领域、全过程接轨

强化文化教育合作。联合渝南黔北区域协作区县，轮流举办文化交流活动，坚持联办《连线黔渝边》电视节目，组织联合采访，相互宣传推介。推动重庆职校职院与桐梓职高联合办学，开设重庆职院桐梓分院，为桐梓订单培训产业工人。与重庆各类院校深度合作，争取重庆院校对桐梓考生达到投档要求的，给予优先录取。强化医疗卫生合作。实施渝南黔北跨区域新农合异地报销。引进重庆资金、技术、设备和人才，以参股或授权等方式，参与县级和乡镇医院经营管理，提升桐梓医疗技术整体水平，解决群众“看病难”问题。强化环境保护合作。与重庆毗邻区县联合开展生态环境保护执法。对流经两地的河流，建立跨区域“河长制”，完善利益共享、责任共担的共同保护机制，切实保护好绿水青山。强化社会管理合作。引导狮溪、水坝塘、坡渡等桐梓沿边乡镇与重庆沿边乡镇共同探索建立社会共管机制，强化打击犯罪、社会维稳、校务警务、流动人口管理、动物检疫、街道治理、涉边民事纠纷调解等合作，打造安宁祥和的沿边环境，为两地融合发展营造良好社会环境。

B.18

遵义市小微文化企业发展调研报告

中共遵义市委宣传部课题组*

摘　要：　为进一步掌握遵义市文化产业发展情况，促进全市小微文化企业快速健康发展，课题组以2014年遵义市文化及相关产业统计为基础数据进行分析，全面介绍了近年来遵义市小微文化企业发展的基本情况，以及小微文化企业发展中存在的困难和问题并提出对策建议。

关键词：　遵义　小微文化企业　调研

小微文化企业是文化繁荣发展的重要力量，是最具活力、对市场环境非常敏感的文化市场主体，在活跃文化市场、激发产业活力、促进文化创新、增加社会就业、丰富文化供给、满足人民精神文化需求等方面发挥着积极作用。党的十八届三中全会《关于全面深化改革若干重大问题的决定》指出要“支持各种形式的小微文化企业发展”；2014年7月11日，文化部、工业和信息化部、财政部联合下发《关于大力支持小微文化企业发展的实施意见》（文产发〔2014〕27号），对支持小微文化企业发展提出了明确的政策措施。为进一步

* 课题组组长：胡凤海，中共遵义市委宣传部常务副部长。课题组成员：赵龙驹，时任遵义市文化改革发展办公室主任；陈书彬，遵义市文化改革发展办公室副主任；王昌华，遵义市互联网舆情研究中心主任；张军，遵义市文广新局产业科科长；蔡乾军，遵义市互联网信息办公室工作人员。执笔人：赵龙驹、王昌华、蔡乾军。

掌握全市文化产业发展情况，促进全市小微文化企业快速健康发展，本课题组通过实地走访、查阅相关资料，以 2014 年遵义市文化及相关产业统计为基础数据进行分析，完成本调研报告。

一　遵义市小微文化企业发展现状

（一）近年来全市小微文化企业发展的基本情况

本次调研范围为按照《国家统计局关于印发文化及相关产业分类（2012）的通知》规定行业中符合工业和信息化部、国家统计局、国家发展和改革委员会、财政部《中小企业划型标准规定》（工信部联企业〔2011〕300 号）规定的小型和微型企业。侧重对上述三部委《关于大力支持小微文化企业发展的实施意见》明确重点支持行业的小型和微型企业进行研究。

表 1　遵义市中小企业划型标准（涉及文化企业部分）

行　业	中型企业	小型企业	微型企业
农、林、牧、渔业	营业收入 500 万元及以上 2000 万元以下	营业收入 50 万 ~ 500 万元	营业收入 50 万元以下
工业	从业人员 300 ~ 1000 人，且营业收入 2000 万 ~ 4 亿元	从业人员 20 ~ 300 人，且营业收入 300 万 ~ 2000 万元	从业人员 20 人以下或营业收入 300 万元以下
批发业	从业人员 20 ~ 200 人，且营业收入 5000 万 ~ 4 亿元	从业人员 5 ~ 20 人，且营业收入 1000 万 ~ 5000 万元	从业人员 5 人以下或营业收入 1000 万元以下
零售业	从业人员 50 ~ 300 人，且营业收入 500 万 ~ 2 亿元	从业人员 10 ~ 50 人，且营业收入 100 万 ~ 500 万元	从业人员 10 人以下或营业收入 100 万元以下

资料来源：《中小企业划型标准规定》。

续表

行　业	中型企业	小型企业	微型企业
信息传输业	从业人员100～2000人，且营业收入1000万～10亿元	从业人员10～100人，且营业收入100万～1000万元	从业人员10人以下或营业收入100万元以下
软件和信息技术服务业	从业人员100～300人，且营业收入1000万～1亿元	从业人员10～100人，且营业收入50万～1000万元	从业人员10人以下或营业收入50万元以下
其他未列明行业（如科学研究和技术服务业、社会工作、文化、体育和娱乐业等）	从业人员100～300人	从业人员10～100人	从业人员10人以下

根据上述标准，笔者对纳入2014年全市文化及相关产业统计范围，并经省文改办、省统计局最终认定的1598户企业作了分析，在1598户企业中（包括三家电信运营商在各地的分支机构，这部分实际上是产业活动单位），中型企业有42个（其中含8户就业人数接近且营业收入远高于标准的企业）、占企业总数的2.63%，主要集中在烟花爆竹生产、部分工艺美术品生产、金银珠宝首饰及文化用品批发零售（大型商场）、文化家电批发与零售、图书批发与零售（新华书店）、文化旅游投资开发、乐器生产（主要是正安县的吉他生产）等行业，以及从事有线电视传输和部分文化增值电信服务的电信运营商；小型企业450个、占企业总数的28.16%，微型企业1106户、占企业总数的69.21%；小型和微型文化企业共1556个，占全市文化企业总数的97.37%，涵盖了全市文化产业的大部分行业，创造的增加值约为全市文化产业增加值的41.06%。可见小微文化企业已成为遵义市文化产业发展的重要力量，起着支撑性作用。

1. 遵义市小微文化企业主要指标及在全部文化企业中的占比（见表2）

表 2　遵义市小微文化企业主要指标及在全部文化企业中的占比

企业类型	企业户数		资产总额		营业收入		营业利润		吸纳就业人数	
	数量（户）	占比（%）	金额（万元）	占比（%）	金额（万元）	占比（%）	数量（万元）	占比（%）	数量（人）	占比（%）
小型文化企业	450	28.16	1172653	72.79	387523	52.73	81388	54.80	12401	51.27
微型文化企业	1106	69.21	619642	22.61	87343	11.89	28525	19.21	5384	23.92

资料来源：中共遵义宣传部课题调研组，下同。

2. 全市小微文化企业按注册类型分类

从表 3 可以看出，遵义市小微文化企业以私营有限责任公司、私营独资企业和其他有限责任公司为主体，私营企业约占微型文化企业的 2/3，体现了近年来各级政府大力支持微型企业发展的成果。

表 3　遵义市小微文化企业按注册类型分类

单位：个

登记注册类型	行业代码	小型文化企业	微型文化企业	合计
国有	110	39	11	50
集体	120	6	7	13
股份合作	130	6	5	11
国有联营	141	1	1	2
其他联营	149	3	11	14
国有独资公司	151	6	6	12
其他有限责任公司	159	59	43	102
股份有限公司	160	18	14	32
私营独资	171	98	452	550
私营合伙企业	172	20	32	52

续表

登记注册类型	行业代码	小型文化企业	微型文化企业	合计
私营有限责任公司	173	151	500	651
私营股份有限公司	174	22	20	44
其他港澳台商投资	190	10	24	34
与港澳台商合资经营	210	7	3	10
与港澳台商投资股份有限公司	220	1	0	1
外资企业	330	1	0	1
外商投资股份有限公司	340	1	1	2
其他外商投资	390	1	0	1

3. 遵义市各县（市、区）小微文化企业数量

通过上述区域分布可见中心城区及遵义县小微文化企业较为集中，其余如桐梓县、余庆县相对数量也较多，小微文化企业较少的县（市）有产业发展不充分的原因，也可能因为其他原因对有些小微文化企业的未统计到。

表4　遵义市各县（市、区）小微文化企业数量

单位：个

县(市、区)	小型文化企业	微型文化企业	合　计
红花岗区	73	350	423
汇川区	67	227	294
遵义县	43	101	144
习水县	20	44	64
桐梓县	51	58	109
湄潭县	20	45	65
凤冈县	29	22	51
余庆县	28	74	102
绥阳县	30	26	56
正安县	7	44	51

续表

县(市、区)	小型文化企业	微型文化企业	合　计
道真自治县	22	27	49
务川自治县	8	12	20
仁怀市	28	35	63
赤水市	24	41	65
全市合计	450	1106	1556

说明：新蒲新区未单独统计，其数据按原管辖区分别计入红花岗区和遵义县。

4. 全市小微文化企业涉及的主要行业分布情况

从上述遵义市小微文化企业分布的 17 个主要行业来看，最多的是创意设计，有小微文化企业 697 家；第二是娱乐业，有小微文化企业 225 家；第三是印刷业，有小微文化企业 131 家；第四是文化旅游业，有小微文化企业 127 家；第五是工业美术品生产，有小微文化企业 69 家（见表 5）。现将全市小微文化企业中占比较大且比较具有代表性的三个行业中的小类的具体情况汇总如下。

表 5　遵义市小微文化企业涉及的主要行业分布情况

单位：个

序号	行　业　名　称	涉及的行业代码	小型文化企业	微型文化企业	合计
1	演艺业	8710	8	1	9
2	娱乐业	8913、8911、8919	38	187	225
3	数字动漫	6591	1	0	1
4	文化旅游业	7852、7712、7713	70	57	127
5	艺术品业	5146、5246	6	6	12
6	工艺美术品生产	2431、2432、2433、2434、2435、2436、2437、2438、2439、3079	26	43	69
7	文化会展业	7292	3	17	20

续表

序号	行业名称	涉及的行业代码	小型文化企业	微型文化企业	合计
8	创意设计	7240、6510、6591、7482、7491	119	578	697
9	网络文化	6420、6319	25	6	31
10	非物质文化遗产	8740	3	4	7
11	家用文化电器批发、家用视听设备零售	5137、5271	21	20	41
12	珠宝首饰批发零售	5245、5146	12	4	16
13	图书报刊音像制品及电子出版物批发零售	5143、5144、5145、5243、5244	13	3	16
14	文具用品批发零售	5241、5141、5249	10	30	40
15	印刷业	2221、2222、2311、2312、2319、2320	47	84	131
16	文艺创作与表演、公司礼仪及活动策划、艺术培训服务等	7299、8710、8949	14	27	41
17	电影和电视节目制作与发行、电影放映	8630、8650	12	11	23

说明：序号1～10的行业为文化部、工业和信息化部、财政部《关于大力支持小微文化企业发展的实施意见》重点支持行业。

5. 创意设计业、娱乐业和文化旅游业行业小类分布情况

工程勘察设计因把房屋装修设计统计在内，小微企业数量也相对较大，而创意设计中的软件开发、数字内容服务小微企业则相对较少。娱乐业的小微企业较少，原因之一是这些行业大多以个体工商户登记，未纳入企业统计范围，有的歌舞厅体量较大，如汇川区广州路上的新摇篮歌舞厅从业人数达到80余人，仍注册为个体工商户。文化旅游中公园管理、野生动物保护、野生植物保护之所以小微企业较少，是因为这些行业的管理机构多为事业单位，以执行行政事业会计制度单位统计。

表 6　三个具有代表性的行业的小类小微文化企业数量

单位：个

行业名称	代业代码	行业小类	小型文化企业	微型文化企业	合计
创意设计	广告业	7240	53	455	508
	软件开发	6510	1	6	7
	数字内容服务	6591	1	0	1
	工程勘察设计	7482	59	95	154
	专业化服务	7491	5	22	27
娱乐业	网吧	8913	24	181	205
	歌舞厅	8911	14	2	16
	电子游艺	8912	0	0	0
	游乐园	8920	0	0	0
	其他室内娱乐	8919	0	4	4
	其他娱乐业	8990	0	0	0
文化旅游业	景区管理	7852	65	53	118
	公园管理	7851	0	0	0
	野生动物保护	7712	1	0	1
	野生植物保护	7713	4	4	8

通过上述对比，可见遵义市小微文化企业在传统业态中所占比例较大，而在新兴业态文化产业的行业如文化会展、艺术品、数字内容服务、动漫产业、软件开发、电子游艺等较少，不少行业还几乎是空白，如动漫，遵义市仅有 1 家企业即奇利动画，且即将迁往贵阳；又如艺术品的生产交易，只有 12 家企业，遵义市在培育新兴文化产业业态方面还任重道远。

（二）小微文化企业享受政策支持的情况

近年来，国家出台了一系列支持中小微企业发展的法律法规和政策措施。从立法层面主要有《中小企业促进法》《企业所得税法》等。从政策层面主要有国务院《关于进一步促进中小企业发展的若干意见》（国发〔2009〕36 号）、《关于扶持小型微型企业健康发展的意见》（国发〔2014〕52 号）、《关于推进文化创意和设计服务与相关产业融合发展的若干意见》（国发〔2014〕10 号）、《关于大力推进大众创业万众创新若干政策措施的意见》（国发〔2015〕32 号），国务院办公厅《关于印发文化体制改革中经营性文化事业单位转制为企业和进一步支持文化企业发展两个规定的通知》（国办发〔2014〕15 号）、《关于发展众创空间推进大众创新创业的指导意见》（国办发〔2015〕9 号），以及国家有关部委为贯彻落实这些政策而出台的一系列政策措施等。

贵州省落实国家关于小微企业发展的政策措施，集中体现在《贵州省人民政府关于大力扶持微型企业发展的意见》（黔府发〔2012〕7 号），主要内容概括为“三个 15 万”，即对于从事加工制造、科技创新、创意设计、软件开发、民族手工艺品加工和特色食品生产等重点扶持行业的微型企业，安排 5 人及以上人员（含创业者）就业的，实际货币投资达到 10 万元，即投资者出资达到 10 万元后，政府给予 5 万元补助、给予 15 万元的税收奖励、给予 15 万元额度的银行贷款支持。2014 年 4 月，贵州省人民政府办公厅下发了《关于切实用好扶持政策推动微型企业健康发展的通知》（黔府办发〔2014〕17 号），加大了对小微企业的扶持力度。此外，贵州省还为解决小微企业融资难问题制定了《贵州省扶持微型企业贷款实施方案（试行）》《贵州省农村信用社扶持微型企业发展实施细则》《贵州省农村信用社“黔微贷”微型企业贷款管理暂行办法》等政策措施。

国家和省支持中小微企业发展的政策措施促进了小微企业的蓬勃发展，使全市小微文化企业的发展保持了强劲势头。据遵义市小微企业办反馈，2012 年至 2015 年 5 月 15 日，全市共设立微型企业 8467 家，2012 年至 2015 年 5 月全市有 8396 家微型企业获得财政补助资金，共计 40829.55 万元。截至 2014 年底，全市有 2201 家微型企业缴纳税收705.77万元，有1916家获得税收奖励691.55万元；贯彻落实微型企业申办“零规费”政策，办理过程中，凡是属于行政、事业性规费一律免收。

据市小微企业办反馈，截至2015年6月15日，全市扶持的民族手工艺品加工、软件开发、创意设计三个行业的微型企业共计904家，占扶持总数8929家的10.12%，其中民族手工艺品加工微型企业206家、软件开发微型企业186家、创意设计微型企业512家（见表7）。

表7 截至2015年6月15日遵义市三个行业的微型企业情况

行业名称	个人独资企业（家）	有限责任公司（家）	合伙企业（家）	带动就业人数（人）	注册资本金（万元）	获得财政补助资金（万元）	获得贷款支持（万元）	获得税收奖励（万元）
民族手工艺品加工	168	32	6	138	2523	1026.8	1535	2.85
软件开发	74	107	5	995	2129	851.55	250	15.15
创意设计	299	205	8	2690	6209	2318.85	1728.2	84.08

（三）遵义市小微文化企业与全国、全省发展情况比较

根据第三次全国经济普查结果，2013年年末，全国共有小微文化企业77.3万家，占全部经营性文化企业的98.5%，其中小型企业16.8万家，占21.4%；微型企业60.5万家，占77.1%。吸纳就业人员979.9万，占全部经营性文化企业的63.3%，实现增加值约占文化产业增加值的60%。北京、上海、广东、江苏、浙江等发达地区小微文化企业占文化企业总数都在80%以上，这些地区文化产业增加值占GDP比重均远超过5%，其中北京、上海已超过12%。

贵州省目前尚无小微文化企业准确的统计数据，《2014 年贵州省文化产业统计报告》显示，2014 年全省共有文化企业 9226 家，其中包括 539 家国有企业，集体企业、民营企业等大部分应为小微文化企业，2014 年全省文化及相关产业增加值 296. 85 亿元、占 GDP 比重 3. 21%；遵义市文化企业共 1598 家，占全省的 17. 32%，遵义市文化及相关产业增加值 54. 94 亿元，占 GDP 比重 2. 93%，尚未达到全省平均水平。

贵阳市 2014 年有文化企业 2267 家，比遵义市多 669 家，文化及相关产业增加值 92. 72 亿元，比遵义市多 37. 78 亿元，占 GDP 比重 3. 71%，超出遵义市 0. 78 个百分点。这说明在贵州省范围内比较，遵义市包括小微文化企业在内的文化企业总数并不多，培育发展还不够快，作为市场主体的作用还没有得到充分发挥，还有较大的发展空间。

（四）遵义市推动小微文化企业发展的经验做法

近年来遵义市各地在促进小微文化企业发展上采取了积极措施并积累了一定经验。一是切实把握国家大力发展实体经济、扶持中小微企业发展的良好机遇。认真落实国家对小微文化企业各个方面的优惠政策，同时大力优化发展环境，尽量提供优质服务，使小微文化企业享受到了政策红利。二是积极探索并基本建立起了相应的工作机制。在财税支持、规费减免、人才培训、信息服务、市场监管等方面，有政策遵循、工作机构和操作程序，促进了小微文化企业发展。三是从本地区经济社会发展的现实需要出发，选择小微文化企业扶持的重点。比如，不少县（市）结合旅游业产业发展，大力培育文化旅游类的小微文化企业，结合非物质文化遗产的传承保护大力培育工艺美术品加工生产；中心城区结合信息产业的发展和智慧城市创建，大力培育科技类的小微文化企业，结合居民消费需求大力发展休闲娱乐型小微文化企业等。四是注重大小兼顾、相互促进。既重视招大商，抓大项目、大企业、大园区，又统筹抓好小微企业，促进其茁壮成长。五是努力营造尊重知识、尊重创造、尊重人才的良好风气和社会氛围，使创业创新越来越得到社会的认同和支持，增强了小微企业从业人员获得感、成就感，为小微文化企业发展注入动力和活力。

（五）小微文化企业发展中存在的困难和问题

第一，在经济发展“新常态”下，经济下行压力加大，实体经济发展困难不小，部分行业持续低迷，小微文化企业在这种环境下生存发展不容易，特别是部分创新能力弱、经营水平低的小微文化企业，适应“新常态”生存发展存在较大困难。

第二，小微文化企业整体上呈现小、弱、散、短的特点。突出表现在：一是行业发展不平衡，娱乐行业如网吧、乡村旅游等在整个小微文化企业中占比较大，但文化会展、数字内容、游戏动漫、互联网服务等新兴文化产业类型的小微文化企业不多，有的行业还是空白。二是小微文化企业普遍存在生产经营水平不高、成长性不强的问题，不少企业业主眼界不宽、素质不高，经营管理不佳，生产销售方法守旧、渠道单一，运用互联网思维、树立新的营销理念、通过电子商务平台等发展做大做强的能力较弱。大部分小微企业从节约成本等方面考虑，不愿聘请专业财会人员建立财务制度，经营管理的规范程度不高。三是创新、创造的能力水平不高。最应当具备的文化创意理念、水准、档次难以得到提升。如何将传统文化元素与时尚结合，通过创意和新的技术手段生产出能够深受当下消费者喜爱的产品，仍是遵义文化产业最大的短板之一。四是集聚程度不高，小微企业之间抱团发展不够，普遍单兵独战，进园区基地困难大，配套服务跟不上，产业链难以延伸，行业组织要么未组建，要么组建后发挥不了凝聚作用。五是专业人才储备不足。缺少一支数量充足、结构合理、理念先进、创新能力强、技艺精湛的创意设计大军，优秀的经营管理团队不多，更缺少复合型人才和能够团结带领本行业发展的领军人才。

第三，各级党委政府在优化发展环境，扶持小微文化企业方面存在一定的问题。主要有：一是公共服务平台不完善，小微企业（包括文化企业）在获取信息、享受政策优惠、研发生产营销产品、打造企业品牌等方面还不够便捷和顺畅。对扶持政策的宣传力度不够，企业和社会知晓面有待扩大，尤其是小微企业对扶持政策的知晓度普遍不高。二是有的政策落实不到位，基层职能部门及具体执行人员理解把握政策的能力不一致，在操作中容易走样。三是对部分行业及企业的监督管理不科学，部门之间管理权限划分也不明确，导致政府越位或缺位。四是一些行业调整的政策对企业和市场影响较大。比如，网吧经营全面放开，究竟利大于弊还是弊大于利，有待在实践中检验。五是对于部分小微文化企业发展所需的要素保障不力，在用地、用电、用水、用工等方面出现难、贵的问题。尤其是融资难、融资贵的问题，尽管国家对此出台了不少扶持政策，但落地难，多数小微文化企业难以享受信贷融资方面的支持。六是各行业主管部门之间的统计口径不统一，统计工作开展得不尽如人意，底数不清，数据的科学性客观性准确性有待提高，基础资料不齐全，难以提供有效的分析和决策参考。

二 “十三五”期间小微文化企业发展的趋势分析

（一）全国、贵州省小微文化企业发展的趋势和背景

“十三五”期间，小微文化企业的发展机遇和挑战并存，在经济发展“新常态”下，小微文化企业发展虽然存在一系列政策利好，但依然面临较大压力，总的来看，机遇大于挑战。

一是加强宏观调控，助力创新驱动。党中央、国务院提出“大众创业、万众创新”，出台了《关于大力推进大众创业万众创新若干政策措施的意见》（国发〔2015〕32 号），显示出政府对创业和创新的重视，以及创业和创新对中国经济发展的重要意义。同时，各级政府加快改革步伐，简政放权，给市场主体创业创新留出了空间，搭建了舞台。创新驱动必将成为未来经济发展的重要引擎，为以创新创造为重要特征的小微文化企业发展带来了新机遇新动力。

二是文化产业稳步发展，助力文化消费。随着人民群众生活水平和国民素质的提高，文化消费市场得到更好地培育和发展，文化消费的比重将越来越大，文化产品的生产销售市场空间巨大。近 10 年来，我国文化产业增加值年均增速都在 15% 以上，2013 年全国文化产业增加值约 2.14 万亿元，文化产业增加值占 GDP 比重为 3.63%，据专家预测，我国文化市场消费空间为 4 万亿元，文化产业成为全国少数产能未过剩的产业。可以预见“十三五”期间文化产业增加值在国内生产总值中的比重将稳步提高，文化消费将会迅速增长。文化市场的发展繁荣必将为作为文化企业主角的中小微企业发展带来新机遇、新动力。

三是国家密集出台扶持政策，互联网技术助力小微企业发展。近年来国家及相关部委、贵州省出台的支持中小企业发展的政策较为密集，对小微文化企业的鼓励和扶持力度加大，政策叠加效应将在未来 5～10 年显现，小微文化企业将得到越来越多的社会关注、扶持并进一步培育壮大。在国家大力实施“互联网＋”行动的背景下，小微文化企业将借力互联网技术的迅猛发展，更好地与科技、金融融合，向内容数字化、消费分众化、文化产品定制化方向发展，轻资产性质的小微文化企业将增多，利用电子商务平台进行网上交易将成为小微文化企业非常重要的销售渠道，线上线下的交易与体验将更好地融为一体，小微文化企业的集约集聚将不再单纯地依靠实体园区和基地。

（二）遵义市小微文化企业发展的趋势

一是发展空间将更加广阔。从全市来看，小微文化企业总体规模将不断扩张，行业分布更加优化，小微文化企业的发展空间将会更加广阔，与创意、旅游、科技等有效融合，将很大程度延伸上下游的产业链。创意设计服务、文化会展、内容生产、互联网信息服务、软件设计等新兴产业领域的小微文化企业比例将逐步提高，同时文化旅游、工艺美术品生产、休闲娱乐等领域的小微文化企业也将以鲜明的特色继续成为推动文化市场繁荣的重要力量。

二是规模将更加扩大、质量将进一步优化。一批成长性好、优势突出、发展潜力较大的小微文化企业将逐步成长壮大，成为新的经济增长点和新的发展亮点。小微文化企业的创新创意能力、经营管理水平将会提高，抵御市场风险的能力将从整体上得到增强，发展的质量效益将更加优化。

三是集聚效应将更加明显。随着贵州省“十大文化产业园”“十大文化产业基地”和遵义市文化产业园区、基地的建设，文化产业园区基地的孵化、集聚功能将得到体现，将会有大批小微文化企业被吸纳进入园区、基地，集聚效应将进一步增强，小微文化企业分布较散的现状将得到一定程度解决。通过一批重大文化产业项目的实施，大中型文化企业将会逐步增多，将有力地吸纳、带动和促进相关小微文化企业的发展，呈现出大小并举、共生共荣、抱团发展的态势，有的地方和部分行业将形成有一定竞争力的产业集群。

因此，应当以习近平总书记视察贵州时的重要讲话精神为遵循和指南，把推动文化产业的发展作为适应经济发展“新常态”、培植后发优势、推动经济转型升级的重要抓手，坚持用辩证思维、底线思维，因势利导、乘势而为，大力培育文化市场主体、加快文化产业发展，为走出一条有别于东部、不同于西部其他省份的发展之路做出积极贡献。应当在大力推动传统小微文化企业发展的同时，大力发展文化会展、创意设计、影视动漫、艺术品、数字文化服务等新兴行业，力争在“十三五”期间，在企业户数、资产、营业收入、主营利润、吸纳就业人数等主体指标上实现翻两番，并推动越来越多的小微企业成长壮大为中型企业甚至大型企业，为把文化产业打造成为全市国民经济支柱性产业打下坚实基础。

三　推进遵义市小微企业发展的对策建议

（一）以加大宣传力度、提高管理服务水平为重点，进一步推动扶持政策落地落实

一是通过传统媒体和新兴媒体加大宣传，以及相关部门、行业协会宣传、指导等渠道，加大对大众创业万众创新、“3 个 15 万元”等扶持小微文化企业的各项优惠政策，以及成功创业典型的宣传力度，激发全社会创业热情。二是多措并举，提升工商、税务、人力资源、财政等各职能部门服务小微文化企业发展的能力，进一步细化职责，优化办理流程，缩短评审时限，完善考核督查机制，推动各级各部门提升履职质量和效率。

（二）以完善政策规划、抓好项目实施和人才培养为重点，进一步加强对小微文化企业发展的组织协调

一是将小微文化企业作为全市中小微企业发展的重要内容，纳入经济社会发展总体规划，纳入文化产业发展规划及其他专项规划。成立全市扶持小微文化企业发展工作领导小组和评审委员会，建立健全调度、协调、督查、考核机制，切实提高小微文化企业出生率、存活率、成长率。二是根据国家、省出台的相关政策及意见，结合实际，

制定关于扶持小微文化企业发展的意见，实现本地与上级政策的有效对接。三是建立重点项目库，进一步培育重点企业和行业，加强对重点项目的招商引资和落地实施。四是将小微文化企业人才培养纳入人才发展规划和工作计划。结合“国家中小企业银河培训工程”“文化产业创业创意人才扶持计划”等的实施，加强对小微文化企业从业人员经营管理能力的培养。逐步推进网络课堂建设，创新人才培养模式，不断扩大小微文化企业培训工作覆盖范围，增强培训实效。

（三）以搭建孵化成长平台、创新生产经营模式为重点，不断增强小微文化企业发展的集聚效应

一是实施以大带小工程，充分发挥文化产业园区、基地对小微文化企业的吸纳作用。加快园区基地建设，强化要素保障，推动小微文化产业与大企业配套协调发展，将文化产业园区（基地）吸纳中小微文化企业的情况作为评价其运营效果的重要内容之一。中心城区等有条件县（市、区）至少要规划建设 1～2 个小微文化产业园区或小微文化企业孵化平台。二是建立一批电子商务网络交易平台（虚拟园区）。创新营销理念，充分运用电子商务、第三方支付平台等拓展经营领域；以电子商务、物流配送、连锁经营等现代流通组织和流通形式，提升小微文化企业发展信息化水平。三是组建各类行业组织。有条件的县（市、区）成立小微文化企业联盟，办好相关网站和社交平台，完善有利于促进小微文化企业发展的中介服务体系。鼓励市内高校、科研院所、研发机构与小微文化企业建立合作关系，搭建完善的服务平台。

（四）以拓宽融资渠道、加大资金支持为重点，进一步解决小微文化企业融资难、融资贵问题

一是进一步发挥财政资金“四两拨千斤”的引领作用。县一级

的文化产业发展专项资金要将一半以上向小微文化企业倾斜，市级支持县级的文化产业发展专项资金原则上用于扶持小微企业发展。二是落实好国家关于支持小微企业融资和信贷支持的各项扶持政策。通过多种形式的财政金融扶持，用以奖代补、财政贴息、税收奖励等形式加大小微文化企业扶持力度，推动“黔微贷”等信贷工具更好支持和服务小微文化企业。三是进一步扶持小额信贷公司和担保中心等中介担保组织建设，探索通过担保再担保平台，建立小微文化企业贷款风险补偿机制。四是支持有发展潜力的小微文化企业通过创业板上市、股权交易中心挂牌等解决融资问题。五是研究制定小微文化企业知识产权、文化品牌等无形资产的评估、质押、登记、托管、投资、流转和变现等办法，进一步推广知识产权质押融资、供应链融资、并购融资、订单融资等贷款业务，加大对重点企业和项目的信贷支持。

（五）以推动融合发展、打造特色品牌为重点，促进小微文化企业转型升级、做大做强

一是制定小微文化企业与旅游、装备制造等产业融合发展的配套措施，推动小微文化企业与相关产业的融合发展，使其形成独特的竞争优势。鼓励文化与科技深度融合，增加小微文化企业科技含量，发展新型文化业态。二是引导国家和省、市文化产业示范基地、骨干企业与小微文化企业建立协作关系，优势互补，协调发展。三是支持各地实施“一地（县、镇、村）一品”战略，推动有特色、有潜力的商品进行名牌产品、地理标志等注册，着力打造一批有本地文化特色、有较强影响力和市场竞争力的企业和产品品牌。四是认真总结发展经验，重视创业创新典型的挖掘、培育、宣传，推广成功经验。

B.19

遵义市红花岗区小微企业发展情况调查

冯继友　漆钜刚*

摘　要：　截至2014年，红花岗区有小微企业6911户，占全区企业总数量的88.93%，创造的税收占到全区总税收的50.52%，小微企业的重要性日趋凸显。随着小微企业的快速发展，各种存在的问题也暴露出来，其中有企业自身的问题，也有政府服务的问题，有的问题若不重视加以解决，很有可能使小微企业发展进入“寒冬”。本文从红花岗区小微企业常遇到的问题和困难进行分析，有针对性地提出建议，以期帮助小微企业“越冬迎春”。

关键词：　红花岗区　小微企业　发展

小微企业是国民经济的毛细血管，对活跃市场经济、增加财税收入、扩大群众就业、促进社会稳定等具有重要作用。新办小微企业，投资人首要考虑市场需求和销售渠道，其次考虑政策环境、资金筹集、场地选择、技术和设备投入、用工来源等问题，尤其注重控制成本、扩大利润，城区和城郊往往是投资人举办小微企业的首选地。红

* 冯继友，遵义市红花岗区政府办副主任；漆钜刚，遵义市红花岗区政府办综合科科长。

花岗区是遵义市中心城区的重要组成部分，人口稠密、交通便捷，发展小微企业在信息来源、资金筹集、企业用工等要素集聚上具有比较优势，如何利用优势大力促进小微企业发展，活跃区域经济，是区委、区政府长期高度重视、一直努力探索、不断认真思考的重大问题。2015 年，红花岗区政府以承办遵义市政府重大课题为契机，组织调研组对全区小微企业发展情况进行为时数月的深入调查，共抽选 85 家不同类别的小微企业开展问卷调查，重点选择 13 家小微企业进行走访调查。在近年“3 个 15 万元”等政策刺激下，全区小微企业呈现“百花齐放、百家争鸣”的蓬勃发展态势，为扩大就业、增加税收等做出了积极贡献，但也存在“一哄而上”现象，企业持续稳步健康发展能力不足，需通过政策引导和市场两方面作用，推动符合市场需求的、有生命力的小微企业做大做强，带富一方群众。

一　小微企业的基本概念

小微企业的概念由我国著名经济学家郎咸平提出，是小型企业、微型企业、家庭作坊式企业、个体工商户的统称（本文所指小微企业只包括小型企业、微型企业和家庭作坊式企业，不含个体工商户）。小微企业需同时符合三个分类标准：一是资产总额，工业类企业不超过 3000 万元，其他类企业不超过 1000 万元；二是从业人数，工业类企业不超过 100 人，其他类企业不超过 80 人；三是税收指标，企业年度应纳税额不超过 30 万元。据了解，截至 2015 年 4 月 20 日，全国共有小微企业 6666 万家，其重要性可用“56789”来形容，即 50% 的税收、60% 的国内生产总值、70% 的发明专利、80% 的就业岗位，都由小微企业贡献。从数量和规模上看，全国 99% 的企业都属小微企业范畴，基本涵盖了国民经济的所有行业。

二　红花岗区小微企业发展基本情况

红花岗区小微企业历来有之，近年在宏观利好政策的推动下，发展态势迅猛。2014 年，全区小微企业 6911 家，实现税收 7.62 亿元，从业人员 4.8 万人。

（一）近年红花岗区新增注册登记小微企业和资金情况

总体来看，2010～2013 年，全区小微企业注册登记户数和资金额逐年缓慢增长，呈稳步发展态势；2014 年全区小微企业注册登记户数和资金额爆炸式增长，2010～2014 年全区小微企业数量年均增长 25.42%，其中 2014 年比 2013 年增长了 33.88%，主要是得益于“3 个 15 万元”等支持政策的促进。分年度来看，2010 年，全区新增登记注册小微企业 474 家，新增注册资金 18572 万元，其中工业类 13 家、农牧类 7 家、服务类 208 家；2011 年，新增登记注册小微企业 579 家，新增注册资金 35309 万元，其中工业类 47 家、农牧类 8 家、服务类 192 家；2012 年，新增登记注册小微企业 858 家，新增注册资金 43236 万元，其中工业类 55 家、农牧类 15 家、服务类 260 家；2013 年，新增登记注册小微企业 1024 家，新增注册资金 65201 万元，其中工业类 42 家、农牧类 35 家、服务类 380 家；2014 年，新增登记注册小微企业 1749 家，新增注册资金 338767 万元，其中工业类 27 家、农牧类 53 家、服务类 492 家。全区 5 年小微企业发展态势及注册资金详情见图 1、图 2。

（二）全区小微企业发展的特点

（1）从涉及领域来看：全区小微企业涵括国民经济各领域，主要分布在批发零售行业。2014 年全区 6911 家小微企业中，农林牧渔业企业 196 家，占 2.84%；工业企业 200 家，占 2.89%；建筑业企业 294

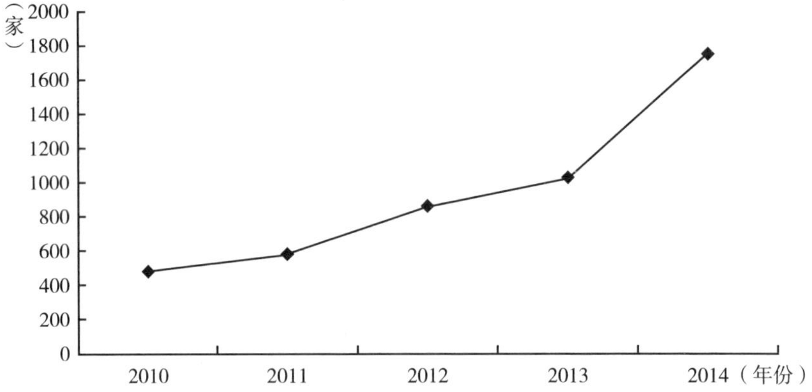

图1　2010～2014年红花岗区新增注册登记小微企业数量

资料来源：红花岗区政府办公室，下同。

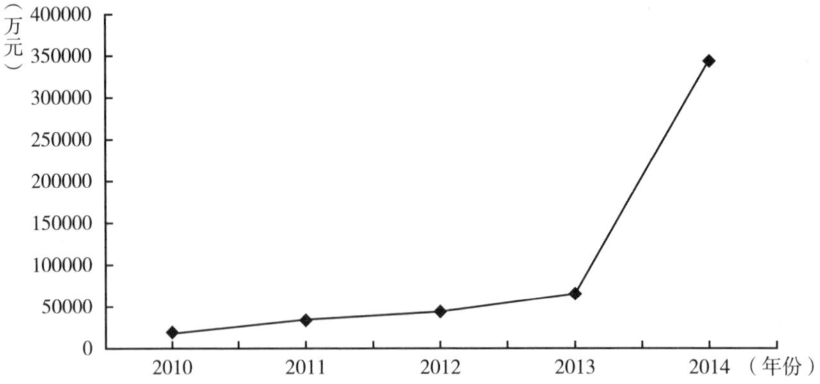

图2　2010～2014年红花岗区新增小微企业注册资金

家，占4.25%；批发零售业企业2943家，占36.07%；仓储运输业企业627家，占9.07%；软件信息技术业企业187家，占2.89%；房地产开发业企业106家，占1.53%；物业管理企业135家，占1.95%；租赁和商务业企业697家，占10.09%；其他行业企业1976家，占28.59%（见图3）。

（2）从从业人数来看：多数小微企业用工规模小。2014年全区

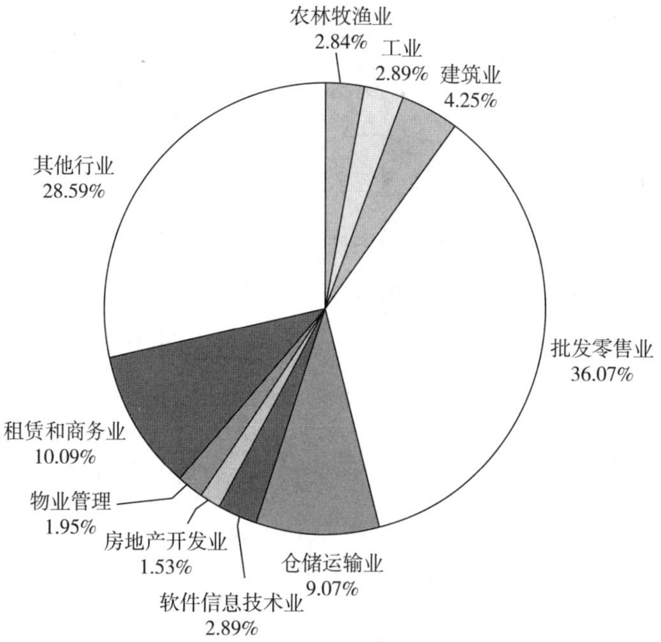

图3　2014 年红花岗区小微企业按行业分布

6911 家小微企业中，用工人数 10 人以下 6157 家，占 89.09%；10 ~ 20 人 490 家，占 7.09%；20 ~ 50 人 211 家，占 3.05%；50 ~ 80 人 38 户，占 0.55%；80 ~ 100 人 15 家，占 0.22%（见图 4）。

（3）从资产规模来看：50 万 ~ 200 万元区间资产规模企业占比最大，约为全区小微企业总数的 60%。2014 年，全区 6911 家小微企业中，资产规模 10 万元以下的 210 家，占 3.04%；10 万 ~ 20 万元的 1210 家，占 17.51%；20 万 ~ 50 万元的 122 家，占 1.77%；50 万 ~ 100 万元的 2080 家，占 30.10%；100 万 ~ 200 万元的 1987 家，占 28.76%；200 万 ~ 500 万元的 720 家，占 10.42%；500 万元以上的 582 家，占 8.42%（见图 5）。

（4）从区域分布来看：2014 年全区 6911 家小微企业主要集中在城区街道和近郊镇，这主要是投资人考虑交通便利、市场销售渠道广等因素，严格控制成本、扩大经营利润的结果。其中：北京路街道

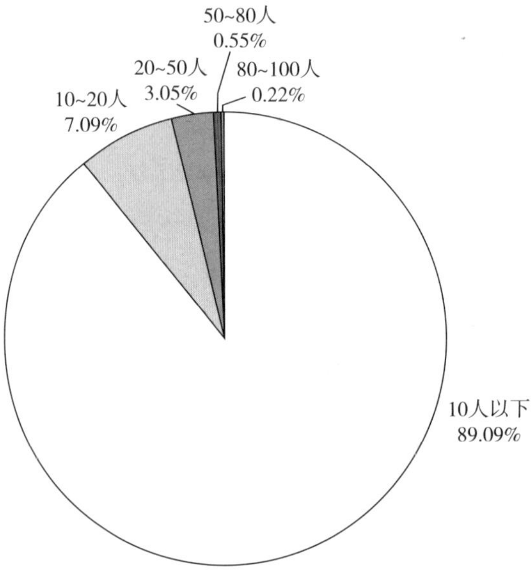

图4　2014 年红花岗区小微企业用工规模分布

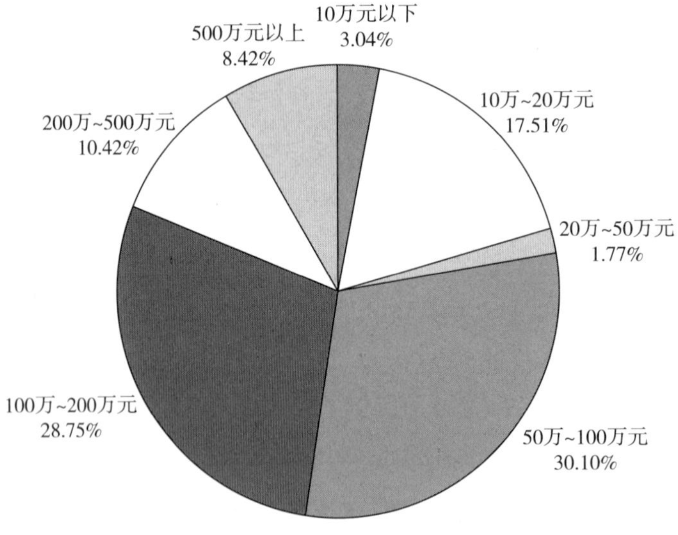

图5　2014 年红花岗区小微企业资产规模分布

650家，占9.41%；中华路街道528家，占7.64%；延安路街道532家，占7.70%；中山路街道203家，占2.94%；老城街道792家，占11.46%；万里路街道385家，占5.57%；迎红桥街道423家，占6.12%；舟水桥街道527家，占7.63%；长征镇1080家，占15.63%；南关镇517家，占7.48%；忠庄镇432家，占6.12%；其他镇851家，占12.31%（见图6）。

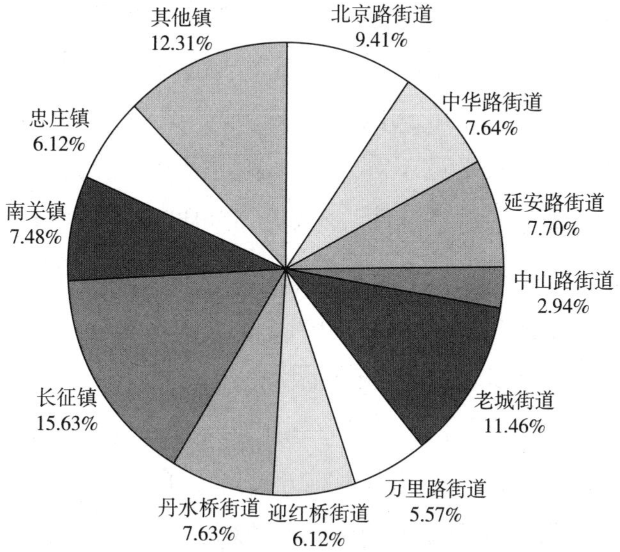

图6　2014年红花岗区小微企业区域分布情况

（三）小微企业对区域经济社会发展的作用

1. 已成为推动经济发展的重要支撑

2014年，红花岗区小微企业总数已达6911家，占全区企业总数量的88.93%，创造的税收占到全区总税收的50.52%。小微企业已成为区域经济发展的重要推动力量，起到了经济社会发展的重要稳定器作用，是经济社会进一步发展的重要力量。

2. 已成为扩大群众就业的主要渠道和改善人民生活的重要平台

美国著名经济学家阿瑟·奥肯根据美国经验数据发现，一个国家或地区失业率下降 1 个百分点，总是伴随着 GDP 增长 3 个百分点和产出缺口减少 3 个百分点。发展小微企业，可吸收大批农村富余劳动力、大中专技校毕业生、城镇失业人员、返乡农民工、被征地拆迁人员、残疾人以及城乡退役人员等。据统计，2014 年全区小微企业从业人员 4.8 万，占全区总劳动力人口的 19.65%，占全区企业就业人数的 41.74%。很多小微企业业主为返乡务工人员、下岗职工、新毕业大学生，一人创业带动了多人就业。比如，遵义汪师快餐店（注册为企业），投资人为八七厂下岗职工，当过出租车司机，创建快餐店后，吸收了 15 人在店就业。红花岗区的小微企业，就业人群主要是中低收入者，工资收入总体水平虽不高，但为就业困难人群创造了工作机会，为其改善生活状况创造了条件。比如，贵州红花岗经济开发区内的众多小微企业，其就业人员多数为周边失地农民、返乡农民工、中职校毕业生、社会无业人员等，有力解决了就业困难人员的生计问题。

3. 已成为构建和谐社会的重要因素

“大企业富国，小企业富民”。国家一系列扶持小微企业发展政策措施出台，让越来越多就业困难人员坚定了“勤劳致富”“创业致富”的信心，看到了创业成功希望，掀起了一场大众创业、万众创新浪潮，一些原本无业可就，容易对社会公共安全造成危害的社会闲散人员也各展才华，纷纷投入举办小微企业的大潮中。比如遵义从头做起美发服务有限公司，其投资人原为“两劳”人员，经过培训后开始创业，不但解决了自己和 14 人就业问题，公司还经常组织员工参加各种社会公益活动，成功实现“负能量”向“正能量”的华丽转身。

（四）促进小微企业发展的支持政策

1. 出台了科技企业孵化支持政策

红花岗区委、区政府成立了区创新服务中心，组建了科技企业孵化器，出台了《遵义市红花岗区暨贵州红花岗经济开发区科技企业孵化实施办法（试行）》（区府发〔2013〕12号）。该办法规定：对符合《省人民政府关于大力扶持微型企业发展的意见》的入驻企业，优先兑现“3个15万元”扶持政策；单一企业入驻后，可申请无偿使用一定面积的孵化场地，免费享受面积按企业用工（签订劳动合同并缴纳社会保险费）数量的5倍面积计算，原则上不得大于200平方米；从事生物医药、集成电路设计等特殊领域的在孵企业，申请无偿使用的面积原则上不得大于600平方米；每年区本级科技项目资金的50%优先用于扶持在孵企业，区科技部门优先支持在孵企业申报项目；对符合红花岗区或贵州红花岗经济开发区重点产业发展方向的入驻企业，落户红花岗区或经开区孵化成功且正常经营一年后，按吸纳区属就业人员数量（签订一年以上劳动合同并缴纳了社会保险费的），由区政府或经开区管委会给予人均1000元的一次性稳定就业奖励；在孵企业享受区创新服务中心提供的经营管理培训、创业项目推荐与指导、法律咨询、政策咨询等综合免费服务；在孵企业研发新产品、新技术在专利申请上享受区创新服务中心提供的全面代办或费用报销服务；区创新服务中心负责与大专院校、科研院所建立合作关系，组建专家库，为在孵企业免费提供项目论证、技术咨询和专家指导。截至目前，红花岗区创新服务中心对有意向入驻的科技企业及创业者进行预登记，共登记61个创业项目，组织专家进行两次评审，最终确定了18个孵化支持项目，现已有17家企业入驻进行孵化。

2. 开展了“民营企业服务年”活动

为进一步破解当前民营企业发展的准入难、融资难、政策落地难、审批难、赢利难、用工难、创业难“七难”问题，提升民营经济发展质量和水平，积极营造大众创业、万众创新的浓厚氛围，促进民营经济持续健康发展，红花岗区政府在2015年认真组织开展了

"民营企业服务年"活动。截至目前，已扶持小微企业102家，到位财政补助资金360万元，181家企业获得税收奖励61.44万元，帮助64家企业获得"黔微贷"资金支持1970万元。此外，还在融资协调、法律援助等方面对小微企业进行了倾力帮助。

3. 落实了"3个15万元"支持政策

按照《贵州省人民政府关于大力扶持微型企业发展的意见》（黔府发〔2012〕7号）文件要求，对实缴货币投资达到10万元以上，并带动5人以上就业的微型企业，执行"3个15万元"扶持政策。其组成为：扶持对象实缴货币投资达到10万元后，政府给予5万元微型企业财政补助，补助资金由省、市、县按照7∶1∶2的比例分担；扶持对象创办的微型企业除享受国家和贵州省对微型企业及特定行业、区域、环节的税收优惠政策外，其实际缴付的所有税收中地方留存部分实行全额奖励，奖励总额为15万元；扶持对象创办的微型企业有贷款需求的，可以自有财产抵押、税收奖励为质押或信用贷款等方式，到指定银行或担保机构申请15万元以下的银行贷款支持或担保。自2012年开展该项工作以来至2014年，全区共扶持小微型企业1456家，发放财政扶持资金7012.95万元，发放贷款2250万元，兑现税收奖励85.95万元。

4. 实行了小额担保贷款支持政策

2013年9月，国家财政部、人力资源和社会保障部、中国人民银行三家联合下发通知，对符合规定条件的人员和劳动密集型小企业实行小额担保贷款财政贴息资金支持。其中，高校毕业生最高贷款10万元，妇女最高贷款8万元，其他符合条件的人员最高贷款5万元，劳动密集型小企业最高贷款200万元；对合伙经营和组织起来创业就业的，妇女最高人均贷款10万元；符合政策规定条件的个人微利项目，小额担保贷款由地方财政部门给予2年期全额贴息。2014年，全区共为71家小微企业审核发放小额担保贷款614万元。

三 小微企业发展面临的困难和问题

（一）企业自身面临的困难和问题

1. 活力不足

如位于红花岗区南关镇南宫山国际商贸城附近的新雪域冷链物流中心内许多从事粮油批发的小微企业，因新雪域为新建市场，目前农副产品集散和辐射效果不明显，大部分业主缺乏开拓市场的信心，导致经营困难，有的月营业额不足万元，基本处于亏损状态。同时，部分企业投资者观念保守，缺乏谋发展、思进取的创业意识和充分挖掘市场潜能及利用市场信息的能力，存在“小富即安”的思想，制约了企业的加速发展。

2. 创新能力低

小微企业本钱小、实力弱，在研发创新上投入资金少，急功近利倾向较重，仅仅做贴牌、加工等低层次生产，处于生产链的低端。比如贵州红花岗经济开发区内的遵义市飞天模具厂，企业生产的产品为拖把、衣架等低端生活用品，生产设备简陋、工艺落后、产品粗糙，毫无竞争力，几乎无研发投入，创新更是无从谈起。

3. 成本高

随着原材料、用工、房租等成本上涨快，导致部分从事传统批发零售行业的小微企业利润减少。再如新雪域内的粮油批发企业，每月房租需 5000～8000 元，加上 2～3 人的工资，每月固定开支在 1 万～1.5 万元之间，如果营业收入不足万元，企业只能亏损。调研组对 85 家小微企业进行问卷调查显示，有 51% 的企业认为制约企业发展最大的因素是成本过高，其中有 42% 的企业认为是原材料成本高，有 48% 的企业认为是用工成本高，有 20% 的企业认为是水电房租成本高。

4. 用工难

用工难是小微企业普遍存在的问题。一方面，小微企业缺乏大企业的企业文化，员工无升迁空间，社会保险不健全，工作时间无固定，导致企业员工无归属感；同时，企业经济待遇很低，大部分企业给出的月薪在2000元左右，导致有的企业员工2月或3月一换，企业缺乏有效手段留住人才，出现生产淡季时人员留不住，等到了生产旺季时人员又招不到。另一方面，有技术、高素质的人才要么到大企业打拼，要么自行创业，不愿到小微企业就业，小微企业难以招到合适的人才。

5. 融资难

受成本上涨等因素影响，小微企业经营普遍缺乏资金，在问卷调查中有超过50%的企业有融资需求，但“融资难”是困扰小微企业最关键、最核心的问题。小微企业大多对国家、省、市、区相关扶持政策和项目专项资金申报流程不熟悉，争取专项扶持资金不多。地方财政紧张，给予小微企业资金支持有限。而银行贷款要求高、程序复杂，小微企业规模小，信用度低，可抵押物少，大多是租赁他人的场所，获得银行信贷的支持难。调查中，有40%的企业认为银行贷款程序复杂，许多企业宁愿选择利率较高的民间机构进行融资。比如遵义酒乐瓶盖有限公司，是全省规模最大的一家瓶盖生产企业，满负荷生产后可实现年产值3000万元，但由于缺乏周转资金，2014年产值只达到700余万元。企业寻求多家银行要求贷款，但银行需要抵押物，企业的厂房是租借的标准厂房无产权，银行无法实现贷款。担保公司贷款开出的利率为同期银行的2倍，并需收取一定的费用，企业又无力承担，目前处于有市场但无资金扩大规模的尴尬境地。

6. 抗风险能力弱

小微企业生产经营粗放，规模小，产品档次和技术含量低，品牌产品少，附加值不高，开拓市场和抵御风险的能力不强，谋求跨越发展的动力不足，在市场竞争中处于弱势。小微企业生产经营的产品单一，更新换代慢，没有品牌和专利，对产品销售、服务市场定位较低，存在抓住一个客户算一个，卖不出去就不再生产或转行的消极心理。小微企业市场局限于本地及周边县市，市场容量小，竞争能力弱，应对瞬息万变市场的能力差。小微企业大部分还停留在单打独斗阶段，没有很好地借助互联网电商平台、创业集聚地等形成规模化发展，没有形成行业化或区域化的营销群体，企业间信息沟通、经验交流平台也较少。因此，小微企业经营初期往往形势尚可，一旦遇到突发情况，便会土崩瓦解。比如，目前贵州红花岗经济开发区内就已有小微企业由于市场原因出现停产或被收购现象。

7. 管理较乱

小微企业大部分是家庭作坊的升级版，受企业经济性质和规模、负责人文化水平所限，其经营者在经营理念、管理水平，以及对法律法规和政策的认知度等方面与大中型企业相比有较大差距。问卷调查显示，85 家企业法定代表人中，有本科以上学历的只占 14%，只有初中及以下文化水平的占 28%。而且大部分是家族式管理，存在财务机构不健全，财务管理制度不规范，没有完整的管理体系，生产经营、营销管理随意性强。企业因缺乏科学严格的规章制度规范企业生产经营，一定程度上制约了企业的效率提高和发展壮大。比如遵义威商科技有限公司，是一家经营电子设备、承接各类电子工程为主的企业，2014 年年收入超过 100 万元；企业负责人是一位 30 岁左右的小伙子，调研中其反映由于缺乏管理经验，缺少学习平台，限制了公司做大做强。

（二）政府服务存在的问题

1. 重视力度不够

一些支持小微企业发展的政策停留在口头和纸上，遇到实际问题要么绕道走，要么力不从心。比如遵义亿众纳米科技有限公司新厂区建设涉及土地手续和高压线路迁改问题，向有关部门反映多次未有效解决，严重挫伤了企业积极性。

2. 宣传力度不够

尽管在报纸、电视、广播、网络上进行了小微型企业发展支持政策宣传，但效果仍然不理想。调研中，很多小微企业主反映根本就没听说过有支持政策，有的企业主听说过但担心不透明有偏颇，会存在“暗箱操作”，对支持政策“望而生畏”，不愿申报。

3. 服务力度不够

政府有关部门未能给企业创造良好的生产经营发展环境。比如贵州红花岗经济开发区范围内水电设施不完善，经常停水停电，仅2015年8月就停水停电十余天，导致企业无法正常生产，经开区多次协调供水供电部门效果不明显，很多企业表示若再不解决将搬迁到其他县（市、区）。

4. 扶持手段效果不佳

扶持小微企业发展，目前最主要的手段是“3个15万元”政策，但名额有限，且只针对注册资金50万元以下微型企业，仅有少数企业能享受这些资金扶持，对众多小型企业出现政策“真空”。企业主要靠银行贷款获取资金，但金融部门为规避风险，不愿加大对民营企业的资金投放。在政策方面，对其既没有税收减免手段，也无帮助其融资的方法，只能任其自生自灭。比如遵义酒乐瓶盖有限公司、遵义亿众纳米科技有限公司，企业欲扩大生产，但缺乏周转或建设资金，银行贷款手续繁杂且无抵押物，政府也无办法，企业只能对贷款资金“望而却步”。

5. “企户”错位

“3个15万元”政策，应是扶持注册资金在50万元以下并发展前景看好的微型企业，但很多企业本应注册为个体工商户，为享受微企政策都纷纷注册为公司（比如一些小规模的门面经营店），一方面增加了企业负担（需聘请财务人员）；另一方面应该享受政策的部分微型企业因名额有限却被拒之门外。据了解，以上这种为博取财政资金而注册小微企业的现象在其他县（市、区）也客观存在，如某县一中药材种植企业，原本注册资金为100万元，现已投入500余万元，为获得政府“3个15万元”中的5万元财政资金扶持，花数百元在《遵义日报》发布《减资公告》，成功转型为微型企业，获得了财政资金支持。

四　对策建议

（一）进一步加强服务

在市场经济环境下，政府要营造良好的小微企业生存和经营环境，必须坚持因地制宜、分类指导、有保有舍，引导小微企业健康发展，尽一切可能为小微企业营造良好的生存发展环境。一是优化审批服务。实实在在从管理职能转换为服务职能，简化行政审批程序，不断提高政府办事效率特别在土地手续、各种证照办理方面简化程序，减少前置条件，缩短办理时限。对例如贵州中航道科技有限公司（以生产汽车控制器为主）这种产品科技含量高、竞争力强、前景看好的企业，各级政府和机关职能部门要千方百计加强扶持，促使企业加速做大做强。二是强化扶持意识。由于小微企业本身规模受限，管理水平有待提高，市场风险大，政府应该对小微企业采取较为宽容的态度，待其发展后再行规范，不能将其扼杀在摇篮之中。特别是工商、税务、卫生、消防等部门，要增强扶持小微企业的意识，加强服务和指导，不能成为小微企业的累赘，更不能对小微企业“吃拿卡要”。小微企业业务主管部门要定期收集小微企业遇到的实际困难和问题，能够解决的立即给予解决，一时不能解决也要拟订方案限时解决。三是完善水电路等必要设施。对企业生产经营所需的水、电、路、通信等设施予以保障，确保企业能够正常生产经营；特别是在贵州红花岗经济开发区内，要全力协调供水、供电、通信等单位，为企业正常生产经营创造条件。四是搭建交流平台。2013 年 10 月 22 日，红花岗区举办首届微型企业展示会，取得良好效果。政府要继续经常性牵头举办小微企业与社会、金融机构等的交流活动，让社会了解小微企业，让小微企业走向社会。

（二）政策要透明公开

对各级政府制定的促进小微企业发展的有关支持政策要全部予以透明公开。一是继续加大政策宣传力度。对小微企业的税收、用工、贷款、房租等支持政策进行宣传，确保真正有需求的企业得到实惠。二是公开办事流程。对所有涉及企业的办事流程、时限以及收费标准予以公开，打消企业认为“没有关系不能办事”的疑虑。三是公示结果。对受政策扶持的小微企业名单进行公示，同时也要公示已申请但未受政策扶持的小微企业名单并注明未审核通过原因。

（三）充分利用“互联网 +”新思维

“世界潮流浩浩荡荡，顺之者昌，逆之者亡”，当前已步入大数据时代，“互联网 +”已成为未来发展的方向，无论是传统行业，还是新兴行业，都应抢抓机遇。政府有关职能部门首先要深入学习牢固树立“互联网 +”思维，转变固化、过时、不符合时代发展的思维，鼓励传统行业与互联网、新兴行业与互联网融合。政府职能部门在给小微企业做创业指导时，除了传统知识外，更要灌输互联网思维，给企业插上腾飞的翅膀，成为撬动小微企业生产力发展的杠杆。

（四）对口开展用工培训

遵义春江花月服装有限公司进驻贵州红花岗经济开发区后，用工需求100余人，企业需每人投入2万~3万元自行培训，一方面加大企业负担；另外一方面员工培训后，企业无有效手段留住。据统计，全区2014年新增就业人数达23927人。仅经开区范围内，2015年上半年就新增就业人数1364人。建议由劳动部门统筹，职业学校积极对接企业，充分了解企业用工需求，由企业委托职业学校对口开展有针对性用工培训。

（五）组建融资担保平台

一是开展信用贷款。由政府部门积极衔接金融机构，出面整合资源，为全区小微企业建立一个信用体系，以方便金融机构在放贷资格审核时，有正确的信用参照。工商、税务、供水、供电、通信、属地镇（街）联合构建起一个能够反映企业经营状况、财务状况、信用状况的水电、税费、个人信用等小微企业信息综合平台，从而为信用体系的建立提供基础数据，金融机构为信用良好的小微企业放贷。二是寻求担保平台。政府帮助企业完善用地、用房手续，企业可实现地块、房屋抵押贷款；租借标准厂房的企业，由政府统一办理厂房产权证，为信誉良好且前景看好企业作抵押贷款。

（六）加强村（组）企合作

有的近郊镇村（组）因征地拆迁积累了大量资金，因缺乏有效理财管理，大部分资金被闲置，也容易让一些村（组）干部犯错误，而同时很多小微企业需要资金却无法融资。从表1可看出，红花岗区近郊镇有的村集体拥有大量自有资金（不含固定资产和应收账款），当地政府可以探索将村（组）作为法人进行入股注资，一方面可解决企业资金不足问题，村（组）与企业按出资比例进行风险共担、利益共享；另一方面可实现村（组）集体资产的继续壮大。

表1　2014年红花岗区近郊四镇村集体自有资金情况

单位：万元

镇(村)	忠庄镇				长征镇			
	忠庄村	幸福村	马坎村	勤乐村	民政村	坪丰村	凉水村	沙坝村
自有资金	144.84	-384.72	-80.82	-4.85	2150	7000	1070	7800
镇(村)	南关镇							
	南岭村	南山村	南门村	长岗村	镇隆村	金华村	护城村	
自有资金	193.99	1993.3	21.9	33.56	475.23	296.92	157.85	
镇(村)	深溪镇							
	龙江村	深溪村	坪桥村	大窝村	高坊村	清江村	永安村	复兴村
自有资金	14.2	46	85.27	43.58	-3.97	56.96	24.35	27.97

（七）抓转型促发展

在全国经济已步入“新常态”，正在进行转型提挡升级的时期，政府应抢抓这一机遇，推动小微企业快速发展，逐步成长为大中型企业。一是成立创新扶持基金。加快利用高新技术、先进适用技术改造传统产业，推进现有产业和产品升级换代。将扶助奖励资金、贷款额度等资源用于支持小微企业购买新技术新设备、开发新产品、进行自主创新，促进产业结构优化，实现小微企业的合理布局。对不符合产业政策、没有发展前途的企业，勇于“壮士断腕”、主动放弃。二是做好小微企业家队伍建设。加大政府人才培训资源倾斜力度，更大范围地向小微企业开放企业管理、专业技能提升等方面的培训资源和平台。每年组织部分优秀青年企业家到经济发达地区的企业锻炼、学习。三是解决人才制约。建立“产学研”相结合的人才工作机制，鼓励企业自建或联合建立产品研发中心、试制中心、检测中心等科技机构，对有愿望、有需要的小微企业提供产业指导和智力支持，平摊高端人才成本。重视中高端实用人才的引进和使用，帮助企业建立现代企业制度特别是规范、透明的财务制度，提升小微企业创新能力和管理水平。

（八）组建创客空间

2015 年全国“两会”上，李克强总理强调“推进大众创业、万众创新”，国务院办公厅下发《关于发展众创空间推进大众创新创业的指导意见》（国办发〔2015〕9 号），在此大背景下，各地纷纷开展“大众创业、万众创新”，催生了一大批创客空间，贵阳率先成立“黔青梦工场”“火炬青年创业互助社区”“博雅众创空间”等多家创客空间，桐梓县组建了“贵州娄山大学生创业园”。建议市级统筹，以中心城区资源为基础，在两城区组建一个市级创客空间，为创业者提供创新创业平台，孵化一批具有高新技术和属于高新产业的小微企业，领航全市经济发展。

（九）积极申报小微企业创业创新城市示范基地

2015 年 4 月 16 日，国家财政部、工业和信息化部、科技部、商务部、工商总局联合下发了《关于支持开展小微企业创业创新基地城市示范工作的通知》（财建〔2015〕114 号）。该《通知》要求，“根据国务院关于促进中小企业健康发展的决策部署，从 2015 年起开展小微企业创业创新基地城市示范工作，中央财政给予奖励资金支持。示范期内，计划单列市及省会城市奖励总额为 9 亿元，一般城市（含直辖市所属区、县）奖励总额为 6 亿元。示范期为 3 年，奖励资金分年拨付”。红花岗区目前有中小企业孵化器，建议以遵义市为单位，以红花岗区为主体，积极申报小微企业创业创新城市示范基地，争取国家的政策和资金支持。

B.20

遵义市产业园区发展调研报告

陈国军*

摘　要：　遵义市产业园区已进入加速发展的时期，但是，园区在快速发展过程中，也逐渐暴露出不少问题。着力解决好这些问题，是在经济“新常态”下，推动遵义市新型工业化发展的关键。

关键词：　遵义　产业园区　发展

目前，遵义市已形成1个国家级经济技术开发区——循环经济示范园区（遵义国家级经济技术开发区）、13个省级经济开发区、1个高新技术开发区（娄山关高新区）、19个工业园区的经济开发区、产业园区体系，产业园区已成为工业经济加快发展的“主战场”和实现经济社会跨越发展的“主阵地”。

一　取得的成效

（一）作用不断凸显

2010～2014年，遵义市产业园区完成固定资产投资1789.24亿元，

---

* 陈国军，遵义市工业和能源委员会招商科科长。

占全市工业固定资产投资的63.6%；招商引资项目978个，合同金额2243.1亿元；新建成投产项目581个，新培育规模企业241个。2014年，遵义市产业园区完成固定资产投资834.9亿元，占全市工业固定资产总投资的84.8%；实现工业总产值1588.27亿元，占全市工业总产值的87.8%；新增就业16.39万人，实现税收157.45亿元。

（二）管理不断加强

2009年，遵义市政府首次成立以市长为组长的遵义市工业园区建设发展领导小组；2012年，随着工业园区升级，市政府组建了遵义市开发区建设领导小组；2014年9月，遵义市政府再次整合上述两个机构成立新的遵义经开区（产业园区）建设发展协调领导小组及其办公室，负责全市产业园区、经开区的建设组织领导工作。各县（市、区）党委、政府主要领导为产业园区（经开区、高新区）建设的第一责任人，组建了管委会、工业园区服务中心等机构，负责园区发展管理事务。各园区管委会成立园区建设发展公司、资产经营公司等，具体实施融资管理和建设任务。由此，整体上形成了群策群力、分工协作的产业园区管理体系。

（三）政策不断强化

2007年，遵义市委印发《关于加快推进新型工业化进程的决定》，启动建设十大工业集聚区；2009年，遵义市委、市政府研究出台《关于加快推进工业园区建设的意见》（遵发〔2009〕8号），指明了产业园区建设的目标、思路和措施；2012年，遵义市委再次印发《关于进一步加快产业园区建设的意见》（遵党发〔2012〕5号），明确园区建设主体责任和引导性政策措施，加大政策性投入，并制定了月调度、季、年考核通报的考核评比制度，在全市范围形成了“你追我赶、力争上游”的园区建设态势。遵义市政府不断修订完善了开发区、高新区的管理条例和考核管理办法，不遗余力提高奖励标准，大力推进开发区建设。此外，遵义市政府还相继出台了招商引资、标准厂房、投入及利益分享、体制机制及人才管理、规模企业培育激励等一系列配套政策，较为完善的园区政策体系，构成规范园区建设的行为准则和刺激园区成长的有效动力。

（四）规划不断完善

遵义全市19个产业园区规划建设总面积达336平方公里，其中18个园区完成总体规划，17个园区完成控制性详细规划，15个园区完成产业发展规划，18个园区开展了区域环境影响评价，17个园区编制了土地利用方案。一系列规划的编制完善，为科学推进产业园区发展提供了可操作规划保障。

（五）配套设施不断完善

在生产生活配套方面，遵义全市园区首期建设区均已实现“七通一平”，共建成路网506公里，建设3.5万千瓦变电站19座，架设及迁改供电线路825公里，建成供排水管网1074公里，标准厂房850万平方米（其中企业自建厂房588万平方米），入住率87.08%，入园企业698家，公租房及安置房85万平方米，污水处理厂36座，日处理能力达到12.48万吨，通信网络152公里，平均覆盖率76%，12个园区接通有线电视，天然气站11座，供气管网173公里，7个园区开通公交，建成职工公寓30万平方米，休闲、购物、健身等生活配套设施逐渐完善。在服务平台建设方面，全市共建设职教园区4个，成立职教实训基地14个，成立了20个园区管理服务中心，设立中小企业服务机构（孵化器）9个，建成工程技术研究中心、重点实验室、企业技术中心、院士（专家）工作站等科技创新平台42个，筹建服务园区的金融贷款服务机构17个，企业培育和孵化水平不断提升。

二　存在的主要问题

（一）管理体制有待进一步理顺

1. 管理渠道不畅通

虽然遵义市政府已下文成立市经开区（产业园区）建设发展协调领导小组及其办公室（设在市政府办），但办公室未正式启动工作，就其管理职能来说，仍分属商务、经信等几个部门管理，没有改变在业务指导、行业管理、统计调度、发展考核等方面存在的体制不顺、渠道不畅的局面，在实际工作中反而多了一个“婆婆”。

2. 发展责任不明晰

一是主体责任落实不到位。省、市均已明确，产业园区、经开区（高新区）发展的主体责任在县级党委、政府，地方党委、政府主要领导是产业园区发展的第一责任人，但实际上有些地方县委、政府领导很少过问园区工作，就更谈不上“全神贯注”了。二是职能分工不明晰。产业园区与地方政府及部门、乡镇分工不明确，工作协调难，关系无法理清，产业园区管委会与资产经营公司，资产经营公司与县级其他投融资公司的职能分工也不够明确。

（二）规划布局有待进一步优化

1. 缺乏统一规划

一些县（市、区）在园区布局、设立、统计等方面非常随意，导致了概念上的模糊和发展精力的分散。很多县的园区点多面广，过于分散，仅有几户企业也号称园区，不规范、不科学。据不完全统计，全市现有未纳入省市统计范畴的各类“园区”50 个以上，以红花岗区和遵义县最多，自建园区均有 10 个左右。因单一项目设园区，因单一矿产设园区的现象较多。园区四至范围不清晰，产业庞杂，发展重心不明确，带来了招商引资精力不集中，力度不够，产业集聚度不高，投资分散、管理复杂、统计不清、考核困难等一系列问题，影响了产业园区的质量和水平。

2. 规划工作滞后

目前仍有一些园区不重视规划，规划编制滞后于建设。据查，全市有 1 个园区未完成总体规划编制、2 个园区未完成控制性详细规划、4 个园区未完成产业发展规划编制、1 个园区环境影响评价尚未编制完成，2 个园区未完成土地利用方案编制。同时，还明显存在园区规划和国土资源利用总体规划、城市建设总体规划等不能相互衔接的问题，规划缺乏统筹。

3. 执行不严谨

有些园区在编制、批复相关规划后，又不断调整四至范围、产业定位、功能分区等核心要素，导致规划缺乏严肃性和连续性，与上位规划脱节，执行效果差，基础设施建设和项目招商实施推进等都难以开展，造成主导产业不明显、差异化不足的后果，同时还严重损害了地方党委、政府的形象，挫伤了发展积极性。

（三）市场化水平有待进一步提高

1. 资产经营公司不实

国发〔2014〕43 号、国发〔2014〕62 号文件的相继出台，使园区资金筹措和招商引资工作更加困难，园区建设发展压力加大。“新常态”下，园区工作必须走市场化、法治化道路，建立和完善资产经营公司法人治理结构。但当前园区资产经营公司面临诸多问题：一是资本金不足。目前全市成立各类资产经营公司 36 家，资本金总额 14.75 亿元，平均每家 0.41 亿元。二是可经营资产少，标准厂房、环保设施、道路等资产经营效益低，无法支撑和回馈园区开发建设。

三是一些经营公司在设立时只重视其融资职能，未充分考虑开发职能，无权参与土地收储、整治和商业开发。

2. 服务体系不完善

一方面，政务服务平台建设滞后，目前只有红花岗经开区、桐梓高新区设立了政务服务平台，但相关部门进驻情况不理想，企业办事仍然不方便。另一方面，企业政策法律咨询、融资担保、科技创新、人才培训等服务机构建设比较滞后，没有形成相对完备的企业综合服务体系。

（四）要素保障有待进一步改善

1. 用地保障困难

一是建设用地指标缺口大，基础设施建设违法违规用地现象严重。截至 2014 年底，全市产业园区累计用地缺口达 4512 公顷。二是由于项目供地率偏低、建设资金困难、用地前期支撑性文件和前置条件不完善造成批地困难。三是土地利用方式粗放，供地计划不科学合理，存在一定程度的盲目建设、重复建设，造成土地浪费。已建设用地中粗放用地现象较为突出。“小鸟占大巢”现象较为普遍，甚至有的企业建成后“占地 1/2 有厂房，厂房 1/2 有设备，设备 1/2 在运转”。有部分企业由于种种原因造成已批用地闲置，大大降低了土地利用率。

2. 持续投入困难

各园区负债存量大，偿债机制不健全，园区市场化运行没有突破性进展，经营公司融资能力弱、自主开发能力差，产业园区建设过度依赖财政投入。加之市县财力紧张，且未将园区投入纳入财政预算，不确定性大，投入乏力。以市级为例，每年用于引导扶持园区建设的资金有 2000 万元，2014 年资金被结转 1000 万元，能否实际到位已不确定，严重影响了政府部门的诚信度和公信力。

3. 人力资源保障不足

一是园区管理人员不足，现有人员干部抽离，人才流失严重，园区干部反映在干部选拔任用、政治待遇等方面，没有享受所在地同级其他干部同等待遇，造成人心不稳。二是专业人才引进不足。目前，产业园区处于大建设大发展的攻坚阶段，特别缺乏规划、建设、环保及融资方面的人才，园区在项目策划、管理、服务上能力不足。

（五）配套环境有待进一步优化

一是由于远离主城区，以及规划建设统筹不足和建设时序安排的问题，园区与城区基础设施融合不够，园区基础设施建设普遍存在“最后一公里”现象。例如，湘江工业园区和红花岗区药业园区的供水和排污系统还未完善，一些园区除核心区外，道路、供电、通信设施还未齐备。二是产业园区环境美化不够，很多道路、企业和污水处理厂周边土地裸露，绿化率不高，与打造“三宜园区”的目标还有较大差距。三是环保设施管理仍不完善，一些园区污水处理厂、渣场仍在规划建设中，有些园区虽已建成投产，但缺乏有效管理，使用效率低下。

三　工作建议

（一）进一步完善体制机制

一是理顺市级管理体制。尽快启动经开区（高新区、产业园区）建设发展协调领导小组办公室工作，切实解决人员、场地等问题，实质性开展工作，统筹协调全市经开区、高新区、产业园区建设发展相关工作，解决多头管理、政出多门的问题。二是理顺县级管理体制。明确园区建设“属地原则”，县级党委、政府承担主体责任，主要领导是园区建设的第一责任人，将一定权限内的事权、人权、财权下放产业园区管委会自行决策，形成相对独立的产业园区管理体系。可考虑参照省外模式将园区所涉及的乡镇由园区管委会代行管理。三是理顺管委会和资产经营公司的关系。推动产业园区管委会和投资公司职能分离：管委会负责园区规划、管理、服务；投资公司要建立和完善法人治理结构，按照市场化要求开展资产经营、融资建设等。四是切实做大资产经营公司。县（市、区）政府要向资产经营公司注入资本金，并注入有效资产；要赋予资产经营公司土地收储、商业开发等职能；公司自主实施园区土地开发及其他有形、无形资产经营，逐步推进和实行公司化、市场化运作。

（二）进一步规范园区布局

可“一套人马，多块牌子”，既是经开区，又是产业园区，统一应对上级多个管理部门。但每个县原则上不超过一个管委会。已有多个经开区、产业园区、高新区的，应按照“一县一区”的原则整合、升级。逐步实现每个县由一个管委会统筹管理，统一开展统计、考评等工作，提高办事效率。在县内，可实行“一区多园”，但必须统一对外（上）。

（三）进一步加强园区规划

强化规划执行，严格按照总体规划、控制性详细规划以及产业发展规划、规划环境评价等要求开展招商引资和项目建设，明确园区生产、商业、物流及其他配套功能分区，清理并无缝衔接园区规划与城市规划，提升产业园区成熟度。对于园区总体规划和产业发展规划要注重延续性和严肃性，避免随意变更四至区域、功能定位和主导产业。着力建设新型装备制造、高新技术、新材料加工、电子信息、特色食品、化工、区域合作、出口加工、综合保税、空港等十大类型园区。每个园区重点发展1~2个带动力强的主导产业。原则上，遵义市中部地区重点发展电子信息、大医药健康、高端装备制造、空港物流、新材料及加工、酒糟循环等产业，西部地区重点发展优质酱香型白酒及配套、竹系列加工产业，东部地区重点发展以轻工业为主的茶旅一体化、农副食品加工、烟花爆竹产业，北部地区重点发展铝及铝加工、特色食品产业，并承接川渝汽摩等转移产业。

（四）推动“绿色园区”建设

一是要规范环境基础设施建设，加强园区外部环境管理，实施“美丽园区工程”，绿化亮化美化园区，按照“亦园亦游”的要求打造产业园区外部环境，逐步打造和集聚工业旅游资源。二是通过运用低碳环保节能及信息化技术，对园区及园区企业实施“循环经济化”和“智能化”改造。三是大力开展清洁生产，提高资源综合利用率，建立和完善赤水河流域生态环境保护机制。

（五）积极培育“智慧园区”

一是强化信息化建设。从园区、企业两个层面推进“两化融合”向深度发展，分类推进信息技术在园区、产业和企业的应用。在一些重点领域和行业开展智能工厂应用示范，加快推进智能制造生产模式，建立“遵义智造”发展体系，提高企业产品设计制造效率和管理水平。二是优化科技创新管理。研究出台鼓励科技创新的政策措施，引导支持企业加大技术创新投入，鼓励“产学研用”交流与合作，组建产业技术创新战略联盟，培育多层次科技创新平台和科技创新人才团队。三是整合全市各园区信息管理体系，建立统筹管理的智慧园区，不断升级改造各个智慧园区。

（六）进一步提升配套水平

一是修改完善产业园区建设发展规划，加快园区基础设施建设，切实解决“最后一公里”问题。二是扎实推进“园城共建”，配套建设相对成熟的“职工生活小区”，逐步培育完善的社区功能和商贸服务功能，实现园区与城市规划建设的无缝对接。三是以园区管理服务中心为基础，建成产业园区服务中心，建立一体化、社会化服务网络。鼓励管理咨询、技术专利服务、人才教育培训、市场营销、中小企业融资担保等各类中介服务机构服务园区建设。四是积极推进生产性服务业建设。大力发展研发设计、检验检测、知识产权、节能环保、互联物流等配套行业，提高园区发展能力和水平。

（七）进一步增强保障能力

一是强化土地保障。提倡节约用地，鼓励建设多层厂房，提高投资强度和容积率；根据招商需求建设标准厂房，提高入驻率；优化项目建设和土地供给时序，提高供地率。努力争取产业园区重大项目、污水处理厂等基础设施建设用地直供；市级统筹调剂工业发展用地指标，确保每年产业园区用地不低于新增建设用地的比例。努力争取省对重大工业项目用地的“点供”政策。积极开展农村集体土地和宅基地流转使用试点，推进产业园区建设用地与农村建设用地、工矿废弃地复垦增减挂钩，鼓励重点园区购买占补平衡指标用于基础设施建设；争取更多产业园区纳入低丘缓坡开发利用试点，深入推进向山要地。二是强化人才保障。探索新型产业园区人员管理制度，采取聘任制和派遣制。推动产业园区经营公司经理职业化，人才市场化，加强园区人员学习培训，积极引进、培育、壮大企业家队伍，着力培养工业技能型人才。要加强与高校合作，建立工业人才培养基地；加快发展职业技术教育，切实推行“产业园区 + 标准厂房 + 职业教育”模式，建设职业教育实训基地，培养建设工业管理人才、企业家、专业技能型人才、高层次创新型人才队伍。三是强化资金保障。加快制定产业园区投入机制，根据实际明确产业园区投入（含园区工作经费）

计划，并纳入财政预算，形成与建设发展相适应的长效投入机制。如实清理现有园区债务，制订科学可行的偿债计划；鼓励银行业等金融机构入驻产业园区，协调合理调整授信条件，开辟租赁、担保等融资渠道。建立银政园战略合作机制，发挥“黔贷通”“贵园通”等融资平台的作用，探索利用多层次资本市场发行非金融企业债务融资工具。积极争取中央、省资金支持，探索建立产业投资发展基金平台，优化资金使用方式，鼓励多形式吸纳社会资本投资。优先支持园区和企业在境内外上市，发行债券、短期融资券、中期票据以及上市公司再融资。积极探索开展出口退税、保单、仓单以及知识产权等质押贷款，规范发展股权质押贷款。四是强化服务保障。扎实开展“下基层进企业”“双服务”“百千万工程”等活动，对所有园区、企业项目进行全覆盖帮扶。深化行政审批制度改革，规范行政审批事项管理，提高行政审批效率；进一步简政放权，将市、县两级部门行政审批、审核职责采取委托方式，由产业园区管委会行使并承担相应责任。引导专业服务机构服务产业园区，打破技术性中介服务垄断，创建公平竞争服务平台。加强投诉受理中心建设，建立举报、投诉受理、督办、处理、反馈工作机制，坚决查处行政不作为、乱作为行为。五是强化政策保障。清理2009年以来出台的园区发展政策意见，研究制定新的符合国家相关规定的政策措施，鼓励和引导招商、企业入驻，激励和发动在遵企业家、公务员、遵义籍在外人士等全社会力量参与园区招商，形成全面招商氛围；建立健全咨询服务体系、科技创新体系，引导中介服务单位参与园区建设，搭建完善的产业园区企业发展服务综合体系，推动信息化水平、科技创新水平、投融资水平的整体提升；落实产业园区人才引进、培训和职业教育发展的引导意见，推动园区人才集聚和培育。市委督查室、市政府督查室要定期对各县执行省、市两级出台的产业园区发展相关政策落实情况开展督查并按相关规定处理，严肃政治纪律，杜绝“中梗阻”。

皮书起源

“皮书”起源于十七、十八世纪的英国，主要指官方或社会组织正式发表的重要文件或报告，多以“白皮书”命名。在中国，“皮书”这一概念被社会广泛接受，并被成功运作、发展成为一种全新的出版形态，则源于中国社会科学院社会科学文献出版社。

皮书定义

皮书是对中国与世界发展状况和热点问题进行年度监测，以专业的角度、专家的视野和实证研究方法，针对某一领域或区域现状与发展态势展开分析和预测，具备原创性、实证性、专业性、连续性、前沿性、时效性等特点的公开出版物，由一系列权威研究报告组成。

皮书作者

皮书系列的作者以中国社会科学院、著名高校、地方社会科学院的研究人员为主，多为国内一流研究机构的权威专家学者，他们的看法和观点代表了学界对中国与世界的现实和未来最高水平的解读与分析。

皮书荣誉

皮书系列已成为社会科学文献出版社的著名图书品牌和中国社会科学院的知名学术品牌。2016 年，皮书系列正式列入“十三五”国家重点出版规划项目；2012~2016 年，重点皮书列入中国社会科学院承担的国家哲学社会科学创新工程项目；2017 年，55 种院外皮书使用“中国社会科学院创新工程学术出版项目”标识。

S 子库介绍
Sub-Database Introduction

中国经济发展数据库

涵盖宏观经济、农业经济、工业经济、产业经济、财政金融、交通旅游、商业贸易、劳动经济、企业经济、房地产经济、城市经济、区域经济等领域，为用户实时了解经济运行态势、 把握经济发展规律、 洞察经济形势、 做出经济决策提供参考和依据。

中国社会发展数据库

全面整合国内外有关中国社会发展的统计数据、 深度分析报告、 专家解读和热点资讯构建而成的专业学术数据库。涉及宗教、社会、人口、政治、外交、法律、文化、教育、体育、文学艺术、医药卫生、资源环境等多个领域。

中国行业发展数据库

以中国国民经济行业分类为依据，跟踪分析国民经济各行业市场运行状况和政策导向，提供行业发展最前沿的资讯，为用户投资、从业及各种经济决策提供理论基础和实践指导。内容涵盖农业，能源与矿产业，交通运输业，制造业，金融业，房地产业，租赁和商务服务业，科学研究，环境和公共设施管理，居民服务业，教育，卫生和社会保障，文化、体育和娱乐业等 100 余个行业。

中国区域发展数据库

对特定区域内的经济、社会、文化、法治、资源环境等领域的现状与发展情况进行分析和预测。涵盖中部、西部、东北、西北等地区，长三角、珠三角、黄三角、京津冀、环渤海、合肥经济圈、长株潭城市群、关中—天水经济区、海峡经济区等区域经济体和城市圈，北京、上海、浙江、河南、陕西等 34 个省份及中国台湾地区 。

中国文化传媒数据库

包括文化事业、文化产业、宗教、群众文化、图书馆事业、博物馆事业、档案事业、语言文字、文学、历史地理、新闻传播、广播电视、出版事业、艺术、电影、娱乐等多个子库。

世界经济与国际关系数据库

以皮书系列中涉及世界经济与国际关系的研究成果为基础，全面整合国内外有关世界经济与国际关系的统计数据、深度分析报告、专家解读和热点资讯构建而成的专业学术数据库。包括世界经济、国际政治、世界文化与科技、全球性问题、国际组织与国际法、区域研究等多个子库。

法律声明

1997~2017

皮书品牌20年

YEAR BOOKS

皮书系列

2017年

智 库 成 果 出 版 与 传 播 平 台

社会科学文献出版社
SOCIAL SCIENCES ACADEMIC PRESS (CHINA)

社长致辞

伴随着今冬的第一场雪，2017年很快就要到了。世界每天都在发生着让人眼花缭乱的变化，而唯一不变的，是面向未来无数的可能性。作为个体，如何获取专业信息以备不时之需？作为行政主体或企事业主体，如何提高决策的科学性让这个世界变得更好而不是更糟？原创、实证、专业、前沿、及时、持续，这是1997年“皮书系列”品牌创立的初衷。

1997～2017，从最初一个出版社的学术产品名称到媒体和公众使用频率极高的热点词语，从专业术语到大众话语，从官方文件到独特的出版型态，作为重要的智库成果，“皮书”始终致力于成为海量信息时代的信息过滤器，成为经济社会发展的记录仪，成为政策制定、评估、调整的智力源，社会科学研究的资料集成库。“皮书”的概念不断延展，“皮书”的种类更加丰富，“皮书”的功能日渐完善。

1997～2017，皮书及皮书数据库已成为中国新型智库建设不可或缺的抓手与平台，成为政府、企业和各类社会组织决策的利器，成为人文社科研究最基本的资料库，成为世界系统完整及时认知当代中国的窗口和通道！“皮书”所具有的凝聚力正在形成一种无形的力量，吸引着社会各界关注中国的发展，参与中国的发展。

二十年的“皮书”正值青春，愿每一位皮书人付出的年华与智慧不辜负这个时代！

社会科学文献出版社社长
中国社会学会秘书长

2016年11月

社会科学文献出版社简介

社会科学文献出版社成立于1985年，是直属于中国社会科学院的人文社会科学专业学术出版机构。

成立以来，社科文献依托于中国社会科学院丰厚的学术出版和专家学者资源，坚持“创社科经典，出传世文献”的出版理念和“权威、前沿、原创”的产品定位，逐步走上了智库产品与专业学术成果系列化、规模化、数字化、国际化、市场化发展的经营道路，取得了令人瞩目的成绩。

学术出版 社科文献先后策划出版了“皮书”系列、“列国志”、“社科文献精品译库”、“全球化译丛”、“全面深化改革研究书系”、“近世中国”、“甲骨文”、“中国史话”等一大批既有学术影响又有市场价值的图书品牌和学术品牌，形成了较强的学术出版能力和资源整合能力。2016年社科文献发稿5.5亿字，出版图书2000余种，承印发行中国社会科学院院属期刊72种。

数字出版 凭借着雄厚的出版资源整合能力，社科文献长期以来一直致力于从内容资源和数字平台两个方面实现传统出版的再造，并先后推出了皮书数据库、列国志数据库、中国田野调查数据库等一系列数字产品。2016年数字化加工图书近4000种，文字处理量达10亿字。数字出版已经初步形成了产品设计、内容开发、编辑标引、产品运营、技术支持、营销推广等全流程体系。

国际出版 社科文献通过学术交流和国际书展等方式积极参与国际学术和国际出版的交流合作，努力将中国优秀的人文社会科学研究成果推向世界，从构建国际话语体系的角度推动学术出版国际化。目前已与英、荷、法、德、美、日、韩等国及港澳台地区近 40 家出版和学术文化机构建立了长期稳定的合作关系。

融合发展 紧紧围绕融合发展战略，社科文献全面布局融合发展和数字化转型升级，成效显著。以核心资源和重点项目为主的社科文献数据库产品群和数字出版体系日臻成熟，“一带一路”系列研究成果与专题数据库、阿拉伯问题研究国别基础库及中阿文化交流数据库平台等项目开启了社科文献向专业知识服务商转型的新篇章，成为行业领先。

此外，社科文献充分利用网络媒体平台，积极与各类媒体合作，并联合大型书店、学术书店、机场书店、网络书店、图书馆，构建起强大的学术图书内容传播平台，学术图书的媒体曝光率居全国之首，图书馆藏率居于全国出版机构前十位。

有温度，有情怀，有视野，更有梦想。未来社科文献将继续坚持专业化学术出版之路不动摇，着力搭建最具影响力的智库产品整合及传播平台、学术资源共享平台，为实现“社科文献梦”奠定坚实基础。

经 济 类

经济类皮书涵盖宏观经济、城市经济、大区域经济，
提供权威、前沿的分析与预测

经济蓝皮书

2017 年中国经济形势分析与预测

李扬 / 主编　2016 年 12 月出版　定价：89.00 元

◆　本书为总理基金项目，由著名经济学家李扬领衔，联合中国社会科学院等数十家科研机构、国家部委和高等院校的专家共同撰写，系统分析了 2016 年的中国经济形势并预测 2017 年我国经济运行情况。

中国省域竞争力蓝皮书

中国省域经济综合竞争力发展报告（2015 ~ 2016）

李建平　李闽榕　高燕京 / 主编　2017 年 2 月出版　估价：198.00 元

◆　本书融多学科的理论为一体，深入追踪研究了省域经济发展与中国国家竞争力的内在关系，为提升中国省域经济综合竞争力提供有价值的决策依据。

城市蓝皮书

中国城市发展报告 No.10

潘家华　单菁菁 / 主编　2017 年 9 月出版　估价：89.00 元

◆　本书是由中国社会科学院城市发展与环境研究中心编著的，多角度、全方位地立体展示了中国城市的发展状况，并对中国城市的未来发展提出了许多建议。该书有强烈的时代感，对中国城市发展实践有重要的参考价值。

人口与劳动绿皮书

中国人口与劳动问题报告 No.18

蔡昉　张车伟 / 主编　2017 年 10 月出版　估价：89.00 元

◆　本书为中国社科院人口与劳动经济研究所主编的年度报告，对当前中国人口与劳动形势做了比较全面和系统的深入讨论，为研究我国人口与劳动问题提供了一个专业性的视角。

世界经济黄皮书

2017 年世界经济形势分析与预测

张宇燕 / 主编　2016 年 12 月出版　定价：89.00 元

◆　本书由中国社会科学院世界经济与政治研究所的研究团队撰写，2016 年世界经济增速进一步放缓，就业增长放慢。世界经济面临许多重大挑战同时，地缘政治风险、难民危机、大国政治周期、恐怖主义等问题也仍然在影响世界经济的稳定与发展。预计 2017 年按 PPP 计算的世界 GDP 增长率约为 3.0%。

国际城市蓝皮书

国际城市发展报告（2017）

屠启宇 / 主编　2017 年 2 月出版　估价：89.00 元

◆　本书作者以上海社会科学院从事国际城市研究的学者团队为核心，汇集同济大学、华东师范大学、复旦大学、上海交通大学、南京大学、浙江大学相关城市研究专业学者。立足动态跟踪介绍国际城市发展时间中，最新出现的重大战略、重大理念、重大项目、重大报告和最佳案例。

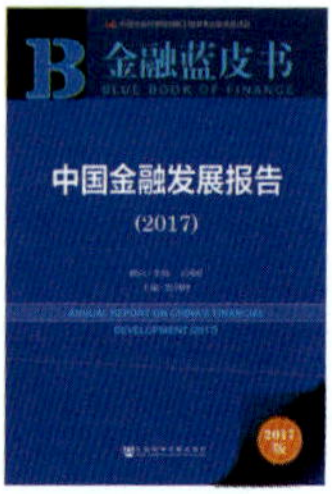

金融蓝皮书

中国金融发展报告（2017）

李扬　王国刚 / 主编　2017 年 1 月出版　估价：89.00 元

◆　本书由中国社会科学院金融研究所组织编写，概括和分析了 2016 年中国金融发展和运行中的各方面情况，研讨和评论了 2016 年发生的主要金融事件，有利于读者了解掌握 2016 年中国的金融状况，把握 2017 年中国金融的走势。

农村绿皮书

中国农村经济形势分析与预测（2016 ~ 2017）

魏后凯　杜志雄　黄秉信 / 著　2017 年 4 月出版　估价：89.00 元

◆　本书描述了 2016 年中国农业农村经济发展的一些主要指标和变化，并对 2017 年中国农业农村经济形势的一些展望和预测，提出相应的政策建议。

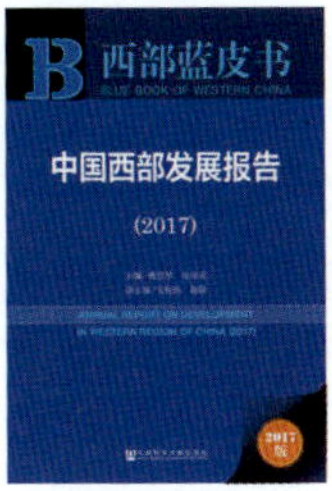

西部蓝皮书

中国西部发展报告（2017）

姚慧琴　徐璋勇 / 主编　2017 年 9 月出版　估价：89.00 元

◆　本书由西北大学中国西部经济发展研究中心主编，汇集了源自西部本土以及国内研究西部问题的权威专家的第一手资料，对国家实施西部大开发战略进行年度动态跟踪，并对 2017 年西部经济、社会发展态势进行预测和展望。

经济蓝皮书・夏季号

中国经济增长报告（2016 ~ 2017）

李扬 / 主编　2017 年 9 月出版　估价：98.00 元

◆　中国经济增长报告主要探讨 2016~2017 年中国经济增长问题，以专业视角解读中国经济增长，力求将其打造成一个研究中国经济增长、服务宏微观各级决策的周期性、权威性读物。

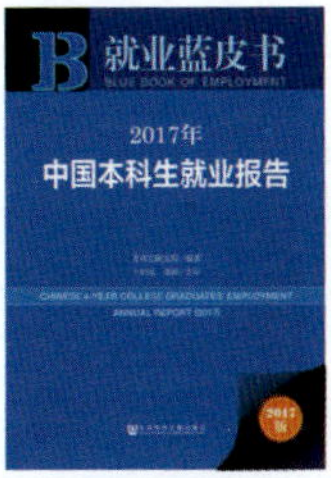

就业蓝皮书

2017 年中国本科生就业报告

麦可思研究院 / 编著　2017 年 6 月出版　估价：98.00 元

◆　本书基于大量的数据和调研，内容翔实，调查独到，分析到位，用数据说话，对我国大学生教育与发展起到了很好的建言献策作用。

社 会 政 法 类

社会政法类皮书聚焦社会发展领域的热点、难点问题，
提供权威、原创的资讯与视点

社会蓝皮书

2017 年中国社会形势分析与预测

李培林　陈光金　张翼 / 主编　2016 年 12 月出版　定价：89.00 元

◆　本书由中国社会科学院社会学研究所组织研究机构专家、高校学者和政府研究人员撰写，聚焦当下社会热点，对 2016 年中国社会发展的各个方面内容进行了权威解读，同时对 2017 年社会形势发展趋势进行了预测。

法治蓝皮书

中国法治发展报告 No.15（2017）

李林　田禾 / 主编　2017 年 3 月出版　估价：118.00 元

◆　本年度法治蓝皮书回顾总结了 2016 年度中国法治发展取得的成就和存在的不足，并对 2017 年中国法治发展形势进行了预测和展望。

社会体制蓝皮书

中国社会体制改革报告 No.5（2017）

龚维斌 / 主编　2017 年 4 月出版　估价：89.00 元

◆　本书由国家行政学院社会治理研究中心和北京师范大学中国社会管理研究院共同组织编写，主要对 2016 年社会体制改革情况进行回顾和总结，对 2017 年的改革走向进行分析，提出相关政策建议。

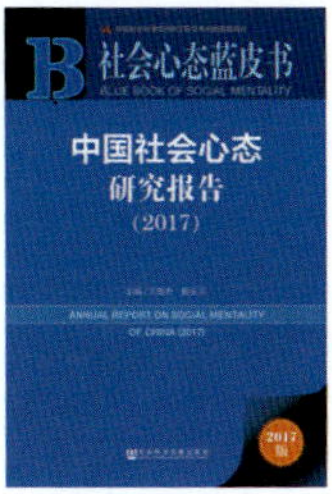

社会心态蓝皮书

中国社会心态研究报告（2017）

王俊秀　杨宜音 / 主编　2017 年 12 月出版　估价：89.00 元

◆　本书是中国社会科学院社会学研究所社会心理研究中心“社会心态蓝皮书课题组”的年度研究成果，运用社会心理学、社会学、经济学、传播学等多种学科的方法进行了调查和研究，对于目前我国社会心态状况有较广泛和深入的揭示。

生态城市绿皮书

中国生态城市建设发展报告（2017）

刘举科　孙伟平　胡文臻 / 主编　2017 年 7 月出版　估价：118.00 元

◆　报告以绿色发展、循环经济、低碳生活、民生宜居为理念，以更新民众观念、提供决策咨询、指导工程实践、引领绿色发展为宗旨，试图探索一条具有中国特色的城市生态文明建设新路。

城市生活质量蓝皮书

中国城市生活质量报告（2017）

中国经济实验研究院 / 主编　2017 年 7 月出版　估价：89.00 元

◆　本书对全国 35 个城市居民的生活质量主观满意度进行了电话调查，同时对 35 个城市居民的客观生活质量指数进行了计算，为我国城市居民生活质量的提升，提出了针对性的政策建议。

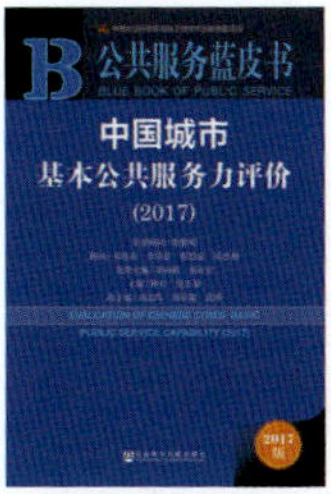

公共服务蓝皮书

中国城市基本公共服务力评价（2017）

钟君　吴正杲 / 主编　2017 年 12 月出版　估价：89.00 元

◆　中国社会科学院经济与社会建设研究室与华图政信调查组成联合课题组，从 2010 年开始对基本公共服务力进行研究，研创了基本公共服务力评价指标体系，为政府考核公共服务与社会管理工作提供了理论工具。

行业报告类

行业报告类皮书立足重点行业、新兴行业领域，
提供及时、前瞻的数据与信息

企业社会责任蓝皮书

中国企业社会责任研究报告（2017）

黄群慧　钟宏武　张蒽　翟利峰 / 著　2017 年 10 月出版　估价：89.00 元

◆　本书剖析了中国企业社会责任在 2016 ~ 2017 年度的最新发展特征，详细解读了省域国有企业在社会责任方面的阶段性特征，生动呈现了国内外优秀企业的社会责任实践。 对了解中国企业社会责任履行现状、未来发展，以及推动社会责任建设有重要的参考价值。

新能源汽车蓝皮书

中国新能源汽车产业发展报告（2017）

黄中国汽车技术研究中心　日产（中国）投资有限公司
东风汽车有限公司 / 编著　2017 年 7 月出版　估价：98.00 元

◆　本书对我国 2016 年新能源汽车产业发展进行了全面系统的分析，并介绍了国外的发展经验。有助于相关机构、行业和社会公众等了解中国新能源汽车产业发展的最新动态，为政府部门出台新能源汽车产业相关政策法规、企业制定相关战略规划，提供必要的借鉴和参考。

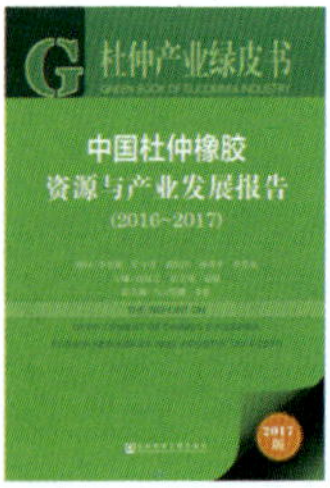

杜仲产业绿皮书

中国杜仲橡胶资源与产业发展报告（2016 ~ 2017）

杜红岩　胡文臻　俞锐 / 主编　2017 年 1 月出版　估价：85.00 元

◆　本书对 2016 年来的杜仲产业的发展情况、研究团队在杜仲研究方面取得的重要成果、部分地区杜仲产业发展的具体情况、杜仲新标准的制定情况等进行了较为详细的分析与介绍，使广大关心杜仲产业发展的读者能够及时跟踪产业最新进展。

企业蓝皮书

中国企业绿色发展报告 No.2（2017）

李红玉　朱光辉 / 主编　　2017 年 8 月出版　　估价：89.00 元

◆　本书深入分析中国企业能源消费、资源利用、绿色金融、绿色产品、绿色管理、信息化、绿色发展政策及绿色文化方面的现状，并对目前存在的问题进行研究，剖析因果，谋划对策。为企业绿色发展提供借鉴，为我国生态文明建设提供支撑。

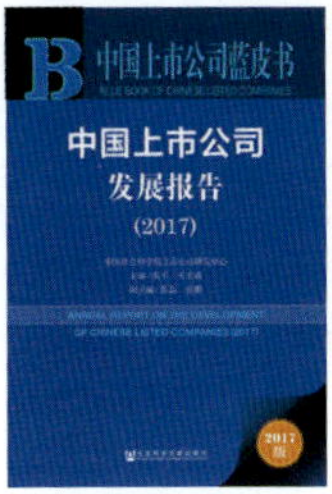

中国上市公司蓝皮书

中国上市公司发展报告（2017）

张平　王宏淼 / 主编　　2017 年 10 月出版　　估价：98.00 元

◆　本书由中国社会科学院上市公司研究中心组织编写的，着力于全面、真实、客观反映当前中国上市公司财务状况和价值评估的综合性年度报告。本书详尽分析了 2016 年中国上市公司情况，特别是现实中暴露出的制度性、基础性问题，并对资本市场改革进行了探讨。

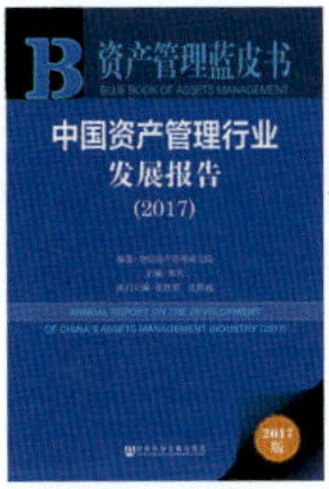

资产管理蓝皮书

中国资产管理行业发展报告（2017）

智信资产管理研究院 / 编著　　2017 年 6 月出版　　估价：89.00 元

◆　中国资产管理行业刚刚兴起，未来将中国金融市场最有看点的行业。本书主要分析了 2016 年度资产管理行业的发展情况，同时对资产管理行业的未来发展做出科学的预测。

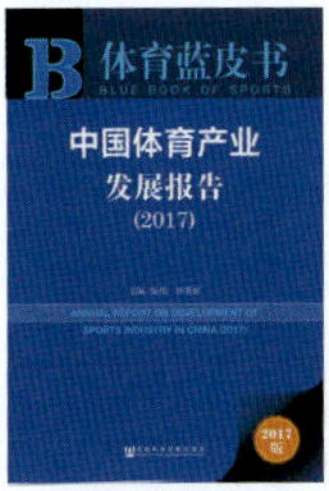

体育蓝皮书

中国体育产业发展报告（2017）

阮伟　钟秉枢 / 主编　　2017 年 12 月出版　　估价：89.00 元

◆　本书运用多种研究方法，在对于体育竞赛业、体育用品业、体育场馆业、体育传媒业等传统产业研究的基础上，紧紧围绕 2016 年体育领域内的各种热点事件进行研究和梳理，进一步拓宽了研究的广度、提升了研究的高度、挖掘了研究的深度。

国别与地区类

国别与地区类皮书关注全球重点国家与地区，
提供全面、独特的解读与研究

美国蓝皮书

美国研究报告（2017）

郑秉文　黄平 / 主编　2017 年 6 月出版　估价：89.00 元

◆　本书是由中国社会科学院美国所主持完成的研究成果，它回顾了美国 2016 年的经济、政治形势与外交战略，对 2017 年以来美国内政外交发生的重大事件及重要政策进行了较为全面的回顾和梳理。

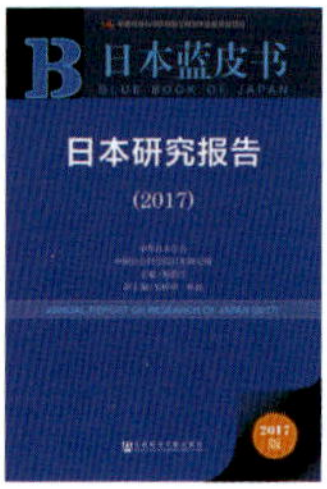

日本蓝皮书

日本研究报告（2017）

杨伯江 / 主编　2017 年 5 月出版　估价：89.00 元

◆　本书对 2016 年拉丁美洲和加勒比地区诸国的政治、经济、社会、外交等方面的发展情况做了系统介绍，对该地区相关国家的热点及焦点问题进行了总结和分析，并在此基础上对该地区各国 2017 年的发展前景做出预测。

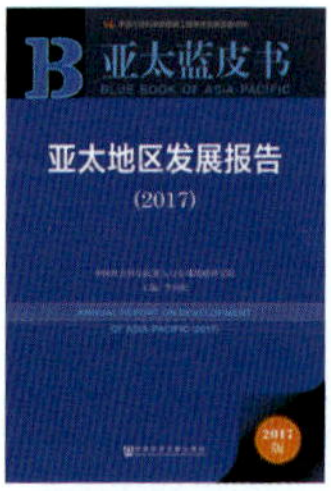

亚太蓝皮书

亚太地区发展报告（2017）

李向阳 / 主编　2017 年 3 月出版　估价：89.00 元

◆　本书是中国社会科学院亚太与全球战略研究院的集体研究成果。2016 年的“亚太蓝皮书”继续关注中国周边环境的变化。该书盘点了 2016 年亚太地区的焦点和热点问题，为深入了解 2016 年及未来中国与周边环境的复杂形势提供了重要参考。

德国蓝皮书

德国发展报告（2017）

郑春荣 / 主编　2017 年 6 月出版　估价：89.00 元

◆　本报告由同济大学德国研究所组织编撰，由该领域的专家学者对德国的政治、经济、社会文化、外交等方面的形势发展情况，进行全面的阐述与分析。

日本经济蓝皮书

日本经济与中日经贸关系研究报告（2017）

王洛林　张季风 / 编著　　2017 年 5 月出版　　估价：89.00 元

◆　本书系统、详细地介绍了 2016 年日本经济以及中日经贸关系发展情况，在进行了大量数据分析的基础上，对 2017 年日本经济以及中日经贸关系的大致发展趋势进行了分析与预测。

俄罗斯黄皮书

俄罗斯发展报告（2017）

李永全 / 编著　2017 年 7 月出版　估价：89.00 元

◆　本书系统介绍了 2016 年俄罗斯经济政治情况，并对 2016 年该地区发生的焦点、热点问题进行了分析与回顾；在此基础上，对该地区 2017 年的发展前景进行了预测。

非洲黄皮书

非洲发展报告 No.19（2016 ~ 2017）

张宏明 / 主编　2017 年 8 月出版　估价：89.00 元

◆　本书是由中国社会科学院西亚非洲研究所组织编撰的非洲形势年度报告，比较全面、系统地分析了 2016 年非洲政治形势和热点问题，探讨了非洲经济形势和市场走向，剖析了大国对非洲关系的新动向；此外，还介绍了国内非洲研究的新成果。

地方发展类

地方发展类皮书关注中国各省份、经济区域，
提供科学、多元的预判与资政信息

北京蓝皮书

北京公共服务发展报告（2016~2017）

施昌奎 / 主编　2017 年 2 月出版　估价：89.00 元

◆　本书是由北京市政府职能部门的领导、首都著名高校的教授、知名研究机构的专家共同完成的关于北京市公共服务发展与创新的研究成果。

河南蓝皮书

河南经济发展报告（2017）

张占仓 / 编著　2017 年 3 月出版　估价：89.00 元

◆　本书以国内外经济发展环境和走向为背景，主要分析当前河南经济形势，预测未来发展趋势，全面反映河南经济发展的最新动态、热点和问题，为地方经济发展和领导决策提供参考。

广州蓝皮书

2017 年中国广州经济形势分析与预测

庾建设　陈浩钿　谢博能 / 主编　2017 年 7 月出版　估价：85.00 元

◆　本书由广州大学与广州市委政策研究室、广州市统计局联合主编，汇集了广州科研团体、高等院校和政府部门诸多经济问题研究专家、学者和实际部门工作者的最新研究成果，是关于广州经济运行情况和相关专题分析、预测的重要参考资料。

文化传媒类

文化传媒类皮书透视文化领域、文化产业，
探索文化大繁荣、大发展的路径

新媒体蓝皮书

中国新媒体发展报告 No.8（2017）

唐绪军 / 主编　2017 年 6 月出版　估价：89.00 元

◆　本书是由中国社会科学院新闻与传播研究所组织编写的关于新媒体发展的最新年度报告，旨在全面分析中国新媒体的发展现状，解读新媒体的发展趋势，探析新媒体的深刻影响。

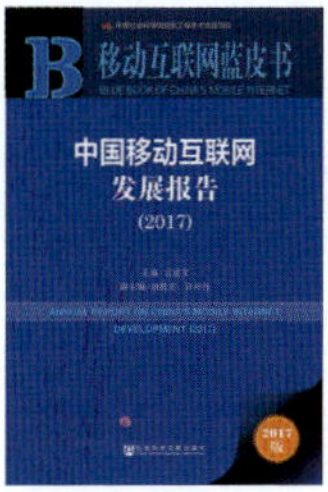

移动互联网蓝皮书

中国移动互联网发展报告（2017）

官建文 / 编著　2017 年 6 月出版　估价：89.00 元

◆　本书着眼于对中国移动互联网 2016 年度的发展情况做深入解析，对未来发展趋势进行预测，力求从不同视角、不同层面全面剖析中国移动互联网发展的现状、年度突破及热点趋势等。

传媒蓝皮书

中国传媒产业发展报告（2017）

崔保国 / 主编　2017 年 5 月出版　估价：98.00 元

◆　“传媒蓝皮书”连续十多年跟踪观察和系统研究中国传媒产业发展。本报告在对传媒产业总体以及各细分行业发展状况与趋势进行深入分析基础上，对年度发展热点进行跟踪，剖析新技术引领下的商业模式，对传媒各领域发展趋势、内体经营、传媒投资进行解析，为中国传媒产业正在发生的变革提供前瞻行参考。

经济类

“三农”互联网金融蓝皮书
中国“三农”互联网金融发展报告（2017）
著(编)者：李勇坚 王弢　2017年8月出版 / 估价：98.00元
PSN B-2016-561-1/1

G20国家创新竞争力黄皮书
二十国集团（G20）国家创新竞争力发展报告（2016~2017）
著(编)者：李建平 李闽榕 赵新力 周天勇
2017年8月出版 / 估价：158.00元
PSN Y-2011-229-1/1

产业蓝皮书
中国产业竞争力报告（2017）No.7
著(编)者：张其仔　2017年12月出版 / 估价：98.00元
PSN B-2010-175-1/1

城市创新蓝皮书
中国城市创新报告（2017）
著(编)者：周天勇 旷建伟　2017年11月出版 / 估价：89.00元
PSN B-2013-340-1/1

城市蓝皮书
中国城市发展报告 No.10
著(编)者：潘家华 单菁菁　2017年9月出版 / 估价：89.00元
PSN B-2007-091-1/1

城乡一体化蓝皮书
中国城乡一体化发展报告（2016～2017）
著(编)者：汝信 付崇兰　2017年7月出版 / 估价：85.00元
PSN B-2011-226-1/2

城镇化蓝皮书
中国新型城镇化健康发展报告（2017）
著(编)者：张占斌　2017年8月出版 / 估价：89.00元
PSN B-2014-396-1/1

创新蓝皮书
创新型国家建设报告（2016～2017）
著(编)者：詹正茂　2017年12月出版 / 估价：89.00元
PSN B-2009-140-1/1

创业蓝皮书
中国创业发展报告（2016～2017）
著(编)者：黄群慧 赵卫星 钟宏武等
2017年11月出版 / 估价：89.00元
PSN B-2016-578-1/1

低碳发展蓝皮书
中国低碳发展报告（2016~2017）
著(编)者：齐晔 张希良　2017年3月出版 / 估价：98.00元
PSN B-2011-223-1/1

低碳经济蓝皮书
中国低碳经济发展报告（2017）
著(编)者：薛进军 赵忠秀　2017年6月出版 / 估价：85.00元
PSN B-2011-194-1/1

东北蓝皮书
中国东北地区发展报告（2017）
著(编)者：朱宇 张新颖　2017年12月出版 / 估价：89.00元
PSN B-2006-067-1/1

发展与改革蓝皮书
中国经济发展和体制改革报告No.8
著(编)者：邹东涛 王再文　2017年1月出版 / 估价：98.00元
PSN B-2008-122-1/1

工业化蓝皮书
中国工业化进程报告（2017）
著(编)者：黄群慧　2017年12月出版 / 估价：158.00元
PSN B-2007-095-1/1

管理蓝皮书
中国管理发展报告（2017）
著(编)者：张晓东　2017年10月出版 / 估价：98.00元
PSN B-2014-416-1/1

国际城市蓝皮书
国际城市发展报告（2017）
著(编)者：屠启宇　2017年2月出版 / 估价：89.00元
PSN B-2012-260-1/1

国家创新蓝皮书
中国创新发展报告（2017）
著(编)者：陈劲　2017年12月出版 / 估价：89.00元
PSN B-2014-370-1/1

金融蓝皮书
中国金融发展报告（2017）
著(编)者：李杨 王国刚　2017年12月出版 / 估价：89.00元
PSN B-2004-031-1/6

京津冀金融蓝皮书
京津冀金融发展报告（2017）
著(编)者：王爱俭 李向前
2017年3月出版 / 估价：89.00元
PSN B-2016-528-1/1

京津冀蓝皮书
京津冀发展报告（2017）
著(编)者：文魁 祝尔娟　2017年4月出版 / 估价：89.00元
PSN B-2012-262-1/1

经济蓝皮书
2017年中国经济形势分析与预测
著(编)者：李扬　2016年12月出版 / 定价：89.00元
PSN B-1996-001-1/1

经济蓝皮书·春季号
2017年中国经济前景分析
著(编)者：李扬　2017年6月出版 / 估价：89.00元
PSN B-1999-008-1/1

经济蓝皮书·夏季号
中国经济增长报告（2016～2017）
著(编)者：李扬　2017年9月出版 / 估价：98.00元
PSN B-2010-176-1/1

经济信息绿皮书
中国与世界经济发展报告（2017）
著(编)者：杜平　2017年12月出版 / 估价：89.00元
PSN G-2003-023-1/1

就业蓝皮书
2017年中国本科生就业报告
著(编)者：麦可思研究院　2017年6月出版 / 估价：98.00元
PSN B-2009-146-1/2

就业蓝皮书
2017年中国高职高专生就业报告
著(编)者：麦可思研究院　　2017年6月出版 / 估价：98.00元
PSN B-2015-472-2/2

科普能力蓝皮书
中国科普能力评价报告（2017）
著(编)者：李富 强李群　2017年8月出版 / 估价：89.00元
PSN B-2016-556-1/1

临空经济蓝皮书
中国临空经济发展报告（2017）
著(编)者：连玉明　2017年9月出版 / 估价：89.00元
PSN B-2014-421-1/1

农村绿皮书
中国农村经济形势分析与预测（2016～2017）
著(编)者：魏后凯 杜志雄 黄秉信
2017年4月出版 / 估价：89.00元
PSN G-1998-003-1/1

农业应对气候变化蓝皮书
气候变化对中国农业影响评估报告 No.3
著(编)者：矫梅燕　2017年8月出版 / 估价：98.00元
PSN B-2014-413-1/1

气候变化绿皮书
应对气候变化报告（2017）
著(编)者：王伟光 郑国光　　2017年6月出版 / 估价：89.00元
PSN G-2009-144-1/1

区域蓝皮书
中国区域经济发展报告（2016～2017）
著(编)者：赵弘　2017年6月出版 / 估价：89.00元
PSN B-2004-034-1/1

全球环境竞争力绿皮书
全球环境竞争力报告（2017）
著(编)者：李建平 李闽榕 王金南
2017年12月出版 / 估价：198.00元
PSN G-2013-363-1/1

人口与劳动绿皮书
中国人口与劳动问题报告 No.18
著(编)者：蔡昉 张车伟　2017年11月出版 / 估价：89.00元
PSN G-2000-012-1/1

商务中心区蓝皮书
中国商务中心区发展报告 No.3（2016）
著(编)者：李国红 单菁菁　2017年1月出版 / 估价：89.00元
PSN B-2015-444-1/1

世界经济黄皮书
2017年世界经济形势分析与预测
著(编)者：张宇燕　　2016年12月出版 / 定价：89.00元
PSN Y-1999-006-1/1

世界旅游城市绿皮书
世界旅游城市发展报告（2017）
著(编)者：宋宇　　2017年1月出版 / 估价：128.00元
PSN G-2014-400-1/1

土地市场蓝皮书
中国农村土地市场发展报告（2016～2017）
著(编)者：李光荣　2017年3月出版 / 估价：89.00元
PSN B-2016-527-1/1

西北蓝皮书
中国西北发展报告（2017）
著(编)者：高建龙　　2017年3月出版 / 估价：89.00元
PSN B-2012-261-1/1

西部蓝皮书
中国西部发展报告（2017）
著(编)者：姚慧琴 徐璋勇　2017年9月出版 / 估价：89.00元
PSN B-2005-039-1/1

新型城镇化蓝皮书
新型城镇化发展报告（2017）
著(编)者：李伟 宋敏 沈体雁　2017年3月出版 / 估价：98.00元
PSN B-2014-431-1/1

新兴经济体蓝皮书
金砖国家发展报告（2017）
著(编)者：林跃勤 周文　　2017年12月出版 / 估价：89.00元
PSN B-2011-195-1/1

长三角蓝皮书
2017年新常态下深化一体化的长三角
著(编)者：王庆五　　2017年12月出版 / 估价：88.00元
PSN B-2005-038-1/1

中部竞争力蓝皮书
中国中部经济社会竞争力报告（2017）
著(编)者：教育部人文社会科学重点研究基地
南昌大学中国中部经济社会发展研究中心
2017年12月出版 / 估价：89.00元
PSN B-2012-276-1/1

中部蓝皮书
中国中部地区发展报告（2017）
著(编)者：宋亚平　2017年12月出版 / 估价：88.00元
PSN B-2007-089-1/1

中国省域竞争力蓝皮书
中国省域经济综合竞争力发展报告（2017）
著(编)者：李建平 李闽榕 高燕京
2017年2月出版 / 估价：198.00元
PSN B-2007-088-1/1

中三角蓝皮书
长江中游城市群发展报告（2017）
著(编)者：秦尊文　2017年9月出版 / 估价：89.00元
PSN B-2014-417-1/1

中小城市绿皮书
中国中小城市发展报告（2017）
著(编)者：中国城市经济学会中小城市经济发展委员会
中国城镇化促进会中小城市发展委员会
《中国中小城市发展报告》编纂委员会
中小城市发展战略研究院
2017年11月出版 / 估价：128.00元
PSN G-2010-161-1/1

中原蓝皮书
中原经济区发展报告（2017）
著(编)者：李英杰　2017年6月出版 / 估价：88.00元
PSN B-2011-192-1/1

自贸区蓝皮书
中国自贸区发展报告（2017）
著(编)者：王力　　2017年7月出版 / 估价：89.00元
PSN B-2016-559-1/1

社会政法类

北京蓝皮书
中国社区发展报告（2017）
著(编)者：于燕燕　　2017年2月出版 / 估价：89.00元
PSN B-2007-083-5/8

殡葬绿皮书
中国殡葬事业发展报告（2017）
著(编)者：李伯森　　2017年4月出版 / 估价：158.00元
PSN G-2010-180-1/1

城市管理蓝皮书
中国城市管理报告（2016~2017）
著(编)者：刘林　刘承水　2017年5月出版 / 估价：158.00元
PSN B-2013-336-1/1

城市生活质量蓝皮书
中国城市生活质量报告（2017）
著(编)者：中国经济实验研究院
2017年7月出版 / 估价：89.00元
PSN B-2013-326-1/1

城市政府能力蓝皮书
中国城市政府公共服务能力评估报告（2017）
著(编)者：何艳玲　　2017年4月出版 / 估价：89.00元
PSN B-2013-338-1/1

慈善蓝皮书
中国慈善发展报告（2017）
著(编)者：杨团　　2017年6月出版 / 估价：89.00元
PSN B-2009-142-1/1

党建蓝皮书
党的建设研究报告 No.2（2017）
著(编)者：崔建民　陈东平　　2017年2月出版 / 估价：89.00元
PSN B-2016-524-1/1

地方法治蓝皮书
中国地方法治发展报告 No.3（2017）
著(编)者：李林　田禾　2017年3出版 / 估价：108.00元
PSN B-2015-442-1/1

法治蓝皮书
中国法治发展报告 No.15（2017）
著(编)者：李林 田禾　　2017年3月出版 / 估价：118.00元
PSN B-2004-027-1/1

法治政府蓝皮书
中国法治政府发展报告（2017）
著(编)者：中国政法大学法治政府研究院
2017年2月出版 / 估价：98.00元
PSN B-2015-502-1/2

法治政府蓝皮书
中国法治政府评估报告（2017）
著(编)者：中国政法大学法治政府研究院
2016年11月出版 / 估价：98.00元
PSN B-2016-577-2/2

反腐倡廉蓝皮书
中国反腐倡廉建设报告 No.7
著(编)者：张英伟　　2017年12月出版 / 估价：89.00元
PSN B-2012-259-1/1

非传统安全蓝皮书
中国非传统安全研究报告（2016~2017）
著(编)者：余潇枫 魏志江　　2017年6月出版 / 估价：89.00元
PSN B-2012-273-1/1

妇女发展蓝皮书
中国妇女发展报告 No.7
著(编)者：王金玲　　2017年9月出版 / 估价：148.00元
PSN B-2006-069-1/1

妇女教育蓝皮书
中国妇女教育发展报告 No.4
著(编)者：张李玺　　2017年10月出版 / 估价：78.00元
PSN B-2008-121-1/1

妇女绿皮书
中国性别平等与妇女发展报告（2017）
著(编)者：谭琳　　2017年12月出版 / 估价：99.00元
PSN G-2006-073-1/1

公共服务蓝皮书
中国城市基本公共服务力评价（2017）
著(编)者：钟君 吴正杲　　2017年12月出版 / 估价：89.00元
PSN B-2011-214-1/1

公民科学素质蓝皮书
中国公民科学素质报告（2016~2017）
著(编)者：李群　陈雄　马宗文
2017年1月出版 / 估价：89.00元
PSN B-2014-379-1/1

公共关系蓝皮书
中国公共关系发展报告（2017）
著(编)者：柳斌杰　　2017年11月出版 / 估价：89.00元
PSN B-2016-580-1/1

公益蓝皮书
中国公益慈善发展报告（2017）
著(编)者：朱健刚　　2017年4月出版 / 估价：118.00元
PSN B-2012-283-1/1

国际人才蓝皮书
海外华侨华人专业人士报告（2017）
著(编)者：王辉耀 苗绿　　2017年8月出版 / 估价：89.00元
PSN B-2014-409-4/4

国际人才蓝皮书
中国国际移民报告（2017）
著(编)者：王辉耀　　2017年2月出版 / 估价：89.00元
PSN B-2012-304-3/4

国际人才蓝皮书
中国留学发展报告（2017）No.5
著(编)者：王辉耀 苗绿　　2017年10月出版 / 估价：89.00元
PSN B-2012-244-2/4

海洋社会蓝皮书
中国海洋社会发展报告（2017）
著(编)者：崔凤 宋宁而　　2017年7月出版 / 估价：89.00元
PSN B-2015-478-1/1

行政改革蓝皮书
中国行政体制改革报告（2017）No.6
著(编)者：魏礼群　2017年5月出版 / 估价：98.00元
PSN B-2011-231-1/1

华侨华人蓝皮书
华侨华人研究报告（2017）
著(编)者：贾益民　2017年12月出版 / 估价：128.00元
PSN B-2011-204-1/1

环境竞争力绿皮书
中国省域环境竞争力发展报告（2017）
著(编)者：李建平 李闽榕 王金南
2017年11月出版 / 估价：198.00元
PSN G-2010-165-1/1

环境绿皮书
中国环境发展报告（2017）
著(编)者：刘鉴强　2017年11月出版 / 估价：89.00元
PSN G-2006-048-1/1

基金会蓝皮书
中国基金会发展报告（2016~2017）
著(编)者：中国基金会发展报告课题组
2017年4月出版 / 估价：85.00元
PSN B-2013-368-1/1

基金会绿皮书
中国基金会发展独立研究报告（2017）
著(编)者：基金会中心网 中央民族大学基金会研究中心
2017年6月出版 / 估价：88.00元
PSN G-2011-213-1/1

基金会透明度蓝皮书
中国基金会透明度发展研究报告（2017）
著(编)者：基金会中心网 清华大学廉政与治理研究中心
2017年12月出版 / 估价：89.00元
PSN B-2015-509-1/1

家庭蓝皮书
中国"创建幸福家庭活动"评估报告（2017）
国务院发展研究中心"创建幸福家庭活动评估"课题组著
2017年8月出版 / 估价：89.00元
PSN B-2012-261-1/1

健康城市蓝皮书
中国健康城市建设研究报告（2017）
著(编)者：王鸿春 解树江 盛继洪
2017年9月出版 / 估价：89.00元
PSN B-2016-565-2/2

教师蓝皮书
中国中小学教师发展报告（2017）
著(编)者：曾晓东 鱼霞　2017年6月出版 / 估价：89.00元
PSN B-2012-289-1/1

教育蓝皮书
中国教育发展报告（2017）
著(编)者：杨东平　2017年4月出版 / 估价：89.00元
PSN B-2006-047-1/1

科普蓝皮书
中国基层科普发展报告（2016～2017）
著(编)者：赵立 新陈玲　2017年9月出版 / 估价：89.00元
PSN B-2016-569-3/3

科普蓝皮书
中国科普基础设施发展报告（2017）
著(编)者：任福君　2017年6月出版 / 估价：89.00元
PSN B-2010-174-1/3

科普蓝皮书
中国科普人才发展报告（2017）
著(编)者：郑念 任嵘嵘　2017年4月出版 / 估价：98.00元
PSN B-2015-513-2/3

科学教育蓝皮书
中国科学教育发展报告（2017）
著(编)者：罗晖 王康友　2017年10月出版 / 估价：89.00元
PSN B-2015-487-1/1

劳动保障蓝皮书
中国劳动保障发展报告（2017）
著(编)者：刘燕斌　2017年9月出版 / 估价：188.00元
PSN B-2014-415-1/1

老龄蓝皮书
中国老年宜居环境发展报告（2017）
著(编)者：党俊武 周燕珉　2017年1月出版 / 估价：89.00元
PSN B-2013-320-1/1

连片特困区蓝皮书
中国连片特困区发展报告（2017）
著(编)者：游俊 冷志明 丁建军
2017年3月出版 / 估价：98.00元
PSN B-2013-321-1/1

民间组织蓝皮书
中国民间组织报告（2017）
著(编)者：黄晓勇　2017年12月出版 / 估价：89.00元
PSN B-2008-118-1/1

民调蓝皮书
中国民生调查报告（2017）
著(编)者：谢耘耕　2017年12月出版 / 估价：98.00元
PSN B-2014-398-1/1

民族发展蓝皮书
中国民族发展报告（2017）
著(编)者：郝时远 王延中 王希恩
2017年4月出版 / 估价：98.00元
PSN B-2006-070-1/1

女性生活蓝皮书
中国女性生活状况报告 No.11（2017）
著(编)者：韩湘景　2017年10月出版 / 估价：98.00元
PSN B-2006-071-1/1

汽车社会蓝皮书
中国汽车社会发展报告（2017）
著(编)者：王俊秀　2017年1月出版 / 估价：89.00元
PSN B-2011-224-1/1

青年蓝皮书
中国青年发展报告（2017）No.3
著(编)者：廉思 等　2017年4月出版 / 估价：89.00元
PSN B-2013-333-1/1

青少年蓝皮书
中国未成年人互联网运用报告（2017）
著(编)者：李文革 沈杰 季为民
2017年11月出版 / 估价：89.00元
PSN B-2010-156-1/1

青少年体育蓝皮书
中国青少年体育发展报告（2017）
著(编)者：郭建军 杨桦　2017年9月出版 / 估价：89.00元
PSN B-2015-482-1/1

群众体育蓝皮书
中国群众体育发展报告（2017）
著(编)者：刘国永 杨桦　2017年12月出版 / 估价：89.00元
PSN B-2016-519-2/3

人权蓝皮书
中国人权事业发展报告 No.7（2017）
著(编)者：李君如　2017年9月出版 / 估价：98.00元
PSN B-2011-215-1/1

社会保障绿皮书
中国社会保障发展报告（2017）No.9
著(编)者：王延中　2017年4月出版 / 估价：89.00元
PSN G-2001-014-1/1

社会风险评估蓝皮书
风险评估与危机预警评估报告（2017）
著(编)者：唐钧　2017年8月出版 / 估价：85.00元
PSN B-2016-521-1/1

社会工作蓝皮书
中国社会工作发展报告（2017）
著(编)者：民政部社会工作研究中心
2017年8月出版 / 估价：89.00元
PSN B-2009-141-1/1

社会管理蓝皮书
中国社会管理创新报告 No.5
著(编)者：连玉明　2017年11月出版 / 估价：89.00元
PSN B-2012-300-1/1

社会蓝皮书
2017年中国社会形势分析与预测
著(编)者：李培林 陈光金 张翼
2016年12月出版 / 定价：89.00元
PSN B-1998-002-1/1

社会体制蓝皮书
中国社会体制改革报告No.5（2017）
著(编)者：龚维斌　2017年4月出版 / 估价：89.00元
PSN B-2013-330-1/1

社会心态蓝皮书
中国社会心态研究报告（2017）
著(编)者：王俊秀 杨宜音　2017年12月出版 / 估价：89.00元
PSN B-2011-199-1/1

社会组织蓝皮书
中国社会组织评估发展报告（2017）
著(编)者：徐家良 廖鸿　2017年12月出版 / 估价：89.00元
PSN B-2013-366-1/1

生态城市绿皮书
中国生态城市建设发展报告（2017）
著(编)者：刘举科 孙伟平 胡文臻
2017年9月出版 / 估价：118.00元
PSN G-2012-269-1/1

生态文明绿皮书
中国省域生态文明建设评价报告（ECI 2017）
著(编)者：严耕　2017年12月出版 / 估价：98.00元
PSN G-2010-170-1/1

体育蓝皮书
中国公共体育服务发展报告（2017）
著(编)者：戴健　2017年12月出版 / 估价：89.00元
PSN B-2013-367-2/4

土地整治蓝皮书
中国土地整治发展研究报告 No.4
著(编)者：国土资源部土地整治中心
2017年7月出版 / 估价：89.00元
PSN B-2014-401-1/1

土地政策蓝皮书
中国土地政策研究报告（2017）
著(编)者：高延利 李宪文
2017年12月出版 / 估价：89.00元
PSN B-2015-506-1/1

医改蓝皮书
中国医药卫生体制改革报告（2017）
著(编)者：文学国 房志武　2017年11月出版 / 估价：98.00元
PSN B-2014-432-1/1

医疗卫生绿皮书
中国医疗卫生发展报告 No.7（2017）
著(编)者：申宝忠 韩玉珍　2017年4月出版 / 估价：85.00元
PSN G-2004-033-1/1

应急管理蓝皮书
中国应急管理报告（2017）
著(编)者：宋英华　2017年9月出版 / 估价：98.00元
PSN B-2016-563-1/1

政治参与蓝皮书
中国政治参与报告（2017）
著(编)者：房宁　2017年9月出版 / 估价：118.00元
PSN B-2011-200-1/1

中国农村妇女发展蓝皮书
农村流动女性城市生活发展报告（2017）
著(编)者：谢丽华　2017年12月出版 / 估价：89.00元
PSN B-2014-434-1/1

宗教蓝皮书
中国宗教报告（2017）
著(编)者：邱永辉　2017年4月出版 / 估价：89.00元
PSN B-2008-117-1/1

行业报告类

SUV蓝皮书
中国SUV市场发展报告（2016~2017）
著(编)者：靳军 2017年9月出版 / 估价：89.00元
PSN B-2016-572-1/1

保健蓝皮书
中国保健服务产业发展报告 No.2
著(编)者：中国保健协会 中共中央党校
2017年7月出版 / 估价：198.00元
PSN B-2012-272-3/3

保健蓝皮书
中国保健食品产业发展报告 No.2
著(编)者：中国保健协会
中国社会科学院食品药品产业发展与监管研究中心
2017年7月出版 / 估价：198.00元
PSN B-2012-271-2/3

保健蓝皮书
中国保健用品产业发展报告 No.2
著(编)者：中国保健协会
国务院国有资产监督管理委员会研究中心
2017年3月出版 / 估价：198.00元
PSN B-2012-270-1/3

保险蓝皮书
中国保险业竞争力报告（2017）
著(编)者：项俊波 2017年12月出版 / 估价：99.00元
PSN B-2013-311-1/1

冰雪蓝皮书
中国滑雪产业发展报告（2017）
著(编)者：孙承华 伍斌 魏庆华 张鸿俊
2017年8月出版 / 估价：89.00元
PSN B-2016-560-1/1

彩票蓝皮书
中国彩票发展报告（2017）
著(编)者：益彩基金 2017年4月出版 / 估价：98.00元
PSN B-2015-462-1/1

餐饮产业蓝皮书
中国餐饮产业发展报告（2017）
著(编)者：邢颖 2017年6月出版 / 估价：98.00元
PSN B-2009-151-1/1

测绘地理信息蓝皮书
新常态下的测绘地理信息研究报告（2017）
著(编)者：库热西・买合苏提
2017年12月出版 / 估价：118.00元
PSN B-2009-145-1/1

茶业蓝皮书
中国茶产业发展报告（2017）
著(编)者：杨江帆 李闽榕 2017年10月出版 / 估价：88.00元
PSN B-2010-164-1/1

产权市场蓝皮书
中国产权市场发展报告（2016～2017）
著(编)者：曹和平 2017年5月出版 / 估价：89.00元
PSN B-2009-147-1/1

产业安全蓝皮书
中国出版传媒产业安全报告（2016~2017）
著(编)者：北京印刷学院文化产业安全研究院
2017年3月出版 / 估价：89.00元
PSN B-2014-384-13/14

产业安全蓝皮书
中国文化产业安全报告（2017）
著(编)者：北京印刷学院文化产业安全研究院
2017年12月出版 / 估价：89.00元
PSN B-2014-378-12/14

产业安全蓝皮书
中国新媒体产业安全报告（2017）
著(编)者：北京印刷学院文化产业安全研究院
2017年12月出版 / 估价：89.00元
PSN B-2015-500-14/14

城投蓝皮书
中国城投行业发展报告（2017）
著(编)者：王晨艳 丁伯康 2017年11月出版 / 估价：300.00元
PSN B-2016-514-1/1

电子政务蓝皮书
中国电子政务发展报告（2016~2017）
著(编)者：李季 杜平 2017年7月出版 / 估价：89.00元
PSN B-2003-022-1/1

杜仲产业绿皮书
中国杜仲橡胶资源与产业发展报告（2016～2017）
著(编)者：杜红岩 胡文臻 俞锐
2017年1月出版 / 估价：85.00元
PSN G-2013-350-1/1

房地产蓝皮书
中国房地产发展报告 No.14（2017）
著(编)者：李春华 王业强 2017年5月出版 / 估价：89.00元
PSN B-2004-028-1/1

服务外包蓝皮书
中国服务外包产业发展报告（2017）
著(编)者：王晓红 刘德军
2017年6月出版 / 估价：89.00元
PSN B-2013-331-2/2

服务外包蓝皮书
中国服务外包竞争力报告（2017）
著(编)者：王力 刘春生 黄育华
2017年11月出版 / 估价：85.00元
PSN B-2011-216-1/2

工业和信息化蓝皮书
世界网络安全发展报告（2016~2017）
著(编)者：洪京一 2017年4月出版 / 估价：89.00元
PSN B-2015-452-5/5

工业和信息化蓝皮书
世界信息化发展报告（2016~2017）
著(编)者：洪京一 2017年4月出版 / 估价：89.00元
PSN B-2015-451-4/5

工业和信息化蓝皮书
世界信息技术产业发展报告（2016~2017）
著(编)者：洪京一　2017年4月出版 / 估价：89.00元
PSN B-2015-449-2/5

工业和信息化蓝皮书
移动互联网产业发展报告（2016~2017）
著(编)者：洪京一　2017年4月出版 / 估价：89.00元
PSN B-2015-448-1/5

工业和信息化蓝皮书
战略性新兴产业发展报告（2016~2017）
著(编)者：洪京一　2017年4月出版 / 估价：89.00元
PSN B-2015-450-3/5

工业设计蓝皮书
中国工业设计发展报告（2017）
著(编)者：王晓红 于炜 张立群
2017年9月出版 / 估价：138.00元
PSN B-2014-420-1/1

黄金市场蓝皮书
中国商业银行黄金业务发展报告（2016~2017）
著(编)者：平安银行　2017年3月出版 / 估价：98.00元
PSN B-2016-525-1/1

互联网金融蓝皮书
中国互联网金融发展报告（2017）
著(编)者：李东荣　2017年9月出版 / 估价：128.00元
PSN B-2014-374-1/1

互联网医疗蓝皮书
中国互联网医疗发展报告（2017）
著(编)者：宫晓东　2017年9月出版 / 估价：89.00元
PSN B-2016-568-1/1

会展蓝皮书
中外会展业动态评估年度报告（2017）
著(编)者：张敏　2017年1月出版 / 估价：88.00元
PSN B-2013-327-1/1

金融监管蓝皮书
中国金融监管报告（2017）
著(编)者：胡滨　2017年6月出版 / 估价：89.00元
PSN B-2012-281-1/1

金融蓝皮书
中国金融中心发展报告（2017）
著(编)者：王力 黄育华　2017年11月出版 / 估价：85.00元
PSN B-2011-186-6/6

建筑装饰蓝皮书
中国建筑装饰行业发展报告（2017）
著(编)者：刘晓一 葛顺道　2017年7月出版 / 估价：198.00元
PSN B-2016-554-1/1

客车蓝皮书
中国客车产业发展报告（2016~2017）
著(编)者：姚蔚　2017年10月出版 / 估价：85.00元
PSN B-2013-361-1/1

旅游安全蓝皮书
中国旅游安全报告（2017）
著(编)者：郑向敏 谢朝武　2017年5月出版 / 估价：128.00元
PSN B-2012-280-1/1

旅游绿皮书
2016～2017年中国旅游发展分析与预测
著(编)者：张广瑞 刘德谦　2017年4月出版 / 估价：89.00元
PSN G-2002-018-1/1

煤炭蓝皮书
中国煤炭工业发展报告（2017）
著(编)者：岳福斌　2017年12月出版 / 估价：85.00元
PSN B-2008-123-1/1

民营企业社会责任蓝皮书
中国民营企业社会责任报告（2017）
著(编)者：中华全国工商业联合会
2017年12月出版 / 估价：89.00元
PSN B-2015-511-1/1

民营医院蓝皮书
中国民营医院发展报告（2017）
著(编)者：庄一强　2017年10月出版 / 估价：85.00元
PSN B-2012-299-1/1

闽商蓝皮书
闽商发展报告（2017）
著(编)者：李闽榕 王日根 林琛
2017年12月出版 / 估价：89.00元
PSN B-2012-298-1/1

能源蓝皮书
中国能源发展报告（2017）
著(编)者：崔民选 王军生 陈义和
2017年10月出版 / 估价：98.00元
PSN B-2006-049-1/1

农产品流通蓝皮书
中国农产品流通产业发展报告（2017）
著(编)者：贾敬敦 张东科 张玉玺 张鹏毅 周伟
2017年1月出版 / 估价：89.00元
PSN B-2012-288-1/1

企业公益蓝皮书
中国企业公益研究报告（2017）
著(编)者：钟宏武 汪杰 顾一 黄晓娟 等
2017年12月出版 / 估价：89.00元
PSN B-2015-501-1/1

企业国际化蓝皮书
中国企业国际化报告（2017）
著(编)者：王辉耀　2017年11月出版 / 估价：98.00元
PSN B-2014-427-1/1

企业蓝皮书
中国企业绿色发展报告 No.2（2017）
著(编)者：李红玉 朱光辉　2017年8月出版 / 估价：89.00元
PSN B-2015-481-2/2

企业社会责任蓝皮书
中国企业社会责任研究报告（2017）
著(编)者：黄群慧 钟宏武 张蒽 翟利峰
2017年11月出版 / 估价：89.00元
PSN B-2009-149-1/1

汽车安全蓝皮书
中国汽车安全发展报告（2017）
著(编)者：中国汽车技术研究中心
2017年7月出版 / 估价：89.00元
PSN B-2014-385-1/1

汽车电子商务蓝皮书
中国汽车电子商务发展报告（2017）
著(编)者：中华全国工商业联合会汽车经销商商会
北京易观智库网络科技有限公司
2017年10月出版 / 估价：128.00元
PSN B-2015-485-1/1

汽车工业蓝皮书
中国汽车工业发展年度报告（2017）
著(编)者：中国汽车工业协会 中国汽车技术研究中心
丰田汽车（中国）投资有限公司
2017年4月出版 / 估价：128.00元
PSN B-2015-463-1/2

汽车工业蓝皮书
中国汽车零部件产业发展报告（2017）
著(编)者：中国汽车工业协会 中国汽车工程研究院
2017年10月出版 / 估价：98.00元
PSN B-2016-515-2/2

汽车蓝皮书
中国汽车产业发展报告（2017）
著(编)者：国务院发展研究中心产业经济研究部
中国汽车工程学会 大众汽车集团（中国）
2017年8月出版 / 估价：98.00元
PSN B-2008-124-1/1

人力资源蓝皮书
中国人力资源发展报告（2017）
著(编)者：余兴安 2017年11月出版 / 估价：89.00元
PSN B-2012-287-1/1

融资租赁蓝皮书
中国融资租赁业发展报告（2016～2017）
著(编)者：李光荣 王力 2017年8月出版 / 估价：89.00元
PSN B-2015-443-1/1

商会蓝皮书
中国商会发展报告No.5（2017）
著(编)者：王钦敏 2017年7月出版 / 估价：89.00元
PSN B-2008-125-1/1

输血服务蓝皮书
中国输血行业发展报告（2017）
著(编)者：朱永明 耿鸿武 2016年8月出版 / 估价：89.00元
PSN B-2016-583-1/1

上市公司蓝皮书
中国上市公司社会责任信息披露报告（2017）
著(编)者：张旺 张杨 2017年11月出版 / 估价：89.00元
PSN B-2011-234-1/2

社会责任管理蓝皮书
中国上市公司社会责任能力成熟度报告（2017）No.2
著(编)者：肖红军 王晓光 李伟阳
2017年12月出版 / 估价：98.00元
PSN B-2015-507-2/2

社会责任管理蓝皮书
中国企业公众透明度报告(2017)No.3
著(编)者：黄速建 熊梦 王晓光 肖红军
2017年1月出版 / 估价：98.00元
PSN B-2015-440-1/2

食品药品蓝皮书
食品药品安全与监管政策研究报告（2016～2017）
著(编)者：唐民皓 2017年6月出版 / 估价：89.00元
PSN B-2009-129-1/1

世界能源蓝皮书
世界能源发展报告（2017）
著(编)者：黄晓勇 2017年6月出版 / 估价：99.00元
PSN B-2013-349-1/1

水利风景区蓝皮书
中国水利风景区发展报告（2017）
著(编)者：谢婵才 兰思仁 2017年5月出版 / 估价：89.00元
PSN B-2015-480-1/1

私募市场蓝皮书
中国私募股权市场发展报告（2017）
著(编)者：曹和平 2017年12月出版 / 估价：89.00元
PSN B-2010-162-1/1

碳市场蓝皮书
中国碳市场报告（2017）
著(编)者：定金彪 2017年11月出版 / 估价：89.00元
PSN B-2014-430-1/1

体育蓝皮书
中国体育产业发展报告（2017）
著(编)者：阮伟 钟秉枢 2017年12月出版 / 估价：89.00元
PSN B-2010-179-1/4

网络空间安全蓝皮书
中国网络空间安全发展报告（2017）
著(编)者：惠志斌 唐涛 2017年4月出版 / 估价：89.00元
PSN B-2015-466-1/1

西部金融蓝皮书
中国西部金融发展报告（2017）
著(编)者：李忠民 2017年8月出版 / 估价：85.00元
PSN B-2010-160-1/1

协会商会蓝皮书
中国行业协会商会发展报告（2017）
著(编)者：景朝阳 李勇 2017年4月出版 / 估价：99.00元
PSN B-2015-461-1/1

新能源汽车蓝皮书
中国新能源汽车产业发展报告（2017）
著(编)者：中国汽车技术研究中心
日产（中国）投资有限公司 东风汽车有限公司
2017年7月出版 / 估价：98.00元
PSN B-2013-347-1/1

新三板蓝皮书
中国新三板市场发展报告（2017）
著(编)者：王力 2017年6月出版 / 估价：89.00元
PSN B-2016-534-1/1

信托市场蓝皮书
中国信托业市场报告（2016～2017）
著(编)者：用益信托工作室
2017年1月出版 / 估价：198.00元
PSN B-2014-371-1/1

信息化蓝皮书
中国信息化形势分析与预测（2016~2017）
著(编)者：周宏仁　　2017年8月出版 / 估价：98.00元
PSN B-2010-168-1/1

信用蓝皮书
中国信用发展报告（2017）
著(编)者：章政 田侃　　2017年4月出版 / 估价：99.00元
PSN B-2013-328-1/1

休闲绿皮书
2017年中国休闲发展报告
著(编)者：宋瑞　　2017年10月出版 / 估价：89.00元
PSN G-2010-158-1/1

休闲体育蓝皮书
中国休闲体育发展报告（2016～2017）
著(编)者：李相如　钟炳枢　　2017年10月出版 / 估价：89.00元
PSN G-2016-516-1/1

养老金融蓝皮书
中国养老金融发展报告（2017）
著(编)者：董克用　姚余栋
2017年6月出版 / 估价：89.00元
PSN B-2016-584-1/1

药品流通蓝皮书
中国药品流通行业发展报告（2017）
著(编)者：佘鲁林 温再兴　　2017年8月出版 / 估价：158.00元
PSN B-2014-429-1/1

医院蓝皮书
中国医院竞争力报告（2017）
著(编)者：庄一强　曾益新　　2017年3月出版 / 估价：128.00元
PSN B-2016-529-1/1

医药蓝皮书
中国中医药产业园战略发展报告（2017）
著(编)者：裴长洪 房书亭 吴滌心
2017年8月出版 / 估价：89.00元
PSN B-2012-305-1/1

邮轮绿皮书
中国邮轮产业发展报告（2017）
著(编)者：汪泓　　2017年10月出版 / 估价：89.00元
PSN G-2014-419-1/1

智能养老蓝皮书
中国智能养老产业发展报告（2017）
著(编)者：朱勇　　2017年10月出版 / 估价：89.00元
PSN B-2015-488-1/1

债券市场蓝皮书
中国债券市场发展报告（2016～2017）
著(编)者：杨农　　2017年10月出版 / 估价：89.00元
PSN B-2016-573-1/1

中国节能汽车蓝皮书
中国节能汽车发展报告（2016~2017）
著(编)者：中国汽车工程研究院股份有限公司
2017年9月出版 / 估价：98.00元
PSN B-2016-566-1/1

中国上市公司蓝皮书
中国上市公司发展报告（2017）
著(编)者：张平 王宏淼
2017年10月出版 / 估价：98.00元
PSN B-2014-414-1/1

中国陶瓷产业蓝皮书
中国陶瓷产业发展报告（2017）
著(编)者：左和平 黄速建　　2017年10月出版 / 估价：98.00元
PSN B-2016-574-1/1

中国总部经济蓝皮书
中国总部经济发展报告（2016～2017）
著(编)者：赵弘　　2017年9月出版 / 估价：89.00元
PSN B-2005-036-1/1

中医文化蓝皮书
中国中医药文化传播发展报告（2017）
著(编)者：毛嘉陵　　2017年7月出版 / 估价：89.00元
PSN B-2015-468-1/1

装备制造业蓝皮书
中国装备制造业发展报告（2017）
著(编)者：徐东华　　2017年12月出版 / 估价：148.00元
PSN B-2015-505-1/1

资本市场蓝皮书
中国场外交易市场发展报告（2016～2017）
著(编)者：高峦　　2017年3月出版 / 估价：89.00元
PSN B-2009-153-1/1

资产管理蓝皮书
中国资产管理行业发展报告（2017）
著(编)者：智信资产管理研究院
2017年6月出版 / 估价：89.00元
PSN B-2014-407-2/2

文化传媒类

传媒竞争力蓝皮书
中国传媒国际竞争力研究报告（2017）
著(编)者：李本乾 刘强
2017年11月出版 / 估价：148.00元
PSN B-2013-356-1/1

传媒蓝皮书
中国传媒产业发展报告（2017）
著(编)者：崔保国 2017年5月出版 / 估价：98.00元
PSN B-2005-035-1/1

传媒投资蓝皮书
中国传媒投资发展报告（2017）
著(编)者：张向东 谭云明
2017年6月出版 / 估价：128.00元
PSN B-2015-474-1/1

动漫蓝皮书
中国动漫产业发展报告（2017）
著(编)者：卢斌 郑玉明 牛兴侦
2017年9月出版 / 估价：89.00元
PSN B-2011-198-1/1

非物质文化遗产蓝皮书
中国非物质文化遗产发展报告（2017）
著(编)者：陈平 2017年5月出版 / 估价：98.00元
PSN B-2015-469-1/1

广电蓝皮书
中国广播电影电视发展报告（2017）
著(编)者：国家新闻出版广电总局发展研究中心
2017年7月出版 / 估价：98.00元
PSN B-2006-072-1/1

广告主蓝皮书
中国广告主营销传播趋势报告 No.9
著(编)者：黄升民 杜国清 邵华冬 等
2017年10月出版 / 估价：148.00元
PSN B-2005-041-1/1

国际传播蓝皮书
中国国际传播发展报告（2017）
著(编)者：胡正荣 李继东 姬德强
2017年11月出版 / 估价：89.00元
PSN B-2014-408-1/1

纪录片蓝皮书
中国纪录片发展报告（2017）
著(编)者：何苏六 2017年9月出版 / 估价：89.00元
PSN B-2011-222-1/1

科学传播蓝皮书
中国科学传播报告（2017）
著(编)者：詹正茂 2017年7月出版 / 估价：89.00元
PSN B-2008-120-1/1

两岸创意经济蓝皮书
两岸创意经济研究报告（2017）
著(编)者：罗昌智 林咏能
2017年10月出版 / 估价：98.00元
PSN B-2014-437-1/1

两岸文化蓝皮书
两岸文化产业合作发展报告（2017）
著(编)者：胡惠林 李保宗 2017年7月出版 / 估价：89.00元
PSN B-2012-285-1/1

媒介与女性蓝皮书
中国媒介与女性发展报告(2016~2017)
著(编)者：刘利群 2017年9月出版 / 估价：118.00元
PSN B-2013-345-1/1

媒体融合蓝皮书
中国媒体融合发展报告（2017）
著(编)者：梅宁华 宋建武 2017年7月出版 / 估价：89.00元
PSN B-2015-479-1/1

全球传媒蓝皮书
全球传媒发展报告（2017）
著(编)者：胡正荣 李继东 唐晓芬
2017年11月出版 / 估价：89.00元
PSN B-2012-237-1/1

少数民族非遗蓝皮书
中国少数民族非物质文化遗产发展报告（2017）
著(编)者：肖远平（彝） 柴立（满）
2017年8月出版 / 估价：98.00元
PSN B-2015-467-1/1

视听新媒体蓝皮书
中国视听新媒体发展报告（2017）
著(编)者：国家新闻出版广电总局发展研究中心
2017年7月出版 / 估价：98.00元
PSN B-2011-184-1/1

文化创新蓝皮书
中国文化创新报告（2017）No.7
著(编)者：于平 傅才武 2017年7月出版 / 估价：98.00元
PSN B-2009-143-1/1

文化建设蓝皮书
中国文化发展报告（2016~2017）
著(编)者：江畅 孙伟平 戴茂堂
2017年6月出版 / 估价：116.00元
PSN B-2014-392-1/1

文化科技蓝皮书
文化科技创新发展报告（2017）
著(编)者：于平 李凤亮 2017年11月出版 / 估价：89.00元
PSN B-2013-342-1/1

文化蓝皮书
中国公共文化服务发展报告（2017）
著(编)者：刘新成 张永新 张旭
2017年12月出版 / 估价：98.00元
PSN B-2007-093-2/10

文化蓝皮书
中国公共文化投入增长测评报告（2017）
著(编)者：王亚南 2017年4月出版 / 估价：89.00元
PSN B-2014-435-10/10

文化蓝皮书
中国少数民族文化发展报告（2016~2017）
著(编)者：武翠英 张晓明 任乌晶
2017年9月出版 / 估价：89.00元
PSN B-2013-369-9/10

文化蓝皮书
中国文化产业发展报告（2016~2017）
著(编)者：张晓明 王家新 章建刚
2017年2月出版 / 估价：89.00元
PSN B-2002-019-1/10

文化蓝皮书
中国文化产业供需协调检测报告（2017）
著(编)者：王亚南 2017年2月出版 / 估价：89.00元
PSN B-2013-323-8/10

文化蓝皮书
中国文化消费需求景气评价报告（2017）
著(编)者：王亚南 2017年4月出版 / 估价：89.00元
PSN B-2011-236-4/10

文化品牌蓝皮书
中国文化品牌发展报告（2017）
著(编)者：欧阳友权 2017年5月出版 / 估价：98.00元
PSN B-2012-277-1/1

文化遗产蓝皮书
中国文化遗产事业发展报告（2017）
著(编)者：苏杨 张颖岚 王宇飞
2017年8月出版 / 估价：98.00元
PSN B-2008-119-1/1

文学蓝皮书
中国文情报告（2016~2017）
著(编)者：白烨 2017年5月出版 / 估价：49.00元
PSN B-2011-221-1/1

新媒体蓝皮书
中国新媒体发展报告No.8（2017）
著(编)者：唐绪军 2017年6月出版 / 估价：89.00元
PSN B-2010-169-1/1

新媒体社会责任蓝皮书
中国新媒体社会责任研究报告（2017）
著(编)者：钟瑛 2017年11月出版 / 估价：89.00元
PSN B-2014-423-1/1

移动互联网蓝皮书
中国移动互联网发展报告（2017）
著(编)者：官建文 2017年6月出版 / 估价：89.00元
PSN B-2012-282-1/1

舆情蓝皮书
中国社会舆情与危机管理报告（2017）
著(编)者：谢耘耕 2017年9月出版 / 估价：128.00元
PSN B-2011-235-1/1

影视风控蓝皮书
中国影视舆情与风控报告 （2017）
著(编)者：司若 2017年4月出版 / 估价：138.00元
PSN B-2016-530-1/1

地方发展类

安徽经济蓝皮书
合芜蚌国家自主创新综合示范区研究报告（2016～2017）
著(编)者：王开玉 2017年11月出版 / 估价：89.00元
PSN B-2014-383-1/1

安徽蓝皮书
安徽社会发展报告（2017）
著(编)者：程桦 2017年4月出版 / 估价：89.00元
PSN B-2013-325-1/1

安徽社会建设蓝皮书
安徽社会建设分析报告（2016～2017）
著(编)者：黄家海 王开玉 蔡宪
2016年4月出版 / 估价：89.00元
PSN B-2013-322-1/1

澳门蓝皮书
澳门经济社会发展报告（2016～2017）
著(编)者：吴志良 郝雨凡 2017年6月出版 / 估价：98.00元
PSN B-2009-138-1/1

北京蓝皮书
北京公共服务发展报告（2016～2017）
著(编)者：施昌奎 2017年2月出版 / 估价：89.00元
PSN B-2008-103-7/8

北京蓝皮书
北京经济发展报告（2016～2017）
著(编)者：杨松 2017年6月出版 / 估价：89.00元
PSN B-2006-054-2/8

北京蓝皮书
北京社会发展报告（2016～2017）
著(编)者：李伟东 2017年6月出版 / 估价：89.00元
PSN B-2006-055-3/8

北京蓝皮书
北京社会治理发展报告（2016～2017）
著(编)者：殷星辰 2017年5月出版 / 估价：89.00元
PSN B-2014-391-8/8

北京蓝皮书
北京文化发展报告（2016～2017）
著(编)者：李建盛 2017年4月出版 / 估价：89.00元
PSN B-2007-082-4/8

北京律师绿皮书
北京律师发展报告No.3（2017）
著(编)者：王隽 2017年7月出版 / 估价：88.00元
PSN G-2012-301-1/1

北京旅游蓝皮书
北京旅游发展报告（2017）
著(编)者：北京旅游学会　2017年1月出版 / 估价：88.00元
PSN B-2011-217-1/1

北京人才蓝皮书
北京人才发展报告（2017）
著(编)者：于淼　2017年12月出版 / 估价：128.00元
PSN B-2011-201-1/1

北京社会心态蓝皮书
北京社会心态分析报告（2016～2017）
著(编)者：北京社会心理研究所
2017年8月出版 / 估价：89.00元
PSN B-2014-422-1/1

北京社会组织管理蓝皮书
北京社会组织发展与管理（2016～2017）
著(编)者：黄江松　2017年4月出版 / 估价：88.00元
PSN B-2015-446-1/1

北京体育蓝皮书
北京体育产业发展报告（2016～2017）
著(编)者：钟秉枢 陈杰 杨铁黎
2017年9月出版 / 估价：89.00元
PSN B-2015-475-1/1

北京养老产业蓝皮书
北京养老产业发展报告（2017）
著(编)者：周明明 冯喜良　2017年8月出版 / 估价：89.00元
PSN B-2015-465-1/1

滨海金融蓝皮书
滨海新区金融发展报告（2017）
著(编)者：王爱俭 张锐钢　2017年12月出版 / 估价：89.00元
PSN B-2014-424-1/1

城乡一体化蓝皮书
中国城乡一体化发展报告•北京卷（2016～2017）
著(编)者：张宝秀 黄序　2017年5月出版 / 估价：89.00元
PSN B-2012-258-2/2

创意城市蓝皮书
北京文化创意产业发展报告（2017）
著(编)者：张京成 王国华　2017年10月出版 / 估价：89.00元
PSN B-2012-263-1/7

创意城市蓝皮书
青岛文化创意产业发展报告（2017）
著(编)者：马达 张丹妮　2017年8月出版 / 估价：89.00元
PSN B-2011-235-1/1

创意城市蓝皮书
天津文化创意产业发展报告（2016～2017）
著(编)者：谢思全　2017年6月出版 / 估价：89.00元
PSN B-2016-537-7/7

创意城市蓝皮书
无锡文化创意产业发展报告（2017）
著(编)者：谭军 张鸣年　2017年10月出版 / 估价：89.00元
PSN B-2013-346-3/7

创意城市蓝皮书
武汉文化创意产业发展报告（2017）
著(编)者：黄永林 陈汉桥　2017年9月出版 / 估价：99.00元
PSN B-2013-354-4/7

创意上海蓝皮书
上海文化创意产业发展报告（2016～2017）
著(编)者：王慧敏 王兴全　2017年8月出版 / 估价：89.00元
PSN B-2016-562-1/1

福建妇女发展蓝皮书
福建省妇女发展报告（2017）
著(编)者：刘群英　2017年11月出版 / 估价：88.00元
PSN B-2011-220-1/1

福建自贸区蓝皮书
中国（福建）自由贸易实验区发展报告（2016～2017）
著(编)者：黄茂兴　2017年4月出版 / 估价：108.00元
PSN B-2017-532-1/1

甘肃蓝皮书
甘肃经济发展分析与预测（2017）
著(编)者：朱智文 罗哲　2017年1月出版 / 估价：89.00元
PSN B-2013-312-1/6

甘肃蓝皮书
甘肃社会发展分析与预测（2017）
著(编)者：安文华 包晓霞 谢增虎
2017年1月出版 / 估价：89.00元
PSN B-2013-313-2/6

甘肃蓝皮书
甘肃文化发展分析与预测（2017）
著(编)者：安文华 周小华　2017年1月出版 / 估价：89.00元
PSN B-2013-314-3/6

甘肃蓝皮书
甘肃县域和农村发展报告（2017）
著(编)者：刘进军 柳民 王建兵
2017年1月出版 / 估价：89.00元
PSN B-2013-316-5/6

甘肃蓝皮书
甘肃舆情分析与预测（2017）
著(编)者：陈双梅 郝树声　2017年1月出版 / 估价：89.00元
PSN B-2013-315-4/6

甘肃蓝皮书
甘肃商贸流通发展报告（2017）
著(编)者：杨志武 王福生 王晓芳
2017年1月出版 / 估价：89.00元
PSN B-2016-523-6/6

广东蓝皮书
广东全面深化改革发展报告（2017）
著(编)者：周林生 涂成林　2017年12月出版 / 估价：89.00元
PSN B-2015-504-3/3

广东蓝皮书
广东社会工作发展报告（2017）
著(编)者：罗观翠　2017年6月出版 / 估价：89.00元
PSN B-2014-402-2/3

广东蓝皮书
广东省电子商务发展报告（2017）
著(编)者：程晓 邓顺国　2017年7月出版 / 估价：89.00元
PSN B-2013-360-1/3

广东社会建设蓝皮书
广东省社会建设发展报告（2017）
著(编)者：广东省社会工作委员会
2017年12月出版 / 估价：99.00元
PSN B-2014-436-1/1

广东外经贸蓝皮书
广东对外经济贸易发展研究报告（2016~2017）
著(编)者：陈万灵　2017年8月出版 / 估价：98.00元
PSN B-2012-286-1/1

广西北部湾经济区蓝皮书
广西北部湾经济区开放开发报告（2017）
著(编)者：广西北部湾经济区规划建设管理委员会办公室
广西社会科学院广西北部湾发展研究院
2017年2月出版 / 估价：89.00元
PSN B-2010-181-1/1

巩义蓝皮书
巩义经济社会发展报告（2017）
著(编)者：丁同民 朱军　2017年4月出版 / 估价：58.00元
PSN B-2016-533-1/1

广州蓝皮书
2017年中国广州经济形势分析与预测
著(编)者：庾建设 陈浩钿 谢博能
2017年7月出版 / 估价：85.00元
PSN B-2011-185-9/14

广州蓝皮书
2017年中国广州社会形势分析与预测
著(编)者：张强 陈怡霓 杨秦　2017年6月出版 / 估价：85.00元
PSN B-2008-110-5/14

广州蓝皮书
广州城市国际化发展报告（2017）
著(编)者：朱名宏　2017年8月出版 / 估价：79.00元
PSN B-2012-246-11/14

广州蓝皮书
广州创新型城市发展报告（2017）
著(编)者：尹涛　2017年7月出版 / 估价：79.00元
PSN B-2012-247-12/14

广州蓝皮书
广州经济发展报告（2017）
著(编)者：朱名宏　2017年7月出版 / 估价：79.00元
PSN B-2005-040-1/14

广州蓝皮书
广州农村发展报告（2017）
著(编)者：朱名宏　2017年8月出版 / 估价：79.00元
PSN B-2010-167-8/14

广州蓝皮书
广州汽车产业发展报告（2017）
著(编)者：杨再高 冯兴亚　2017年7月出版 / 估价：79.00元
PSN B-2006-066-3/14

广州蓝皮书
广州青年发展报告（2016～2017）
著(编)者：徐柳 张强　2017年9月出版 / 估价：79.00元
PSN B-2013-352-13/14

广州蓝皮书
广州商贸业发展报告（2017）
著(编)者：李江涛 肖振宇 荀振英
2017年7月出版 / 估价：79.00元
PSN B-2012-245-10/14

广州蓝皮书
广州社会保障发展报告（2017）
著(编)者：蔡国萱　2017年8月出版 / 估价：79.00元
PSN B-2014-425-14/14

广州蓝皮书
广州文化创意产业发展报告（2017）
著(编)者：徐咏虹　2017年7月出版 / 估价：79.00元
PSN B-2008-111-6/14

广州蓝皮书
中国广州城市建设与管理发展报告（2017）
著(编)者：董皞 陈小钢 李江涛
2017年7月出版 / 估价：85.00元
PSN B-2007-087-4/14

广州蓝皮书
中国广州科技创新发展报告（2017）
著(编)者：邹采荣 马正勇 陈爽
2017年7月出版 / 估价：79.00元
PSN B-2006-065-2/14

广州蓝皮书
中国广州文化发展报告（2017）
著(编)者：徐俊忠 陆志强 顾涧清
2017年7月出版 / 估价：79.00元
PSN B-2009-134-7/14

贵阳蓝皮书
贵阳城市创新发展报告No.2（白云篇）
著(编)者：连玉明　2017年10月出版 / 估价：89.00元
PSN B-2015-491-3/10

贵阳蓝皮书
贵阳城市创新发展报告No.2（观山湖篇）
著(编)者：连玉明　2017年10月出版 / 估价：89.00元
PSN B-2011-235-1/1

贵阳蓝皮书
贵阳城市创新发展报告No.2（花溪篇）
著(编)者：连玉明　2017年10月出版 / 估价：89.00元
PSN B-2015-490-2/10

贵阳蓝皮书
贵阳城市创新发展报告No.2（开阳篇）
著(编)者：连玉明　2017年10月出版 / 估价：89.00元
PSN B-2015-492-4/10

贵阳蓝皮书
贵阳城市创新发展报告No.2（南明篇）
著(编)者：连玉明　2017年10月出版 / 估价：89.00元
PSN B-2015-496-8/10

贵阳蓝皮书
贵阳城市创新发展报告No.2（清镇篇）
著(编)者：连玉明　2017年10月出版 / 估价：89.00元
PSN B-2015-489-1/10

贵阳蓝皮书
贵阳城市创新发展报告No.2（乌当篇）
著(编)者：连玉明　2017年10月出版 / 估价：89.00元
PSN B-2015-495-7/10

贵阳蓝皮书
贵阳城市创新发展报告No.2（息烽篇）
著(编)者：连玉明　2017年10月出版 / 估价：89.00元
PSN B-2015-493-5/10

贵阳蓝皮书
贵阳城市创新发展报告No.2（修文篇）
著(编)者：连玉明　2017年10月出版 / 估价：89.00元
PSN B-2015-494-6/10

贵阳蓝皮书
贵阳城市创新发展报告No.2（云岩篇）
著(编)者：连玉明　2017年10月出版 / 估价：89.00元
PSN B-2015-498-10/10

贵州房地产蓝皮书
贵州房地产发展报告No.4（2017）
著(编)者：武廷方　2017年7月出版 / 估价：89.00元
PSN B-2014-426-1/1

贵州蓝皮书
贵州册亨经济社会发展报告(2017)
著(编)者：黄德林　2017年3月出版 / 估价：89.00元
PSN B-2016-526-8/9

贵州蓝皮书
贵安新区发展报告（2016~2017）
著(编)者：马长青 吴大华　2017年6月出版 / 估价：89.00元
PSN B-2015-459-4/9

贵州蓝皮书
贵州法治发展报告（2017）
著(编)者：吴大华　2017年5月出版 / 估价：89.00元
PSN B-2012-254-2/9

贵州蓝皮书
贵州国有企业社会责任发展报告（2016～2017）
著(编)者：郭丽 周航 万强
2017年12月出版 / 估价：89.00元
PSN B-2015-512-6/9

贵州蓝皮书
贵州民航业发展报告（2017）
著(编)者：申振东 吴大华　2017年10月出版 / 估价：89.00元
PSN B-2015-471-5/9

贵州蓝皮书
贵州民营经济发展报告（2017）
著(编)者：杨静 吴大华　2017年3月出版 / 估价：89.00元
PSN B-2016-531-9/9

贵州蓝皮书
贵州人才发展报告（2017）
著(编)者：于杰 吴大华　2017年9月出版 / 估价：89.00元
PSN B-2014-382-3/9

贵州蓝皮书
贵州社会发展报告（2017）
著(编)者：王兴骥　2017年6月出版 / 估价：89.00元
PSN B-2010-166-1/9

贵州蓝皮书
贵州国家级开放创新平台发展报告（2017）
著(编)者：申晓庆　吴大华　李泓
2017年6月出版 / 估价：89.00元
PSN B-2016-518-1/9

海淀蓝皮书
海淀区文化和科技融合发展报告（2017）
著(编)者：陈名杰 孟景伟　2017年5月出版 / 估价：85.00元
PSN B-2013-329-1/1

杭州都市圈蓝皮书
杭州都市圏发展报告（2017）
著(编)者：沈翔 戚建国　2017年5月出版 / 估价：128.00元
PSN B-2012-302-1/1

杭州蓝皮书
杭州妇女发展报告（2017）
著(编)者：魏颖　2017年6月出版 / 估价：89.00元
PSN B-2014-403-1/1

河北经济蓝皮书
河北省经济发展报告（2017）
著(编)者：马树强 金浩 张贵
2017年4月出版 / 估价：89.00元
PSN B-2014-380-1/1

河北蓝皮书
河北经济社会发展报告（2017）
著(编)者：郭金平　2017年1月出版 / 估价：89.00元
PSN B-2014-372-1/1

河北食品药品安全蓝皮书
河北食品药品安全研究报告（2017）
著(编)者：丁锦霞　2017年6月出版 / 估价：89.00元
PSN B-2015-473-1/1

河南经济蓝皮书
2017年河南经济形势分析与预测
著(编)者：胡五岳　2017年2月出版 / 估价：89.00元
PSN B-2007-086-1/1

河南蓝皮书
2017年河南社会形势分析与预测
著(编)者：刘道兴 牛苏林　2017年4月出版 / 估价89.00元
PSN B-2005-043-1/8

河南蓝皮书
河南城市发展报告（2017）
著(编)者：张占仓 王建国　2017年5月出版 / 估价：89.00元
PSN B-2009-131-3/8

河南蓝皮书
河南法治发展报告（2017）
著(编)者：丁同民 张林海　2017年5月出版 / 估价：89.00元
PSN B-2014-376-6/8

河南蓝皮书
河南工业发展报告（2017）
著(编)者：张占仓 丁同民　2017年5月出版 / 估价：89.00元
PSN B-2013-317-5/8

河南蓝皮书
河南金融发展报告（2017）
著(编)者：河南省社会科学院
2017年6月出版 / 估价：89.00元
PSN B-2014-390-7/8

河南蓝皮书
河南经济发展报告（2017）
著(编)者：张占仓　2017年3月出版 / 估价：89.00元
PSN B-2010-157-4/8

河南蓝皮书
河南农业农村发展报告（2017）
著(编)者：吴海峰　2017年4月出版 / 估价：89.00元
PSN B-2015-445-8/8

河南蓝皮书
河南文化发展报告（2017）
著(编)者：卫绍生　2017年3月出版 / 估价：88.00元
PSN B-2008-106-2/8

河南商务蓝皮书
河南商务发展报告（2017）
著(编)者：焦锦森 穆荣国　2017年6月出版 / 估价：88.00元
PSN B-2014-399-1/1

黑龙江蓝皮书
黑龙江经济发展报告（2017）
著(编)者：朱宇　2017年1月出版 / 估价：89.00元
PSN B-2011-190-2/2

黑龙江蓝皮书
黑龙江社会发展报告（2017）
著(编)者：谢宝禄　2017年1月出版 / 估价：89.00元
PSN B-2011-189-1/2

湖北文化蓝皮书
湖北文化发展报告（2017）
著(编)者：吴成国　2017年10月出版 / 估价：95.00元
PSN B-2016-567-1/1

湖南城市蓝皮书
区域城市群整合
著(编)者：童中贤 韩未名
2017年12月出版 / 估价：89.00元
PSN B-2006-064-1/1

湖南蓝皮书
2017年湖南产业发展报告
著(编)者：梁志峰　2017年5月出版 / 估价：128.00元
PSN B-2011-207-2/8

湖南蓝皮书
2017年湖南电子政务发展报告
著(编)者：梁志峰　2017年5月出版 / 估价：128.00元
PSN B-2014-394-6/8

湖南蓝皮书
2017年湖南经济展望
著(编)者：梁志峰　2017年5月出版 / 估价：128.00元
PSN B-2011-206-1/8

湖南蓝皮书
2017年湖南两型社会与生态文明发展报告
著(编)者：梁志峰　2017年5月出版 / 估价：128.00元
PSN B-2011-208-3/8

湖南蓝皮书
2017年湖南社会发展报告
著(编)者：梁志峰　2017年5月出版 / 估价：128.00元
PSN B-2014-393-5/8

湖南蓝皮书
2017年湖南县域经济社会发展报告
著(编)者：梁志峰　2017年5月出版 / 估价：128.00元
PSN B-2014-395-7/8

湖南蓝皮书
湖南城乡一体化发展报告（2017）
著(编)者：陈文胜 王文强 陆福兴 邝奕轩
2017年6月出版 / 估价：89.00元
PSN B-2015-477-8/8

湖南县域绿皮书
湖南县域发展报告 No.3
著(编)者：袁准 周小毛　2017年9月出版 / 估价：89.00元
PSN G-2012-274-1/1

沪港蓝皮书
沪港发展报告（2017）
著(编)者：尤安山　2017年9月出版 / 估价：89.00元
PSN B-2013-362-1/1

吉林蓝皮书
2017年吉林经济社会形势分析与预测
著(编)者：马克　2015年12月出版 / 估价：89.00元
PSN B-2013-319-1/1

吉林省城市竞争力蓝皮书
吉林省城市竞争力报告（2017）
著(编)者：崔岳春 张磊　2017年3月出版 / 估价：89.00元
PSN B-2015-508-1/1

济源蓝皮书
济源经济社会发展报告（2017）
著(编)者：喻新安　2017年4月出版 / 估价：89.00元
PSN B-2014-387-1/1

健康城市蓝皮书
北京健康城市建设研究报告（2017）
著(编)者：王鸿春　2017年8月出版 / 估价：89.00元
PSN B-2015-460-1/2

江苏法治蓝皮书
江苏法治发展报告 No.6（2017）
著(编)者：蔡道通 龚廷泰　2017年8月出版 / 估价：98.00元
PSN B-2012-290-1/1

江西蓝皮书
江西经济社会发展报告（2017）
著(编)者：张勇 姜玮 梁勇　2017年10月出版 / 估价：89.00元
PSN B-2015-484-1/2

江西蓝皮书
江西设区市发展报告（2017）
著(编)者：姜玮 梁勇　2017年10月出版 / 估价：79.00元
PSN B-2016-517-2/2

江西文化蓝皮书
江西文化产业发展报告（2017）
著(编)者：张圣才 汪春翔
2017年10月出版 / 估价：128.00元
PSN B-2015-499-1/1

街道蓝皮书
北京街道发展报告No.2（白纸坊篇）
著(编)者：连玉明　2017年8月出版 / 估价：98.00元
PSN B-2016-544-7/15

街道蓝皮书
北京街道发展报告No.2（椿树篇）
著(编)者：连玉明　2017年8月出版 / 估价：98.00元
PSN B-2016-548-11/15

街道蓝皮书
北京街道发展报告No.2（大栅栏篇）
著(编)者：连玉明　2017年8月出版 / 估价：98.00元
PSN B-2016-552-15/15

街道蓝皮书
北京街道发展报告No.2（德胜篇）
著(编)者：连玉明　2017年8月出版 / 估价：98.00元
PSN B-2016-551-14/15

街道蓝皮书
北京街道发展报告No.2（广安门内篇）
著(编)者：连玉明　2017年8月出版 / 估价：98.00元
PSN B-2016-540-3/15

街道蓝皮书
北京街道发展报告No.2（广安门外篇）
著(编)者：连玉明　2017年8月出版 / 估价：98.00元
PSN B-2016-547-10/15

街道蓝皮书
北京街道发展报告No.2（金融街篇）
著(编)者：连玉明　2017年8月出版 / 估价：98.00元
PSN B-2016-538-1/15

街道蓝皮书
北京街道发展报告No.2（牛街篇）
著(编)者：连玉明　2017年8月出版 / 估价：98.00元
PSN B-2016-545-8/15

街道蓝皮书
北京街道发展报告No.2（什刹海篇）
著(编)者：连玉明　2017年8月出版 / 估价：98.00元
PSN B-2016-546-9/15

街道蓝皮书
北京街道发展报告No.2（陶然亭篇）
著(编)者：连玉明　2017年8月出版 / 估价：98.00元
PSN B-2016-542-5/15

街道蓝皮书
北京街道发展报告No.2（天桥篇）
著(编)者：连玉明　2017年8月出版 / 估价：98.00元
PSN B-2016-549-12/15

街道蓝皮书
北京街道发展报告No.2（西长安街篇）
著(编)者：连玉明　2017年8月出版 / 估价：98.00元
PSN B-2016-543-6/15

街道蓝皮书
北京街道发展报告No.2（新街口篇）
著(编)者：连玉明　2017年8月出版 / 估价：98.00元
PSN B-2016-541-4/15

街道蓝皮书
北京街道发展报告No.2（月坛篇）
著(编)者：连玉明　2017年8月出版 / 估价：98.00元
PSN B-2016-539-2/15

街道蓝皮书
北京街道发展报告No.2（展览路篇）
著(编)者：连玉明　2017年8月出版 / 估价：98.00元
PSN B-2016-550-13/15

经济特区蓝皮书
中国经济特区发展报告（2017）
著(编)者：陶一桃　2017年12月出版 / 估价：98.00元
PSN B-2009-139-1/1

辽宁蓝皮书
2017年辽宁经济社会形势分析与预测
著(编)者：曹晓峰　梁启东
2017年1月出版 / 估价：79.00元
PSN B-2006-053-1/1

洛阳蓝皮书
洛阳文化发展报告（2017）
著(编)者：刘福兴 陈启明　2017年7月出版 / 估价：89.00元
PSN B-2015-476-1/1

南京蓝皮书
南京文化发展报告（2017）
著(编)者：徐宁　2017年10月出版 / 估价：89.00元
PSN B-2014-439-1/1

南宁蓝皮书
南宁经济发展报告（2017）
著(编)者：胡建华　2017年9月出版 / 估价：79.00元
PSN B-2016-570-2/3

南宁蓝皮书
南宁社会发展报告（2017）
著(编)者：胡建华　2017年9月出版 / 估价：79.00元
PSN B-2016-571-3/3

内蒙古蓝皮书
内蒙古反腐倡廉建设报告 No.2
著(编)者：张志华 无极　2017年12月出版 / 估价：79.00元
PSN B-2013-365-1/1

浦东新区蓝皮书
上海浦东经济发展报告（2017）
著(编)者：沈开艳 周奇　2017年1月出版 / 估价：89.00元
PSN B-2011-225-1/1

青海蓝皮书
2017年青海经济社会形势分析与预测
著(编)者：陈玮　2015年12月出版 / 估价：79.00元
PSN B-2012-275-1/1

人口与健康蓝皮书
深圳人口与健康发展报告（2017）
著(编)者：陆杰华 罗乐宣 苏杨
2017年11月出版 / 估价：89.00元
PSN B-2011-228-1/1

山东蓝皮书
山东经济形势分析与预测（2017）
著(编)者：李广杰　2017年7月出版 / 估价：89.00元
PSN B-2014-404-1/4

山东蓝皮书
山东社会形势分析与预测（2017）
著(编)者：张华 唐洲雁　2017年6月出版 / 估价：89.00元
PSN B-2014-405-2/4

山东蓝皮书
山东文化发展报告（2017）
著(编)者：涂可国　2017年11月出版 / 估价：98.00元
PSN B-2014-406-3/4

山西蓝皮书
山西资源型经济转型发展报告（2017）
著(编)者：李志强　2017年7月出版 / 估价：89.00元
PSN B-2011-197-1/1

陕西蓝皮书
陕西经济发展报告（2017）
著(编)者：任宗哲 白宽犁 裴成荣
2015年12月出版 / 估价：89.00元
PSN B-2009-135-1/5

陕西蓝皮书
陕西社会发展报告（2017）
著(编)者：任宗哲 白宽犁 牛昉
2015年12月出版 / 估价：89.00元
PSN B-2009-136-2/5

陕西蓝皮书
陕西文化发展报告（2017）
著(编)者：任宗哲 白宽犁 王长寿
2015年12月出版 / 估价：89.00元
PSN B-2009-137-3/5

上海蓝皮书
上海传媒发展报告（2017）
著(编)者：强荧 焦雨虹　2017年1月出版 / 估价：89.00元
PSN B-2012-295-5/7

上海蓝皮书
上海法治发展报告（2017）
著(编)者：叶青　2017年6月出版 / 估价：89.00元
PSN B-2012-296-6/7

上海蓝皮书
上海经济发展报告（2017）
著(编)者：沈开艳　2017年1月出版 / 估价：89.00元
PSN B-2006-057-1/7

上海蓝皮书
上海社会发展报告（2017）
著(编)者：杨雄 周海旺　2017年1月出版 / 估价：89.00元
PSN B-2006-058-2/7

上海蓝皮书
上海文化发展报告（2017）
著(编)者：荣跃明　2017年1月出版 / 估价：89.00元
PSN B-2006-059-3/7

上海蓝皮书
上海文学发展报告（2017）
著(编)者：陈圣来　2017年6月出版 / 估价：89.00元
PSN B-2012-297-7/7

上海蓝皮书
上海资源环境发展报告（2017）
著(编)者：周冯琦 汤庆合 任文伟
2017年1月出版 / 估价：89.00元
PSN B-2006-060-4/7

社会建设蓝皮书
2017年北京社会建设分析报告
著(编)者：宋贵伦 冯虹　2017年10月出版 / 估价：89.00元
PSN B-2010-173-1/1

深圳蓝皮书
深圳法治发展报告（2017）
著(编)者：张骁儒　2017年6月出版 / 估价：89.00元
PSN B-2015-470-6/7

深圳蓝皮书
深圳经济发展报告（2017）
著(编)者：张骁儒　2017年7月出版 / 估价：89.00元
PSN B-2008-112-3/7

深圳蓝皮书
深圳劳动关系发展报告（2017）
著(编)者：汤庭芬　2017年6月出版 / 估价：89.00元
PSN B-2007-097-2/7

深圳蓝皮书
深圳社会建设与发展报告（2017）
著(编)者：张骁儒 陈东平　2017年7月出版 / 估价：89.00元
PSN B-2008-113-4/7

深圳蓝皮书
深圳文化发展报告(2017)
著(编)者：张骁儒　2017年7月出版 / 估价：89.00元
PSN B-2016-555-7/7

四川法治蓝皮书
丝绸之路经济带发展报告（2016～2017）
著(编)者：任宗哲 白宽犁 谷孟宾
2017年12月出版 / 估价：85.00元
PSN B-2014-410-1/1

四川法治蓝皮书
四川依法治省年度报告 No.3（2017）
著(编)者：李林 杨天宗 田禾
2017年3月出版 / 估价：108.00元
PSN B-2015-447-1/1

四川蓝皮书
2017年四川经济形势分析与预测
著(编)者：杨钢　2017年1月出版 / 估价：98.00元
PSN B-2007-098-2/7

四川蓝皮书
四川城镇化发展报告（2017）
著(编)者：侯水平 陈炜　2017年4月出版 / 估价：85.00元
PSN B-2015-456-7/7

四川蓝皮书
四川法治发展报告（2017）
著(编)者：郑泰安　　2017年1月出版 / 估价：89.00元
PSN B-2015-441-5/7

四川蓝皮书
四川企业社会责任研究报告（2016～2017）
著(编)者：侯水平 盛毅 翟刚
2017年4月出版 / 估价：89.00元
PSN B-2014-386-4/7

四川蓝皮书
四川社会发展报告（2017）
著(编)者：李羚　2017年5月出版 / 估价：89.00元
PSN B-2008-127-3/7

四川蓝皮书
四川生态建设报告（2017）
著(编)者：李晟之　　2017年4月出版 / 估价：85.00元
PSN B-2015-455-6/7

四川蓝皮书
四川文化产业发展报告（2017）
著(编)者：向宝云 张立伟
2017年4月出版 / 估价：89.00元
PSN B-2006-074-1/7

体育蓝皮书
上海体育产业发展报告（2016～2017）
著(编)者：张林 黄海燕
2017年10月出版 / 估价：89.00元
PSN B-2015-454-4/4

体育蓝皮书
长三角地区体育产业发展报告（2016～2017）
著(编)者：张林　　2017年4月出版 / 估价：89.00元
PSN B-2015-453-3/4

天津金融蓝皮书
天津金融发展报告（2017）
著(编)者：王爱俭 孔德昌
2017年12月出版 / 估价：98.00元
PSN B-2014-418-1/1

图们江区域合作蓝皮书
图们江区域合作发展报告（2017）
著(编)者：李铁　　2017年6月出版 / 估价：98.00元
PSN B-2015-464-1/1

温州蓝皮书
2017年温州经济社会形势分析与预测
著(编)者：潘忠强 王春光 金浩
2017年4月出版 / 估价：89.00元
PSN B-2008-105-1/1

西咸新区蓝皮书
西咸新区发展报告（2016~2017）
著(编)者：李扬 王军　2017年6月出版 / 估价：89.00元
PSN B-2016-535-1/1

扬州蓝皮书
扬州经济社会发展报告（2017）
著(编)者：丁纯　　2017年12月出版 / 估价：98.00元
PSN B-2011-191-1/1

长株潭城市群蓝皮书
长株潭城市群发展报告（2017）
著(编)者：张萍　　2017年12月出版 / 估价：89.00元
PSN B-2008-109-1/1

中医文化蓝皮书
北京中医文化传播发展报告（2017）
著(编)者：毛嘉陵　　2017年5月出版 / 估价：79.00元
PSN B-2015-468-1/2

珠三角流通蓝皮书
珠三角商圈发展研究报告（2017）
著(编)者：王先庆 林至颖
2017年7月出版 / 估价：98.00元
PSN B-2012-292-1/1

遵义蓝皮书
遵义发展报告（2017）
著(编)者：曾征 龚永育 雍思强
2017年12月出版 / 估价：89.00元
PSN B-2014-433-1/1

国际问题类

“一带一路”跨境通道蓝皮书
“一带一路”跨境通道建设研究报告（2017）
著(编)者：郭业洲　　2017年8月出版 / 估价：89.00元
PSN B-2016-558-1/1

“一带一路”蓝皮书
“一带一路”建设发展报告（2017）
著(编)者：孔丹 李永全　　2017年7月出版 / 估价：89.00元
PSN B-2016-553-1/1

阿拉伯黄皮书
阿拉伯发展报告（2016～2017）
著(编)者：罗林　　2017年11月出版 / 估价：89.00元
PSN Y-2014-381-1/1

北部湾蓝皮书
泛北部湾合作发展报告（2017）
著(编)者：吕余生　　2017年12月出版 / 估价：85.00元
PSN B-2008-114-1/1

大湄公河次区域蓝皮书
大湄公河次区域合作发展报告（2017）
著(编)者：刘稚　　2017年8月出版 / 估价：89.00元
PSN B-2011-196-1/1

大洋洲蓝皮书
大洋洲发展报告（2017）
著(编)者：喻常森　　2017年10月出版 / 估价：89.00元
PSN B-2013-341-1/1

德国蓝皮书
德国发展报告（2017）
著(编)者：郑春荣　2017年6月出版 / 估价：89.00元
PSN B-2012-278-1/1

东盟黄皮书
东盟发展报告（2017）
著(编)者：杨晓强 庄国土
2017年3月出版 / 估价：89.00元
PSN Y-2012-303-1/1

东南亚蓝皮书
东南亚地区发展报告（2016～2017）
著(编)者：厦门大学东南亚研究中心　王勤
2017年12月出版 / 估价：89.00元
PSN B-2012-240-1/1

俄罗斯黄皮书
俄罗斯发展报告（2017）
著(编)者：李永全　2017年7月出版 / 估价：89.00元
PSN Y-2006-061-1/1

非洲黄皮书
非洲发展报告 No.19（2016～2017）
著(编)者：张宏明　2017年8月出版 / 估价：89.00元
PSN Y-2012-239-1/1

公共外交蓝皮书
中国公共外交发展报告（2017）
著(编)者：赵启正 雷蔚真
2017年4月出版 / 估价：89.00元
PSN B-2015-457-1/1

国际安全蓝皮书
中国国际安全研究报告(2017)
著(编)者：刘慧　2017年7月出版 / 估价：98.00元
PSN B-2016-522-1/1

国际形势黄皮书
全球政治与安全报告（2017）
著(编)者：李慎明　张宇燕
2016年12月出版 / 估价：89.00元
PSN Y-2001-016-1/1

韩国蓝皮书
韩国发展报告（2017）
著(编)者：牛林杰 刘宝全
2017年11月出版 / 估价：89.00元
PSN B-2010-155-1/1

加拿大蓝皮书
加拿大发展报告（2017）
著(编)者：仲伟合　2017年9月出版 / 估价：89.00元
PSN B-2014-389-1/1

拉美黄皮书
拉丁美洲和加勒比发展报告（2016～2017）
著(编)者：吴白乙　2017年6月出版 / 估价：89.00元
PSN Y-1999-007-1/1

美国蓝皮书
美国研究报告（2017）
著(编)者：郑秉文 黄平　2017年6月出版 / 估价：89.00元
PSN B-2011-210-1/1

缅甸蓝皮书
缅甸国情报告（2017）
著(编)者：李晨阳　2017年12月出版 / 估价：86.00元
PSN B-2013-343-1/1

欧洲蓝皮书
欧洲发展报告（2016～2017）
著(编)者：黄平 周弘 江时学
2017年6月出版 / 估价：89.00元
PSN B-1999-009-1/1

葡语国家蓝皮书
葡语国家发展报告（2017）
著(编)者：王成安 张敏　2017年12月出版 / 估价：89.00元
PSN B-2015-503-1/2

葡语国家蓝皮书
中国与葡语国家关系发展报告·巴西（2017）
著(编)者：张曙光　2017年8月出版 / 估价：89.00元
PSN B-2016-564-2/2

日本经济蓝皮书
日本经济与中日经贸关系研究报告（2017）
著(编)者：张季风　2017年5月出版 / 估价：89.00元
PSN B-2008-102-1/1

日本蓝皮书
日本研究报告（2017）
著(编)者：杨柏江　2017年5月出版 / 估价：89.00元
PSN B-2002-020-1/1

上海合作组织黄皮书
上海合作组织发展报告（2017）
著(编)者：李进峰 吴宏伟 李少捷
2017年6月出版 / 估价：89.00元
PSN Y-2009-130-1/1

世界创新竞争力黄皮书
世界创新竞争力发展报告（2017）
著(编)者：李闽榕 李建平 赵新力
2017年1月出版 / 估价：148.00元
PSN Y-2013-318-1/1

泰国蓝皮书
泰国研究报告（2017）
著(编)者：庄国土 张禹东
2017年8月出版 / 估价：118.00元
PSN B-2016-557-1/1

土耳其蓝皮书
土耳其发展报告（2017）
著(编)者：郭长刚 刘义　2017年9月出版 / 估价：89.00元
PSN B-2014-412-1/1

亚太蓝皮书
亚太地区发展报告（2017）
著(编)者：李向阳　2017年3月出版 / 估价：89.00元
PSN B-2001-015-1/1

印度蓝皮书
印度国情报告（2017）
著(编)者：吕昭义　2017年12月出版 / 估价：89.00元
PSN B-2012-241-1/1

印度洋地区蓝皮书
印度洋地区发展报告（2017）
著(编)者：汪戎　2017年6月出版 / 估价：89.00元
PSN B-2013-334-1/1

英国蓝皮书
英国发展报告（2016～2017）
著(编)者：王展鹏　2017年11月出版 / 估价：89.00元
PSN B-2015-486-1/1

越南蓝皮书
越南国情报告（2017）
著(编)者：广西社会科学院 罗梅 李碧华
2017年12月出版 / 估价：89.00元
PSN B-2006-056-1/1

以色列蓝皮书
以色列发展报告（2017）
著(编)者：张倩红　2017年8月出版 / 估价：89.00元
PSN B-2015-483-1/1

伊朗蓝皮书
伊朗发展报告（2017）
著(编)者：冀开远　2017年10月出版 / 估价：89.00元
PSN B-2016-575-1/1

中东黄皮书
中东发展报告 No.19（2016～2017）
著(编)者：杨光　2017年10月出版 / 估价：89.00元
PSN Y-1998-004-1/1

中亚黄皮书
中亚国家发展报告（2017）
著(编)者：孙力 吴宏伟　2017年7月出版 / 估价：98.00元
PSN Y-2012-238-1/1

皮书序列号是社会科学文献出版社专门为识别皮书、管理皮书而设计的编号。皮书序列号是出版皮书的许可证号，是区别皮书与其他图书的重要标志。

它由一个前缀和四部分构成。这四部分之间用连字符“-”连接。前缀和这四部分之间空半个汉字（见示例）。

《国际人才蓝皮书：中国留学发展报告》序列号示例

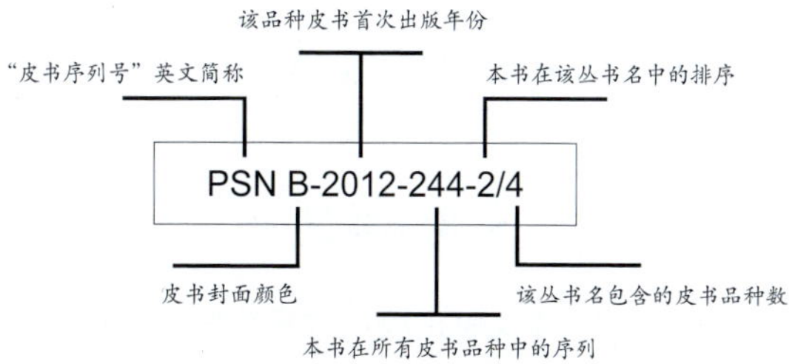

从示例中可以看出，《国际人才蓝皮书：中国留学发展报告》的首次出版年份是2012年，是社科文献出版社出版的第244个皮书品种，是“国际人才蓝皮书”系列的第2个品种（共4个品种）。

皮书起源

“皮书”起源于十七、十八世纪的英国，主要指官方或社会组织正式发表的重要文件或报告，多以“白皮书”命名。在中国，“皮书”这一概念被社会广泛接受，并被成功运作、发展成为一种全新的出版形态，则源于中国社会科学院社会科学文献出版社。

皮书定义

皮书是对中国与世界发展状况和热点问题进行年度监测，以专业的角度、专家的视野和实证研究方法，针对某一领域或区域现状与发展态势展开分析和预测，具备原创性、实证性、专业性、连续性、前沿性、时效性等特点的公开出版物，由一系列权威研究报告组成。

皮书作者

皮书系列的作者以中国社会科学院、著名高校、地方社会科学院的研究人员为主，多为国内一流研究机构的权威专家学者，他们的看法和观点代表了学界对中国与世界的现实和未来最高水平的解读与分析。

皮书荣誉

皮书系列已成为社会科学文献出版社的著名图书品牌和中国社会科学院的知名学术品牌。2016 年，皮书系列正式列入“十三五”国家重点出版规划项目；2012~2016 年，重点皮书列入中国社会科学院承担的国家哲学社会科学创新工程项目；2017 年，55 种院外皮书使用“中国社会科学院创新工程学术出版项目”标识。

中国皮书网

www.pishu.cn

发布皮书研创资讯，传播皮书精彩内容
引领皮书出版潮流，打造皮书服务平台

栏目设置

关于皮书：何谓皮书、皮书分类、皮书大事记、皮书荣誉、
皮书出版第一人、皮书编辑部

最新资讯：通知公告、新闻动态、媒体聚焦、网站专题、视频直播、下载专区

皮书研创：皮书规范、皮书选题、皮书出版、皮书研究、研创团队

皮书评奖评价：指标体系、皮书评价、皮书评奖

互动专区：皮书说、皮书智库、皮书微博、数据库微博

所获荣誉

2008 年、2011 年，中国皮书网均在全国新闻出版业网站荣誉评选中获得“最具商业价值网站”称号；

2012 年，获得“出版业网站百强”称号。

网库合一

2014 年，中国皮书网与皮书数据库端口合一，实现资源共享。更多详情请登录 www.pishu.cn。

1997~2017

皮书品牌 20 年

YEAR BOOKS

更多信息请登录

皮书数据库
http://www.pishu.com.cn

中国皮书网
http://www.pishu.cn

皮书微博
http://weibo.com/pishu

皮书博客
http://blog.sina.com.cn/pishu

皮书微信"皮书说"